毛澤東和 ★ 文化大革命

政治心理與文化基因的新闡釋

宋永毅 ———————— 著

目次

序一

陳永發

中央研究院院士

先睹為快。沒想到，剛讀完兩章，永毅便來信邀我寫序。我雖然對文革略有所知，但是哪能和永毅相比。在認得他以前，就讀過他關於劉少奇的論文，內容已經忘記，只依稀記得，實事求是，在一邊倒學術氣氛中獨樹一幟，對慘遭政治迫害的劉少奇反有批評，然而不是深文周納，而是言必有據。我研究中共歷史，後來知道中研院有他編的《中國當代政治運動歷史數據庫》，不時上網查閱，認為蒐羅豐富，縱跨毛澤東建政以來27年，很多文件在中國大陸都是秘而不宣的最高機密。他動手動腳找資料，上窮碧落下黃泉，甚至還為了探尋資料，一度坐進中國大陸的牢房。既是佩服其蒐集功力，更是佩服他對文網的無懼。

永毅這本研究文革的新作，選擇六個關鍵人物切入。他們分別是毛澤東、劉少奇、林彪、周恩來、江青和張春橋。在中共官方歷史中，毛澤東是文革群眾運動的發動者，旨在教育和改造已出現蛻化的黨政軍高級幹部，用心良苦，卻遭野心家扭曲和利用，以致千萬人遭到政治迫害、中國經濟更嚴重倒退，人們陷入普遍貧窮。劉少奇和林彪都是毛澤東指定的繼承

人。前者被冤枉為中國的赫魯雪夫，戴上反黨反革命分子的帽子，批鬥、關押、刑訊，而後折磨致死；後者篡奪黨政軍大權不成，畏罪搭機逃亡，折戟蒙古黃沙。周恩來是人民愛戴的好總理，總是委曲求全、減少文革迫害和破壞。江青是「白骨精」，集呂后、武則天和慈禧三個歷史「壞女人」之大成，以不肖文人張春橋為「狗頭軍師」，篡黨、篡政、篡軍，滿足個人權力欲望，肆行迫害無辜。

　　永毅從傳統政治文化基因的角度進行論述，直接批評毛澤東有帝王情結，自以為是秦始皇，對權力有出乎尋常的敏感，生怕權力外移，太阿倒持，文革是以不可能實現的政治幻想，蠱惑青年學生，從繼承人劉少奇手中奪回不經意中喪失的大權，乃意識形態服務於權力鬥爭，為後者的道德遮羞布。劉少奇身為繼承人，像已開府立衙的東宮太子，為主分勞，卻被視為擴大權力，逾越君臣分際，故慘遭廢立和迫害。林彪是毛澤東指定的新繼承人，用來代替劉少奇，居然同樣形成權力第二中心，勉強皇帝接受己見，並從毛澤東身邊「招降納叛」，甚至隔代冊立太子，為其造神，縱容其成立私人隊伍。毛澤東洞察林彪之奸，立意拋棄。周恩來是宰相，代表與皇帝共天下的文官集團。相權與皇權相剋相生，卻一味窺伺上意，藉支持文革贏得毛澤東的歡心，擴大相權，並藉機鎮壓和殘害忠良。江青年老色衰，是有名無實的皇后，藉著毛澤東的威望，作為毛澤東的功狗，替毛澤東衝鋒陷陣，更藉機公報私仇，吐泄積怨。張春橋有如外戚的延伸，其實是毛澤東的入幕之賓。既能揣摩上意，為毛澤東思想演繹發皇，又能謹守分際，從不伸手要職位，故深得毛澤東青睞，一度想以其繼承或取代林彪與周

恩來。

　　閱讀六人的文革歷史，像是回到帝制中國的上層權力鬥爭。永毅認為他們的政治行為受個人心理影響和制約，故廣泛閱讀西方心理學書籍，據以解析他們的心理狀態。有意思的是，資料似乎僅允許集中注意力於他相信有病態人格（多疑、妄想和失眠）的人物，即毛澤東、林彪和江青三人。毛澤東不只有病態人格，而且患有偏執狂，潛意識裡埋有幻想情結。可能受到李志綏醫生對毛澤東描寫的啟發，永毅也以實例證明情欲影響文革時期毛澤東的政治決定。毛澤東以傳統皇帝的雨露之恩及權力施惠，博取女寵的忠誠和情報。由於有幻想情結，自認為是馬克思主義普遍真理與中國革命具體實踐相結合的表率，相信只要他發出號召，絕大多數中國人都會支持和擁護。文革時期揭出馬克思對巴黎公社民選幹部的主張，卻是葉公好龍，並非真正喜好，用來掩飾殘酷清洗而已。比起毛澤東來，林彪和江青的精神疾病，尤其嚴重。兩人都怕風怕雨、怕光怕熱，怕聲怕吵，被認為有嚴重憂鬱症、精神強迫症，或歇斯底里症。令人驚訝的是，這兩個連自己的生活都無法管理的重病號，毛澤東竟倚為臂助，賦予龐大政治權力。比較起來，劉少奇、周恩來和張春橋三人倒是正常多了，以致永毅的心理分析功力難以施展。不過失之東隅，收之桑榆，踏實的實證研究仍揭示了隱藏難見的歷史真相。一向被認為冷酷無情的張春橋，有其政治野心，也羅織無辜，但是孝順老母，忠於愛情，而廉潔儉樸，有其令人欣賞之處。見道固然不真，卻最忠實於毛澤東及其思想，後來加諸其身及其夫人的叛徒罪名全屬子虛烏有。周恩來的形象完全被顛覆，怎能誇為人民的好總理？溫

文儒雅之下是乃是家奴嘴臉，藉著對毛澤東的迎合，擴大黨政軍實權，且乘政治運動之便，落井下石，迫害清白，最後則因為權力擴大，無法及時治療膀胱癌，而於劇痛之中撒手人寰。劉少奇更是一變其文革受迫害者的形象，呈現其迫害者的另一面。文革前他主持四清、五反和大批判等政治運動，殘酷無情，根本就是文革預演，為毛澤東提供理論、形式和方法的試點，甚至在毛澤東展開文革後，亟力迎合，領導批鬥所謂走資本主義路線當權派的高幹，甚至政治盟友。弔詭的是，雖然力求順從毛澤東之意，毛澤東卻認定他是最大的走資本主義路線當權派，「擒賊先擒王」，以其整中低層幹部之道，還諸其人之身。

　　剩下三章處理文革權力鬥爭之運動帶來的三個重要政治現象：一是夫人參政和夫妻政治，一是極端暴力和集體屠殺，另一是異端思潮和異議人物，以及其血腥鎮壓。毛澤東認為文革是革命，追求歷史進步，卻帶來歷史倒退型的婦女參政，不僅江青和葉群，妻以夫貴，以丈夫代表參與大政，更有很多的高幹夫人成為丈夫辦公室主任，狐假虎威，滿足前此被壓抑的政治欲望，更濫用權力，滿足私欲。其次，由於採取運動群眾的辦法，特別是毛澤東指示的軍管支左，由現役軍官接掌黨政群各機關單位的大權，尤其是中下級幹部經由各種合法和非法方式取得殺人權，釀成極端暴力和集體屠殺，不能像土地革命時期的毛澤東一樣，將眾多暴力事件甩鍋為單純的群眾失控。的確，毛澤東不曾指示使用極端暴力和進行集體屠殺，但是採取土地革命群眾鬥爭地主的做法，卻是文革時期縱容縣以及其下幹部掀起極端暴力和殺人浪潮、甚至在廣西釀成食人風潮的根

本原因。永毅因此再三強調，與其究責群眾自發失控，不如指責對以訓練幹部和教育群眾有發明權的毛澤東和劉少奇。最後一章，討論文革促成異端思潮和異議人物，以及中共對兩者的鎮壓。其實所謂異端和異議，不過文革理論刺激出來的思想探索，有受毛澤東思想啟發，主張徹底毀滅黨組織和重建國家體制的，有反對毛澤東對劉少奇各種反黨指控，也有發起讀書運動從蘇共歷史真相了解文革，更有主張民主自由和人權等普世價值的，還有對毛澤東提出的諫言。但無論是否真反毛、反共或反黨，都一律視為反毛、反共和反黨而無情鎮壓。這三章代表文革促成的三個重大錯誤，永毅敏銳地看到其重要性，更提出前人所未有或未曾發揮的見解與豐富論據，發人深省。在這三方面，作者的心理和文化分析方法都難以著力。儘管如此，還是系統且深入地揭示了三個可謂歷史倒退現象：建立在男性霸權上的婦女參政，有返祖現象嫌疑的極端暴力和集體屠殺，以及對異議思潮和異議人士的鎮壓和迫害。

　　永毅認定意識形態為權力鬥爭服務，而權力鬥爭不可能為意識形態服務。對他而言，意識形態僅是幫助毛澤東在權力鬥爭中取得道德的制高點而已。仔細閱讀永毅介紹的毛澤東「無產階級專政下繼續不斷革命」理論以後，我想指出，意識形態和俄國經驗，對毛澤東如何成為史達林加秦始皇也有影響。毛澤東相信馬克思階級鬥爭推進歷史，而歷史最終要進化到共產主義階段的理論。雖然是共產革命的功利主義者，也是共產革命的浪漫主義者。一生奉行馬列主義，在1950年代透過所謂階級鬥爭，先後消滅和改造了地主階級、各種資產階級和小資產階級，敢教日月換新天，把中國打造成只有公有經濟（國有和

集體所有）的社會，隨即毛澤東即以結合群眾運動方式改變蘇聯計畫經濟的方式進行社會主義建設，只是社會主義經濟並無相對於資本主義的天然優越性，生產大躍進反而帶來大饑饉，而在經濟恢復後，官僚階層更出現各種蛻化和退化現象，甚至忘記實現中國共產革命歷史任務的誓言：亦即實現比人民專政和工農階級專政更進步的工人階級專政，也就是建立和逐漸完善的一個迥異於資本主義的社會主義黨國體制。

　　雖然所謂無產階級專政是否真為無產階級的專政，可以懷疑和爭論，但是共產黨相信自己由先進的工人無產階級和高度無產階級化的知識分子所組成，其歷史使命就是分階段實行共產主義革命。這個共產黨，為完成其歷史使命，採取高度中央集權的制度。1943年初春，毛澤東成為理論上黨員代表大會選出的中央委員會主席，同時也成為理論上由中央委員會選出的政治局主席。政治局原有思想、軍事、政治、政策和組織五大領導，亦即擁有五個大方面的決策權。毛澤東透過政治局會議，改組中央書記處為政治局的辦事機構，根據政治局決定的大政方針辦事。毛澤東把書記處成員減少成三人，自己擔任書記處主席，擁有對重大事務的最後決定權，同時兼任其下最重要的軍事委員會主席。當時劉少奇是三人書記處的第二把手，不敢以毛澤東同僚自居，強調只是毛澤東的助手而已。毛澤東以四個主席的身分，控制全黨，而這個黨有歷史使命，採取馬克思本人沒聽說過的列寧主義組織原則組織之，下級必須無條件服從上級。當時的組織部長陳雲曾闡釋服從的真義說，上級的指示一定要執行。正確的要執行，錯誤的也要執行，否則服從兩字徒託空言。這個黨組織，隨著其所謂中國革命的推展，

壟斷各種政治、道德，甚至經濟資源，尤其強調一元化黨領導的組織原則，以黨領政，以黨領軍，以黨領群，除有從上到下的黨務系統外，在政府、軍隊和群眾團體中均成立有黨組織，厲行黨管人事制度，由黨管理黨與非黨系統的所有黨員和幹部。毛澤東所創建的一元化黨領導的統治體制，在消滅地主階級、資產階級和小資產階級（指失去經濟基礎）後，出現嚴重蛻化，所以在1966年想透過提供所謂四大自由——大鳴、大放、大字報和大辯論，來加以防止。毛澤東甚至以允許全面選舉來改造或徹底重建這個體制的基層，更以奪回高級幹部的權力為號召，動員紅衛兵、造反派和所謂革命群眾。其實，毛澤東這個做法，就意識形態和政治思想兩方面來說，都是劉少奇預演過的，兩人同樣號召社會主義學習的群眾運動，進行思想教育和思想鬥爭，改造和肅清與毛澤東社會主義價值矛盾的幹部。差別只是劉少奇把鬥爭矛頭指向基層和學界，而毛澤東將之指向文人黨的高層。

　　永毅強調文革時期的毛澤東如何向劉少奇學習理論、方式和方法。其實，如果把注意力轉到延安時代的整風、審幹和反奸，他可能也會發現文革前後的社會主義教育運動正是延安時代兩人精誠合作的整風、審幹和反奸之重演。永毅的大作說，文化大革命小組有點像東漢的御史大夫，我倒覺得很像1942年成立的總學習委員會（主管整風）、審幹（審查幹部）委員會和反奸委員會三個臨時性組織。1943年年初劉少奇從華中回到延安後就出任前兩者的副主任委員。主任委員是毛澤東，劉少奇則顯然是第一副主任委員，把康生這個原來的副主委員比了下去。劉少奇更是反奸委員會主任委員，獨當一面。在毛澤

東、劉少奇和康生三人的領導下，延安不但當時出現反自由主義運動和坦白運動，也出現日以繼夜、跡近瘋狂、歷時半個多月的搶救運動，以及放鬆節拍的反奸坦白運動，一萬多人被懷疑為特務分子，被逼認罪坦白，向黨請罪。儘管後來百分之九十九的人都甄別平反，拿掉特務分子的帽子，卻已備嘗荼毒，而坦白出來的供詞也都成了人事檔案，附影隨形，死而後已。

延安時代，有特務分子嫌疑的所有幹部送保衛機關審訊，文革中則有走資本主義路線當權派的高級幹部，由周恩來成立的專案小組處理。劉少奇慘遭逼供信荼毒，周恩來還在請示如何處理劉少奇的文件上批示：「劉賊可殺」。雖然因為毛澤東的不同意照辦，但是劉少奇還是缺乏亟需的醫藥用品而難逃瘐斃。由於時代的演進，前後兩個「整風、審幹、反奸」運動之間當然有其差別。除規模難以比擬外，延安時代強調一個不捉、大部不殺，故死人不多。此時則死刑權下放到縣以下，不時出現大量逼供信，而且出現集體屠殺。雖然毛澤東和其他黨領導並沒有直接參與、籌劃，其大量發生卻是毛澤東運動群眾策略中原有縱容「過左、過火」策略的邏輯產物。

毛澤東的群眾運動採取以下策略。他知道提出任何政策和號召後都有三種反應：一種是積極分子，積極贊成；一種是落後分子，強烈反對；還有一種是中間分子，看大勢。三種人的實際分布情形是中間大兩頭小，積極分子和落後分子都不多，依偎兩者之間的所謂中間分子乃是絕大多數。毛澤東的群眾運動策略因此是，找出落後分子，樹立為對立面，以仇恨動員積極分子，拉攏和中立中間分子，組織最大力量孤立和打擊落後分子。理想的情形是，落後分子只是一小撮人，僅占百分

之五或更少，而百分之九十五都是積極分子。一旦政治運動展開，各機關學校軍隊位的首長組成小核心，再建立包括各級幹部的中核心，再形成以積極分子為主要成分的大核心。這個動員和逐一組織過程中，千萬避免把落後分子估計得太多，因而殃及中間分子，製造過多敵人，同時妨害積極分子人數的快速成長，而無以對落後分子形成足夠的打擊力量。永毅研究過土地革命，編過有關土地革命的書，知道動員群眾策略跟毛澤東的經驗有關。土地革命中毛澤東便以人口不到百分之十的地主富農為目標，動員和組織貧苦農民，透過鬥爭大會，進一步煽動其他貧苦農民，對地主富農採取過火、過左行動，全力促成農村社會和政治單位的兩頭一大一小的兩極化。當然煽動貧苦農民積極加入行動以後，地主富農的人數可能出現不合理的劇增，增加土地革命的阻力，但透過覆查和退賠可以處理，甚至爭取到感激涕零。

　　最後一章非常重要。關於這個主題，除北大錢理群教授以外，不知有誰曾有深入研究。但是我要強調一點，這種文革製造出來的異議人士，其實為數不多。永毅中學時代做過紅衛兵，曾經是毛澤東的狂熱擁護者，在上海看過張春橋鬥陳丕顯，上山下鄉，走過文革後期，1980年鄧小平告別革命後，前往美國學習，而且留在美國做事居留，對美國式的民主和資本主義，有一般中國大陸學者所缺乏的理解，因此反省和研究文革十年，角度與前人有異，更能提出深刻的見解和議論。最近中國大陸蒙昧主義再次當道，杯葛對文革歷史的研究和出版，不願人民知道和了解文革真相。永毅得以在海外華人世界出版此一好書，是吾輩幸運。毛澤東自認文革為其一生兩大功

業，另一是把蔣中正趕到臺灣。其實，發動文革絕不可能是一大功業，因為既不能防止他建立的單一公有經濟體制被修正與變色，反而帶來十年的巨大國家災難和歷史倒退。永毅此一力作，為文革歷史作了令人佩服的見證。是為序。

序二

徐友漁

中國社會科學院哲學研究所研究員

紐約新學院訪問教授

對於中國文化大革命的研究，隨著海內外一批青年學者的崛起，出現了多元雜陳、眾聲喧譁的可喜局面，文革研究的視野不斷擴展，而宋永毅教授在「從心所欲」之年推出的力作《毛澤東和文化大革命：政治心理與文化基因的新闡釋》則在眾多的論述中另闢蹊徑，為深入理解和充分闡釋文化大革命提供了極為新穎和富有啟發性的視角。

當然，一直有人從心理和文化角度研究文革，比如，我們可以舉出Robert J. Lifton的著作《革命的不朽：毛澤東與中國的文化革命》（*Revolutionary Immorality: Mao Tse-tung and the Chinese Cultural Revolution*）作為文革前期研究的例子，以石文安的論文〈中國文革的犧牲品：暗傷〉（Victims of China's Cultural Revolution: The Invisible Wounds）作為文革之後研究的例子，但是，這兩例都是以青少年的思想行為變化為題材，做心理文化分析是理所當然的事。而宋永毅教授的這部著作則是一種更為大膽的嘗試，他把心理文化方法運用於文革的宏大敘事，解釋文革中的重大事件和決定文革進程的領袖以及重要政

治人物的思想和行為。應該承認，在研究文革的中文論著中，從文化或心理角度進行闡釋的為數不少，但是在這些論著中，文化心理元素只是例證或者素材，我們看不到作為指導政治學、歷史學、社會學等等學科研究的，有堅實理論基礎和相當闡釋力的文化或心理理論框架。宋永毅教授的著作充分體現了中國經驗與西方學術背景的密切結合，他的研究建立在熟悉和利用了現代西方有關理論的基礎之上，他參考的理論有興起於20世紀30年代的政治心理學，也有形成於20世紀50年代的心理史學，他還借鑑了西方學者運用精神病理學來研究政治人物的方法。

本書作者首先把上述新思路運用於研究毛澤東與文革運動的關係。一般認為，毛澤東老謀深算、冷酷無情，這當然是不爭的事實，但作者同時還注意到另一個方面，即毛的獨具個人性的非理性因素——他的喜怒、情欲、猜疑等等在其晚年表現得極為突出，不時影響了甚至支配了他對形勢的判斷和做出的決策，這使得文革運動經常發生風雲突變，而這種讓人無所適從的變化是任何理性分析都無法解釋的。作者在本書中列舉了不少事例，說明毛澤東在情欲的支配之下如何做出了違背常理的決定，這裡僅舉兩個小小的例子。

第一例是1967年發生的震驚全國的「五‧一三事件」：軍內保守派「老三軍派」策劃演出文藝節目，以為本派在政治上取得優勢，而軍內造反派「新三軍派」得知消息後，決定去造反以阻止演出，「新三軍派」人多勢眾，肯定得勝，但這時毛澤東身邊有兩個情人屬於「老三軍派」，他們向毛吹了枕邊風，使得毛表態支持「老三軍派」的演出，從而使得此派反敗

為勝，並進而改變了軍內派性鬥爭的力量對比。第二例是1974年文革派借反對開後門向黨內和軍內老幹部發起攻擊勢頭正盛時被毛澤東突然叫停：在1974年的「批林批孔」運動中，江青等文革派抓住老幹部們走後門安排子女參軍一事向以葉劍英為首的老幹部發難，這本是師出有名、頗得民心的事情，但毛澤東出人意料地突然做出批示，加以制止，這使得一場大張旗鼓進行的鬥爭戛然而止，即將到手的勝利化為烏有。毛澤東為什麼這麼反常？原來，毛也安排了好幾位已經玩弄過的來自文工團的情人到北京大學和北京外國語學院去上學，他怕反對開後門的事情深究起來牽涉到自己，這是毛澤東搞權色交易在政治上付出的代價。

　　周恩來在文化大革命中所起的作用相當複雜和矛盾，眾說紛紜、褒貶不一，本書在剖析和評價周的作用與功過時，充分展現了作者對於中國歷史文化——尤其是皇權專制主義的文化基因的透徹理解和對周的奴化人格和心理的洞燭幽微。人們往往把周恩來稱為「一代儒相」，既指他嘔心瀝血忠於國家，又指他過分忠於毛皇上，有愚忠之嫌。作者指出，這首先是對儒家思想的一種誤解，在原本的儒家思想中，臣子並不是要一味服從君王，而是要隨時提醒君王以民為本，以道義為準繩。因而，儒家士大夫一向認為自己的職責是為帝王師，用聖賢的道德學說來勸諫君王，監察規範皇帝的行為舉止。孔夫子認為，對待君主不能只是阿諛奉承一味迎合，而要在皇上犯錯誤的時候指出他的錯誤，並引導他改正錯誤。本書作者指出，用儒家上述「忠君為國」的思想來衡量紅色宰相周恩來的是如何處理他與毛皇上的君臣關係，不難發現，他在文革中的言行不但沒

有一點校正規範毛澤東的行為舉止的意思，而且更是缺乏起碼的古代文人士大夫所推崇的聖賢道德和獨立人格，我們在周的言行中所看到的，只是對毛澤東的逢迎和讚頌。因此與其說周恩來是一代儒相，不如說他是一個奴相。

更有甚者，周恩來在文革中不但是追隨附和而作惡，他還經常助紂為虐、主動作惡。最為突出的事情是，周恩來在文革中擔任了中央專案組組長一職——這是文革中製造最大冤案的職位。《關於叛徒、內奸、工賊劉少奇罪行的審查報告》就是周恩來與陳伯達、康生、江青共同簽發的。作為中共的資深領導人，周恩來對劉少奇的歷史問題一清二楚，他明知關於劉少奇的「罪行」材料是偽造的，但他不出來加以澄清，相反，他認可和簽發那些材料，甚至寫下「劉賊可殺」的批語。

宋永毅教授還在本書中運用對於個人心理和文化基因的分析來剖析和闡釋文革中的其他重要人物和重大事件，新的方法和視角使得妙論迭出、目不暇給。比如，與一般作者在談到劉少奇時總是單純將其作為受害者處理不同，本書還論述了劉在文革前和文革中對於運動惡性發展所起的推波助瀾的作用；關於毛澤東和林彪之間撲朔迷離的矛盾鬥爭，作者別出心裁地用「變異的皇太子政治」這個概念來做出闡釋，相當引人入勝；至於江青在文革中的飛揚跋扈、喜怒無常，作者從她與毛澤東的夫妻生活的終止這一事實出發做了追根溯源的探索；而對令人反感而又無可奈何的夫人政治，作者的論說將毛澤東、劉少奇、林彪以林彪手下一干軍頭的夫妻店一網打盡，對這種中共家天下概念中派生出來的惡習，做了淋漓盡致的刻畫。

我讀此書書稿時常有不忍釋卷之感，樂見這部佳作問世。

前言

　　凡論及文革和毛澤東的關係，一個本能的反應當然就可能是「毛澤東發動了文革」。這是一個無可爭議的簡單史實。然而，如果同一個問題稍做形式邏輯上的改變，成為一種假設性的提問：「如果沒有毛澤東，中國是否會發生文革？」它就會從一個淺顯的史實性的回答變成一個較為複雜的思辨性的命題了。可能大多數學者會不難得出這樣的結論：如果沒有毛澤東，中國不會發生文革。一個無可爭議的史實是：在中國以外的所有共產黨執政的國家中，只有毛澤東領導的中國發生了文革。在國際共運史上，從來就不乏有殘酷的政治鎮壓和迫害運動，比如史達林發動的20世紀30年代的大清洗運動。但是像文化的革命那樣，最高領袖和最底層的「革命群眾」結盟，通過「造反」這種群眾運動的形式來整肅黨內反對派，卻還只有毛文革一家。在人類歷史上，位高權重的政治人物影響社會發展方向和進程的事例不勝枚舉，歷史會因為偶然因素被完全改寫，它常常不按某種「主義」的教科書裡的劇本來演繹。

　　不管是說明歷史發展的偶然性和不確定性，還是闡釋個別歷史人物對一定的歷史事件的巨大的作用，上述「如果沒有毛澤東，中國就不會發生文革」的假設都是有其進一步研究文革的重大啟示意義的。亞里士多德曾言：人天生就是政

治動物。[1] 有了帶七情六欲的人，才會有豐富多彩、光怪陸離的政治世界。既然我們承認毛澤東是文革這一歷史事件得以發生的決定性的「人」的因素，那麼整個文革的過程必然打上毛澤東作為一個複雜的「人」的種種色彩和烙印。這裡不僅有他的理性思維、個人性格和知識結構，還一定會有他的情感、欲望、意志、直覺、幻想、潛意識等等的不自覺的、自發的、非邏輯的心靈歷程。所有這些理性和非理性、意識和無意識的精神活動，都會在一定程度上造成或改變文革的歷史，使其展現出前所未有的波譎雲詭、變幻莫測的特點來。可惜的是，當下的文革研究還沒有、或很少接觸到這些重要的領域。還應當補充的是：幫助毛澤東發動和領導文革的，還有一個他的追隨者集團，即所謂的「無產階級司令部」，包括林彪、江青、周恩來、康生等人。他們的心靈歷程，尤其是非理性和無意識的精神活動也一直是當下文革研究的空白。

　　西方從人的情感欲望和潛意識等角度來闡釋歷史人物和歷史進程的，當然首推西格蒙德・佛洛伊德（Sigmund Freud）的精神分析學說。雖然佛洛伊德的理論因為有其心理因素決定論的缺點，被不少歷史學者批評，但是他的大膽探索卻預示了數個全新的學術領域的萌生，如心理史學（Psychohistory）和政治心理學（Political Psychology）。心理史學是在20世紀50年代逐漸形成的。隨著精神分析學說的進一步發展，它在歷史研究中的應用也日益改善。現在，在美國約有三、四十多所大學開設

1　馬莎・L・科塔姆、貝思・迪茨—尤勒等著，胡勇、陳剛譯，《政治心理學》（北京：人民大學出版社，2012），第2版，頁1。

有心理史學的課程，影響所及，借助精神分析學說撰寫歷史人物傳記蔚然成風。

　　和心理史學相比，政治心理學是一門交叉學科。它並沒有囿於心理學領域，而是融合了政治學、社會心理學、認知心理學、人格心理學、社會學、精神病理學等多種學科的理論，其理論體系具有綜合性。一方面，它研究心理活動在政治活動中的作用、地位和表現形式，揭示政治活動中的心理規律，如個人的性格、欲望、情感、興趣、價值觀、態度、知覺等對政治行為的影響；另一方面，它也研究政治活動對心理活動的影響規律，如政治系統、政治事件等對人的心理活動的影響。政治心理學興起於20世紀30、40年代。美國芝加哥大學政治學教授哈羅德・D・拉斯韋爾（Harold Dwight Lasswell）把精神分析、社會學和病理學成功地融入了他的政治人物研究，出版了他的《精神病理學與政治》（*Psychopathology and Politics*, 1930）、《權力與人格》（*Power and Personality*, 1948）等開山之作，奠定了從人性的角度分析政治非理性的基礎。自20世紀50、60年代起，一系列研究政治領袖人物的個性和心理的經典著作問世，使政治心理學進入它的成熟期。

　　應當說明的是：本書並不是一本心理學的專著而是一本歷史學著作。本書的研究採擷了上述西方心理學的某些理論和方法。但是沒有、也無法照搬這些理論和方法。其主要原因不僅在於研究的客觀對象和歷史事件的不同，還在於研究共產中國的領導人，根本無法獲得像研究美國總統那樣公開的個人資料和透明的執政檔案。無論是現在還為人稱頌的毛澤東和周恩來，還是已經被打成「反革命集團首要分子」的林彪和江青，

他們的個人資料檔案現在還都被當作「國家機密」來嚴加封鎖。例如，西方的學者可以運用公開的總統病理資料來探討他們身患的重病對國家重大政治活動的影響。法國學者皮埃爾‧阿考斯和瑞士學者皮埃爾‧朗契尼克就運用美國總統富蘭克林‧羅斯福臨終前的病歷記載，有力地說明了在1945年2月的雅爾達三巨頭（羅斯福、邱吉爾和史達林）會議中，羅斯福其實已經是一個大病纏身、行將就木的老人了。他極度的病態和衰弱都使他不僅在會議中對國際政治和戰略發生誤判，還沒有起碼的精力和史達林討價還價，以致對第二次世界大戰後的利益劃分中（尤其在東歐問題上）對當時精力充沛的史達林做了過多的讓步。因為體力上的衰竭，他自己在會後的第三個月便因腦出血過世。以後的「一些極有資格的歷史學家」，儘管也從政治、戰略、外交和經濟上尋找羅斯福在雅爾達會議上失敗的根源，但是都忽略了「醫學」上、即他個人病理上的最重要的原因。[2] 在文革史上，也有一些非常明顯類似的個人病理和病歷對政治活動發生影響的案例。比如，在所謂的「無產階級司令部」中，就至少有林彪、江青和康生三人在文革前就被醫生正式或比較正式地診斷為各種類型的精神病患者。[3] 儘管研究者們至今無法接觸他們的詳細病歷，但從現有的材料裡便不難證明他們的心理疾病對他們的文革活動和他們處理政治危機時的態度發生了重大影響。文革一直被大多數的中國人認為是一個不

2　皮埃爾‧阿考斯、皮埃爾‧朗契尼克合著，郭宏安譯，《病夫治國》（*Ces maladies qui nous gouvernent*）（南京：江蘇人民出版社，2005），頁1-21。

3　詳情參見本書第一、二、三、七章中的論述。

可理喻的「瘋狂年代」。如果大眾知道當年在領導和指揮文革進程的無產階級司令部裡，至少有三個至關重要的角色其實是精神病患者，可能也會對那個年代的「瘋狂」發出一聲無可奈何卻恍然頓悟的長嘆吧？

關於用精神病理學來研究政治人物的學術目的，哈羅德・D・拉斯韋爾有過一段這樣的至理名言：

嘗試的目的並不是為了證明政客都「精神錯亂」。實際上，對於揭示不同公共人物的發展輪廓這一核心問題來說，具體的病理是次要的。我們的工作並不是要以犧牲該人格的主要模式為代價去列舉相應的症狀。盧梭是偏執狂，拿破崙有個部分萎縮的生殖器，亞歷山大（Alexanders）、凱撒（Caesars）和布盧徹（Bluchers）都是酒鬼，加爾文（Galvin）為濕疹（eczema）、偏頭痛（migraine）和腎結石（kidney stone）所困擾，而俾斯麥有歇斯底里症，林肯有憂鬱症，羅伯斯庇爾（Robesnierre）顯示出懼內的特徵，還有馬拉（Marat）患有關節炎（arthritis）、糖尿病（diabetes）和濕疹，如果我們只了解這些，那麼我們還沒有結束研究。雖然精神病理學合理且實用，但病理學並不是我們研究的終極目的。……答案可以這樣簡單地給出：我們想要發現那些對於政治特徵和興趣都極其重要的閱歷。這意味著我們想要找到隱藏在那些煽動者、管理者、理論家以及其他活躍在公共舞台上的人

物背後的東西。[4]

　　同樣，本書用心理學的方法，透視了毛澤東的情欲和私生活。然而研究的聚焦，並不是要「胡亂收集一些反映早期經歷與政治特徵和興趣之間關係的孤立的秘聞」，[5]而是為了揭示為人們忽略的重大政治現象背後的私生活因素，以及毛澤東的情欲又怎樣戲劇性地導致了文革進程的風雲變幻。本書對文革領軍人物毛澤東、林彪、周恩來、江青等人的心理分析又絕不只限於他們的私人情欲，而是大大地擴展到其他的一切非理性的精神活動，如病態人格、妄想猜疑、潛意識情結等等。但筆者的研究則一直專注於看來偶然的因素如何導致他們本來就錯誤的政治活動進一步失控，從而大大加重了文革的災難程度。

　　說來有趣的是，馬克思主義對歷史的偶然性和傑出人物的非理性活動對歷史的影響並不取完全的否定態度。被稱為「俄國馬克思主義之父」的格奧爾基・普列漢諾夫（Georgi Plekhanov）在1889年曾專門寫過一本《論個人在歷史上的作用問題》，對上述問題做了有益的探討。例如他充分肯定了法皇路易十五的個人情欲對歷史造成的重大改變。在法國參加的七年戰爭（1756-1763）中，[6]僅僅因為路易十五的情婦蓬帕杜爾

<hr>

4　哈羅德・D・拉斯韋爾著，魏萬磊譯，《精神病理學與政治》（北京：中央編譯出版社，2015），頁7-8。

5　同上。

6　七年戰爭（1756-1763）指普魯士、英國和葡萄牙為一方同法國、奧地利、俄國、薩克森、瑞典為另一方之間進行的戰爭。引起這場戰爭的主要原因是奧地利企圖收回西里西亞以及英法爭奪在加拿大和印度的殖民地。

夫人為滿足被奧地利皇室女友吹捧的虛榮，法國和奧地利結成了聯盟，造成了戰爭的爆發。戰爭的結果使法國失去了自己最好的殖民地。[7] 對此，普列漢諾夫總結道：

> 假如路易十五不是如此好色成性，或是說，假如他這位寵妃沒有干預政事，那麼事變的結果就不會這樣不利於法國的。……由於蓬帕杜爾夫人的過失，因為她始終都想在她那位「親愛的女友」瑪麗亞─特列莎面前討好。由於七年戰爭的結果，法國喪失了最好的殖民地領土，結果無疑是對法國經濟關係發展進程有過重大影響。在這裡，女人的虛榮心理竟成了影響經濟發展的一個強大「因素」。[8]

普列漢諾夫基本上同意法國作家聖伯甫關於「許多細小曖昧而不可捉摸的原因」對歷史的影響，甚至還以讚賞的口吻肯定了聖伯甫所引用的一句有關埃及女王因她的美貌改變了歷史的名言：「如果克留帕特拉皇后的鼻梁生得短一點，歷史進程也許會成為完全另外一個樣子。」[9] 普列漢諾夫所揭示的政治人物的情欲對歷史進程的影響，我們在毛澤東的文革活動中也屢

7　七年戰爭後法國被英國從加拿大和印度排擠出去了。

8　普列漢諾夫，《論個人在歷史上的作用問題》，載《普列漢諾夫哲學著作》（北京：生活・讀書・新知三聯書店，1961），卷2，頁355-356。

9　同上，頁357。此句名言原出自於帕斯卡爾的《思想錄》，參看該書商務印書館中譯本1985年版，頁79。克留帕特拉皇后，現譯為克麗奧佩脫拉（前69-前30），為著名埃及女王，曾以其美貌先後充當羅馬統帥凱撒和安東尼的情婦，獲得他們的傾心和支持，保護了國家免受羅馬的併吞，並欲藉以恢復托勒密王朝昔日的榮耀。

見不鮮。可惜的是：在中國大陸目前的政治大環境下，可以允許研究歷代帝王將相的情欲和私生活對政治的影響，但絕不允許研究執政黨的「無產階級偉大領袖」和「中央首長們」的情欲和私生活對政治的影響，哪怕是用「馬克思主義」的理論來研究也是被絕對禁止的。

本書的理論框架和研究方法並沒有畫地為牢在政治心理學的單一的領域，而是盡可能地海納百川、有容為大。除了廣泛地使用傳統的政治學、社會學、史料學等方法外，筆者還嘗試借用一些非傳統史學的原型批評和接受美學等視角來分析文革的政治現象。例如，1976年1月8日周恩來逝世後，上海《文匯報》曾有過在全國引起了軒然大波的「三·五」和「三·二五」的報導：1976年3月5日，《文匯報》夜班編輯在編排一篇新華社關於部隊學雷鋒的電訊稿。因為已經拼好的版面篇幅關係，便刪去了包含周恩來題詞內容（並非題詞本身）的段落。時值周病逝不久，這一正常的編輯工作便被細心的讀者憤怒地指責為「反對周恩來」。一波未平，一波又起。3月25日《文匯報》刊登了一篇上海儀表局通訊員對該局批鄧反擊右傾翻案風的報導，文中有一句「黨內那個走資派要把被打倒的至今不肯改悔的走資派扶上台」。按該報基層通訊員的解釋，「黨內那個走資派」是指當時受批判的鄧小平，後者是指周榮鑫和胡耀邦等。但憤怒的讀者並不這麼理解，他們認為前者是影射周恩來，後者才是指鄧小平，於是引發了全國性的抗議浪潮。儘管這兩個事件在粉碎「四人幫」以後都是中央專案組的清查重點，但事與願違，他們最後也只能得出其中實際上不存在反周陰謀，相反只是讀者的誤讀誤解的結論。今天我們如何

看待這些讀者的誤讀和誤解引發的政治風波？筆者借用西方比較文學（文化）中的接受理論（reception theory）來做更深入的透視。接受理論或接受美學（Aesthetic of Reception），是由德國康茨坦斯大學文學史教授堯斯（Hans Robert Jauss）在20世紀60年代末、70年代初提出的。[10] 他認為，作品的美學實踐應包括文本的生產、文本的流通和文本的接受三個方面。文本的接受是讀者通過自身的審美經驗「再創造」作品的過程，它常常發掘出作品中的種種讀者認定的但不一定是作者本意的意蘊。當然，讀者接受活動受自身審美經驗的積累和政治歷史條件的限制，從而產生一種對某種作品的定向的「期待水準」。如果我們把上述讀者接受活動中的「自身審美經驗的積累和政治歷史條件的限制」理解成為文革前和文革中中共宣傳部門對讀者進行的長期的為「革命研究歷史」的捕風捉影的教育，和發表在各種報刊的牽強附會的影射史學的文本，便不難理解為什麼讀者會對張春橋等人控制的《文匯報》產生「陰謀批周」的誤讀。因為他們在文革這一特殊的「政治歷史條件」中積累的「審美經驗」，便是任何談歷史的文本中都有對當代政治影射的可能性——這就是他們的「期待水準」。細究起來，張春橋還是文革中這一導致讀者誤讀的「期待水準」的創世鼻祖之一。他參與寫作的姚文元的《評新編歷史劇「海瑞罷官」》（也發表在《文匯報》），[11] 就誤讀了吳晗，把寫於1960年的

---

10 堯斯的代表作可見 Jauss, Hans Robert. *Toward an Aesthetic of Reception*. Trans. Timothy Bahti（Minneapolis: University of Minnesota Press, 1982）.

11 載《文匯報》，1965年11月10日。

這一歷史劇硬和1961年的所謂單幹風、翻案風聯繫起來。當然，張春橋和姚文元的「誤讀」是有意的政治陷害，而群眾對《文匯報》有關文章的誤讀則出於無意的憤懣，其接受方式不過是以其人之道，還治其人之身罷了。然而，誤讀畢竟是誤讀，不是事實真相。經過近半個世紀的時間積澱，我們沒有任何必要再讓歷史對真相保持任何沉默。

本書力圖展現給讀者的是一個多維視野下的眾聲喧譁、風雲變幻的文革。除了「心理分析」的透視和觀照外，還有對政治現象和政治人物背後蘊藏的「文化基因」的挖掘。基因研究是20世紀最重要的生物學成就之一，它為整個人類打開了一個通向生命本質的新宇宙。1976年，英國演化生物學家理查・道金斯（Richard Dawkins）出版了《自私的基因》（*The Selfish Gene*）一書，[12] 在書中他創造出了Meme 一詞，來描述人類進化中的文化複製的概念。因而，Meme 一詞在中文裡常常被譯為「文化基因」。近年來，「文化基因」一詞在中國大陸成為非常時尚性的的詞彙，已經出版了幾十本專著和上百篇論文。[13] 其中對執政黨及其領導人的「紅色文化基因」的追蹤，更帶有明顯的諂媚的味道。但所有這些研究，都刻意迴避了中國文革和當前的政體中飽含了數千年皇權專制社會的文化基因的課

---

12 中譯本分別由吉林人民出版社和北京中信出版社在1999年和2012年出版。

13 這方面的專著大約有近20本之多，其中冠名同為《文化基因論》的就有吳秋林（北京商務印書館，2017）和王肇基（北京人民日報出版社，2005）兩本。另外還有夏興有和郭鳳海的《中國道路的文化基因》（桂林廣西人民出版社，2017）；毛文熊的《中華文化基因》（蘭台出版社，2005）；葉青山的《文化基因解密》（北京人民日報出版社，2005）等等。

題。毛澤東曾經自喻為「馬克思加秦始皇」。[14] 毛澤東對自秦朝開始建立的皇權專制體制也一直頗有心儀、稱道不已。在他一生的最後一首七律詩裡，毛揮筆寫下：「勸君少罵秦始皇，焚坑事業要商量。祖龍雖死秦猶在，孔學名高實秕糠。百代都行秦政法，十批不是好文章。熟讀唐人封建論，莫從子厚返文王。」[15] 無論是文革前還是文革中，毛一直在美化秦始皇，高度讚賞秦始皇創立的皇權專制的政治體制，認為它能夠使國家強大穩定。言為心聲，其實毛文革所創立的所謂的「無產階級專政下繼續革命」的新社會，也不過是中國皇權專制的一個新的變異。 不同之處，只是在於把皇權體制的舊瓶裝入了馬克思主義和毛澤東思想的革命新酒而已。換句話說，在文革中浮現的種種光怪陸離的政治現象中，研究者其實是不難挖掘出其古老的皇權專制體制文化基因的。因而，本書的另一個研究重點，還在於追溯和比較文革中重要人物的政治行為、特殊的歷史現象和中國數千年來的皇權政治體制的「剪不斷、理還亂」的無意識積澱式的關聯。

---

14 此說在學界流傳極廣。據中國大陸研究毛澤東的學者蕭延中披露，源出於：「1963年，毛澤東在會見郭沫若、巴金、周揚、老舍等等老作家時直言不諱地說：『我知道你們中有的人罵我是秦始皇，我很清楚你們腦子裡想的是什麼。我要說你們罵我是秦始皇，其實是沒罵成我反而誇獎了我。我說你說的還不對，還不夠，我不光是秦始皇，還是馬克思加秦始皇，比秦始皇還要偉大很多倍！』」載蕭延中，〈讀懂毛澤東，需要理解這三個源流〉，載《新法家》網站，http://www.xinfajia.net/15896.html。

15 毛澤東，《七律·讀〈封建論〉呈郭老》（1973年8月5日），載中共中央文獻研究室編，《建國以來毛澤東文稿》（北京：中央文獻出版社，1998），第13冊，頁361。

　　在本書的成書過程中，筆者和以北美華裔學者為主的同行們[16] 在20世紀末起步，21世紀初完成了題名為《中國當代政治運動史資料庫，1949-1976》的系列史料工程。其中，香港中文大學中國研究服務中心出版了《中國文化大革命數據庫，1966-1976》（2002）和《中國反右運動數據庫，1957-》（2010）。接著，美國哈佛大學費正清中國研究中心又在2013年和2014年出版了《中國大躍進：大饑荒數據庫，1958-1962》和《中國五十年代初中期的政治運動數據庫：從土地改革到公私合營，1949-1956》。至此，這一浩大的歷史工程終於初步完成了。迄今為止，整個數據庫系列收集了共約43,000份原始文獻，大約120,000,000 中文字（一億兩千萬字）。筆者感到十分幸運的是，這個龐大的數據庫系列為本書的寫作提供了堅實的文革史料學的基礎。

　　本書最終得以付梓，頗得不少中美學界師友們的寶貴支持和修改意見，筆者借此表達深切的謝意。他們是：馬若德（Roderick MacFarquhar）、魏昂德（Andrew Walder）、林培瑞（Perry Link）、劉再復、熊景明、高華、郭建、程曉農、孫萬國、唐少傑、丁凱文等。這裡更要感謝我多年文革研究的風風雨雨中的好友，著名文革研究學者徐友漁和郭建教授。友漁為我寫了讚賞有加的序，郭建為我認真地通讀了全稿，提出了從錯別字到史實核准的寶貴意見。

　　本書能在臺灣出版，首先要感謝中央研究院院士、臺灣大

---

16 他們是丁抒、郭建、周原、沈志佳、周澤浩、王友琴。還有來自臺灣和大陸的學者石之瑜、何蜀、李曉航、董國強、謝詠和余習廣。

學歷史學系教授陳永發博士，他不僅向出版社引薦，還特地為本書向臺灣的讀者寫了熱情洋溢的序。另外，我多年在臺灣學界的好友，中央大學的李瑞騰教授和臺灣大學的石之瑜教授，也都在收到我書稿後的第一時間推薦了拙作。

最後，筆者想說的是：一本書的完成絕不是一個研究課題的結束。相反，無論對筆者還是同行們來說，應當是更新的和更漫長的精神探索歷程的開始。

宋永毅
2021年春於美國加州州立大學洛杉磯分校

第一章

情欲與人格
文化大革命和非理性的毛澤東

　　現代心理學認為：理性是人所特有的一種精神屬性，它主要是指人遵循一定的邏輯規則和邏輯程序而進行的感覺、知覺、表象、概念、判斷、推理等自覺的意識和思維活動。在人的社會和政治生活中，理性起著極大的作用：客觀規律的發現，政策和法律的制定，社會秩序的維持，社團生活的協調，都要依靠理性的力量。但是，人作為主體，其精神生活絕非是純理性的，在它的彼岸，存在著情感、欲望、意志、直覺、理想和幻想、靈感、潛意識、習慣等等的不自覺地、自發的、偶然的、非邏輯的精神活動。這些便是人的非理性因素和非理性的精神活動。[1]

1　有關本文中「理性」和「非理性」的定義，可參考下列中英文著作：Richard Wolin, *The Seduction of Unreason: the Intellectual Romance with Fascism: from Nietzsche to Postmodernism*（Princeton, N.J.：Princeton University Press, 2004）; John Dunn. *The Cunning of Unreason:Making Sense of Politics*,（New York：Basic Books, 2000）；Jonathan Baron, *Rationality and Intelligence*（Cambridge University Press, 1985），吳寧，《社會歷史中的非

　　作為文化大革命發動者的晚年毛澤東，一直是文革研究的持續不斷、卷帙浩繁的熱點所在。然而，海內外的大多數的研究還主要是集中在研究毛澤東的理性的層面，諸如他的思想、理論、政策等等。而對他一手發動和領導的文革中存在的大量非條理化、非規範化、非邏輯化、非程序化的精神現象，至今還缺乏足夠的研究。

　　人是唯一有理性的存在，但理性並非人的一切。就毛澤東和文革研究而言，他的非理性因素的作用更有其重要的意義。一方面，因為他作為文革中中國唯一的偉大領袖，他的非理性對歷史進程起到了一般的人、甚至所有「中央首長」的總和都起不到的巨大作用。另一方面，種種他個人的非理性因素——他的意志、情欲、幻想、猜疑等等在晚年的毛身上表現極為突出。其中他的私人情欲、病態人格、潛意識情結更導致他本來就錯誤的決策中非理性因素的失控，大大加重了文革的災難程度。最後，不研究毛澤東非理性的一面，甚至不符合他對自己的客觀評價。毛澤東自己從不諱言、更自傲於他自己的非理性行為。例如，在文革中他曾公開自喻為「我是和尚打傘，無法（髮）無天」。[2] 作為20世紀最大的獨裁者之一，他的種種非理性行為導致了中華民族甚至是整個當代世界史上的最大的人道災難。

　　凡此種種，都凸顯出了一個非理性的、至今缺乏系統研究

理性》（武漢：華中理工大學出版社，2000）；胡敏中，《理性的彼岸：人的非理性因素研究》（北京：北京師範大學出版社，1997）；夏軍，《非理性的世界》（上海：上海三聯書店，1993）。

2　Edgar Snow, *The Long Revolution*（New York：Vintage, 1971）. p. 175.

的毛澤東。

被掩蓋了的真相：政治現象背後的私生活因素

　　人的情欲和性欲在社會關係所允許的時候、範圍和程度內，對社會歷史的發展產生的重大影響卻是毫無疑問的。如果沒有人的情感和性欲，血親關係和婚姻關係等重要的社會關係是無法形成的。而這些社會關係一旦形成，對處於社會峰頂的政治領袖的影響便常常不可低估。在中國古代數千年的政治史中，君王因私人情欲的原因、或因荒淫無道而直接導致國家衰亡、或因專寵后妃造成後宮干政，陷整個王朝於混亂中的例子都不勝枚舉。前者有商紂王殷辛、秦二世胡亥、隋煬帝楊廣、明世宗朱厚熜等，後者也有唐高宗與武則天、清咸豐皇帝和葉赫那拉氏（慈禧）等故事。甚至在文明社會裡，人的情欲和性欲也常常插足到重大的政治生活中去。如果不提凱撒大帝和埃及女王的風流豔史，便不能全面地揭示羅馬帝國興盛和衰落。英國的新教改革儘管有更深遠的根源，但亨利八世不斷喜新厭舊的離婚案卻是它的直接原因。[3]

　　說起「后妃干政」，人們很可能會自然地想到文革中的江青，並認為她在文革扮演的不可一世的角色是她作為毛所寵

3　亨利八世（Henry VIII, 1491-1547），是英格蘭亨利七世次子，都鐸王朝第二任國王，1509年4月22日繼位。亨利八世為了休妻另娶新皇后而與當時的教宗反目，推行英格蘭宗教改革，並通過一些重要法案，容許自己另娶，並將當時英國主教立為英國國教，自己成為英格蘭最高宗教領袖，並解散教廷在國內的修道院，使英國王室的權力因此達到頂峰。

愛的「夫人」的結果。其實，這裡有很大的誤解，因為江青的「干政」實際上首先是她在毛的私人情欲中失寵的結果。1949年中共建國時，江青不過35歲，尚是一個風韻猶存的年齡。但是她和毛在豐澤園中已經分居兩室，很少得到毛的眷顧了。顯然，這和毛澤東的多次婚姻中一貫的有始無終、喜新厭舊的特點有關。但另一方面，江青在那時不幸得了嚴重的婦女病——子宮頸口糜爛，後來又被診斷為子宮癌去蘇聯治療。對於性欲極為旺盛的毛澤東來說，疾病也使她自然在實質上失去了毛在性關係上對她的寵愛。但是，毛澤東礙於他偉大領袖的名聲，既不想離婚，又想滿足他的婚外淫欲——「既要做婊子，又要立牌坊」——這就必須要得到他的合法夫人江青的默認。當然，如同任何一樁民間法庭外了結的這類「不離婚案」一樣，這種默認也必然是丈夫對他名義上的妻子的補償為必要前提的，只不過毛對江的補償不是在金錢上而是在政治上。根據在毛身邊多年的工作人員在文革中的回憶：「毛和江談了一次話，有了『協議』，毛向江點明了自己的私生活問題，毛要江不要過問毛的私生活，代價是毛在政治上提拔和保護江。」[4]

　　根據專門研究毛澤東婚姻和私生活問題的中國大陸女學者陳小雅的考證，毛江之間的夫妻關係的戰略調整早在50年代初就開始了：

　　　　妻子疾病的發現，對於一個「不能再娶」的丈夫來

4　李志綏，《毛澤東私人醫生回憶錄》（台北：時報文化出版公司，1994），頁508-509。

說，自然是生活中的一件大事。接踵而來的問題自然
是，如何調整安排他們之間的關係？如何安排妻子的角
色？如何過新生活？……為了適應這個調整，江青對
外也大造輿論，宣稱自己和毛澤東早已沒有「夫妻生
活」，他們的關係，只是「政治夫妻」。對此，毛澤東
也不諱言，予以配合。[5]

然而，江青畢竟是毛名義上的夫人，毛在外面不斷升級的
拈花惹草自然傷害了她原來就十分敏感的女性自尊，加劇了她
對於隨時可能失去的合法的「夫人」的地位的心理恐懼。為了
消除這種恐懼，她又渴望通過在政治上充當毛的得力打手，不
斷攫取權力，來和毛保持長期利益上的一致的政治夫妻關係。
正是這種病態的恐懼和野心，使得江青從延安時期一個性格溫
順的女子在1949年後變為一個刻薄待人、歇斯底里的怨婦，從
而在文革中更成為一個瘋狂報復、暴戾恣睢的政治毒婦。舉江
青在文革中對劉少奇夫人王光美的報復為例，就有很大的文革
前她對毛的情欲導致的防衛性的猜忌。根據近年出版的王光美
的回憶錄，毛澤東在50、60年代非常喜歡請年輕漂亮的王光美
一起游泳，還派秘書專車接送。據王光美回憶，有一次竟然發
生了這樣的醋海生波：

　　游完泳上來已經是晌午，主席留我們吃飯。飯擺好了，

5　陳小雅，《中國「丈夫」：毛澤東情事》（香港：共和〔香港〕出版有限
　　公司，2005），頁337-338。

江青還沒有來，催了兩次，仍不見蹤影。大家說：「請主
席先用餐，好早點休息，我們等江青同志來了再吃。」毛
主席說：「咱們一起吃吧！」大家剛坐好，江青回來了。
她一見這場面很不高興，立即沉下臉來，生氣地說：「文
章是自己的好，老婆是人家的好。」[6]

雖然王光美當場陪笑、平復了江青的情緒，但江青的猜忌
無疑導致了她在文革中對王光美的「兩個女人間的戰爭」。歷
史不能假設，即便是楊開慧在世或賀子珍仍然是毛的夫人，她
們也完全可能在文革中充當毛的政治工具。但如果毛和江在中
共建國以後的夫妻性關係和諧、江青沒有因上述病態的恐懼和
渴望所造成的陰暗心理和瘋狂個性，文革在某些領域內所造成
的人道災難至少會有所減輕。這裡毋庸諱言的是：江青文革中
的不可一世和她文革後的可悲下場很大程度上皆根源於她身後
那位尋花問柳的風流丈夫的情欲。

提到毛澤東對文化大革命的預謀和發動，就不能不提1961
年春天震動中共上層的對毛的「竊聽事件」。根據近年一篇發
表在《北京日報》上的署名文章，這一「竊聽事件」的梗概如
下：

1961年春，毛澤東乘坐專列到廣東、山東一帶調查研
究。某日，毛澤東和一位服務員在專列辦公室談話。談話
結束，服務員步出，恰遇另一專列工作人員。這位工作人

6　黃崢，《王光美訪談錄》（北京：中央文獻出版社，2006），頁200。

員得意地告訴服務員，他知道剛才毛澤東與服務員的談話內容。服務員問他為何知道，那位工作人員便展示了錄音裝置及設備。服務員轉身便向毛澤東作了匯報。毛澤東聞訊後，大發雷霆。「秘密錄音」的事情就這樣鬧大了。[7]

　　這裡，官方的報導掩蓋了最重要的史實，即這位「服務員」的性別及她和毛的關係：這位「服務員」是一位青年女性，是和毛澤東有性關係的「女友」，即情婦。更重要的是，這位負責錄音的工作人員錄下的是她和毛在專列中發生性關係的浪聲淫語。在毛的這位「女友」向毛作了匯報後，毛澤東當即惱羞成怒、大發雷霆，指責為「特務手段」。其實，對毛澤東的錄音是中央書記處1958年12月決議，1959年開始執行的。這是當時主持中央第一線工作的劉少奇、鄧小平、周恩來、彭真等人為了緊跟毛澤東而採取的一個拍馬屁的決定。把毛澤東外出時的談話都錄下來，就能使他們隨時了解毛的政治思路，以便在他們的工作中採取主動、討毛的歡心。沒想到在陰差陽錯之中錄下了毛的私生活放縱，又被毛的「女友」告密——馬屁拍到了馬腳上。引發了一場毛勃然大怒的政治風暴。

　　雖然事情的最後替罪羊是由具體執行這一錄音計畫的中共中央辦公廳主任楊尚昆、毛的機要室主任葉子龍和劉少奇秘書、周恩來秘書等人，[8] 但是毛心裡清楚得很：他們背後是劉少

7　巴人，〈毛澤東震怒——震動高層的「竊聽事件」〉，載《北京日報》，2007年6月19日。

8　最後的處理自然對那位來自農村的姓劉的錄音員最重，據李志綏回憶：他被立即送去陝西勞改。另據北京的知情者告知：直至文革結束都沒有「解

奇、鄧小平、彭真等人。對於中央一線領導人「想留下毛談話的資料，以後好寫黨史」的解釋，毛反詰道：「他們是不是從現在就開始準備赫魯曉夫式的黑報告？」——可見毛完全把它看作是中國式的「水門事件」。[9]

根據自始至終在事件現場的毛的醫生李志綏回憶，這一「竊聽事件」才是毛和劉等人關係敵對化的一個轉折點，它對毛以後發動文革產生了極大的影響：

> 毛的私生活的放縱早已是領導間公開的秘密，因此毛最大的恐懼還是在對他權力的潛在威脅。……毛認為這是「中央這幾個人」——也就是其他中央常委和書記處——針對他的行動，採取的特務手段。結合這些年來反斯大林的經驗，他認為這是反他的準備行動之一。很自然，從這時起，他對「中央」的隔閡增加了，懷疑更大了。這些疑懼都在文化大革命時爆發出來。[10]

文革一開始，楊尚昆便被調離中共中央辦公廳主任的職務，繼而被打成「彭羅陸楊」反黨集團成員。中共中央1966年5月24日文件〈中共中央關於陸定一同志和楊尚昆同志錯誤問題的說明〉裡，楊被指責為：「他不顧中央多次關於禁止安設竊聽器的決定，背著中央，私設竊聽器，私錄毛主席和常委同

放」。

9　李志綏，《毛澤東私人醫生回憶錄》，頁354-355。

10　同上。

志的講話，盜竊黨的機密。」[11] 在這一反黨集團中，至少有兩人：楊尚昆和彭真和這一由毛的私人情欲引發的「竊聽事件」有直接關聯。為此我們完全有理由懷疑：毛對劉少奇等一線領導人的仇恨極可能在更大程度上源於他的非理性因素。

　　然而，毛對於自己放蕩的私生活的態度是極端虛偽的。一方面，他肆無忌憚。另一方面，他又要欺世盜名。為此，他對於任何一點可能的影射都會無端猜疑、惱羞成怒，引發出新的政治風暴來。顧名思義，文化大革命是在文化領域內肇始的。其中發生於1963年的「批鬼戲」的風波是文革的重要先聲。但有趣的是，這場風波的發端便和毛的非理性私人情欲有很大關係。1963年初，經手下工作人員提議，毛為了消遣調新編崑曲歷史戲《李慧娘》來中南海演出。不料該戲的內容是將南宋末年奸臣賈似道私生活淫亂，在西湖殘殺想爭取愛情自由的寵姬李慧娘，結果李慧娘化作厲鬼向賈復了仇。無巧不成書，在毛看此戲之前，他的一個女友向他提出要和外面自由戀愛的男青年結婚，但是毛不肯批准。她為此罵毛是「典型的資產階級玩弄女性」，被毛端下床去，剛剛鬧出了一個不小的宮闈風波。為此，毛馬上下意識地認為此戲是在影射他同樣是驕橫淫逸的私生活：

　　當演出至賈似道攜帶眾姬妾遊西湖微逐歌舞，遊船中途遇到裴生，李慧娘脫口而說：「美哉少年」時，我心知

11　宋永毅主編，《中國文化大革命數據庫，1966-1976》網路版（香港：香港中文大學中國研究服務中心，2002-2021）。

道不妙了。西湖恰好是毛最喜歡去的地方。接下來演氣憤
異常的賈似道殺死寵妾李慧娘。我記憶中演員穿了白衣翩
翩舞蹈的一幕，原來就是心猶未甘的李慧娘化作鬼魂，向
賈似道報仇的情節。當我看到毛的神態一變。毛除了偶然
大發脾氣外，很少讓他的不悅流露於外。但我學會觀察他
情緒的變化──鎖緊眉頭，眉毛高挑，身體僵直。我心想
犯了忌諱了，好像以戲劇演出來嘲弄他玩弄女性和年老
荒唐。這情節使人想起了毛不准機要員和她的愛人結婚的
事，她那時罵毛是「典型的資產階級玩弄女性」。[12]

　　果不其然，毛馬上發動了對《李慧娘》和所有「鬼戲」的
批判。一方面，他讓江青找上海柯慶施在《文匯報》發表罕見
的長達一萬三千多字的文章，題目是〈駁「有鬼無害」論〉，
猛烈抨擊《李慧娘》等鬼戲「發揮『異想遐思』，致力於推薦
一些鬼戲，歌頌某個鬼魂的『麗質英姿』，絕不能說這是一種
進步的、健康的傾向。」[13] 1963年3月29日，中共中央還正式發
出文件指責近幾年來「鬼」演出漸漸增加，有些在解放後經過
改革去掉了鬼魂形象的劇目又恢復了原來的面貌，甚至有嚴重
思想毒素和舞台形象恐怖的「鬼戲」，也重新搬上舞台，「更
為嚴重的是新編的劇本（如《李慧娘》）亦大肆渲染鬼魂，而
評論界又大加讚美，並且提出『有鬼無害論』來為演出『鬼
戲』辯護。」報告要求全國各地，無論在城市和農村，一律停

12　《毛澤東私人醫生回憶錄》，頁388-389。
13　梁璧輝，〈「有鬼無害」論〉，載《文匯報》，1963年5月6日。

止演出有鬼魂形象的題材。」[14] 就這樣，一次由毛偶然看戲、毫無道理地懷疑該戲「影射」了他的私生活的小事，釀成了一場政治上的軒然大波，成為後來文革的導火索。還為後來批吳晗的《海瑞罷官》開創了從「影射史學」入手進行上層政治鬥爭的先河。當然，該戲的編劇孟超也因此被打成向無產階級文藝路線進攻的「黑典型」，在文革中被殘酷迫害致死。

據毛澤東身邊工作人員的回憶：「竊聽事件」還使毛身邊最貼身的工作人員的性別發生了極大的變化，從50年代的男衛士群體變為60年代的「女友」群體。如同李志綏所說：「使他更為震動的是，錄音安裝了幾年，身邊的人竟然沒有一個向他『通風報信』，最後讓他知道了『情況』的是他的『女友』。由此，他認為身邊的人並不可靠，比較可靠的是『女友』，這些人往往告訴他真的情況。」[15]

隨著文化大革命的展開，毛身邊的年輕的性夥伴有增無減。對這些圍著他的「女友」，他常常懷有一種征服欲和性幻想交織的心態。在他晚年和孟錦雲、張玉鳳等最親密的女友談論《紅與黑》和香港電影《雲中落繡鞋》等作品中情欲關係時，他總是把兩性關係解釋為一種征服者的「階級戰爭」，並把這種有權者對無權者的權力征服和男性對女性的暴力占有合理化。[16] 一方面，毛的這種權力征服欲是一種古已有之的君王

---

14 〈中共中央批轉文化部黨組「關於停演『鬼戲』的請示報告」〉，載《中國文化大革命數據庫，1966-1976》。

15 《毛澤東私人醫生回憶錄》，頁354-355。

16 郭金榮，《毛澤東的黃昏歲月》（香港：天地圖書有限公司，1990），頁161-164、195-198。

心態：古代的君王常常把被自己征服的部落和國家的后妃變為
自己的女奴和嬪妃。而只有在性方面占有了她們後，才認為自
己獲得了徹底的勝利。而她們也才因此而成為可靠的自己人。
另一方面，毛又常常把自己幻想為《紅樓夢》裡的賈寶玉，理
應得到眾多美女的青睞和忠誠，乃至他的「女友」有一次都在
背後笑他「分不清楚人家對領袖的熱愛和男女的相愛」。[17] 毛
的這種奇怪的心態造成了他「把女人做享樂工具外，還做政治
工具。如江青說她是毛的一條狗，要她咬誰就咬誰……利用性
關係為政治服務，毛是史無前例的」。[18] 作為他的政治工具，
毛的「女友」有時也給他帶來極大的政治利益。例如，林立果
和他的「小艦隊」要刺殺毛的陰謀，就是他的一個「女友」
（謝靜宜）通過她在空軍黨委辦公室工作的丈夫（蘇延勳）得
到消息後及時密報毛的。[19]

　　但是，毛的「女友」們有時也會出於自身文革中的派別利
益，向毛報告一些片面的消息。而毛出於自己的膨脹的情欲需
求又答應了她們的要求。其結果是反而破壞了他自己一手建立
的權力制衡。1967年震動全國的「五‧一三事件」便是這樣的
一例。

　　「五‧一三事件」是1967年5月13日發生在北京展覽館禮
堂的一場小型武鬥。武鬥的雙方是：（一）演出派，即「老三
軍派」。是1966年冬至1967年春，在空軍機關、海軍機關、總

17　《毛澤東私人醫生回憶錄》，頁343。

18　《反叛的御醫：毛澤東私人醫生李志綏和他未完成的回憶錄》（香港：開
　　放雜誌社，1997），頁29。

19　丁抒，〈毛澤東和他的女譯電員〉，載香港《開放》雜誌，2000年4月號。

後勤部機關和它們所屬的文體單位、院校，群眾組織中的所謂「保守派」。他們在空軍中保吳法憲；在海軍中保李作鵬，在總後保邱會作，人數較少；（二）「衝派」，即「新三軍派」。他們反吳法憲、李作鵬、邱會作，即所謂「造反派」，人數較多。當時的「造反」是得到「無產階級司令部」，如中央文革和周恩來支持的。軍內的肖華（時任總政治部主任）、楊成武（時任代總參謀長）隨之也在一定程度上支持這一大派。最初，周恩來堅決要求兩派聯合演出，想建立和鞏固軍內在林彪嫡系吳法憲、李作鵬、邱會作等人和比較傾向於毛自己掌控的肖華、楊成武之間的權力制衡。[20] 這樣，從全國的權力格局上來講，也在以江青為代表「文革派」和林彪軍人集團之間建立了必要的政治平衡。

可是，這一微妙的平衡被毛自己打破了。毛在1967年4月在他中南海的臥室見了他在空政文工團的女演員、他的「女友」劉素媛、邵錦輝等人。劉在文工團是保吳法憲的絕對少數派，她一見了毛就哭訴：「造反派在文工團奪權後，就將三人趕出宿舍⋯⋯她們已經在街上轉了三天。」

　　毛見了劉和另外兩個，說：「他們不要你們，我要你們。他們說你們是保皇派，你們保的是我嘛，我就是那個『皇』囉。」劉從和毛的「特殊關係」中得到不少好處。

---

20 文革開始後，由於原來處理軍委日常事務的羅瑞卿、賀龍等人先後被打倒，軍委成立了一個由葉劍英、楊成武和肖華組成的「三人小組」，經毛澤東的批准處理軍委日常事務。這對於林彪軍人集團，事實上是一種制衡。

毛命中央軍委文革小組葉群替劉及另兩個女孩平反。葉不但照辦，還找來空軍司令員吳法憲，任命劉為空軍政治部文工團革命委員會主任。劉在短時間內便成為紅極一時的人物。自此後，劉和另外兩個女孩在中南海進進出出，常常一住下來就有五天十天。[21]

　　毛澤東非但讓他的「女友們」自己去找葉群，正陷於火熱的情慾泥沼中毛為了討好她們，還派了秘書徐業夫去找葉群。葉群也當然不會放棄這個大好機會用來擴張林彪等人對軍委的直接控制權。林彪秘書張雲生對葉群和劉淑媛等人的會面有如下的詳細記載：

　　1967年4月的一天，主席的秘書徐業夫到了毛家灣。葉群接待後，把我叫了去，說：「張秘書，我去接見空軍文工團的幾個演員，你跟我去做一下紀錄。」……葉群又神秘地悄悄地對我說：「不要小看她們，那是通天的！」在接見中，因為葉群深知她們和毛的特殊關係，便首先問她們：「你們經常去中南海，沒有問一下『最高』（指毛澤東）是什麼態度嗎？」劉淑媛回答說：「主席說，我也是保吳法憲的。」於是，葉群便積極地建議她們：「你們人少，可以找海軍、北京軍區、總後等單位同一觀點的串連一下，與他們聯合演出。」……葉群的主意確實發揮了作用。小劉等人經過串連，很快就和海政文工團、戰友文工

團一些同觀點的人聯合排練了一些小節目。5月13日，他們在禮堂舉行試驗演出，由於這一演出是背著軍內各單位文藝團體居於多數的對立面群眾組織高的，結果遭到了這些組織的衝擊。[22]

因為演出實際上是同一觀點的群眾組織的聯合，不同於周恩來和肖華指示的不同觀點的聯合演出，肖華當然勸他們不要演出。但因為有毛對這些通天「女友們」的承諾，林彪公開支持演出，便激發了武鬥。事後，林彪又利用這一事件、通過葉群幕後操縱，掀起了打倒肖華的政治風暴。

6月9日，林彪又帶上他的嫡系人馬和中央文革成員們再一次在人大會堂觀看了「老三軍」派的演出。新華社和《人民日報》都做了報導。此舉大長了「老三軍」的威風，大滅了「新三軍」的志氣。從此，林彪等人通過「三軍無產階級革命派」（即「老三軍派」）從中央文革手裡奪過了對群眾運動的指導權，就連紅得發紫的聶元梓都不得不奔走於它的門下。吳法憲、李作鵬、邱會作等人成了「林副主席直接支持的」「三軍無產階級革命派」的領袖。他們馬上在6月初組建了由吳法憲、邱會作和張秀川（李作鵬的副手）組成的「軍委臨時看守小組」——後來林彪的軍委辦事組的前身。接著，他們又都在「九大」進入了中央政治局，等到毛澤東意識到一個尾大不掉的林彪軍人集團已經對他的絕對權力形成威脅時，已經一定要

---

22 張雲生，《毛家灣紀實：林彪秘書回憶錄》（香港：存真社，1988），頁87-88。

動大手術來解決了。追溯毛澤東政治平衡格局的打破，竟然發端於他對那幾個「女友」的一時討好和情欲縱容。對此，毛在1970年廬山會議上和林彪鬧翻後有所覺察：

> 毛的女友劉和她兩位空軍政治部文工團的朋友，都不再允許進入中南海。劉和葉群、林彪關係密切，毛懷疑劉是林彪的特務。林立果現在空軍權傾一時，毛認為她們三人都是林立果派來的。[23]

所謂的「特務」之說，當然是毛的杜撰和自辯。但從中仍然可以看到毛的一絲不願說出口的悔意。

和1967年5月的「五・一三事件」的發生導致北京三軍內平衡的破局相比，近兩個月後毛秘密地到武漢，住在東湖招待所搞出來的「七・二〇事件」更是一個震動全中國的大事件。這一事件的發生其實是因為當時的毛澤東片面地支持武漢的一派（造反派），又想通過「最高指示」來壓服另一派（以「百萬雄師」為代表的保守派）和支持他們的武漢軍區。結果造成了軍區的獨立師（八二〇一部）和百萬雄師的群眾不僅扣押了毛的隨員王力、謝富治等人，還大規模地衝擊了毛秘密居住的東湖招待所。毛澤東本人被這一不尋常的「兵諫」嚇得不輕，趕緊坐飛機逃往上海。這一事件當時被定性為「一個徹頭徹尾的反革命事件」。[24] 1967年7月25日，北京天安門廣場還罕見地

23　《毛澤東私人醫生回憶錄》，頁508。
24　〈中共中央轉發湖北省委、省革委會、武漢軍區黨委「關於處理武漢

召開了百萬人的大會，林彪、江青都出席了會議，對武漢軍區和它所支持的名為「百萬雄師」的群眾組織進行了最嚴厲的聲討和迫害：「把一大批領導幹部打成『黨內一小撮走資派』；把八二〇一部隊誣衊為『叛軍』，武漢軍區主要領導同志被打成『軍內一小撮走資派』，許多部隊同志的家屬也被誣衊為『叛軍家屬』；把『百萬雄師』誣衊為『百匪』，『反革命組織』，這個群眾的領導人被打成『一小撮壞頭頭』，不少參加這個組織的成員家屬被誣衊為『百匪家屬』；甚至連同情八二〇一部隊和『百萬雄師』的廣大幹部和群眾也慘遭迫害。有的被抄家，有的被揪鬥，有的被長期關押，還有的被打傷、打死。」[25]

如果對毛澤東文革中的行蹤稍加留意，不難發現毛在1966年7月和1967年7月都有很長一段時間在武漢，住的又都是東湖招待所。據邱會作回憶：汪東興告訴他：武漢東湖是毛「最滿意」的秘密休息的地方。[26] 可能邱的說法還是過於隱晦了一點，在中共上層高幹乃至高幹子弟中，對於毛的這一「最滿意」的休息的地方秘密都早已經不是什麼秘密了。毛澤東在武漢東湖招待所的女招待員中有一個他很滿意的「女友」。據林彪女兒林立衡回憶，汪東興曾經告訴葉群和她：「別墅裡有一個……〔指『毛的女友』——筆者注〕主席捨不得離開，怎麼勸也不行。過去毛主席一去武漢，就捨不得走。幾乎每年要去

　　『七・二〇事件』的請示報告」的通知〉（1978年11月26日），載《中國文化大革命數據庫，1966-1976》。

25　同上。

26　程光，《心靈的對話》（香港：北星出版社，2011），頁144。

一次，一去就住幾個月……」林彪兒子林立果在文革中常常追尋毛的蹤跡，他也告訴過林立衡相同的發現。他還告訴林立衡：「總理、首長（林彪）和軍隊把他救出武漢，他不放心，也可能不好意思回北京，卻去了上海，住在高級別墅裡，……可是他一天也離不開……〔省略號指『女人』──筆者注〕，就叫汪東興用專機把劉某某〔即上文的劉素媛──筆者注〕等人立即送到上海，藏在一個小樓裡，怕江青知道，弄得江騰蛟、余立金很為難。」[27] 盛夏7月的武漢，是全中國四個「大火爐」之一，根本沒有任何避暑的功能。知道了這一秘密，我們便不難理解為什麼毛澤東一定要趨之若鶩的原因了。

　　然而，和歷史上任何一個放蕩淫逸君主一樣，他們都常常是要為自己的「權色交易」付出政治代價的。1974年年初由毛發動的「批林批孔」運動，本來的意圖是幫助江青等毛的嫡系幫派從周恩來、葉劍英等人手裡奪取更多的國務院和軍委的掌控權力。為此，江青和遲群、謝靜宜等人在1月24日、25日連續召開軍隊系統和國務院系統的「批林批孔」大會，會上江青公開點名葉劍英「開後門」送子女參軍上大學的問題。之後，江青、張春橋等人又在《人民日報》和地方報刊上刊出一系列高校清查「開後門」學員的文章，比較有名的有南京大學政治系工農兵學員鍾志民的〈一份退學申請報告〉等。[28]

　　20世紀70年代初，各地的掌權者，尤其是軍隊幹部利用特

27　林豆豆，〈給最高人民檢察院檢察長黃火青的信〉（1980年10月20日），
　　舒雲整理，《林豆豆口述》（紐約：明鏡出版社，2012），頁29-33。
28　載《人民日報》，1974年1月18日。

權為子女親友「開後門」入學參軍的歪風邪氣已經成為全國民怨沸騰的焦點。應當公平地說，當江青等人抓住這一問題向確實存在嚴重的腐敗問題的葉劍英等人開刀時，是符合黨心民心的，是有著在軍內擴充勢力乃至在毛的支持下重新洗牌的可能的。葉劍英在1月30日向毛澤東寫出了就自己的「嚴重錯誤」所做的「檢討」，但是毛卻在2月15日覆信中說：

> 劍英同志：
>
> 　此事甚大，從支部到北京牽涉幾百萬人。開後門的也有好人，從前門來的也有壞人，現在，形而上學猖獗，片面性。批林批孔，又夾著（批）「走後門」，有可能沖淡批林批孔。小謝、遲群講話有缺點，不宜下發，我的意見如此。29

　　毛的回答顯然是不符合基本邏輯的，江青、遲群所批判的「走後門」實際指的是走後門的形式，並沒有給「前門」或「後門」進來的人定性。反對「走後門」，是對社會公平、正義的起碼籲求。而毛澤東卻以自身為例，將「走後門」正當化。毛的這段最高指示後來成了大開後門的護身符，對全國性的黨風腐敗起了極壞的推波助瀾的作用。問題是：毛澤東為什麼要這麼說？據毛澤東後來向唐聞生、王海容解釋：「走後門的人⋯⋯我也是一個，我送幾個女孩子到北大上學，我沒有辦法⋯⋯現在送她們去上大學，我送去的，也是走後門，我也有

---

29 范碩，《葉劍英在非常時期》（北京：華文出版社，2002），頁430。

資產階級法權，我送去，小謝不能不收，這些人不是壞人。」[30]
這些人是毛的「女友」。毛之所以說「我沒有辦法」而只能開
後門送她們上大學，顯然是因為他們之間有約定的「權色交
易」。據當年北大歷史系的范達人回憶說：「1973年，北大歷
史系來了三位女學員，她們的年齡大約在27、8歲，三人無單位
推薦，不知從何處來，有人試圖打聽她們的底細，三人都守口
如瓶，不透露自己的身世。班主任甚為惱火，揚言一定要將她
們的情況弄清楚，否則就不准她們在系裡學習，校黨委知道以
後，派人找班主任談話，做了一番勸說。」後來這些女孩子告
訴范達人說她們原來是浙江省文工團的樂器演奏員，是「毛澤
東同意，通過謝靜宜安排到北大歷史系學習」。[31] 據范回憶，
這樣和毛直接有關的神秘女學員，北大還有好幾個。另據原中
共資深新聞幹部沈容最近在〈我所見所聞的幾位毛澤東身邊女
孩〉中回憶，毛還通過周恩來安排他的「女友」開後門到北京
外語學院讀書。[32]——現在事情清楚了，原來毛出於他的「權色
交易」，帶頭開後門送了為數不少的「女友」上大學，而且不
少還是通過周恩來等元老派來安排的。這樣他自然沒有了抓住
這一機會整倒元老派的勇氣，而只能「你中有我、我中有你」

30　《共和國重大決策出台內幕》（北京：經濟日報出版社，1998），頁653-
　　654。
31　范達人，《梁效往事》（香港：明報出版有限公司，1995），頁19-20、39-
　　40。
32　沈容，《紅色記憶》（香港：天地圖書有限公司，2006），頁206-207。
　　〈我所見所聞的幾位毛澤東身邊女孩〉是作者在網路上發表她全書摘錄時
　　的標題。

地與他們妥協了。兩年以後，當他認識到葉劍英的威脅，採用不合程序的中央文件宣布他「生病」、「由陳錫聯同志負責主持中央軍委的工作」時，[33] 已經為時太晚了。因為葉已經在軍內又苦心經營了兩年，形成的盤根錯節早已經是資歷尚淺的陳錫聯所無法取代的了。

　　論及毛的情欲和文革的關係，不能不涉及他和他晚年的寵妾張玉鳳的關係。根據李志綏的回憶，張玉鳳是在1970年毛在空政文工團的「女友」劉素媛等人因和林彪的關係失寵以後正式調入中南海的。但在她陪伴毛度過他風燭殘年的最後六年裡，張本人在中國政治，尤其是宮闈政治中的地位發生了極大的變化。首先，她從毛的生活秘書變為「機要秘書」，掌管著毛的私人保險櫃。裡面有一批黨和國家的特級絕密文件，其中不乏許多高級幹部寫給毛澤東的檢討書、認罪書、告密信等，這些無疑代表著許多高層領導人的人格和品行，在一定程度上可以說是這一部分人的生死簿。誰都知道，這批材料對中共十分重要，掌握了這批文件就等於變相控制了黨政軍大權。其次，她完全取代了毛澤東「家人」，即實質上的妻子的地位。毛澤東臨死前的幾年，只有她和另一位「女友」孟錦雲才能進入毛的房間，而且也只有張才聽得懂毛因病而含糊不清的講話。而毛的所有的「最高指示」和批覆的文件都要經過張玉鳳之手，乃至毛身邊的工作人員都懷疑：「誰知道這些同意或批

33　見中共中央1976年2月2日的文件〈中共中央關於華國鋒，陳錫聯同志任職的通知〉。文件中說：「經偉大領袖毛主席提議，中央政治局一致通過，在葉劍英同志生病期間，由陳錫聯同志負責主持中央軍委的工作。」當時葉劍英並沒有請病假，而毛澤東卻斷定他「生病」而奪了他的軍權。

評，有多少是真的或是歪曲了的。」[34]

　　認清楚張玉鳳的政治傾向以及毛張關係對文革最後幾年的影響非常重要，因為她對毛的影響會遠遠超出一個「陪睡丫頭」（江青對張的蔑稱）的範圍。在目前毛澤東身邊工作人員的回憶錄可以看到，江青對張玉鳳不斷地「巴結」、「獻殷勤」，因為毛後來根本不願見江青。毛的房間只有兩個人可以隨便出入，那就是張玉鳳和孟錦雲。不管是誰，上至政治局常委，下至毛的私人親友，無論是國策大計，還是私人訪問，都必須經過張的通報之後，方能決定見與不見。儘管有江青放下正式的「毛夫人」身價的拉攏，張玉鳳和江的關係其實並不和諧。一方面，她們之間的「大奶」和「二奶」的爭寵奪利的關係極難和諧。只要張玉鳳在實際上是毛的妻子，掌管著毛維持生活一切而毛對她的依賴日深，毛就不可能還想得起江青。在另一方面，張也是一個醋勁十足的潑辣女人。1971年她曾因為怠慢了毛的一個客人而和毛互相罵「狗」，大吵一場、一時被毛趕出過中南海。這個「客人」其實是毛以前的一個文工團「女友」陳（惠敏）。後來陳女士去了香港，在報刊上披露了這一內幕。[35]

　　但即便是從目前極為有限的已經公開披露的材料，也可以看到張玉鳳（包括孟錦雲）都沒有在毛面前為江青美言。例如，孟錦雲的回憶錄中就提到：毛澤東和她（及張玉鳳）慎重

34　《反叛的御醫：毛澤東私人醫生李志綏和他未完成的回憶錄》，頁46。

35　凌峰，〈有關張玉鳳的補遺〉，載《閒話毛伯伯》（香港：當代月刊出版社，1993），頁80-81。

地談過和江青公開離婚的打算。[36] 如果張一直在毛面前為江說好話，毛絕無可能、也無此必要和她們大談離婚的打算。此外，據中共在粉碎「四人幫」以後發布的〈中共中央關於「王洪文、張春橋、江青、姚文元反黨集團罪證（材料之一）」的通知及附件〉記載，張玉鳳和江青自1973年年底起，多次因為張保管的毛澤東的幾百萬稿費發生嚴重衝突。為此江青甚至公開叫嚷：毛的存款「不要小張管，要遠新管」。[37] 如果我們聯繫到毛對江青在文革中最嚴厲的批評，即批評「四人幫」正是發生在1973年年底以後，我們就有理由猜測張玉鳳在毛對江青的嚴厲批評中起了推波助瀾的作用。當然，起著更重要的離間毛江關係的還有另外兩個年輕女人——毛在當時的聯絡員唐聞生和王海容。因為她們兩人當時認同周恩來和鄧小平的政治理念，又和江青有私人矛盾，也就利用聯絡員的特權、在極為封閉孤獨的毛面前講了許多江的壞話。自然，王海容也在背後大罵張玉鳳……[38]

　　美國普林斯頓大學的著名歷史學家余英時教授在總結毛澤東治國方式使用了「在榻上亂天下」的比喻。此其一是指毛澤東喜歡在床上辦公的怪癖；其二就是毛在文革中「視女人為工具」，表現了「他的冷酷而兼放縱的生命的一個環節」。[39] 確

36　《毛澤東的黃昏歲月》，頁185-187。

37　見〈中共中央關於「王洪文、張春橋、江青、姚文元反黨集團罪證（材料之一）」的通知及附件〉，中發〔1976〕24號，1976年12月10日。

38　《毛澤東私人醫生回憶錄》，頁561。

39　余英時，〈在榻上亂天下的毛澤東——讀《毛澤東私人醫生回憶錄》〉，載《反叛的御醫：毛澤東私人醫生李志綏和他未完成的回憶錄》，頁84-

實，毛澤東的晚年不僅生活在情欲橫流的溫柔鄉裡，還不時地陷入和引發他身邊的女人之間的「戰爭」。然而，他也為情所累、為欲所害。例如，1976年5月11日，毛就又不知道因為什麼無聊的糗事，和張玉鳳大吵一場，結果竟導致他心肌嚴重梗塞。雖然搶救了過來，但大大地縮短了他的壽命。[40] 毛生前雖然妻妾成群，但死時屍骨未寒，他的夫人便被投入監獄、最後自殺。對於「在榻上亂天下」的毛澤東，這顯然是一種政治報應和嘲諷。

從多疑到妄想：對政變的恐懼與文革的演進

多疑是一種病態人格，但任何獨裁者都是或多或少地多疑的。由於他們在自己的登基之路中運用了眾多的陰謀詭計，推己及人，他們自然地防範著他人效法自己來顛覆他們手中的無上的權力。然而，多疑在某些主客觀情況下會發展成為一種惡性的妄想症的精神病態。例如，當獨裁者力圖加強自己的權力而缺乏足夠的自信和智謀時，心胸狹隘的獨裁者便會把猜忌變為妄想和行動，殘忍的政治清洗便會發生。另外，人到晚年的獨裁者的身體心理都會發生器質性的病變，使本來並不嚴重的多疑和妄想症日益加劇。他們首先不斷地妄想出種種不真實的「敵人」來，又運用他們手中不受限制的權力，進而採用極端的手段來清除假想的「敵人」。

87。

40 《毛澤東私人醫生回憶錄》，頁588。

根據毛的醫生李志綏的回憶：毛澤東的極度的疑懼／妄想症起源於1956年以後對中共八大反「個人迷信」等路線的不滿，「他逐漸有一種非理性的懷疑恐懼，但要一直到文化大革命爆發時，才完全成形。」[41] 依據李的回憶，我們從如下的統計表中可以看出毛的妄想症的發展及其特點：

時間和地點	事件	政治形勢
1958年初，四川金牛壩	懷疑游泳池被下毒	周恩來等人「反冒進」
1965年底，江西南昌	懷疑自己發燒為下毒所致	北京彭真等人抵制批判《海瑞罷官》
1966年2月，武漢梅園招待所	懷疑房間天花板上藏有壞人	接見彭真等人以後，彭等人帶來北京「中央」同意的《二月提綱》
1966年7月，回中南海豐澤園菊香書屋	懷疑被裝了竊聽裝置	剛回北京，認為劉鄧等人在中央仍占優勢
1966年7月，搬到玉泉山一號樓	懷疑這裡有毒	同上
1966年7月，從玉泉山搬到釣魚台國賓館	懷疑「仍不安全」·	同上

---

41 同上，頁221。

1966年8月，從釣魚台搬到人民大會堂一一八廳	住得比較久，到最後懷疑仍不安全	和劉少奇在八屆十一中全會上發生公開衝突
1966年年底，搬到中南海游泳池	沒有再搬了	基本上掌握了對劉少奇鬥爭的勝利
1969年5月，出巡武漢、杭州和南昌	發覺服務員全部穿了軍裝，懷疑被他們監視，要他們全部撤走	開始和林彪發生矛盾
1970年9月後，北京中南海	懷疑原來空政文工團的女友劉素媛、邵錦輝等人是林彪「特務」，再不允許進入中南海	和林彪在廬山會議上因「國家主席」問題發生衝突
1970年9月後，北京中南海	懷疑診斷他得了肺炎的大夫是林彪派來毒害他的	同上

　　在精神病學中，「妄想」是在病理基礎上產生的不符合實際的錯誤信念，是一種病態的判斷與推理。它本身與事實不符合，而且也不可能實現，但病人卻堅信不疑，即使經過充分的說理和有力的論證，都難於動搖他的信念，是精神病中常見的症狀之一。妄想症，又稱妄想型障礙，其特徵是由對某真實事件的曲解，進而逐漸形成一複雜糾結的妄想系統。據臨床研究顯示，妄想症患者中，常見的妄想內容包括誇大妄想、被害妄

想、多情妄想、疑病妄想等等。[42] 在這一症狀形成的過程中，情感對思維進程有明顯的影響：病人妄想內容往往與病理的情感相一致。如情感抑鬱病人往往產生被害妄想，而躁狂病人往往產生誇大妄想。從上面所列的毛澤東的恐懼妄想中可以看到：（一）這是一種「被害妄想」；（二）許多妄想不符合基本的生活常識，如天花板上怎麼可能「藏人」（後來證明是一隻野貓）？（三）他在政治鬥爭中受挫的心態作為一種重要的情感因素影響著他的疑懼／妄想。

　　李志綏還提到了毛的疑懼／妄想症的重要病理基礎：毛長期以來的「神經衰弱」而導致的嚴重失眠。如他所述：「事實上毛有兩種失眠症，一種是生理時鐘的混亂，另一種是俗稱的神經衰弱性失眠。……毛的神經衰弱有多種症狀——失眠、頭暈、皮膚瘙癢和陽萎，嚴重到使他會有恐懼感，尤其在空曠的地方，他必須有人攙扶，否則會跌倒，在人多的場合也會發生。……毛的神經衰弱的最終根源，在於他對其他領導同志可能反抗的恐懼。共產黨中沒有幾個毛真正信任的人。」[43] 這裡值得一提的是：毛以夜為晝的生活—工作習慣，使他永遠在黑暗中思維，只有更多地幫助和促使了他在漫長的曠夜中的翻翻猜忌和妄想。

　　明白了毛澤東晚年其實已經患有某種程度的妄想型精神病，便不難理解為什麼他會在文革中一手製造那麼多常人不可

42　可參見維基百科全書中關於「妄想症」的詞條，https：//zh.wikipedia.org/wiki/%E5%A6%84%E6%83%B3%E7%97%87。

43　《毛澤東私人醫生回憶錄》，頁105。

理喻的冤、錯、假案。論及毛的「被害妄想」，恐怕首先要提及的是他發動文革的主要原因——所謂的「防止反革命政變」。文革已經過去了40年，歷史已經證明當年根本就不存在什麼「反革命政變」。但值得注意的是：這一「被害妄想」像一個不可擺脫的噩夢貫穿了毛的晚年，直至他的死亡。究其原因，其實是毛自己在打倒劉少奇時先調動軍隊搞了一場貨真價實的政變。由此及彼，才時時、處處妄想著別人要對自己搞所謂的「反革命政變」。

　　1966年5月18日，林彪在他那個著名的「反政變」講話中說：「毛主席最近幾個月，特別注意防止反革命政變，採取了很多措施。羅瑞卿問題發生後，談過這個問題。這次彭真問題發生後，毛主席又找人談這個問題。調兵遣將，防止反革命政變，防止他們占領我們的要害部位，電台、廣播電台、軍隊和公安系統都做了布置。毛主席這幾個月就是作這個文章。這是沒有完全寫出來的文章，沒有印成文章的毛主席著作。我們就要學這個沒有印出來的毛主席著作。毛主席為了這件事，多少天沒有睡好覺，這是很深刻很嚴重的問題。」[44] 關於使毛恐懼了幾個月的「政變」者，這裡林彪顯然指的是「彭羅陸楊反黨集團」。但事實很快證明：這是莫須有的罪名，甚至是彭、羅、陸、楊四人睡夢中都沒有過的想法。但毛的妄想又造成整個中共上層的互相猜疑指責，在1966年5月23日的政治局會議上，林彪、陳毅、周恩來等人甚至毫無根據地指責朱德要「搞

---

44 林彪，〈在中央政治局擴大會議上的講話〉，載《中國文化大革命數據庫，1966-1976》。

政變」、「黃袍加身」。以致朱德嘲諷著反詰道：「我八十歲了，爬坡也要人家拉，走路也不行，還說做事？……」[45] 顯然，這又是一齣天方夜譚。

不久，毛的重要打手康生又指責當時主持軍委工作的賀龍要搞「二月兵變」。有關這一荒唐的指控，1980年9月2日的〈中共中央紀律檢查委員會關於康生問題的審查報告〉裡有如下的描述：

> 一九六六年春，北京軍區從外地調了一個團給北京衛戍區，擔負民兵訓練、維持社會治安的任務，衛戍區為此派人到北京大學、人民大學借房子。七月上旬，北京大學有人貼大字報，懷疑部隊向學校借房是要搞兵變。康生抓住這個捕風捉影的材料，不經任何調查，就在七月二十七日北京師範大學群眾大會上，蠱惑人心，大講所謂彭真策劃「二月兵變」的經過，說這「是千真萬確的事情」。當時北師大工作組組長孫有餘同志認為這是謠傳，康生就指控孫「替彭真辯護」，是「反黨、反社會主義、反毛主席的立場」，要罷他的官。還有一些人為此受牽連，挨批鬥。[46]

只要稍有政治頭腦的人便不難明白，這種根據幾張莫名其妙的大字報所做的指控完全是捕風捉影的事。問題是毛不久便

---

45 〈中央政治局擴大會議批判朱德紀要〉，載《中國文化大革命數據庫，1966-1976》。

46 〈中共中央批轉中央紀律檢查委員會關於康生、謝富治問題的兩個審查報告〉（1980年10月16日），載《中國文化大革命數據庫，1966-1976》。

相信了康生和林彪的誣陷，對賀龍從「保」到「棄」，使賀龍被隔離審查，陷入他的政治對手林彪之手，隨即被迫害致死。根據不少學者的看法，使毛下決心打倒賀龍並非只是「二月兵變」的莫須有罪名，恐怕更是賀龍和蘇聯軍方的可能的「勾結」。[47] 1964年11月，中共派出由周恩來為團長、賀龍為副團長的黨政代表團，去蘇聯參加十月革命四十七周年的紀念活動。在11月7日的國宴上，蘇聯國防部長馬林諾夫斯基元帥私底下向賀龍說：「我們已經把赫魯曉夫趕下台了，現在該你們把毛澤東趕下台了。」對此，賀龍當場進行了反駁，並立刻報告了周和毛。本來，這無疑是賀龍向毛表示忠心的行為，但毛澤東卻一直疑雲未消，使它相反成了文革中賀龍被毛最後拋棄的重要原因。

賀龍在歷史上雖不是毛的嫡系，但一直對毛忠心耿耿到了甘做「家臣」的程度。據說在延安時期，毛執意要和江青結婚遭到眾人反對，時任軍中要職賀龍為保駕甚至拿出他原來的土匪腔說：「堂堂一個大主席，討個女人有什麼了不起，誰再議論我槍斃了他！」[48] 一時頗得毛的歡心。但從毛對他的多疑寡信、刻薄少恩，最終作為假想的敵人消滅的回報來看，越是想接近毛、越是積極向毛表示忠心的人，卻常常越是引發毛的疑

47 類似見解，可見高文謙，《晚年周恩來》（香港：明鏡出版社，2003），頁94-95。也見張戎、喬・哈利戴，《毛澤東：鮮為人知的故事》（香港：開放出版社，2006），頁449。

48 〈賀龍：唯一鼎力支持毛澤東娶江青的元帥〉（2012年11月12日），載《人民網・文史頻道》，http://history.people.com.cn/BIG5/n/2012/1112/c198307-19551338.html。

懼／妄想，最後被當作「敵人」在他的妄想中消滅。其實，這
在「被害妄想」症的臨床表現上也並非少見，因為患者的疑懼
／妄想常常從他最接近的、印象最深刻的人和事開始。從這一
角度來窺視文革中被打倒的總參謀長羅瑞卿的命運，或許會有
新的理解。羅瑞卿一直是世人所皆知的毛的大忠臣。在他擔任
公安部長期間，對毛的安全保衛可謂鞠躬盡瘁，已經到達了一
種「私人保鏢」的程度。毛可能原先就準備讓他在將來代替體
弱多病的林彪出任國防部長。但陰差陽錯的是：劉少奇在1965
年5月接見一個外國客人時先提到：「每個人都要準備自己的接
班人，國防部長的接班人是羅瑞卿。」[49] 不久，劉少奇的講話
還作為正式文件下發。毛澤東看到這一文件，不可能不對羅產
生猜疑：一個心胸狹窄的主人是不能想像和容忍他的私人保鏢
被他正在策劃打倒的政治對手提名為國防部長人選的——在他
看來，這裡面一定有什麼類似「政變」之類的陰謀。更何況，
1965年時候的毛已經是一個妄想型的精神病人了。

　　美國歷史學家唐德剛在總結毛澤東的文革清洗時用了「毛
派抑毛，毛殺毛派」的說法。[50] 如果說前半句還稍有一些誇
大——因為毛派的中共政要在建國以來主要是「捧毛」而非
「抑毛」——那麼後半句實為至理名言。在中國古代君主中，
親手殺死和逼死兩位自己的儲君的人恐怕也屈指可數，而毛就

---

49 華飛，〈「軍事林彪」和「政治林彪」〉，載《華夏文摘贈刊》，第314
　期（2002年11月18日）。又見舒雲，《林彪畫傳》（香港：明鏡出版社，
　2007），頁535。

50 唐德剛，《毛澤東專政始末：一九四九——九七六》（台北：遠流出版公
　司，2005），頁351。

是這樣的異類。從1966到1971年的短短5年裡，他連續殺死和逼死了劉少奇和林彪——他先後欽定的兩位「接班人」。劉、林兩人非但在歷史上都是毛的嫡系，還都是對毛的吹捧最不遺餘力者。在中共歷史上，劉少奇幫助毛在延安整風中擊敗了他黨內最強大的對手王明，又是第一個提出「毛澤東思想」的人。至於林彪，毛的文革的發動完全得益於他倡導的對毛的個人迷信和他直接領導的解放軍的「保駕護航」。但不可理喻的是：毛對他們的疑懼——妄想程度最深，時間也最長。以林彪為例，1966年5月18日他關於「防止反革命政變」的講話，完全是他揣摩毛的本意，並得到毛批准後的言論。他關於毛幾個月來「多少天沒有睡好覺」在防止政變的陳述也都是大實話。在林彪做這一報告時，他還是毛的「親密戰友」、毛林關係更處於熾熱的政治蜜月期。但僅在一個月後，毛竟然在寫給他的另一位更親密的戰友江青的信中說：

> 他是專講政變問題的。這個問題，像他這樣講法過去還沒有過。他的一些提法，我總感覺不安。我歷來不相信，我那幾本小書，有那樣大的神通。現在經他一吹，全黨全國都吹起來了，真是王婆賣瓜，自賣自誇。我是被他們迫上梁山的，看來不同意他們不行了。在重大問題上，違心地同意別人，在我一生還是第一次。叫做不以人的意志為轉移吧。……人貴有自知之明。今年四月杭州會議，我表示了對於朋友們那樣提法的不同意見。可是有什麼用呢？他到北京五月會議上還是那樣講，報刊上更加講得很兇，簡直吹得神乎其神。這樣，我就只好上梁山了。我猜他們

的本意，為了打鬼，借助鍾馗。我就在20世紀60年代當了
共產黨的鍾馗了。事物總是要走向反面的，吹得越高，跌
得越重，我是準備跌得粉碎的。[51]

　　在這裡，毛顯然非常懷疑林彪大談政變的動機。換言之，
在毛沒有明言的下意識裡，隱隱地蘊含著這樣一絲深藏不露的
疑懼：這位熟稔於「政變經」的朋友，是否自己也有這方面的
打算呢？

　　歷史的發展還真是令人驚訝，按中共的官方說法，林彪及
其死黨（其實是他的兒子林立果等人）在1971年真地策劃了暗
殺毛的政變。但綜觀歷史，這一「政變」其實是毛的日益嚴重
的「被害妄想症」所一步步逼出來的。1970年9月的九屆二中
全會，是毛、林公開衝突的開始。雙方的爭執焦點似乎是「設
國家主席」問題。根據今天多位學者的調查，這其實是一個偽
命題：毛並沒有說一定「不設國家主席」，林也從沒有說他要
當「國家主席」。但研究者們常常忽略了對毛澤東的妄想心理
的線索追蹤。在毛的〈我的一點意見〉裡，他主要的批判對象
是陳伯達。陳是毛的秘書，又是毛任命的中央文革小組組長，
當然是毛的「家臣」。但是廬山出現局面卻是：陳伯達和林彪
意見一致，並為之搖旗吶喊。甚至毛的「大內總管」汪東興都
一時站到了林彪一邊。如同毛澤東下決心打倒羅瑞卿時一樣，
一個狹窄狡詐的主人最不能容忍又最容易引發他的疑懼／妄想

---

51 毛澤東，〈給江青的信〉，載《建國以來毛澤東文稿》（北京：中央文獻
　　出版社，1998），第12冊，頁71-72。

的恐怕就是「家臣」的任何叛變行為。毛自然地懷疑到他們一
起在搞「政變」。盧山會議以後，林彪便被說成是「在盧山搞
了一次未遂的反革命政變」。[52] 從毛澤東身邊工作人員的回憶
來看，毛的妄想症在盧山會議後的發展日益嚴重。李志綏講到
的毛把周恩來派來的三個診斷他得了「肺炎」的醫生胡說成是
「林彪派來毒害」他的特務便是明證。接著，毛對於林彪要搞
「政變」的妄想似乎越來越固執，他採取了一系列先發制人的
極端做法。例如，他作為一個黨的主席，公開破壞黨的紀律，
在他1971年8-9月的南巡中到處拉攏地方軍政大員、攻擊黨的副
主席——林彪，並積極準備再發動一場打倒劉少奇這樣的宮廷
政變。如同林彪的兒子林立果和他的朋友們在《571工程紀要》
中所說：毛「是一個懷疑狂、瘧（虐）待狂，他整人哲學是一
不做、二不休。他每整一個人都要把這個人置於死地而方休，
一旦得罪就得罪到底、而且把全部壞事嫁禍於別人」，「如其
束手被擒，不如破釜沉舟」。[53] 說來真是弄巧成拙，年輕氣盛
的林立果等人的政變想法就是這樣被毛的政變「妄想症」逼出
來的鋌而走險。

　　毛澤東晚年的病態人格在多疑上常常走到走火入魔的程
度。例如，他和彭德懷在盧山上的衝突甚至和彭的乳名「彭得
華」密切相關。據警衛員回憶：毛在決定整倒彭德懷的那一夜
「吃三次安眠藥仍然沒睡覺」，他還對自己身邊的衛士田雲玉

---

52 丁凱文主編，《百年林彪》（香港：明鏡出版社，2007），頁402。

53 〈中共中央關於組織傳達和討論「粉碎林陳反黨集團反革命政變的鬥爭
　　（材料之二）」的通知及附件〉，1972年1月13日，中發〔1972〕4號，載
　　《中國文化大革命數據庫，1966-1976》。

說：「你知道彭德懷原來叫什麼名字嗎？」「彭德懷原來叫彭得華，就是要得中華。」[54] 再如，1971年林彪事件時，毛澤東曾向人打聽說：「李醫生（李志綏）的兒子取名李重，重是千里，志在千里，李志綏是不是有野心？」[55]

毛晚年的「被迫害妄想症」還帶來了一個不容忽略的副作用：他的偏執型人格障礙。《中國精神疾病分類方案與診斷標準》中將偏執型人格障礙敘述為：

1. 廣泛猜疑，常將他人無意的、非惡意的甚至友好的行為誤解為敵意或歧視，或無足夠根據，懷疑會被人利用或傷害，過分警惕防衛。
2. 將周圍事物解釋為不符合實際情況的「陰謀」，並可成為超價值觀念。
3. 易產生病態嫉妒。
4. 過分自負，若有挫折或失敗則歸咎於人，總認為自己正確。
5. 好嫉恨別人，對他人過錯不能寬容。
6. 脫離實際地好爭辯與敵對，固執地追求個人不夠合理的「權利」或利益。
7. 忽視或不相信與患者想法不相符合的客觀證據。因而很難以說理或事實來改變患者的想法。

患者的症狀至少要符合上述項目中的三項，方可診斷為

54　權延赤，《紅牆內外》（呼和浩特：內蒙古人民出版社，1998），頁172。
55　《反叛的御醫：毛澤東私人醫生李志綏和他未完成的回憶錄》，頁237。

偏執型人格障礙。偏執型人格的人很少有自知之明，對自
己的偏執行為持否認態度。[56]

　　毋庸諱言，毛澤東晚年的偏執型人格幾乎符合以上所有
的七個特徵。並且，他「很少有自知之明，對自己的偏執行為
持否認態度」。如上所述，毛對賀龍的表忠心「過分警惕防
衛」，又把陳伯達、林彪等人的正常的國策建議（設國家主
席）當作是值得懷疑的「搶班奪權」，「解釋為不符合實際
情況的『陰謀』，並可成為超價值觀念」（「防止反革命政
變」）。心理學研究告訴我們：老年人性格上的表現，常是青
壯年時期性格的加強和發展。毛澤東自青年時代起就是一個
「唯意志論」者，又是一個激動型的詩人。他身上本來就存在
的非理性的唯意志和失控的激情在他的晚年發展成為偏執的病
態。自然，心理上和行為上的變化，在年輕時尚有足夠的自制
力，控制某些性格向極端傾向發展。到了老年之後，自控力變
弱，原來比較隱蔽的性格特徵，屆時便完全暴露出來。
　　如果我們仔細分析毛澤東和他的「敵人們」的衝突的起
源和發展，常常會發覺衝突的驟然升級不是因為什麼「理論分
歧」，而是一些本來相對來說無關緊要的事引發的意氣之爭。
在許多場合，毛突出地表現出了「脫離實際地好爭辯與敵對，
固執地追求個人不夠合理的『權利』或利益」的偏執人格的第

56　《中國精神疾病分類方案與診斷標準》（南京：東南大學出版社，
　　1998）。另外，該標準1989年第一次公布，全書的電子版可見 http://zgxl.
　　net/xlzl/cjxljb/ccmd2r.htm。

6個特點。毛在文革中一直說：他和劉少奇的重大理論分歧是爆發在1965年1月的中央工作會議上。[57] 毛和劉在「四清」的一些問題上有一些不同看法，劉少奇在毛講話時插了話。但是據當時會議的參加者回憶：他們只是各說各的，沒有任何直接的衝突。不久，會議閉幕了，鄧小平出於照顧毛的身體，建議他可以不參加閉幕式。不料毛立刻「將他人無意的、非惡意的甚至友好的行為誤解為敵意或歧視」，失去了自控。不僅勃然大怒，還拿出了《憲法》和《黨章》，氣勢洶洶地興師問罪，說劉少奇和鄧小平剝奪了他的「言論自由」。甚至對劉少奇說：「你有什麼了不起，我動一個小指頭就可以把你打倒！」[58] 從此，毛下定了打倒劉少奇的決心。

　　使毛澤東把劉少奇等人升級為一個「資產階級司令部」來炮打發生在1966年8月4日的八屆十一中全會上。毛澤東回到北京，對他同意的派工作組的做法出爾反爾，當眾指責挖苦劉少奇：「你在北京專政嘛，專的好！」當毛語帶威脅地提出「我看垮台好，不垮台不得了」時，劉忍無可忍地表示：「無非是下台，有五條不怕（即不怕撤職、不怕降級、不怕開除黨籍、不怕老婆離婚、不怕坐牢殺頭——筆者注）。」[59] 本來，這一爭論錯誤的一方是毛澤東，因為他食言而肥。但是，毛的「過分自負，若有挫折或失敗則歸咎於人，總認為自己正確」——

57　毛澤東，〈會見斯諾的談話紀要〉，載《建國以來毛澤東文稿》（北京：中央文獻出版社，1998），第13冊，頁173。

58　郭家寬編，《歷史應由人民書寫：你所不知道的劉少奇》（香港：天地圖書公司，1999），頁77。

59　高文謙，《晚年周恩來》（香港：明鏡出版社，2003），頁126-127。

他的偏執性人格的特徵使他立刻將錯就錯，擴大事態。馬上寫出了〈炮打司令部——我的一張大字報〉，不僅把劉的問題擴大到一個「資產階級司令部」，馬上牽連到成千上萬的幹部；又立刻改變大會議程，改組了政治局，確立了林彪為接班人。

　　即便是一些毛澤東派系的文革重要寫手和理論家，比如上海寫作班《羅思鼎》的頭頭朱永嘉，在文革失敗後的反思中也都承認：在寫作〈炮打司令部——我的一張大字報〉時，「毛不可能是處於冷靜的理性的思考狀態。用心理學的術語講，那是存在心理障礙的狀態。」[60] 朱永嘉還進一步說明了毛在整個文革的發動中的非理性狀態：

> 文革是一場群眾性的社會政治運動……那時人們思考問題，非理性的成分往往占著較大的比重，缺少冷靜、理性、周全的思索；表現在行為模式上，往往以慷慨激昂超乎常態的越軌行為為時尚，以粗獷為高尚，甚至出現群體性的失控狀態，大家都如醉如癡，甚至是瘋狂的狀態……毛作為文革運動的領導者，他那時的思想情緒始終處於非常激烈的爆發狀態……在這種情境下，人往往會失去理智，失去對自己的控制。由於毛的地位特殊，誰也無法去緩衝雙方情緒上的衝撞。所以在那樣的情境下做出的決定。怎麼可能保持客觀公正的態度呢？文化革命在起點上

60　朱永嘉口述，金光耀、鄧傑整理，《巳申春秋：我對文革初期兩段史實的回憶》（香港：大風出版社，2014），頁376。

便打上了偏激的情緒。[61]

　　從精神病病症的角度來理解毛澤東晚年的很多多疑殘忍的「黨內鬥爭」絕非是一種標新立異和危言聳聽。實際上，不僅毛澤東，在整個發動和領導文革的中共上層集團中，有病態人格和精神病病症的人絕不是少數。例如，江青早在1959年就被多名專家診斷為有「強迫觀念和雙重人格」；[62] 康生「建國後一段時期……被毛澤東冷落，中共許多領導大多熟知其整人善變的習性，同他疏遠，所以他一直稱病韜晦、深居簡出，而且患了很重的精神病。當時康生的病情挺嚴重，有幻視、幻聽的症狀，明明窗明几淨，可他偏說有壁虎在爬動」。[63] 至於副統帥林彪，多名醫生（包括他的保健醫生）都診斷他精神有問題。文革初期李志綏去為他檢查身體，一看到他就認定「是一個精神上不健全的人」。[64] 法國學者皮埃爾‧阿考斯和瑞士學者皮埃爾‧朗契尼克在1996年寫過一本非常有名的書──《病夫治國》。在書的序言裡他們寫道：「在人類歷史上的某些時候，瘋子，能見到幻象的人，預言者，神經官能症患者和精神錯亂者，曾經起過重大作用，而且不僅僅是在偶然的機會使他們生而為王的時候。通常，他們都造成了極大的破壞……」[65]

61　同上，頁373-375。

62　同注3，頁246-248。

63　王凡、東平，〈五進中南海：中央保健局局長王敏清〉，載《傳奇‧傳記文選選刊》，2006，第6期。

64　同注3，頁436。

65　皮埃爾‧阿考斯、皮埃爾‧朗契尼克著，郭宏安譯，《病夫治國》（南

——這正是為這群程度輕重不一的精神病患者們所領導的混亂的文化大革命的絕妙寫照。

政治幻想：左右毛澤東主義的重要因素

　　缺乏想像力的領袖人物很難開拓新的局面，取得劃時代的成就。但沉溺於幻想中的領袖可能把國家作為巨大的實驗室，使整個民族陷入災難之中。不幸的是：毛澤東正是後者。

　　很多晚年毛澤東的研究者在解釋他的錯誤時常常把緣由歸結為他的「理想主義」，但是他們忘掉了：雖然理想和幻想同為非理性因素，但是符合客觀實際和社會規律的理想容易變為現實，不符合客觀實際和社會規律的理想只能是空想和幻想。幻想是人抓住現存事物的某些方面，對它們進行觀念的加工，用觀念的聯繫代替了事物之間客觀的、真實的聯繫，把這些個別的方面加以誇大而虛構出來的東西。毛澤東的問題並非是他的理想主義，而是空想主義和幻想主義。如果說1958年大躍進中毛憑藉著「一天等於20年」、「人有多大膽、地有多大產」等等荒唐的口號來「超英趕美」，妄圖跑步進入共產主義表現了他在經濟建設中游離現實、陷入夢幻的空想主義；那麼，他在1966年發動文化大革命，企圖通過在上層建築領域內的「不斷革命」和「鬥私批修」來促進生產力的快速發展，建成一個反修防修的社會主義社會，則突出地表現了幻想對他政治實踐的滲透。

　　京：江蘇人民出版社，2005），頁1。

　　在人類的正常生活中，幻想具有缺失補償的積極作用，是一種正常的精神現象。但是，當一個人把幻想一味當作現實，便成為一種精神病症。如同正常的人可以在空中想像出一座城堡，而精神病人卻真的要搬進那座城堡裡去住！在晚年毛澤東的日常生活中，我們已不難發現他常常沉溺於幻想之中的症狀。據他的衛士長李銀橋回憶：1958年，毛澤東來到上海。市委負責同志為主席準備文娛活動，徵求他的意見。毛澤東想了想，說：還是看場《白蛇傳》吧。結果卻發生了如下的故事：「毛澤東是很容易入戲的，用現在的話講，叫『進入角色』。一支菸沒吸完，便撳熄了，目不轉晴地盯看台上的演員。……然而，這畢竟是一齣悲劇。當金山寺那個老和尚法海一出場，毛澤東的臉色立刻陰沉下來，甚至浮現出一種緊張的恐慌。他嘴唇微微張開，下唇時而輕輕抽動一下，齒間磨響幾聲，似乎要將那老和尚咬兩口」；「毛澤東終於忘乎所以的哭出了聲，那是一種顫抖的抽泣聲，並且毫無顧忌地擦淚水，擤鼻涕。到了這步田地，我也只好順其自然。我只盼戲快些完，事實上快完了，法海開始將白娘子鎮壓到雷峰塔下……就在鎮壓的那一刻，驚人之舉發生了：毛澤東突然憤怒地拍『案』而起，他的大手拍在沙發扶手上，一下子立起身：『不革命行嗎？不造反行嗎？』……在他立起身那一刻，褲子一下子脫落下來，一直落到腳面。」戲劇閉幕後，「全場的鼓掌聲終於將他喚醒。他稍一怔，也跟著鼓起了掌。」但是，在閉幕後接見演員時，「他是用兩隻手同『青蛇』握手，用一隻手同『許仙』和『白

蛇』握手。他沒有理睬那個倒霉的老和尚『法海』……」[66]

　　原來只是看一齣戲，結果毛完全進入了戲中的虛擬世界。不僅動情大哭，還拍案而起，以致掉了褲子，大失儀態。如果說這些還是可以理解的「進入角色」，那麼他對於戲中人物「反面人物」法海的仇恨：從看戲時的「齒間磨響幾聲，似乎要將那老和尚咬兩口」，一直到被掌聲「喚醒」後接見演員時，仍不「理睬那個倒霉的老和尚『法海』」，便已經不可理喻，只能用他的幻想症症狀來解釋了。

　　當然，我們從上一節的分析中已經得知毛在晚年已經是一個精神妄想症患者，對他有的沉溺於幻想的人格特徵當然也就不足為奇了。但如果我們進一步分析他晚年的翩翩幻想，還會發覺這些常常帶有自欺欺人的特點。例如，1959年6月下旬，毛澤東在上廬山開八屆八中全會前，回訪了故鄉韶山。在那裡，他親耳聽到了他的鄉親們對大躍進的抱怨，並親眼目睹了「公共食堂」的慘狀。他也聽到了一些在第一線工作的幹部對大躍進已經出現的惡果的匯報，並準備上山反「左」。然而，面對這種極為困難、悲哀的景象，毛澤東卻馬上接二連三地吟唱出了「喜看稻菽千重浪，遍地英雄下夕煙」（1959年6月28日〈到韶山〉）和「陶令不知何處去，桃花源裡可耕田」（1959年7月1日〈登廬山〉）。在接著的所謂的「三年自然災害」中，全中國赤地千里、餓殍遍野。毛澤東也已經聽到了來自下面有關大饑荒的實情匯報，也表示了自己不再吃肉與民共苦。但是在他的詩中還是一番「紅霞萬朵百重衣」和「芙蓉國裡盡朝暉」

66　權延赤，《走下神壇的毛澤東》（台北：曉園出版社，1991），頁48-50。

（1961年〈答友人〉）的歌舞昇平的景象。同當時中國老百姓
的悲慘處境和發自他們肺腑的悲愴呼喚相比——比如，彭德懷
到湖南考察時蒐集的當地流傳的民謠：「穀撒地，薯葉枯，
青壯煉鐵去，收禾童與姑。來年日子怎麼過，請為人民鼓與
呼。」[67]——形成了何等鮮明的對照！值得指出的是：這是在毛
澤東知道了民間真情後的詩歌。這固然是毛的文學幻想，但也
充分說明了他幻想的自欺欺人的特質。我們從中可以看到毛在
晚年在許多方面本能地、無意識地欺騙自己，創造並維護著他
個人需要的令人愉悅的幻景。

　　進一步分析毛澤東賴以發動和推進文革幾個主要的道德依
據和理論情結，會對他的這種自欺欺人的無意識或潛意識心理
特質會有更有趣更深入的理解。毛澤東一直申明並堅信：他發
動的文化大革命是符合占人口百分之九十以上的「人民」利益
的。即便在他臨終之際，在實際上已經認識到文革的失敗時，
他在看到電影《難忘的戰鬥》裡人民解放軍入城，市民和學生
載歌載舞敲鑼打鼓夾道歡迎的鏡頭時仍老淚縱橫，表現出他對
於他完全符合人民利益的文革大業的「出師未捷身先死」的感
嘆。[68] 由此可見，「人民」是他發動文革的第一個最主要的道
德依據和理論情結。

　　確實，毛在發動文革時用了大量的「人民」和「人民利

67　〈「橫刀立馬」的大將軍——彭德懷〉（2012年3月19日），載《人民網・
　　文史頻道》，http://history.people.com.cn/BIG5/199250/240836/17424123.
　　html。

68　《毛澤東傳（1949-1976）》（北京：中央文獻出版社，2003），下卷，頁
　　1451。

益」作為他的道德依據。其言之多，其情之誠，似乎很難用簡單的「欺騙」兩個字來解釋。或至少毛在進行這些道德包裝時，他是本能的和下意識的。例如，1966年6月，正值文革風雲如火如荼之際，毛澤東遠在韶山寫下了〈七律·有所思〉。以詩言志，表達了自己發動文革的心跡。他寫道：「一陣風雷驚世界，滿街紅綠走旌旗。憑闌靜聽瀟瀟雨，故國人民有所思。」[69] 如果說前兩句寫的是大中學校迅猛掀起的革命浪潮，那麼後兩句便抒發了毛的政治理想。在這裡，毛用了一個巨大的集合名詞「人民」。一個月後的7月8日，毛在那封給江青的信中又說：「中國如發生反共的右派政變，我斷定他們也是不得安寧的，很可能是短命的，因為代表百分之九十以上人民利益的一切革命者是不會容忍的。」——這裡的右派政變，顯然是纏繞於毛心中的「反革命政變」的妄想。說到「人民」，7月16日，毛在武漢暢遊長江，面對狂熱的「人民群眾歡呼：『毛主席萬歲！』毛主席歡呼：『人民萬歲！』」[70] 8月18日，毛在第一次接見紅衛兵時在天安門上同林彪的談話時還說：「這個運動規模很大，確實把群眾發動起來了，對全國人民的思想革命化有很大意義。」對於毛的〈七律·有所思〉，大陸學者高華做了如下的精采闡釋：「當然，人民是不會自發產生正確思想的，惟有人民的化身毛，才能給人民以思想，所以『故國人民有所思』，實際上是毛代表人民在思索。」[71] 作這一如是

69　同上，頁1155。

70　見《人民日報》，1966年7月26日。

71　高華，〈從《七律·有所思》看文革的發動〉，載《炎黃春秋》，2004，第1期。

觀，如果我們進一步探究毛林之間的8月18日的對話：是誰發
動了「這個運動」來推動「人民」的「思想革命化」？——答
案還是毛本人。因而，儘管毛在高呼「人民萬歲」的那一刻完
全可能是真誠的、下意識的，甚至連他自己也被感動了的。但
另一方面，對他高呼「萬歲」的「人民」是歸他代表、由他領
導的和為他「運動」的。這一點，即便在他的無意識中也是有
非常清楚的直接反映的。現代心理學的研究告訴我們：無意識
並不是人們對客觀對象根本沒有一點認識的反映，而是對某種
對象不自覺的、不由自主的反映的認識。一句話，無意識是
人們在反映時一時沒有清楚地意識到的認識，相當於「下意
識」。[72] 而在毛澤東脫離了這樣的自欺欺人的語境和環境時，
對於他信誓旦旦的「人民」和「人民利益」還是有過清晰的表
述的。毛澤東的秘書李銳最近回憶道：「實際上毛這個人無話
不講，他公開說，我們現在就是搞愚民政策，我們現在就是訓
政時期」——說到底，「人民」和「人民利益」不過是毛澤東
的「愚民政策」的一個巧妙的道德藉口而已。[73]

　　如果我們再深入一步追溯毛澤東的「人民」情結的底蘊，
我們還會發現：這其實是他的潛意識裡的「帝王情結」的外化
和包裝而已。1976年元旦，在批判「右傾翻案風」的高潮中，
毛澤東早已經是病入膏肓，苟延殘喘之身。但他卻通過《人民
日報》高調發表了他1965年寫的〈水調歌頭・重上井岡山〉和

---

72 冒從虎、冒乃健編，《潛意識・直覺・信仰》（石家莊：河北人民出版
　　社，1988），頁70-71。
73 朱健國，〈李銳先生訪談錄〉（2007年10月1日），原載美國網路刊物《議
　　報》，第322期，http://www.chinaeweekly.com。

〈念奴嬌・鳥兒問答〉兩首詞。其中的「可上九天攬月，可下五洋捉鱉」和「世上無難事，只要肯登攀」的詞句，誇張地表現了詩人的唯意志論和「萬物皆控於我」的意識。而後一首詞中所描寫的「鯤鵬展翅九萬里」、「背負青天朝下看」的藝術形象，並不像有的權威所解釋的那樣是什麼「中國人民」，明顯地是詩人自己。聯想到毛澤東在20世紀40年代的〈沁園春・雪〉中蔑視「秦皇漢武」、「唐宗宋祖」，自信「數風流人物，還看今朝」的「帝王情結」，他在時隔20多年之後所極力謳歌的「鯤鵬」，其實也是一種「馬克思加秦始皇」式的自我感覺。「鯤鵬」者，毛澤東也。如果說伴隨著〈沁園春・雪〉的發表，延安唱起了〈東方紅〉，毛澤東欣然接受了「人民大救星」的美譽；那麼，伴隨著〈念奴嬌・鳥兒問答〉的寫作，華夏大地上的個人崇拜登峰造極，天安門城樓成為「紅太陽升起的地方」，當毛澤東在天安門城樓上俯視廣場上激動若狂、山呼萬歲的百萬「紅衛兵」之時，他的腦海裡肯定會浮現出「背負青天朝下看，都是人間城郭」的君臨天下的感覺。不過當他決定在1976年年初發表這兩首詞時，他已經清楚地認識到：「我死後，可能不出一年，長了不出三、四年，會有翻天覆地。民心、軍心，我看不在（我們）這邊。」[74] 簡言之，他在現實中是當不了「人民」的代表了，但是他仍然要在他的文學幻境中實現——這又是一齣自欺欺人的政治秀。

　　毛澤東發動文革的第二個道德依據和理論情結恐怕是「巴黎公社」了。毛對於「巴黎公社」的鍾情可以追溯到1926年3月

---

74 同注31。

18日他在中國國民黨政治講習班所作的演講〈紀念巴黎公社的重要意義〉。[75] 在1959年的廬山會議上，毛又用「巴黎公社」為理論武器整過彭德懷。[76] 文革之初的1966年7月和8月，毛曾多次用「巴黎公社」作為他未來新的國家政權的模式。他曾把北大聶元梓等七人寫的「第一張馬列主義大字報」稱為「20世紀60年代中國的巴黎公社宣言書，意義超過巴黎公社」；[77]「是20世紀60年代的巴黎公社宣言──北京公社」。[78] 在他親自主持制定的《關於無產階級文化大革命的決定》（即《十六條》）中，也這樣提到巴黎公社：

> 文化革命小組、文化革命委員會的成員和文化革命代表大會的代表的產生，要像巴黎公社那樣，必須實行全面的選舉制。候選名單，要由革命群眾充分醞釀提出來，再經過群眾反覆討論後，進行選舉。……可以由群眾隨時提出批評，如果不稱職，經過群眾討論，可以改選、撤換。[79]

1966年11月，在毛澤東第六次接見紅衛兵時，他身邊的親密戰友林彪代表他講話說：

---

75 《毛澤東文集》（北京：中央文獻出版社，1993），卷1，頁33。

76 毛澤東，〈關於如何對待革命的群眾運動〉，載《建國以來毛澤東文稿》（北京：中央文獻出版社，1998），第8冊，頁448。

77 〈毛澤東對中央負責人的講話〉（1966年7月），載《中國文化大革命數據庫，1966-1976》。

78 〈毛澤東在中央常委擴大會議上的講話〉（1966年8月4日），同上。

79 同上。

　　在毛主席正確路線的指引下，我國廣大革命群眾，創造
了無產階級專政下發展大民主的新經驗。這種大民主，就
是黨無所畏懼地讓廣大群眾運用大鳴、大放、大字報、大
辯論、大串連的形式，批評和監督黨和國家的各級領導機
關和各級領導人。同時，按照巴黎公社的原則，充分實現
人民民主權利。沒有這種大民主，不可能發動真正的無產
階級文化大革命，不可能實現人們靈魂深處的大革命，不
可能把無產階級文化大革命搞深搞透，不可能挖掉修正主
義的根子，不可能鞏固無產階級專政，不可能保證我們國
家沿著社會主義、共產主義的道路前進。這種大民主，是
毛澤東思想同廣大群眾相結合的新形式，是群眾自己教育
自己的新形式。這種大民主，是毛主席對馬克思列寧主義
善於無產階級革命和無產階級專政學說的新貢獻。[80]

　　1967年1月31日，《紅旗》雜誌在一月奪權的高潮中發表提
名為〈論無產階級革命派奪權鬥爭〉的社論，其中有這樣一段
話：「毛主席把北京大學的全國第一張馬列主義的大字報稱為
20世紀60年代的北京人民公社宣言。這時，毛主席就英明地天
才地預見到我們的國家機構，將出現嶄新的形式。」[81] 其實，
聶元梓等人揭發北大校長陸平的大字報，和巴黎公社的國家機
構改革是風馬牛不相關的事。當年被毛澤東斥責的劉少奇在天

80　〈林彪在接見全國各地來京革命師生大會上的講話〉（1966 年11月 3
　　日），同上。
81　載《紅旗》雜誌，1967，第3期。

安門城樓上就百思而不解，對伍修權說過：「我把北京大學聶元梓的大字報翻來覆去看了幾遍，實在看不出它的意義為什麼比巴黎公社宣言還要重大。」[82] 毫無疑問，毛澤東只是利用這張大字報來闡述他發動文革的理論依據和道德基礎罷了。我們完全可以想像：當毛澤東把「巴黎公社」的全面選舉制，通過群眾監督和撤換官僚，給予群眾更多的民主權利作為文革的一個目標和道德依據時，他本人也可能是充滿著一時的革命正義感的。這樣的民主和權利的許諾，對於發動千百萬青年學生和普通群眾參加到文革初期的造反洪流之中，無疑是有著強大的道德感召力和吸引力的。

　　然而，時間很快就證明了毛澤東的「巴黎公社」的情結不過是他的一個葉公好龍式的幻想，抑或他發動群眾投入殘酷的黨內大清洗時的一個道德的海市蜃樓。1967年2月5日，上海市的造反派奪了中共上海市委的權，建立了自己的新政權組織叫「上海人民公社」。雖然這是張春橋揣摩到了毛澤東關於「巴黎公社」的思路後的產物，但是它畢竟是中國第一個省一級的大城市的「巴黎公社」式的政權形式。〈上海人民公社宣言〉說：目前由各造反組織協商推舉群眾代表，與駐軍負責人和革命領導幹部組成「三結合的臨時的過渡性的權力機構，行使公社的領導權力」。但是最終目標是：「由革命群眾按照巴黎公社原則選舉產生」。「上海人民公社的一切工作人員，都只有為人民服務的義務，絕沒有做官當老爺的權利。誰要脫離群

82　魯彤、馮來剛，《劉少奇在建國後的20年》（長春：遼寧人民出版社，2007），頁365。

眾，包辦代替，甚至壓制群眾，專斷獨行，就必須隨時撤換清洗。」[83]

　　應該說〈上海人民公社宣言〉闡述的「嶄新權力形式」的構想，是符合毛澤東反覆宣稱的反官僚主義、追求政治平等、恢復巴黎公社偉大理想的文革目標的。但是它卻意外地遭到了毛澤東的激烈批評：「如果都改公社，黨怎麼辦呢？黨放在哪裡呢？公社裡的委員有黨員和非黨員，黨委放在哪裡呢？」「全國都改，就得發生改變政體，改變國號，有人不承認，很多麻煩事，也沒有什麼實際意義。」毛甚至公開貶低他一貫倡導的公社說：「巴黎公社是1871年成立的，到現在96年了，如果巴黎公社不是失敗了，而是勝利了，那麼，據我看呢，現在也已經變成資產階級的公社了……」不久，毛又說：「有人說選舉很好，很民主，我看選舉是個文明的字句，我說不承認有真正的選舉。」[84] 一言道破天機，原來毛澤東對巴黎公社的全民選舉的民主新政體的憧憬，不過是他無意識中的幻境。一旦他意識到實現這樣的目標會最終威脅到他的政權，他便清醒地放棄了。對毛澤東來講，核心永遠是一個「權」字，而不是什麼革命理論和道德依據。只要他清除了黨內異己，奪回了旁落的大權，他想到的便是立刻恢復那集權專制的黨，並使之更加集權，更加專制，更加法西斯化。於是，「上海人民公社」變成了「上海市革命委員會」，巴黎公社的原則頃刻間變成了

83 〈一月革命勝利萬歲——上海人民公社宣言〉，原載《解放日報》，1967年2月7日。

84 《毛澤東思想萬歲》（北京：清華大學〔具體群眾組織不詳〕，1969），頁667-672。

故紙堆裡的垃圾。革命委員會的產生原則，是在「大聯合」、「三結合」的基礎上由上級批准，與過去的任命制沒有區別，而與巴黎公社的普選原則就相差萬里了。所以不是無實質意義的名字問題，而是有重大實質意義的政體形式問題。

　　這裡，用心理分析的方法來洞悉一下毛澤東發動文革的道德依據的自欺性質會更有趣一些。心理分析學認為：潛意識或無意識和意識組成了人的精神世界的存在。人的精神活動常常在它們中間尋求平衡。潛意識或無意識是意識的深層部分，包括原始衝動和本能以及各種欲望，由於社會標準不容，得不到滿足，被壓抑到無意識中。每當人的意識以及欲望受到挫折時，人就會下意識地啟動「自我防禦機制」以保護自己，例如：轉移／替代，合理化／文飾，反向（以相反的行為表現），歪曲，幻想，推諉，補償，昇華等等。由於這種自我保護是在無意識水平進行的，便帶有自欺欺人的性質。例如，在毛澤東黑暗的心靈深處，顯然自視為高於「秦皇漢武」的千古一帝。但是社會主義革命和共產黨的理論實踐又絕不允許他公開稱帝。他只能下意識地啟動「自我防禦機制」以保護自己：（一）通過「壓抑」把「帝王情結」藏到無意識中去；（二）啟動「轉移／替代」，用另外一個目標替代原來的目標，即採用冠冕堂皇的「人民」的集合名詞來替代他的帝王情結；（三）再用「合理化／文飾」，自命為「人民利益」的唯一代表，從而採用錯誤的推理使自己不合理的行為合理化。再如，毛澤東在文革初期對「巴黎公社」的憧憬也充分表現了他把自己不合理性的做法通過某種自欺性程序變成是理所當然的事情的心理過程。毛澤東打倒劉少奇、並剷除一大批黨內異己的文

革顯然是不合理的。但是他通過一系列「自我防禦機制」保護甚至欺騙了自己：（一）「壓抑」：把他與劉少奇之間無原則的「權力鬥爭」藏到無意識中去；（二）「轉移／替代」：用另外一個光明正大的目標替代原來說不出口的目的，即採用「巴黎公社」式的民主新政體的改革來替代；（三）「合理化／文飾」：用充滿道德感召力的「按照巴黎公社的原則，充分實現人民民主權利」的訴求使冷酷的權力鬥爭合理化。不過，在毛澤東粉碎他自己的「巴黎公社」之夢的過程中，他的「自我防禦機制」還多走了一步——「反向」，即他的「自我」為了控制或防禦某些不被允許的衝動而有意識地做出相反的舉動，如他最後公開貶低「巴黎公社」的不適用和嘲笑全面選舉的幼稚便是這種表現。

記得毛澤東1955年在嘲笑所謂的「胡風反革命集團」的成員時說：「他們不但需要欺騙別人，也需要欺騙他們自己，不然他們就不能過日子。」[85] 從心理分析的角度來認識，把這句話理解成毛澤東文革時期非理性心態的寫照，大概是十分恰當的。

結語

人是唯一有理性的存在，但理性並非人的一切。就文革中的毛澤東研究而言，研究他的非理性因素的作用更有其重要

85　《建國以來毛澤東文稿》（北京：中央文獻出版社，1997），第5冊，頁160。

的意義。他個人的種種非理性因素、諸如他的私人情欲、病態人格、潛意識情結導致他本來就錯誤的決策中非理性因素的失控，從而大大加重了文革的災難程度。

人的情欲和性欲在社會關係所允許的時候、範圍和程度內，對社會歷史的發展產生的重大影響卻是毫無疑問的。而這些社會關係一旦形成，對處於社會峰頂的政治領袖的影響便常常不可低估。在毛澤東文革的種種政治表現背後，都可以時時看到背後的私生活因素。比如他的夫人江青在文革中一躍成為最重要的政治人物及她和毛婚姻的關係；比如文革的發動和毛及他女友性關係在1961年被錄音的事件；再比如1963年的鬼《李慧娘》被毛認定為是在影射他驕橫淫逸的私生活和他及女友的宮闈風波。毛澤東不僅把他的女友作為享樂工具，還利用性關係為政治服務。然而，和歷史上任何一個淫逸君主一樣，毛也為自己的「權色交易」付出了一定的政治代價。

多疑是一種非理性的病態人格。當獨裁者力圖加強自己的權力而缺乏足夠的自信和智謀時，心胸狹隘的獨裁者便會把猜忌變為妄想和行動，殘忍的政治清洗便會發生，種種不真實的「敵人」便會被製造出來。毛澤東的極度的疑懼／妄想症起源於1956年以後對中共八大反「個人迷信」等路線的不滿。論及毛的「被害妄想」，恐怕不得不提的是他發動文革的主要原因——所謂的「防止反革命政變」。毛晚年的「被迫害妄想症」還帶來了一個不容忽略的副作用：他的偏執型人格障礙。如果仔細分析毛澤東和他的「敵人們」的衝突的起源和發展，常常會發覺衝突的驟然升級不是因為什麼「理論分歧」，而是一些本來相對來說無關緊要的事引發的意氣之爭，如毛和劉少

奇在1965年1月的中央工作會議上關於「四清」問題上的一些口角。

　　雖然理想和幻想同為非理性因素，但是符合客觀實際和社會規律的理想容易變為現實，不符合客觀實際和社會規律的理想只能是空想和幻想。毛澤東的問題並非是他的理想主義，而是空想主義和幻想主義。毛在晚年有沉溺於幻想的人格特徵，還常常帶有自欺欺人的特點。毛澤東賴以發動和推進文革有幾個主要的道德依據和理論情結，一是毛堅信：他發動的文化大革命是符合占人口90%以上的「人民」利益的，「人民」和「人民利益」是他的道德依據。一方面，它們不過是毛澤東的「愚民政策」的一個巧妙的道德藉口。另一方面，這其實是他的潛意識裡的「帝王情結」的外化和包裝而已。毛澤東發動文革的第二個道德依據和理論情結恐怕是「巴黎公社」了。文革的發展很快就證明了毛的「巴黎公社」的情結不過是他的一個葉公好龍式的正義幻想，抑或他發動群眾投入殘酷的黨內大清洗時的一個道德的海市蜃樓。

　　本章的種種嘗試性的分析，都凸顯出了一個非理性的、至今缺乏系統研究的毛澤東。

第二章

受害者和迫害者
劉少奇和他對文革的獨特貢獻

把「劉少奇」和「他對文革的獨特貢獻」這兩個詞放在一起作為一章的題目，似乎是矛盾乃至殘忍的。因為劉少奇無疑是文革的受害者，並被殘酷地迫害致死。就數以百萬計的文革受害者的級別而言，劉少奇還是他們中最大的受害者——他是中華人民共和國的國家主席和中國共產黨的第一副主席。或許正因為如此，在文革後幾乎所有的悼念劉的文章裡，都只是強調了他「最大的受害者」的身分，並強調他在60年代初經濟政策上和毛的區別。[1] 還進一步用經濟政策上的區別來模糊和掩蓋他們在政治思想上的一致性。對於他和文化大革命的關係，卻大都從他這個單一身分的角度，有意無意地推演出毛澤東「同劉少奇主持的中共第一線領導之間分歧的發展，使黨內生活越

---

1 儘管劉少奇在大躍進中也非常狂熱地支持毛澤東的「三面紅旗」路線，但是他在目睹人民公社的禍害後改變了自己的觀點。在60年代初和黨內務實派鄧小平、陳雲、周恩來等人，在經濟調整中一起為國家走出餓死數千萬人的「人禍」做出過貢獻。

來越不正常」，「可以明顯地看出他（劉少奇）相當被動」，
「很快又開始抵制，力圖想停止這場『大革命』」等等。[2] 而對
於劉少奇對發動文革的態度和他領導的文革初期的運動中實際
上做了一些什麼，卻語焉不詳，極少提及。

　　然而，歷史的真相卻往往是矛盾和弔詭的。在中共50多年
的政治運動中，中共黨內的受害者並不只有單一的身分，他們
和迫害者的身分常常是合二而一，密不可分。受害者也常常先
是迫害者，受害者在意識形態上，和迫害者並沒有任何不同。
相反，受害者也曾為最後迫害他致死的政治運動推波助瀾，即
便在他被迫害致死的前一刻和平反以後，他和他的家屬仍然認
同把他迫害致死的意識形態、政治制度乃至迫害者。前者可以
從羅瑞卿、鄧拓和文革初期大量受整的被迫自殺者的遺書作
證。它們都不約而同地高呼：「永別了，要叫孩子們永遠聽黨
的話，聽毛主席的話！我們的黨永遠是光榮的、正確的、偉大
的⋯⋯」[3] 和「我們敬愛的領袖毛主席萬歲！」之類的口號。[4]
後者則可以從劉少奇被迫害致死的十餘年後和他被正式平反
後，他的遺孀王光美竟然對評劇藝術家新鳳霞說：「鳳霞，我
們都是毛主席的好學生」的表白中得到佐證。以致純樸真誠的

2　黃錚，《劉少奇冤案始末》（北京：中央文獻出版社，1998），頁1、5。
　　又見劉源，〈忠實坦蕩昭日月〉，載香港《中華兒女》雜誌，1998，第10
　　期。

3　羅點點，《點點記憶：紅色家族檔案》（香港：天地圖書有限公司，
　　1999），頁213。

4　袁鷹，〈玉碎〉，載周明主編，《歷史在這裡沉思：1966-1976年紀實》
　　（北京：華夏出版社，1986），卷3，頁128。

新鳳霞都十分鄙視地說：「她男人都被毛主席整死了，她還說這樣的話，你說壞不壞？」[5]

　　事實上，劉少奇被迫害致死的悲劇根本就不在於他對毛澤東發動文革的什麼「分歧」和「抵制」。無論是他和當時一線中央的領導制定的文革方案，還是他決定派遣工作組指導運動，都是事先得到毛澤東同意和批准了的。劉少奇悲劇的根本問題是在於猜疑成性的毛澤東已經認定劉少奇是自己身邊的「赫魯雪夫」，嚴重地威脅著自己的權位，絞盡腦汁除之為快。

　　劉少奇無疑是一個文革的受害者，但是他又同時是這一罪惡歷史的製造者之一。如果沒有對歷史罪惡的聲討和清算，如果沒有對其制度根源的發掘，那麼一代人的犧牲，包括劉少奇本人的生命在內，便成了一場毫無意義的災難，也就無法向文革時代做永遠告別。追究歷史責任、清算政治罪惡——不僅僅是為了死者和受害者，而是為了埋葬一個時代。

四清運動：劉少奇直接領導的文革預演

　　1966年5月文革拉開序幕，那時中國大地上還正進行著另外一場號稱「社會主義教育運動」的政治運動，又稱「四清運動」。這場運動的第一線領導人，便是劉少奇。在今天中共官方有關劉少奇和毛澤東在「四清」運動的關係的論述中，大都說成是「深刻分歧」，[6] 更有人認為：「毛澤東尖銳批評劉少奇

5　蔡詠梅，〈吳祖光一生的遺憾〉，載香港《開放》雜誌，2003年5月號。
6　鄭謙、劉波，《劉少奇之路》（北京：中共黨史出版社，2001），卷4，頁1334。

的小民主（法制條件下、有組織的充分發揚民主）教育運動是擴大化，他自己搞了文化大革命，用『大民主』（個人專制加無政府主義）對付假想敵人，走向極端。人們這才恍然大悟，原來早在四清時，毛澤東就想搞一場文化大革命這樣的運動，僅僅因為劉少奇的抵制才未能行通。」[7] 這一說法把劉少奇實在美化得離譜。且不說毛澤東關於文化大革命的設想有它的形成過程，當時還處於萌芽狀態。即便是毛澤東在60年代初就想發動文革，劉少奇也絕不會出來抵制。綜觀劉少奇在整個「四清運動」中的真實表現，劉少奇非但跟著毛澤東的「左」調亦步亦趨，在不少方面更有自己的獨創。考諸史實，毛澤東的「文革」思想與劉少奇領導的「四清運動」，實有互相啟發、相互影響之效。也可以說，在幫助毛澤東形成和發展他的文革思想上，劉少奇大有推波助瀾的「貢獻」。

　　「四清」運動起源於1963年2月11日至28日的北京的中央工作會議，劉少奇主持了12日和13日的會議。在這個會議上，劉少奇對這個將要開展的政治運動的定調是：「八屆十中全會講階級、階級鬥爭，現在就要部署一個行動，搞一個階級鬥爭。對象是投機倒把、貪汙盜竊，還有一些嚴重的鋪張浪費，嚴重的蛻化變質、違法亂紀，嚴重的分散主義。總是口裡講階級鬥爭，不辦事情，不好。」[8] 倒是毛澤東，在會議的最後一天，

7　劉源、何家棟，〈可貴的嘗試〉，載王光美、劉源等著，《歷史應由人民書寫：你所不知道的劉少奇》（香港：天地圖書有限公司，1999），頁79-80。

8　中共中央文獻研究室編，《劉少奇年譜》（北京：中央文獻出版社，1990），下卷，頁571。

仍然只是強調：「要把社會主義教育好好抓一下，社會主義教育，幹部教育，群眾教育，一抓就靈。」[9] 2月25日，劉少奇在會議上還以和蘇聯堅決鬥爭的「反修專家」的身分做了〈關於反對現代修正主義的鬥爭問題〉的報告，他強調指出：「我們需要在經濟上，在政治上，在思想上，在黨和國家的組織上，包括軍隊的組織上，保證不蛻化變質。因此，就要想一種辦法來保證，不只是要保證我們這一代，而且要保證我們的後代不蛻化變質。這個問題，是生死存亡的問題，是亡黨亡國的問題，使人民當權還是少數剝削者當權的問題。」[10] 很顯然，劉少奇是把即將展開的「四清運動」作為一種文革式的政治運動來思考的。他恐怕還是第一個中共的領導人把這個政治運動提高到「亡黨亡國」的嚇人高度的。三個月後，毛澤東在〈浙江省七個關於幹部參加勞動的好材料〉上寫下了和這一說法非常相似的批語：「少則幾年，十幾年，多則幾十年，就不可避免地要出現全國性的反革命復辟，馬列主義的黨就一定會變成修正主義的黨，變成法西斯黨，整個中國就要改變顏色了。請同志們想一想，這是一種多麼可怕的情景啊！」[11] 毛的這一論斷，不僅在當時就把「四清運動」定位為「關係馬克思列寧主義和修正主義誰戰勝誰的問題」，[12] 後來更成了他發動文革的

9　郭德宏、林小波著，《四清運動實錄》（杭州：浙江人民出版社，2005），頁32-33。

10　同上，頁32。

11　《建國以來毛澤東文稿》（北京：中央文獻出版社，1996），第10冊，頁292-293。

12　見中共中央〔63〕347號文件〈中共中央關於目前農村工作中若干問題的決

重要的理論基礎之一。在毛形成他文革理論的過程中，劉的一些激烈的「左」調對毛無疑是有著啟發性和鼓勵性的。

　　隨著四清運動的全面展開，劉少奇越來越左。他的一系列的極「左」言行不僅極大地助長了運動的左傾傾向，更堅定和鼓舞了毛澤東的許多還處於萌芽狀態或正在形成中的極左思想。例如，劉少奇是提出用「造反」來對付「中央出修正主義」的第一人。在1964年6月8日的會議上，毛澤東講話提出了「中央出修正主義怎麼辦」的問題。劉少奇的回答是：「一個省可以造反，也可以獨立。」[13] 再如，劉少奇對當時全國階級鬥爭的估計，比毛澤東還要黑暗得多。毛澤東最初是估計有20%的生產隊的政權不在共產黨手裡，後來受到包括劉少奇、周恩來、彭真等人一再彙報的尖銳的階級鬥爭動向的影響，認為：「我們這個國家有三分之一的權力不掌握在我們手裡。」而劉少奇還進一步認為：「三分之一打不住⋯⋯城市文化藝術單位、中小學校，農村裡的學校還不只三分之一，三分之一打不住。某些大學的系，班，老教授在統治，在領導。最近，毛主席批示，文藝刊物大多數，十幾年來不執行黨的政策，這就不是三分之一了，而是大多數。所以，革命非搞不可。」[14] 國內學者肖冬連在論述其四清運動中劉少奇和毛澤東極「左」思想的高度一致性時，提出了一個有趣的模式：「毛主席出了題

　　定（草案）〉，即〈前十條〉。

13 肖東連等著，《求索中國：文革前十年史》（北京：紅旗出版社，2000），下卷，頁1055-1056。

14 1964年7月21日劉少奇在華東局、上海市委負責幹部會議上的講話，轉引自郭德宏、林小波著，《四清運動實錄》，頁132。

目，劉少奇又要做文章了」；然後是「毛澤東要表達的意思先從劉少奇口裡說出來了，他接過劉少奇的話茬，道出了他的核心思想。」[15] 這裡，劉少奇的獨創性和他對毛澤東的反影響力是顯而易見的。

在劉少奇在第一線領導「四清」運動期間，中共通過中央文件樹立了三個「四清」的樣板和典型。它們分別是：（一）甘肅白銀有色金屬公司的經驗（見〈中央批轉甘肅省委、冶金工業部黨組關於奪回白銀有色金屬公司的領導權的報告〉，1964年6月23日）；（二）河北省的桃園經驗（見〈中共中央轉發《關於一個大隊的社會主義教育運動的經驗總結》的批示〉，1964年9月1日）；（三）天津的小站經驗（見〈中共中央關於社會主義教育運動奪權鬥爭問題的指示〉，1964年10月24日）。雖然這些典型都是毛點頭同意了的，但劉少奇是這三個文件的起草者和最後簽署者，其中還有劉少奇的純個人的獨創——「桃園經驗」。正因為毛、劉的高度一致，在1964年5月15日到6月17日的中央工作會議後，中央書記處才在1964年8月5日決定：中央成立「四清」、「五反」指揮部，由劉少奇掛帥。應當客觀地說：這一段時間的毛劉關係，是他們的一個蜜月期。

如果我們今天再閱讀一下這三個「四清」經驗，尤其是劉少奇和他的夫人王光美一手創立的「桃園經驗」，便會驚訝地發現：它們是毛的文化大革命的某種形式的預演，至少為毛的文革在方法上、形式上和思想上都提供了難得的經驗。而劉少

奇的悲劇在於：這些他創立的經驗，卻都最終成了毛澤東打倒他本人的利器。

　　首先，劉少奇的「桃園經驗」在中共的最高層開創了「夫人參政」的極壞的範例，使毛澤東隨後啟用江青作為他發動的文化大革命的先鋒和打手有法可依，有章可循。1963年11月，劉少奇派遣夫人王光美化名「董樸」，以河北省公安廳秘書的名義到唐山專區撫寧縣盧王莊公社桃園大隊任「四清」工作組副組長，在劉的直接指示下創立了「桃園經驗」。然後，又在劉的安排後授意下，在中共河北省委工作會議上做了〈關於一個大隊的社會主義教育運動的經驗總結〉的報告。隨後，劉少奇又安排王光美去各地做報告，傳播他們夫婦共同的「桃園經驗」作為全國「四清」運動的樣板。當時的江蘇省委第一書記江渭清只是說了一聲「不能盲目執行」，劉少奇便大發脾氣。[16]1964年8月19日，劉少奇又以中共中央的名義擬了批語，直接寫信給毛澤東要求作為「四清」樣板批發給全國。8月27日，毛澤東批示同意；9月1日便作為一個中共的「有普遍意義」的典型向全國批發了。姑且不論「桃園經驗」的極左和荒謬，它更大的危害性還在於劉少奇向全黨，從而也向毛澤東提供了一個利用自己的夫人參與上層政治的範例。在劉少奇之前，任何中共領導人，包括毛澤東，都還沒有這麼幹過。劉以後，毛澤東在文革發動期搞的〈中共中央批發《林彪同志委託江青同志召開的部隊文藝工作座談會紀要》〉（1966年4月10日）和「桃園經

---

16 江渭清，《七十年征程：江渭清回憶錄》（南京：江蘇人民出版社，1996），頁487-488。

驗」就有異曲同工之妙。只不過毛澤東大大地發展了劉少奇開
創的「夫人參政」的經驗，在文革中已經直接任命江青為中央
文革小組的副組長和政治局委員了。事實上，王光美在全國做
「桃園經驗」報告的風光，就極大地刺激過江青的政治野心。
據陶鑄夫人曾志回憶：1964年底中央工作會議期間，劉少奇要
陶鑄通過李雪峰出面召開一個會議讓王光美做報告，當時江青
就在「屏風後面走來走去地聽著」「看樣子對此十分不滿」。[17]

　　其次，劉少奇倡導的「桃園經驗」等都採取「群眾運動」
（其實是「運動群眾」）的方式，主張另組「階級隊伍」，進
行「奪權鬥爭」，又為毛的文革提供了在體制外另組「階級隊
伍」，進而「奪權鬥爭」的思路。在50年代末期，早已經有了
人民公社社員委員會，但劉少奇和毛澤東一起，在四清運動中
重新組織「貧下中農協會」，作為「奪權鬥爭」的體制外的力
量，還多次頒發中央文件給予肯定。[18] 王光美的「桃園經驗」
更進一步搞出在貧下中農裡秘密「扎根串連」來重組現有體制
外的「階級隊伍」的辦法。文革初期，北京大、中學校的一批
高幹子弟——包括鄧小平的兒子鄧樸方在內——紛紛策劃在他
們這幫貴族子弟的圈子裡「扎根串連」，成立「貧協」、「紅
衛兵」這樣的秘密組織，很顯然是受到了這些「四清」經驗的
影響。在劉少奇批示的這幾個「四清」樣板的文件中，又都

---

17 曾志，《一個革命的倖存者：曾志回憶錄》（廣州：廣東人民出版社，
　　1999），頁431-432。
18 這一類的中央文件有〈中共中央關於印發《中華人民共和國貧農下中農協
　　會組織條例（草案）》的指示〉（1964年6月25日），〈中央關於在問題嚴
　　重的地區由貧協行使權力的批示〉（1964年11月12日）等。

一再強調運動的目的是：「把領導權從階級敵人手中奪了回來，」「一下決心進行奪權鬥爭，局面就迅速打開，群眾立即發動，表現了我們料想不到的革命熱情。」[19] 在具體的發動群眾的方法上，「大字報」也曾是常用的形式，在甘肅白銀有色金屬公司的經驗中，「工作組發動群眾貼了13萬張大字報，揭發領導集團違法政策、生活特殊、排擠老工人以及設備損壞等重要錯誤」——完全是文革「四大」的架勢。從「四清」中劉少奇號召對全國三分之一以上的「已經爛掉了的地委、縣委、區委、公社、大隊合廠礦企業及其他機構……進行奪權鬥爭」，[20] 到毛澤東在1967年1月號召的「全面奪權」，那一條演繹發展的線索還是很清楚的。

最後，劉少奇的所謂的「四清」經驗中，逼、供、信和殘酷的體罰現象比比皆是。為文革中的逼、供、信和打、砸、搶提供了極壞的樣板。在中共的十一屆三中全會後，這些在劉少奇指導下搞出來的「經驗」全部在複查後作為冤、錯、假案平反，可見當時逼、供、信之風的酷烈。文革中青年學生到桃園去調查這個「四清」樣板時發現：「在王光美的指使下，工作隊大搞逼供信。對幹部實行：跟蹤、盯梢、罰站、彎腰、低頭、燕飛、拘留。連敲帶詐，讓幹部脫了衣服到外面凍著。工作隊動不動就掏出槍來威脅幹部……王光美住的四隊武鬥最凶。在鬥爭四隊隊長趙彥臣時，王光美到場見趙彥臣正在罰

19　見〈中央批轉甘肅省委、冶金工業部黨組關於奪回白銀有色金屬公司的領導權的報告〉（1964年6月23日）和〈中共中央關於社會主義教育運動奪權鬥爭問題的指示〉（1964年10月24日）。

20　同上。

跪，就鼓動說：『你們搞得好，搞得對。』『堅決支持你們，就用這個辦法搞下去。』在王光美的唆使下，體罰之風，越演越烈。」[21] 這裡值得一提的是：「燕飛」，就是文化大革命中鬥人時極為流行的「噴氣式」，它很可能就發源於「桃園經驗」！ 據海外新聞單位的不完全統計，在劉少奇掛帥的「四清」中，共逼死幹部群眾77,560人，在城鄉共整了5,327,350人。地方機關、企業、基層、學校清查出反黨反社會主義性質聯盟、集團共5,760個。組織結論中定性為敵我矛盾的276,256人；定性敵我矛盾做人民內部矛盾處理的，558,220人。[22] 這些「四清」成績，在中共十一屆三中全會後複查中被證明絕大多數是冤、錯、假案。連最近研究「四清」和文革關係的國內學者都已經指出：「四清運動期間，在部分地區開展了奪權鬥爭，大搞懷疑一切，無限上綱，把任何問題都歸結到階級鬥爭上來認識，上升到政治問題來處理。搞人人過關，『有魚沒魚淘乾了看』，鼓動群眾都領導，認為不鬥，就顯不出革命的樣子。於是，在運動中刮起了一股非法鬥爭的歪風，什麼抓人、打人、戴高帽子、搞逼供信等等。這些做法，無疑為『文化大革命』期間的『打、砸、搶』提供了直接或間接的經驗。」[23] 對此，劉少奇是毫無疑問要負主要責任的。在這一方面，倒是毛澤東在1965年1月主持制定的〈農村社會主義教育運動中目前提出的

21　紅代會南開大學衛東紅衛兵批判劉、鄧、陶聯絡站編，《揭開桃園假四清真復辟的黑幕》（1967年5月），頁4。

22　羅冰，〈毛澤東發動社教運動檔案解密〉，香港：《爭鳴》月刊，2006年2月號。

23　《四清運動實錄》，頁348。

一些問題〉即〈二十三條〉糾正了「前一階段『四清』運動中一些過『左』的做法，規定了一些有利於運動向好的方向發展的方法和政策」。[24]

至此讀者可能會問：既然劉少奇在「四清」中常常搞得比毛澤東還要「左」，為什麼他們在制定〈二十三條〉時會發生爭論呢？這是不是說明了他們在思想理論上的「重大分歧」呢？理解這個問題的關鍵是這次會議的特殊的背景：毛劉的爭論發生在1964年12月20日的中央政治局常委擴大會議上，那個會議是毛澤東在盛怒中把已經解散了的中央工作會議的各地主要領導再重新叫回來「繼續開會」的。這裡是國內歷史學家肖冬連的記述：

> 12月15日，中共中央政治局在北京召開工作會議，原想趁三屆人大會議期間，請各地與會的領導人討論一下社教問題，帶有工作性質。會議由劉少奇主持，鄧小平認為一般工作彙報，不必驚動毛澤東。他在向毛澤東報告此事後說：如果工作忙，可以不必參加了。在一次會上，毛澤東在劉少奇講話時插話，劉不知毛有很多話要講，毛只講了幾句，就被劉打斷了，這兩件事使毛大為惱火。
>
> 會議沒開幾天，毛澤東沒有出面就結束了。毛澤東忍無可忍，終於爆發了。會後，江青請陶鑄、曾志夫婦在人民大會堂「小禮堂」裡看《紅燈記》。毛澤東在休息室問陶鑄：「你們的會開完了嗎？我還沒有參加就散會啦？有人

---

24 同上，頁276。

就是往我的頭上拉屎！我雖退到二線，還是可以講講話的麼！」

陶鑄、曾志愕然，誰敢在主席「頭上拉屎」？曾志回憶說：「我和陶鑄，已隱約感覺到了，主席說的『有人』二字，這個『人』恐怕是劉少奇，但是我們不敢相信，也不願相信。」

毛澤東又問陶鑄：「你們開會的人是不是已經走了？」

「有的走了。」陶答。

「告訴他們走了的趕快回來！」毛澤東斬釘截鐵地命令道。

參加中央工作會議的各省書記們，又都被召回來，繼續開會。25

無疑，這個和劉少奇發生衝突的會議是毛澤東在龍顏大怒（「大為惱火」和「忍無可忍」）的心態下主動要求召開的，換句話說，毛澤東是主動地、是有備而戰的──他一定會向劉少奇主動發難，找碴。但是，如果理由僅是說自己插話的時間不夠，或者他沒有出席會議的閉幕式，最多不過是一個對他「不夠尊重」的問題。毛澤東是一個上綱上線的好手，他會想方設法地把觸犯了他個人「龍顏」的人上升到路線鬥爭的高度去打倒。即便他們之間其實沒有什麼大的路線和思想理論的分歧，他也會搶占道德制高點，蓄意製造出重大理論分歧來，甚至不惜出爾反爾地批判許多他過去完全同意和提倡的東西。

---

25 《求索中國：文革前十年史》，下卷，頁1102。

1959年的廬山會議，他原來和彭德懷在反「左」上是一致的。但當他一旦發覺彭德懷的信觸犯了他的個人尊嚴，立刻把整個會議變為反擊「右傾機會主義」，進而把彭德懷等人從理論的高度打成「反黨集團」。這個毛澤東主動召開的會議，從1964年12月20日一直斷斷續續地開到1965年1月14日制定〈二十三條〉。在這一系列的會議上，毛澤東先是抓住了劉少奇關於「四清」運動的主要矛盾是「黨內外矛盾。敵我矛盾，四清四不清的矛盾，各種矛盾交叉」的提法，提出更為極「左」的理論：「首先抓敵我矛盾性質的問題，重點整黨內走資本主義道路的當權派。」因為劉少奇的提法在以前的中央文件裡都已經有過，而且毛都是同意了的，劉當然是一時轉不過馬上否定自己彎來，便耐著性子辯解，主張「還是有什麼問題解決什麼問題」。這一下子更使得毛惱羞成怒，對他的批判更全面地上綱上線了。毛在這次會議上批判劉領導的社教「打擊面太寬」；在12月26日他的生日宴會上批判劉少奇主張的「蹲點」；在1965年1月3日的會議上批判劉的「打殲滅戰」和「扎根串連」；在1月5日批劉少奇工作隊的「人海戰術」和王光美的「桃園經驗」。[26] 這裡應當明確的是：所有這些被批判的劉少奇的理論和方法，都非但是毛澤東批示同意過了的，還是他大力提倡了的。

在毛澤東出爾反爾地製造出他和劉少奇的重大理論分歧的同時，他還戲劇性地在1964年12月28日下午的會議上拿出《黨

26　逢先知、金沖及主編，《毛澤東傳（1949-1976）》（北京：中央文獻出版社，1996），頁1117-1130。

章》和《憲法》，向劉少奇和鄧小平興師問罪：為什麼在12月
15日的中央工作會議上沒有給他「言論自由」。毛澤東在這期
間甚至在黨的會議上像小孩吵架似地對劉少奇說：「你有什麼
了不起，我動一個小指頭就可以把你打倒。」[27] 可見，在毛澤
東的心裡，他耿耿於懷的始終是他個人的絕對權威和不能被人
有稍微觸犯的「龍顏」——這才是所謂的毛劉「重大分歧」的
底蘊。

　　大陸歷史學家高華對突然發生的毛劉分歧，即「毛澤東為
什麼忽然轉變對劉少奇的態度」有過精闢的分析。他認為關鍵
是：「劉少奇不經意中已在好幾個問題上招引毛的忌恨。」他
在談到毛突然轉變對「桃園經驗」的態度時說：「劉少奇親自
出馬，讓王光美在全黨登台亮相，使毛澤東感到劉少奇夫婦的
行動對他的權威已構成威脅。毛對『桃園經驗』的態度全憑他
對劉少奇好惡的增減而轉移。1964年春夏，當幾個領導人在北
京人民大會堂討論四清問題時，有領導人提到王光美搞四清的
經驗很好，毛澤東說，那就請王光美同志來講講嘛。劉少奇的
司機當即從人民大會堂回來把王光美接去。王光美在會議上講
了以後，與會者認為這個經驗可以推廣。毛澤東說，就請光美
同志做四清的顧問吧。然而一旦劉少奇果真這樣幹了，毛澤東
態度很快就改變，迅速地將『桃園經驗』看成是劉少奇意欲分
庭抗禮的罪證。」高華還分析道：「劉少奇呼風喚雨的能量之
大，使毛澤東由驚生恨。1964年夏，在劉少奇的力促下，一聲
號令，全國一百五十六萬幹部參加城鄉四清，此舉最終導致毛

27　《歷史應由人民書寫：你所不知道的劉少奇》，頁77。

對劉的深刻忌恨。正是上述因素在毛澤東胸中日益發酵，1964年12月，毛澤東開始向劉少奇發難，對劉少奇的態度來了一個180度的大轉變。」[28]

劉少奇對於這一分歧的實質並非心中無數，他在1965年1月13日下午召開了一個黨內生活會，當著周恩來、鄧小平、彭真、賀龍、陳毅、羅瑞卿、陳伯達、李井泉、李雪峰等17個中央和地方的大員的面，大做自己「對主席不夠尊重」的檢討（注意：不是「重大理論分歧」的檢討）。會後，劉又主動找毛做自我批評。[29] 但是毛澤東的反應卻是：「這不是尊重不尊重的問題，而是馬克思主義同修正主義的問題。在原則問題上，我是從來不讓步的。」[30]——這是一個「此地無銀三百兩」式的自白，因為毛澤東批判劉少奇的所有經驗和「原則」都是他本人批示同意和大力提倡了的。除了說明毛的翻手為雲、覆手為雨的政治品質和猜忌成性的變態心理，哪裡有什麼「馬克思主義同修正主義的問題」？然而，如同毛在1970年12月28日和美國記者斯諾談話時承認的：正是這時他下了決心「必須把劉少奇這個人從政治上搞掉」。[31]

---

28 高華，〈1964-1965年毛澤東與劉少奇爭執〉，香港：《二十一世紀》雙月刊，1998年4月號。

29 《劉少奇之路》，頁1126。

30 《歷史應由人民書寫：你所不知道的劉少奇》，頁78。

31 《建國以來毛澤東文稿》（北京：中央文獻出版社，1996），第13冊，頁173。

「文化革命」：從文化界的革命到政治大清洗

　　國內的官方出版物儘管也承認劉少奇在四清運動中「偏差」，但仍然為他辯護說：「在農村四清運動中，劉少奇雖然由於對階級鬥爭形勢估計過於嚴重而採取了一些激烈的措施，但從全國各個方面的全局上來看——例如，對文化藝術、對哲學社會科學、對黨的其他一些工作部門等等——他對階級鬥爭形勢的估計不像毛澤東那樣嚴重。就階級鬥爭存在的層次來看，毛澤東和劉少奇都曾強調過，在一些存在嚴重問題的基層，往往在上面都有『根子』。但在對這個『上面』的認識上，他們的理解卻很不一樣。毛澤東認為根子可以而且應該挖到中央領導層，即中央內部的赫魯雪夫……劉少奇所理解的『上面』，卻可能只到省、市、這樣一些層次。」[32] 這一論斷，顯然是罔顧歷史事實的。首先，劉少奇對於毛澤東對文化藝術等方面的階級鬥爭形勢的估計是完全贊成的。例如，在1964年6月11日的中央工作會議上，他對於康生誣陷小說《劉志丹》「利用小說反黨」就十分贊同，還提出要作為「反面材料」「印給黨內看看」。[33] 劉少奇不僅有言論，更有動作。1963年12月12日，毛澤東寫信給彭真和劉仁，指責「各種藝術形式——戲劇、曲藝、音樂、美術舞蹈、電影、詩和文學等等，問題不少，人數很多……許多部門至今還是『死人』統治著……許多共產黨人熱心提倡封建主義和資本主義的藝術，卻

32　《劉少奇之路》，頁1335。
33　《求索中國：文革前十年史》，下卷，頁1054。

不熱心提倡社會主義的藝術，豈非咄咄怪事」。[34] 1964年1月
3日，劉少奇馬上召集中宣部和文藝界30餘人舉行座談會，會
上由周揚傳達了毛澤東的上述批示。當周揚說到停演鬼戲時，
劉少奇插話。他說：「我看過《李慧娘》這個戲的劇本，他是
寫鬼，要鼓勵今天的人來反對賈似道這樣的人，賈似道是誰
呢？就是共產黨。……《李慧娘》是有反黨動機的，不只是一
個演鬼戲的問題。」緊接著，他又提出田漢編劇的京劇《謝瑤
環》的問題。他說：「我在昆明看了那個戲，恐怕也是影射反
對我們的。吳三思的兒子瞎胡鬧，替武則天修別墅，也是影射
的。」[35] 在中共中央1963年3月29日的文件〈中央批轉文化部黨
組《關於停演「鬼戲」的請示報告》〉中，鬼戲問題還只是一
個「在群眾中散播封建迷信思想」的錯誤。[36] 而身為國家主席
和中共第一副主席的劉少奇，竟一下子把它們上綱上線到「影
射」和「反黨動機」的嚇人高度，不僅完全是文革手法的預
演，更開了用中央首長點名的方式把兩名著名的黨員作家（孟
超和田漢）打成「反革命」的先河。除了田漢和孟超，劉少奇
還點了畫家陳半丁的名，他說：「最近在《宣教動態》上，
××同志批了陳半丁畫的一些畫，他是用很隱晦的形式，就是
用那些詩，用那些畫，來反對共產黨的。現在用戲劇、詩歌、
圖畫、小說來反黨的相當不少。那些右派言論他不敢公開講

34　《建國以來毛澤東文稿》（北京：中央文獻出版社，1996），第10冊，頁
　　292-293。

35　《求索中國：文革前十年史》，下卷，頁1084。

36　中共中央文獻研究室編，《建國以來重要文獻選編》，（北京：中央文獻
　　出版社，1997），第16冊，頁247。

了，他寫鬼來講。我們的宣傳部，文化領導機關，各方面，要
拿這個六條來判斷香花毒草。而六條中最重要的是社會主義道
路跟共產黨領導兩條。」[37]

　　1964年4月9日，劉少奇在和某國文化代表團談話時又指
出：「中國文學藝術在最近十多年來有些成績，但缺點還不
少；就是根本方向性的缺點，現在還大量地存在。……如果政
治上是反動的，可是藝術水平高，那麼起的壞作用就越大。
18、19世紀的小說是有藝術水平的了，所以中國年青人看的入
了迷，看完了就苦悶，影響很壞。18、19世紀的小說，是反對
封建的資本主義文學，拿到現在來看就有害處。」[38]

　　至於說到「劉少奇所理解的『上面』，卻可能只到省、
市、這樣一些層次」，更完全違反了歷史事實。在前述的6月11
日中央會議上，劉少奇不是和毛澤東一起大談特談「中央可能
出赫魯雪夫」的話題嗎？劉少奇不是還主張：如果出了「赫魯
雪夫修正主義中央」，「一個省可以造反，可以獨立」嗎？在
那個會上，劉還一再強調要追上面的「根子」。他說：「朝中
有人」、「危險在上面」；「公社有嚴重問題，一定是縣委、
地委有人保護。地委有問題，一定是省裡、中央有人。」[39] 自
然，劉少奇在當時可能做夢也沒有想到：僅三年以後，他本人
成了這個「赫魯雪夫」。他當時要揪出來的，他要鼓動下面去
「造反」的，只不過是不包括他本人在內的可能的中央領導中

37　《批判資料：中國赫魯雪夫劉少奇反革命修正主義言論集（1958-1967）》
　　（北京：人民出版社資料室），1967年9月。
38　同上。
39　《求索中國：文革前十年史》，下卷，頁1056、1060。

的其他人而已。除了這個區別，他和毛澤東都是高度一致的。

　　這裡，根據目前已經公開的中共文件和資料來追溯一下「文化革命」、「文化大革命」這一提法的來源、演變和劉少奇的作用，也是一件很有趣的事。「文化大革命」最初並非是毛澤東的一家獨創，而是很大程度上受到了蘇聯和東歐社會主義國家在文藝和意識形態領域內搞「文化革命」經驗的影響。中共主管文藝工作的重要幹部陽翰笙早在1954年就提出要向波蘭共產黨學習用「巨大的群眾運動」作為「城鄉社會主義文化革命的強大槓桿」。[40] 劉少奇本人在他的八大政治報告和其他一些重要講話中，也都一再倡導「文化革命」。例如，劉少奇本人在他的八大政治報告提出：「為了實現我國的文化革命，必須用極大的努力逐步掃除文盲……我們要用社會主義的、馬克思列寧主義的思想去武裝知識分子和人民群眾，對封建主義的、資本主義的思想進行批判。」[41] 劉本人又在第八屆全國代表大會第二次會議的工作報告中指出：「為了適應技術革命的需要，必須同時進行文化革命，發展為經濟建設服務的文化教育衛生事業。」[42] 在劉少奇講話後的一周內，《人民日報》就發表了題名為〈文化革命開始了〉的社論，提出了貫徹劉的講話的一系列的方針政策。例如，「在文化革命大進軍的行列裡，誰是領導者？是要黨來領導，還是要專家來領導？我們說，必須由黨來領導。政治是統帥，因為政治是解決人和人的

40　陽翰笙，〈向波蘭人民學習〉，原載《人民日報》，1954年9月27日。
41　載《人民日報》，1956年9月17日。
42　載《人民日報》，1958年5月27日。

關係的，是規定整個事業的目標和政策的。任何業務不能脫離政治，脫離黨的領導。」[43] 當然，劉少奇當時倡導的「文化革命」，還不是一場政治鬥爭，尤其不是以奪權形式出現的黨內大清洗。

　　把文化革命作為政治鬥爭的一種重要的形式形成於「四清」運動中。根據中共官方的《毛澤東傳（1949-1976）》記載，最早提出的是當年的中宣部部長，副總理陸定一，就在1964年12月27日：「當天下午，毛澤東在人民大會堂河北廳主持全體會議，朱德、陳伯達、董必武、陸定一發言。⋯⋯陸定一主要講文化革命問題。他說：文化部全部爛掉了，整個單位是資產階級和封建階級聯合專政，並點了部長和幾位副部長的名字。」[44] 緊接著，陸定一去奪了權，兼任了文化部部長，中宣部副部長周揚主持文化部整風。在他們主持下的中共文件，〈文化部黨委關於當前文化工作中的若干問題向中央的彙報提綱〉（1965年10月30日）中，把「文化革命」發展成了「社會主義文化大革命」的概念。在這個報告的第一部分第一段是這麼定義它的：「毛主席的兩次批示，中央和各級黨委的督促和領導，全國社會主義教育運動的深入開展，推動了全國的社會主義文化大革命。這是一場激烈的、深刻而複雜的、兩個階級、兩條道路和兩條文藝路線的鬥爭。」[45] 無論是陸定一還是周揚，在文革中都被認為是劉少奇派系的幹部，但是他們關於

43　載《人民日報》，1958年6月9日。

44　《毛澤東傳（1949-1976）》，頁1121。

45　中共中央黨校黨史教研二室編，《中國共產黨社會主義時期文獻資料選編（五）》（北京：〔內部出版〕，1987），頁653。

「文化大革命」的提法和定義，都先於毛澤東，並已經非常接近於毛後來形成的文革思想和理論。他們對毛澤東的影響是無法忽視的。

值得注意的並不僅是文化部的彙報提綱，還在於當時劉少奇和鄧小平主持的中央一線在1966年1月23日向全國批轉了這一〈彙報提綱〉。在中共中央的這個名為〈中央批轉文化部黨委《關於當前文化工作中的若干問題向中央的彙報提綱》〉文件中說：

> 中央同意文化部黨委〈關於當前文化工作中的若干問題向中央的彙報提綱〉。
>
> 當前文化戰線上的形勢很好。事實證明，只要按照毛澤東同志所指出的文藝方向去做，整個面貌就會改變。文藝戰線是一條重要的戰線，社會主義文化革命是一個長期的鬥爭，希望各級黨委認真把這條戰線的工作管起來。當前主要是組織文化藝術工作者努力學習毛主席著作，切實用毛澤東思想武裝起來，深入工農兵群眾，克服文化隊伍脫離群眾、脫離實際的缺點；同時認真抓創作和領導好整個文化工作。這樣堅持下去，幾年之後，社會主義文化藝術事業一定會取得顯著的成果。[46]

由此可見，劉少奇、彭真、陸定一這些人並不是「文化大

46　宋永毅主編，《中國文化大革命數據庫，1966-1976》網路版（香港：香港中文大學中國研究服務中心，2002-2021）。

革命」的真正反對者，儘管他們在「文化大革命」中被群眾當成了「革命對象」。他們同毛澤東及其追隨者們一樣也是擁護「文化大革命」的，只是他們認為的「文化大革命」還僅是和文化有關的諸領域內的政治清洗而不是全國範圍內的革命。但是，這只是「五十步」和「一百步」的區別。另外，毛澤東的「一百步」也是建立在他們的「五十步」的基礎上的。當然，他們認為不應該「放棄」共產黨的領導，也就是說他們一心要把文化大革命控制在各級共產黨組織的牢固的領導之下，而不允許群眾造反。這又是他們更有趣的思想和表現了——這正是我們下面要繼續研究的在文革初期課題。

偽命題：「劉鄧資產階級反動路線」

　　凡經歷了文化大革命的人們都記得：劉少奇在文革初期執行了一條和毛澤東對著幹的「資產階級反動路線」。近年以來，隨著劉少奇子女在黨內地位的提升和毛氏後人的落魄，這條所謂的「反動路線」已經被大大地美化了。劉少奇兒子劉源在他最近關於他父親的著作裡竟然借他人之口說：「所謂的『劉鄧資產階級反動路線』，實際上是一條實事求是的馬列主義路線。它比較符合中國的實際，符合國情民情，行之有效。」[47]
　　一個無法抹殺的簡單史實是：劉少奇在文革發動中直至他失去自由前都是中共的第二把手，對中共發動文革的一系列

47　劉源，《劉少奇和新中國》（香港：大風出版社，2006），頁219。

文件和綱領，他都是投了贊成票的。那麼，他對文革——即便是一個把他最後送入骨灰箱的政治運動，也就起碼負有不可推卸的領導責任。這一點不僅為越來越多的文革研究者所認識，連劉少奇的兒子劉源在1999年還不得不承認道：「不管有多少客觀原因，他身為國家主席，沒有能阻止國家陷入大災難；作為黨的最高領導，沒能制止黨受到大破壞；作為人民信任的領袖，沒能保護人民免受巨大的損失。算不算一種失職呢？我想，這是不能以『維護黨的統一』，或為了黨和革命的利益『委曲求全』來解釋的。」[48]

　　作為劉少奇的兒子，劉源7年前的認識已經難能可貴（可惜現在已經大大倒退）。但是歷史的真相還在於：劉少奇在發動文革和領導初期文革的問題要遠遠超過一種一般性的「失職」。非但中共歷史上毛澤東和毛澤東思想——發動文革的領導思想——的歷史地位是劉少奇帶頭確立的。如前所述，在社會主義時期，尤其是劉少奇一手領導的「四清運動」為毛澤東發動文革做了政治上、理論上乃至方法上的具體準備。在文化大革命的發動過程中，劉少奇所主持的一線中央領導對毛澤東關於文化革命的思想、綱領和步驟並沒有什麼「抵制」，而是千方百計地揣摩緊跟，唯唯諾諾，亦步亦趨。要徹底搞清楚什麼是「劉鄧資產階級反動路線」，或者說究竟有沒有一條和毛澤東對著幹的劉氏「資產階級反動路線」，必須破除長期以來籠罩在歷史真相上的幾個錯覺。

　　第一個錯覺是：劉少奇反對了毛澤東對文革的發動，他對

---

48 《歷史應由人民書寫：你所不知道的劉少奇》，頁241。

毛的文革綱領性的〈五・一六通知〉提出了修改意見。在大陸黨史和劉少奇研究者的著作裡，對討論〈五・一六通知〉時劉的態度有這樣一種流行的記載：

> 劉少奇對康生、陳伯達等人全盤否定其他人意見甚至連標點符號都不能改動的做法有不同意見：開政治局擴大會議叫大家討論，結果提了意見不改，這不是獨斷專行嗎？這不是不符合民主集中制嗎？我原來考慮過改一點，現在大家意見還是不改的好，不如原來的好，那就不改吧！[49]

——這完全是為了推卸劉少奇的歷史責任製造出來的謊言。首先，這不符合會議親歷者回憶的歷史事實。如李雪峰在他的回憶錄中說，從5月4日到26日的中央政治局擴大會議都是由劉主持的：「5月16日上午9時，在人大會堂召開政治局擴大會議第二次全體會議，會議仍由少奇主持。小平講話，介紹〈五・一六通知〉內容。討論通知時，大家都是贊成的，沒有提出不同意見。因為是擴大會，少奇說所有參加會的人都有權舉手。全體舉手通過，一字未改。這個〈中國共產黨中央委員會通知〉，因為是5月16日通過的，又叫〈五・一六通知〉。」[50] 在當事人陳伯達和王力的回憶錄中，也從沒有任何

---

49 馮來剛、魯彤，《劉少奇在建國後的20年》（瀋陽：遼寧人民出版社，2001），頁411。

50 李雪峰，〈我所知道的「文革」發動內情〉，載張化、蘇采青主編，《回首「文革」》（北京：中共黨史出版社，2000），下卷，頁612。

劉少奇反對〈五・一六通知〉的內容。[51] 其次，上述沒有打引號的劉少奇的話顯然自相矛盾：一方面指責不同意改是「獨斷專行」，另一方面卻同意一字不改——這無法自圓其說。最後，即便是一些語法上的修改，也根本無法說明劉少奇反對了〈五・一六通知〉。

歷史的真相是：文革初期，在夥同或追隨毛澤東和他關於文化革命的胡思亂想迫害一大批下級幹部，甚至自己的親信上（如彭真和北京市委），劉少奇都沒有提出任何應有的異議。相反只是一味擁護贊成，甚至落井下石。文化大革命的第一步是毛澤東在1966年4、5月間在中央揪出「彭、羅、陸、楊反黨集團」，奪下了中樞要地——首都、軍隊和中央辦公廳的大權。可彭、羅、陸、楊四人非但都是劉少奇在中央的重要同盟者，其中彭真和北京市委的班底都是他北方局的老部下。然而，據李雪峰回憶，1966年4月19日劉少奇出國回來後，立刻去杭州主持政治局常委擴大會議：「劉少奇主持，總理講話，因為少奇從3月16日就不在國內，對這段情況根本不了解，所以會議實際是總理主持。在會上少奇點了兩個人的名。」劉少奇的「點名」某人為「反黨分子」是代表了中央政治局的，被劉點名抛出來的自然有他的老部下彭真。

1966年5月18日，劉少奇、周恩來和鄧小平在會見胡志明時，他喜形於色地告訴這位越共領導人「彭真……反毛主席，他是中國黨內的赫魯雪夫、修正主義者」，其問題已經解決

---

51 陳曉農編纂，《陳伯達最後口述回憶》（香港：陽光環球出版香港有限公司，2006），頁265-270。

了。[52] 1966年5月23日，劉少奇主持了對朱德的批判會，後者因為對批判彭、羅、陸、楊持消極態度而被責令作檢討。6月27日，劉少奇在中共中央召集的民主人士座談會上又不無喜色地講了下面的話：

> 最近，在我們黨內鬥爭中，揭露了幾個負責人的問題，從性質上講，是反黨、反社會主義、反毛澤東思想的，是嚴重的事件。這個事件，不僅影響到我們黨內，而且影響到黨外，影響到我們的國家、我國的人民，可以說就是我們黨和國家的重大事件。這就是彭真、羅瑞卿、陸定一、楊尚昆事件，進行地下活動、陰謀活動、反黨活動的事件……
>
> 彭真不接觸群眾，不接觸實際，喜歡搞個人突出，他在相當長的時間裡，就反對周總理，也反對陳毅、小平同志，也反對我。在我面前搞兩面派，當面一套，背後一套。彭真是長期隱藏在我們黨內的資產階級代表人物，是徹頭徹尾的修正主義者……
>
> 彭、羅、陸、楊事件是有發生政變的可能的，這是激烈的、國際、國內階級鬥爭在我們黨內領導機關的反映。如果他們政變成功，我們的國家就要變顏色。主席前幾年同羅瑞卿、賀龍同志講，我們國家是否會變顏色，如果發生政變，會不會把我們也抓起來？賀龍同志當時聽了傻了。不要以為政策是沒有可能的，是有這種可能的。當然

52　黃崢，《劉少奇冤案始末》（北京：中央文獻出版社，1998），頁8。

如果他們搞政變是不可能成功的，特別是毛主席還健在的時候。這次彭、羅、陸、楊還來不及搞政變，就被揭露了……53

讀者不僅會問：難道劉少奇對毛澤東要搞自己真的一無所知？那也未免太小看這位熟稔政治遊戲的中共第一副主席的智力水準了。據當時的華北局負責人李雪峰回憶，他和與會代表在5月18日聽林彪的「政變經」講話時便知道矛頭所指是劉少奇：「他沒有點名，但大家都知道是指劉少奇。劉沒有講什麼。」54 據原中央文革小組組長陳伯達和組員王力回憶，中央的不少人在毛發動文革前就已經知道矛頭所指為劉少奇，除了林彪，還包括周恩來。55 但是劉為什麼還要這麼做，以致竟說出他的親信彭真「也反對我」這樣匪夷所思的話來。但細細一想不難明白：劉這麼做除了他仍對毛心存僥倖外，不外是為了向毛表示他的忠心耿耿；他堅決支持文革的態度，以取得毛的諒解；並用犧牲別人（儘管是他的親密戰友和老部下）去填飽毛澤東發動的文革政治絞肉機。一言以蔽之：害別人、保自己。

第二個歷史錯覺是：劉少奇的「資產階級反路線」是一條反對整「黨內走資本主義道路的當權派」的路線。劉少奇確實在1964年12月15日至1965年1月14日的中央工作會議上以請教

53　《中國文化大革命數據庫，1966-1976》。
54　李雪峰，〈我所知道的「文革」發動內情〉。
55　見《陳伯達遺稿》（香港：天地圖書有限公司，2000）和《王力反思錄》（香港：北星出版社，2001）。

的方式婉轉地表達過他對「黨內走資本主義道路的當權派」提
法的不同意見。但自毛澤東批他以後，劉便完全承認自己的錯
誤，心悅誠服地贊成並擁護這一提法。在1966年5月到8月的4、
5個月內，劉少奇是黨中央一線對全國文革的實際領導者。他不
但在口頭上擁護毛的「走資派」理論，在實踐中更是大抓大整
了一批「反黨反社會主義的黑線人物」。在這段時間內，劉以
中央的名義頒發和批轉了近十個文件，以指導全國的運動。其
中有〈中共中央批轉「文化部為徹底乾淨搞掉反黨反社會主義
反毛澤東思想的黑線而鬥爭的請示報告」〉（1966年6月26日，
中發〔1966〕326號）、〈中央轉發華東局《關於文化大革命情
況的報告》〉（1966年7月6日，中發〔66〕342號）、〈中央批
發北京市委《關於當前文化大革命運動中幾個問題的報告》〉
（1966年7月6日，中發〔66〕344號）、〈中央轉發中南局《關
於文化大革命的情況和意見的報告》〉（1966年7月7日，中發
〔66〕347號）、〈中央轉發華北局《關於華北地區城鄉文化
大革命和四清運動部署意見的報告》〉（1966年7月8日，中發
〔66〕345號）、〈中共中央同意華東局對山東省委關於各類學
校開展文化革命運動若干問題〉（1966年7月11日，中發〔66〕
353號）、〈中央轉發東北局《關於東北地區文化大革命運動情
況的報告》〉（1966年7月19日，中發〔66〕363號）、〈中央
轉發西北局《關於開展無產階級文化大革命的意見和部署》〉
（1966年7月21日，中發〔66〕372號）、〈中共中央批轉河南
省委關於鄭州大學黨委書記王培育鎮壓學生革命運動的經過和
處理情況的報告〉（1966年7月21日，中發〔67〕374號）等。
僅在這些文件中，劉就批准了各地黨委批判鬥爭數百名自中央

地方的文藝、宣傳和教育系統的幹部——這些人大多是中共黨內「資產階級自由化」的代表人物。在劉鄧一線中央的領導下，這個時期揪出的一大批所謂「黑幫」、「三家村」，無一不是經中共中央或中央局、省委、市委定性打倒後拋出來交給「革命群眾」批鬥的。

　　他們中有中宣部副部長周揚、文化部副部長林默涵、文化部副部長兼文聯副主席夏衍等等當時文化界的主要領導，還有中央高級黨校校長林楓、副校長范若愚等四人。此外還有各省市負責文教宣傳的省市委書記，如遼寧省委書記周恆、哈爾濱市委書記鄭依平和市委宣傳部副部長牛乃文、陝西省委第二書記趙守一「黑幫」、中南局辦公廳副主任張黎群「黑幫」和中南局宣傳部副部長、省文聯馬識途、李亞群、沙汀「三家村」、貴州省委宣傳部長兼《貴州日報》總編輯汪小川「黑幫」、安徽省省委宣傳部長李凡夫、居薔明、王世傑「三家村」、雲南省委宣傳部副部長、《雲南日報》總編輯李孟北為首的「雲南三家村」、上海市委管文教的候補書記楊西光等等。僅在中南地區，被他們以中央的名義點名批判的就有廣東省作協副主席、《羊城晚報》副總編輯秦牧、中山醫院黨委書記兼院長柯麟、副書記兼副院長劉志明、武漢大學校長李達、副校長何定華、前黨委書記朱劭天、武漢市文化局黨委書記程雲、文聯副主席武克仁、湖南省文聯副主席康濯、河南省鄭州大學副校長、省社聯主席郭曉棠、廣西區黨委宣傳部副部長陸地等等。

　　在教育界，有高教部部長兼清華校長蔣南翔、教育部副部長劉季平、江蘇省委宣傳部副部長、南京大學校長匡亞明、廣

東中山醫院黨委書記兼院長柯麟、副書記兼副院長劉志明、武
漢大學校長李達、副校長何定華、前黨委書記朱劭天、河南省
鄭州大學黨委書記王培育、副校長、省社聯主席郭曉棠、上海
音樂學院院長賀綠汀、天津南開大學校長婁平、重慶大學校長
鄭思群、西安交通大學校長彭康、東北工學院前黨委書記柳運
光、瀋陽農學院院長張克威、吉林大學黨委第二書記陳靜波、
大連工學院院長屈伯川、東北林學院黨委書記王禹明、遼寧大
學校長邵凱、楊俊超「黑幫」、浙江大學校長劉丹「黑幫」、
雲南大學校長李廣田「黑幫」……上海市由曹荻秋代表市委宣
布打倒的文教系統「反動學術權威」──復旦大學教授周谷城
和周予同、上海京劇院院長周信芳、華東師範學院教授李平
心、上海新文藝出版社社長兼總編輯李俊民、上海音樂學院院
長賀綠汀、上海電影局副局長瞿白音、上海作家協會葉以群、
王西彥等人。

　　除此之外，劉少奇在這段時間內還直接批判和撤換了一
些省市委第一書記。1966年5月21日至7月25日，劉鄧周等一線
中央親自指導過一個馬拉松式的中共華北局的「前門飯店會
議」。和毛的文革派一起，他們連續「鬥垮北京的彭真、劉
仁，天津的萬曉塘、張淮三，河北的林鐵，山西的衛恆，從而
為文革大地震掃清華北地區的障礙」。[56] 7月2日，劉少奇、鄧
小平親自出馬，代表中央對烏蘭夫進行了極其嚴厲的批評。他
們以〈五‧一六通知〉為綱，指斥烏蘭夫不搞階級鬥爭，犯了

56　程惕潔，〈四十餘年回首，再看內蒙文革〉，載宋永毅主編，《文化大革
　　命：歷史真相和集體記憶》（香港：田園書屋，2007），下卷，頁742。

地方民族主義和修正主義的嚴重錯誤。把他打成繼彭真後的又
一個省委書記級的「赫魯雪夫那樣的人物」。不久，在劉鄧的
指示下，7月底由華北局起草的〈關於烏蘭夫錯誤問題的報告〉
呈送中共中央。報告「根據揭發出的大量事實」，確認烏蘭夫
有五大錯誤：1、反對毛澤東思想，另打旗幟，自立體系；2、
反對階級鬥爭，反對社會主義革命；3、對修正主義卑躬屈膝；
4、以《三五宣言》為綱領，進行民族分裂活動，搞獨立王國；
5、安插親信，篡奪領導權。報告給烏蘭夫的結論是：三反分
子、民族分裂分子、修正主義分子，內蒙古最大的走資派，埋
在黨內的一顆定時炸彈。從此，烏蘭夫從中國的政治舞台上消
失了——他開始了漫長的、與世隔絕的軟禁生活。[57]

　　長期以來，人們一直錯誤地以為：這些黨內宣傳、文藝、
教育新聞界的「自由派」代表人物是毛揪出來並由造反派進行
鬥爭的，其實對他們直接下手的是劉鄧的一線中央。對他們進
行殘酷鬥爭的是各級黨委直接操縱下的「革命群眾」——那時
候各省市的造反派還沒有出世呢！由此可見，在抓「黨內走資
派」上，毛劉其實並沒有什麼「兩條路線」的分歧。如果說
有「分歧」，那就是毛的「中國赫魯雪夫」和「黨內走資本主
義道路的當權派」的最終目標是劉少奇，而劉少奇的最終目標
則是為了保自己。因此，為毛所憎惡的一大批黨內教育文藝和
宣傳方面高級幹部變成了他犧牲的「反黨反社會主義的頭面人
物」。他一心以為只要把他們全部打成「黑幫」和「三家村」

---

57 吳迪，〈「內人黨」大血案始末〉，載宋永毅主編，《文革大屠殺》（香
　　港：開放雜誌社，2001），頁61-62。

等等，就能滿足毛澤東的革「黨內走資本主義道路的當權派」的「革命」欲望，自己便可以在混戰一場中得以脫身。

最後一個歷史錯覺是關於文革初期的工作組問題。目下中共的一些黨史研究者常常閃爍其詞地把劉少奇主持的一線中央的「派工作組」的決定說成是「開始抵制，力圖想停止這場『大革命』」的措施，[58] 這顯然是有違歷史真相的。

首先，上級黨委派工作組去領導下級單位的運動，是中共文革前歷次政治運動的慣例。其目的顯然是為了更好地開展運動而不是抵制運動。如同鄧小平所說：「由伯達同志為首的工作組到人民日報，改變現狀，改變版面。使它真正成為中央機關報，應指導和宣傳文化大革命。」[59] 其次，文革中最早的兩個工作組，以陳伯達為首的《人民日報》工作組和以張承先為隊長的北大工作組都是得到了毛澤東同意和贊成的。[60] 再次，毛澤東在運動開展後相當長的時間內對派工作組搞文革一直是抱肯定態度的。例如，劉鄧在1966年7月2日頒發了一個名為〈中共中央、國務院關於工業交通企業和基本建設單位如何開展文化大革命運動的通知〉（中發〔66〕336號），其中提到：「正在進行四清的單位，要在工作隊的領導下，把文化大革命插進去進行。」這一通知是經毛批准後下發的。一直到1966年7

58　《劉少奇冤案始末》，頁1、5。

59　〈鄧小平對《人民日報》等中央新聞單位負責人的談話〉（1966年5月31日），載《中國文化大革命數據庫》。

60　《建國以來毛澤東文稿》（北京：中央文獻出版社，1996），第12冊，頁61。5月30日，劉少奇、周恩來、鄧小平聯名致信毛澤東，要求派工作組去《人民日報》，毛澤東在信上批示：「同意這樣做。」

月23日，毛仍然同意〈中共中央批轉解放軍總政治部關於抽調軍隊幹部支援地方文化大革命的請示〉（中發〔66〕378號）中所提出的：「採取抽調幹部參加地方四清的辦法組織工作隊，支援地方文化革命」的方法。[61] 最後，工作組雖然控制了群眾性的「亂鬥」，但最終是為文革初期的群眾性的暴力提供了攻擊對象和方法。

對此，海外文革研究學者王友琴博士有很精闢的分析：

> 沒有工作組的發動和領導，學生們怎麼敢起來攻擊學校當局？學校都是由共產黨黨委領導的。在共產黨中央的支持下，學生才開始大規模的攻擊學校領導，把他們統統說成是「反革命修正主義黑線」。
>
> 劉少奇的妻子王光美參與清華大學工作組。他們撤銷了時任高教部長、清華大學領導人的蔣南翔的職務。
>
> 劉少奇的一個女兒當時是北京師範大學附屬第一中學高中一年級的學生，17歲，她最早開始在中學裡攻擊學校領導人，並當上了該校文革委員會的頭頭。
>
> 北京的中學在6月初停課，工作組也在那一時期進入學校。劉少奇1966年6月20日和北京師範大學附屬第一中學的工作組成員的講話中說：
>
> 「劉超，是反黨反社會主義分子，是可以肯定的了。」
> 「先鬥劉超還是早了，先攻敵人的弱點，再攻敵人的中

---

61 同上，頁69。毛在劉少奇和鄧小平的信上批示：「6月30日給我的信和通知，已經收到看過。同意你們的意見，應當迅速將此通知發下去。」

堅，先打最容易打的仗，要孤立主要敵人，那幾個都是受
到劉超指揮的，要爭取幾個人起義。首先要爭取學生，教
員也要爭取。」「要鬥劉超，現在不鬥。不是不鬥，積極
準備鬥，不是停下來，是積極準備。」

劉超是北京師範大學第一附屬中學的校長及中共支部書
記。他在兩個星期裡被國家主席定性為「敵人」，既不能
自我辯護，也無處可離開，更不能反抗。

以堂堂國家主席的地位，把一個中學校長稱為「反黨反
社會主義分子」、「敵人」，親自指揮、策劃工作組以及
他的17歲的女兒攻擊這位校長。這樣冷酷無情、違背法律
程序的迫害，直接來自劉少奇。

這不是劉超一個人的遭遇。在1966年6月7日，劉少奇主
持中央工作的時候，全中國學校的老師校長都受到攻擊。[62]

1966年7月14日，根據當時主持中央工作的劉少奇、鄧小平
的指示，北京市制定了《北京市中學文化革命的初步規劃（送
審稿）》，其中有組織中學教師集訓一項。集訓的要求「一是
著重解決各校領導核心的問題，重點批判黨內外反黨反社會主
義反毛主席思想的資產階級代表人物；二是促進大多數幹部、
教師洗手洗澡，放下包袱，輕裝上陣；三是提高左派師生的思
想覺悟，鍛煉他們的作戰能力。」[63] 這一中小學教師集訓的步

62　王友琴，〈劉少奇和文革暴力〉，《民主中國》（美國網路雜誌），2003
　　年6月號。

63　杜鈞福，〈文革初期的中學工作組〉，載《凱迪社區・貓眼看人》（2012
　　年12月8日），https：//club.kdnet.net/dispbbs.asp？id=8825558&boardid=1。

驟很快在全國範圍內展開，成為文革中大規模的迫害中小學教師，並直接動員學生毆打老師的起源。雖然至今為止的官方文件中對這一「教師集訓」的嚴重後果沒有明確的統計數字和描述，但是其殘酷性在各地的地方志中的紀錄裡就可見一斑。以下不妨錄幾例以示之：

　　【廣西】在集訓中，所採取的批鬥手段殘忍、刑罰名目繁多：如掛牌戴高帽遊鬥，扛幡跪拜，丟塘浸水，烈日下曝曬，燙屁股，跪石子，針刺，拳打腳踢，假活埋等。全地區11,979名中、小學校教師在集訓中，有1,495人被扣上地、富分子、修正主義分子以及反黨、反社會主義、反毛澤東思想等帽子進行批鬥。其中，有108人被鬥打致傷致殘，有266人被逼死、打死；有231人受到不應有的黨、政紀律處分；有5,668人被下放回原籍生產勞動。這場「文革」對教師迫害之慘、對文化教育摧殘之深是歷史上罕見的。（據《欽州地區「文革」大事記》）[64]

　　【寧夏同心縣】7月－9月縣委集中全縣中小學教師、學生代表、貧下中農代表400餘人於縣城，進行文化大革命運動，並派出工作隊領導文化大革命運動，即58天集訓。期

又可見杜鈞福的〈文革初期的中小學教師集訓——以陝西省為例〉，《記憶》（網路雜誌），2012，第11期。

64 中共廣西壯族自治區委員會整黨領導小組辦公室編，〈廣西文革大事記〉（1988年12月30日），載宋永毅主編，《中國文化大革命數據庫，1966-1976》。

間，有近百名教師被打成黑幫分子，200多名教師被遊鬥。縣城一小教導主任侯文元因不堪受辱於8月26日跳窖身亡。學校停課。[65]

【陝西安康地區】7月下旬，根據中共陝西省委指示和中共安康地委第29次常委會議的決定，全區各縣以縣為單位舉辦暑期教師學習會，以清理階級隊伍，純潔教育組織。全專區參加集訓的中小學教師4,500多人，加上工作組成員共6,000餘人。在「左」的錯誤指導和「橫掃一切牛鬼蛇神」口號煽動下，許多教師遭受大小字報圍攻，大小會批鬥，站板凳，戴高帽，抹黑臉，掛黑牌，剃「黑線頭」，拳打腳踢「觸靈魂」，人格受到侮辱，有的在極度緊張、恐怖和備受摧殘的情況下自殺身亡。暑期教師學習會於10月下旬結束。據安康、石泉、紫陽、平利、嵐皋等縣統計，有名望、有才幹的教師60%-70%遭到揪鬥。全區被打成「反革命」、「黑幫」、「反動學術權威」等的教師共636人，受到錯誤批判處理，造成了嚴重後果。[66]

在運動初期利用教師集訓和工作隊大整無辜的幹部和群眾的過程中，劉少奇除了表現出他作為一個共產黨領導人共有的冷酷外，還表現出了他個人領導的中共政治運動的獨創的殘酷

---

65 杜鈞福，〈文革初期的中學工作組〉。
66 原出處為《安康地區志》（西安：陝西人民出版社，2004）。這裡轉引自杜鈞福，〈文革初期的中學工作組〉一文。

性。劉在批轉一系列中央文件時，多次殺氣騰騰地指示準備再打「幾十萬右派」。例如，他在〈中央轉發中南局《關於文化大革命的情況和意見的報告》〉就批示道：「大學生中，也要把右派分子（即反黨反社會主義分子）揪出來，但應放在運動後期進行；打擊應當小些，一般控制在百分之一以內，高中應屆畢業生，是打擊個別最壞的，經過市委批准，可以批判鬥爭和戴帽子。高中二年級以下和初中學生中，一律不進行反右派鬥爭，不劃右派分子，如發現有現行反革命或壞分子，可依法處理。」[67] 中國在1966年文革爆發時已經有了53.4萬的大學生和2,546.6萬的中學生，加上全國570.6萬的教職員工、共有超過3,000萬之眾。[68] 即便按劉少奇的1%的「右派指標」，也將有超過30萬的青年學子被打成階級敵人。更何況中共的50年代的反右鬥爭實踐告訴我們，一般地方上的比例一定會擴大10倍左右。這樣，少說也會有200到300萬教育界的學子和教師被打成右派！根據北京學生組織在文革初期的統計，「僅在首都24所高等學校裡統計，反革命工作組把10,211個革命小將打成『右派』，把2,591個教師打成『反革命』。這是血淋淋的數字！」[69]——這確實是一個血淋淋的數字。它不僅說明了在實踐

---

67 摘自《劉少奇在無產階級文化大革命中的反革命修正主義言論》（北京：首都揪鬥劉少奇聯絡總站，1967），頁2。

68 國家統計局國民經濟綜合統計司編，《新中國50年統計資料彙編》（北京：中國統計出版社，2005），頁78-82。

69 首都紅代會部分大中學校毛澤東思想學習班編撰，《天翻地覆慨而慷：無產階級文化大革命大事記》（洛陽：河南二七公社洛陽拖技校八一六兵團印，1967），頁56。這一數字可能不是非常準確，但即便是以當時北京有近30萬大學生計，按劉的指標也至少要打3千名右派了！

中，工作組的大規模整人已經超越了劉少奇定下的指標，更說明了劉少奇在殘酷地迫害無辜群眾這一點上，毫不比毛遜色。

　　平心而論，劉少奇派工作組非但是毛同意的，他指令工作組抓「右派」也不過就是毛在1957年對青年學生和知識分子搞「引蛇出洞」的「陽謀」的再版，完全應當是「毛主席的革命路線」。所以，當毛澤東在1966年7月18日返回北京以後，尤其是在8月4日的八屆十一中全會上當面尖銳地指責他派工作組「在北京專政」時，劉非常不服，認為毛出爾反爾，以致發生當面的爭執。其實，無論他同意不同意毛的主張，派與不派工作組；也無論他他怎樣前倨後恭，小心謹慎，甚至以鄰為壑──以犧牲別人的政治生命來討得毛的歡心，毛澤東都是會找到藉口把他打倒的。劉少奇當時也真是「不識廬山真面目，只緣身在此山中」。所謂的「資產階級反動路線」的罪名，不過是毛澤東對他先「引蛇出洞」，又翻手為雲覆手為雨的一個小小權謀而已。毛澤東不是躲在外地不肯回京、委託他「相機處理運動問題」嗎？[70] 但劉無論怎樣「相機處理」都會是錯的：劉少奇派工作組，毛可以回來指責他「鎮壓革命群眾」；如果劉少奇不派工作組，毛也可以給他安一個「放棄黨的領導」的罪名而打倒。當劉少奇和他的工作組在各個學校和不同意他們觀點的師生大玩毛澤東1957年「引蛇出洞」的「陽謀」遊戲時，他們沒有想到毛澤東跟他們玩了一個更大的「引蛇出洞」的遊戲。結果是劉少奇自始至終被老毛玩弄於股掌之中，成了最大

70　王年一，〈評「批判資產階級反動路線」〉，載《回首「文革」》（北京：中央黨史出版社，2000），頁769。

的輸家。從這一意義上，其實劉少奇的「資產階級反動路線」
是一個不存在的偽命題：其一，文革初期，毛從來沒有提出
過一條自己的文革應當怎麼搞的「革命路線」，而只是在外地
袖手旁觀，精心部署，等著回京抓劉的辮子；其二，劉少奇所
做的一切都是毛所批准的、或毛一貫執行的，只是毛為了打倒
他而不惜出爾反爾、把它們變成了莫須有的罪名而已。對此，
中國大陸的黨史研究者和劉少奇研究專家也有同感。如黃崢就
指出：「『資產階級反動路線』是一個莫須有的罪名。『文化
大革命』初期劉少奇、鄧小平在指導運動過程中，是努力按照
毛澤東的指示去做的，並沒有提出一套相反的主張。」[71] 作這
一如是觀，在今天把當年的「劉鄧資產階級反動路線」，說成
「實際上是一條實事求是的馬列主義路線」，完全是一種刻意
美化劉少奇、誇大和製造他和毛澤東「分歧」的天方夜譚。

　　毛澤東於1966年7月18日回到北京，發現劉已經落入了他
精心部署的「引蛇出洞」的陷阱，就立刻對他親自同意的派工
作組的運動方式出爾反爾地大加指責。在1966年8月4日，毛又
在政治局常委擴大會對劉搞突然襲擊，指責他在北京「鎮壓群
眾運動」，並進一步聲色俱厲地點出：「牛鬼蛇神，在座的就
有。」[72] 因為劉當時沒有能按捺住他對毛出爾反爾的不滿，毛
就馬上在第二天寫出了〈炮打司令部──我的一張大字報〉。
立刻提出新的中央政治局常委的名單，把林彪定為接班人，把
劉少奇從第二位降到了第八位。由此，劉少奇被趕出了中央一

71　《劉少奇冤案始末》，頁38。
72　王年一，《大動亂年代》（鄭州：河南人民出版社，1989），頁52-53。

線的領導位置，開始了他漫長的被軟禁、被批鬥、被關押並最終被折磨致死的黑暗歲月。

　　應當特別指出的是：只是當毛澤東開始直接攻擊劉本人並明顯地危及了他個人（絕對不是別人）生存的情況下，劉少奇才開始有了一些不滿言論（這也是僅見於在史學上非常不可靠的家屬的回憶）和對個人歷史問題的辯解。但即便是這些不滿和辯解，也常常是在毛的壓力下以劉完全按毛無理攻擊他的調子所做的「檢查」告終。例如在1966年8月4日的會上，劉一時沒有能按捺住他對毛出爾反爾的不滿，曾衝口而出說：「無非是下台，不怕下台，有五條不怕。」[73] 根據目下中國黨史研究者們的共識，正是因為劉一時控制不住的表態，導致毛在第二天就寫出了〈炮打司令部〉。時間又很快證明劉少奇的「五不怕」是色屬內荏的，[74] 在毛的凌屬攻勢下他不但馬上就他的「五不怕」做了專門的檢討，還完全按毛〈炮打司令部〉的口徑，痛罵自己是：「實行了資產階級專政，將無產階級轟轟烈烈的文化大革命運動打了下去，顛倒了是非，混淆了黑白……」[75] 因此，我們實在是缺乏許多中國黨史專家們所美言的所謂劉少奇對毛澤東做了「抵制」、「反抗」和「抗爭」的證據。

　　行文至此，一個問題油然而生：為什麼劉少奇，鄧小平、

73　中共中央文獻研究室編，《劉少奇年譜》（北京：中央文獻出版社，1995），下卷，頁648。

74　這裡所說的「五不怕」，是指毛澤東過去提倡的「不怕撤職，不怕開除黨籍，不怕老婆離婚，不怕坐牢，不怕殺頭」。

75　《劉少奇冤案始末》，頁23、27、32。

彭真等人都在毛澤東的壓力下最後違心地做了檢查呢？難道他們真的認為是自己錯了嗎？抑或只是屈從於毛澤東的淫威？這個問題或許可以推導得更遠：劉少奇明知毛澤東是要搞自己，為什麼不聯合其他中央領導進行反抗？除了實際上這些中共領導人都並不具有「五不怕」精神的個人因素外，他們對毛澤東作為他們的領袖和對中共意識形態的高度認同是他們迅速繳械投降的最主要原因——因為他們根本沒有任何可以對抗毛的思想武器。一方面，由劉少奇始作俑者的對毛的造神運動，經由林彪60年代的發揚光大，在文革前已經把毛變成了一個半人半神的領袖人物。這樣，即便這些造神者們對毛的任何抵制和反抗也會在他們自己的思想上形成一個「信徒反抗上帝」式的無解的悖論——其結果只能以信徒的認錯和誠服而告結束。另一方面，他們和毛在發動和進行文革上並沒有「兩條路線」的分歧，他們的悲劇都是建築在「君要臣死、臣不得不死」的「莫須有」的罪名上的。就劉少奇個人而論，更是在中共的歷史上從來就沒有自己的戰功和地盤，一直是作為毛最大的依附者和最忠誠的獻媚者才成為中共的第二號人物的。他是絕對沒有任何黨內實力和精神力量去反對毛的（如毛所言：「你有什麼了不起，我動一個小指頭就可以把你打倒」），他甚至是不會有一絲一毫的「聯合其他中央領導進行反抗」的念頭的。

結語

　　毛澤東關於文革的理論和實踐，有著一個較長的發展過程。它起源於50年代末、60年代初的「中蘇論戰」和「重提階

級鬥爭」，歷經「四清運動」的實踐，最後才形成了文革的思想。中共1981年通過的有關文革的《關於建國以來黨的若干歷史問題的決議》中說：「毛澤東思想是馬克思列寧主義在中國的運用和發展，是被實踐證明了的關於中國革命的正確的理論原則和經驗總結，是中國共產黨集體智慧的結晶。我黨許多卓越領導人對它的形成和發展都做出了重要貢獻……」[76] 回顧歷史，我們會遺憾地發現：劉鄧周彭（真）等中共「卓越的領導人」都為文化大革命做出了他們各自的貢獻。頗具諷刺意味的是：其中尤以文革的最大殉難者之一的劉少奇的貢獻為最大。

首先，劉少奇直接領導的「四清運動」和他的夫人王光美一手創立的「桃園經驗」，是毛的文化大革命的某種形式的預演，至少為毛的文革在方法上、形式上和思想上都提供了難得的經驗。劉少奇的「桃園經驗」在中共的最高層開創了「夫人參政」的極壞的範例，使毛澤東隨後啟用江青作為他發動的文化大革命的先鋒和打手有法可依，有章可循。劉少奇倡導的「桃園經驗」等都採取「群眾運動」的方式，主張另組「階級隊伍」，進行「奪權鬥爭」，又為毛的文革提供了在體制外另組「階級隊伍」，進而「奪權鬥爭」的思路。劉少奇所謂的「四清」經驗中，逼、供、信和殘酷的體罰現象比比皆是。為文革中的逼、供、信和打、砸、搶提供了極壞的樣板。

其次，追溯「文化大革命」這一提法的來源、還會發現它最初並非是毛澤東的一家理論獨創，而劉少奇本人在他的八大政治報告和其他一些重要講話中，則更早地倡導「文化革

---

76 載《中國文化大革命數據庫，1966-1976》。

命」。劉少奇派系的高級幹部陸定一和周揚關於「文化大革命」作為政治鬥爭的一種重要的形式的提法和定義，都先於毛澤東，並已經非常接近於毛後來形成的文革思想和理論。因而，劉少奇等人對毛澤東的影響是無法忽視的。

最後，劉少奇在文革發動中直至他失去自由前都是中共的第二把手，對中共發動文革的一系列文件和綱領，他都是投了贊成票的。在文化大革命的發動過程中，劉少奇所主持的一線中央領導對毛澤東關於文化革命的思想、綱領和步驟並沒有什麼「抵制」，而是千方百計地揣摩緊跟，唯唯諾諾，亦步亦趨。因而，並不存在著一條和毛澤東對著幹的劉氏「資產階級反動路線」。為了保存自己，他對文革持堅決支持的態度，以取得毛的諒解；並用犧牲別人（儘管是他的親密戰友和老部下）去填飽毛澤東發動的文革政治絞肉機。一言以蔽之：害別人、保自己。同時，在運動初期利用教師集訓和工作隊大整無辜的幹部和群眾的過程中，劉少奇除了表現出他作為一個共產黨領導人共有的冷酷外，還表現出了他個人領導的中共政治運動的獨創的殘酷性。

確實，文化大革命的發生和發展，絕不僅僅是毛澤東一個人的事，也不僅僅是他的追隨者林彪、江青等人的帳。通過本文中羅列的今天不太為人知的劉少奇和文革的故事，人們可以清楚地看到：劉少奇等文革中被打倒和清洗的中共高層的重要人物也都是有分的——他們也曾是文革的積極推動者和擁護者。從某種視角來看，文化大革命又確實是中共「集體智慧的結晶」，即集體犯罪的結果。

澄清了一些流行的歷史錯覺，就不難發掘出劉少奇悲劇的

實質了。這是一個不遺餘力的造神者最終被他所造的神無情拋棄和殘殺的悲劇；這是一個加害他人的掘墓者到頭來自掘墳墓的悲劇；這還是一個冷酷無情的背叛者最後眾叛親離的悲劇。

第三章

變異的皇太子政治
林彪和中共的接班人悲劇

　　毛澤東和他的接班人之間在文革中的關係實在是風雲際會、詭譎莫測。解決「接班人」問題，無疑是他發動文革的一個重要的原因。但頗具諷刺性的是：文革10年卻又成了主要是他和他親手挑選的兩個接班人——劉少奇和林彪的殊死鬥爭。最後、他在風燭殘年的彌留之際匆匆挑選的接班人華國鋒，卻又在他屍骨未寒之時發動政變，斷送了這場他生前最為看重的「革命」。

　　對於毛澤東的失敗，〈中共中央關於建國以來黨的若干歷史問題的決議〉（1981年6月7日）的解釋是：「中國是一個封建歷史很長的國家……長期封建專制主義在思想政治方面的遺毒仍然不是很容易肅清的，……使黨的權力過分集中於個人，黨內個人專斷和個人崇拜現象滋長起來。」[1] 近年以來，海內外

1　宋永毅主編，《中國文化大革命數據庫，1966-1976》網路版（香港：香港中文大學中國研究服務中心，2002-2021）。

都出現了不少這一問題的研究，但研究者們的視野也還是未能突破對所謂的「封建專制主義」[2]的一般表述。比如，談到「封建專制主義」和接班人的關係，就沒有進一步解釋為什麼文革中接連出現這種國家最高權力交接無序的危機。而講到「黨內個人專斷」，又對毛澤東對他的接班人危機問題上的個人因素過於簡單化。到底毛是失敗在制度還是個人，或兩者間或有之，目下的文革研究還大都沒有深入地挖掘分析。

糾結於禪讓和世襲之間

　　中國皇權政治中的國家最高權力的交接，除了暴力流血的改朝換代和宮廷政變以外，非暴力的主要有世襲和禪讓兩種，其中以世襲制為其主流的、較為穩定的形式。皇位世襲制的特點是血緣上的任人唯親、即國家最高權力在皇家一家一姓中世襲、父逝子繼或兄終弟承。這裡、血緣宗族關係是基本的權力交接的政治基礎。在歷史長河中，它是私有制發展的必然結果，曾有其進步性。中共一直自稱為一個現代的革命政黨，當然不可能有白紙黑字的世襲的「王位繼承法」。但毛澤東早在20世紀30年代，就宣布過中共在這方面的路線和政策是「任人唯賢」，而不是「任人唯親」，[3]這便和中國歷史上最高權力更

2　把中國社會說成是長期的封建主義社會是套用西方馬克思的社會分類法，歷來存在爭論。近年以來，中國歷史學界漸成共識：自秦至清的中國古代社會並非是封建制度，而是皇權專制。

3　毛澤東，〈中國共產黨在民族戰爭中的地位〉（1938年10月），《毛澤東選集》（北京：人民出版社，1966），卷2，頁515。

迭的另一種方式——禪讓制發生了淵源關係。

　　禪讓，是指在位君主生前便將統治權讓給他人、通常是指將權力讓給異姓。形式上，禪讓是在位君主自願進行的，是為了讓更賢能的人統治國家，稱之為「外禪」。[4] 中國上古時期的禪讓制度，最早記載於《尚書》之中，但其真實性一直存在爭議。據說它曾是中國上古時期推舉部落首領的一種方式，即以「選賢與能」的原則，由部落各個人表決，以多數決定接班人。相傳堯為部落聯盟領袖時，四嶽推舉舜為繼承人。堯死後，舜繼位，用同樣推舉方式，經過治水考驗，以禹為繼承人。然而，有比較可靠的史書記載的「禪讓」，大都發生在西漢末期到三國魏晉南北朝時代。如西元9年，權臣王莽接受西漢平帝禪讓後稱帝，開創了歷史上通過篡位登基的先河。又如西元220年，曹操的兒子曹丕逼迫劉協禪讓帝位給他，建魏國。據研究禪讓的專家統計：自西漢經三國魏晉南北朝到唐宋，共有20次禪讓發生，占中國歷史上有可靠史書記載的71%。[5] 而宋以後，因為皇家中央集權制度和世襲制的日益鞏固和發展，就基本上沒有皇帝把最高政權以禪讓的形式給外姓權臣的情況出現。

　　如果以上簡單的歷史回顧可以告訴我們一點什麼，那麼有兩點是值得注意的。其一，中國皇權專制歷史上的所謂的禪讓，雖然都打著「選賢與能」、「任人唯賢」等等的理想主義

4　當然還有另外一種「內禪」，即把最高權力讓給自己的同姓血親，不導致朝代更替，而讓位者通常稱「太上皇」。這裡探討的禪讓，主要是指「外禪」。

5　楊永俊，《禪讓政治研究》（北京：學苑出版社，2005），頁308-309。

旗號，其實大都是朝中權臣脅迫皇帝退位。而由於繼承者是當政者的臣屬，為避免「不忠」的罵名，便以禪讓為名取得其正統性。它實質上是一種「篡逆」，一種皇權傳承的異變形式。此外，它還大都發生在中央集權及體制還不太成熟和穩固的時期。其二，隨著宋以後中央集權制度的日益完善和王位繼承按「嫡先庶後」、「長先幼後」的標準進行的成熟，世襲繼位成了皇朝最高權力交接的比較穩定的制度和形式。一部中國數千年的皇朝史，較為平穩的「禪讓」近20多次，而世襲帝王則不下200，其中內禪者也寥寥無幾，可見世襲制度其實是封建皇權繼承的主要的、也是大大穩定的形式。[6] 這一點，其實從簡單的人性的角度都不難理解：人最親近、最信任的，首推自己的血緣後代。作為一個掌握最高權力的人，在他自知命不久矣之時，當然最想傳位自己的兒女。這樣一方面可保家族的富貴尊榮，一方面也可以保證自己的方略政策得以延續。世上畢竟少有兒子清算老子的。

　　文化大革命前的中共其實就是一個皇權專制主義色彩濃厚的政黨。在毛澤東通過延安整風成為最高領袖以後，他和他的戰友們之間建立的關係，其實也是一種「君臣關係」。他不僅時不時地自比為「皇帝」，他手下的主要幹部也曾認他為革命的「皇帝」。[7] 自60年代初到文革，經林彪的大力宣導，把毛作為天子皇帝和宗教教主來尊崇的「三忠於」、「四無限」等等

6　同上，頁31。

7　這些例子，可見王明，《中共50年》（北京：東方出版社，2004）。頁53、118、208、245-246。也見司馬璐，《中共歷史的見證》（紐約：明鏡出版社，2004），頁287、450。

的崇拜儀式都風靡全國，使毛更登上了遠遠超過一般的帝王的權力頂峰。也使文革前夕和文革中中共的專制體制，在許多方面都超強於秦漢以來的任何一個中國皇權王朝。可惜的是，毛澤東並沒有可繼承他權位的兒子。他的兩個兒子：一個死於朝鮮戰爭（毛岸英），一個是精神病患者（毛岸青）。這樣，皇權專制的國家最高權力的傳承便失去了一種較為平穩的（當然不是好的）形式。另外，無論毛內心深處是否願意和甘心，他手中的國家最高權力都只能通過「禪讓」的形式傳承給他家族以外的人。

如前所述，「禪讓」其實是皇權權力轉移中的一種不穩定的形式，這樣就造成了中共最高權力轉移中的第一重深層矛盾：歷史上最強大的皇權專制和被皇權專制的歷史廢棄了的權力轉移形式的矛盾。此外，中國上古傳說中的禪讓，其實是一個多數人的民主推選的過程。而毛澤東為了顯示自己的道德崇高，一方面一而再、再而三地表示要「任人唯賢」，另一方面卻把是否忠實於自己個人、甚至個人喜惡作為接班人的第一標準。毛澤東既要上古先賢「禪讓」的美名，又要封建皇帝的最高個人決定權：可以一言九鼎地來立儲或罷黜接班人的權力。這又造成了中共最高權力轉移中的第二重深層矛盾：理想色彩的集體主義的推選標準和實際選擇中的權力的絕對個人化導致的無原則、無序性的矛盾。最後，歷史上的禪讓一般都發生在強臣弱主時期，而毛澤東卻是一直大權獨攬的一代雄主，他絕不會允許任何威脅他權力的強臣及「第二中心」團隊在他身邊出現。相反在他眼裡：所有這樣的臣下和集團正是他發動的文革務必清除的「赫魯雪夫式的人物」。這便又造成了第三重深

層矛盾：接班人和他的梯隊必須具備的能力和交班人對這些能力和集團的天然忌憚和排斥的矛盾。簡言之，這些難以解套的深層矛盾表明：毛澤東時代的最高權力的傳承其實是一種以禪讓為外形、以皇權世襲獨有的立儲為實質的過程。在這一過程裡，最高領袖擁有世襲制中皇帝所不曾全部擁有的完全憑個人喜好來立儲或罷黜的絕對權力。因此。一種變異了的「皇太子政治」便被悄然地引入了對毛澤東和他的接班人之間的微妙關係。

毛澤東和中共創立的那種變異了的皇太子政治則大大增加了儲君被廢的變數。一方面，因為沒有血緣親情，最高領袖對外姓「儲君」的廢立的決定都可能具有更大的隨意性。另一方面，因為沒有了「嫡先庶後」、「長先幼後」皇權世襲法規的保護，接班人稍有不慎、一旦處理不好和最高領袖的關係，不但跨不過通向皇位的一步之遙，甚至可能有殺身之禍。對這一體制性的接班人的死局，中共領導人中認識最清楚的恐怕非周恩來莫屬，他非但多次戰戰兢兢地公開地表示「自認為，不能掌舵，只能當助手」。[8] 林彪事件後，毛澤東曾在病中試探他由他來掌權接班，不料這件事竟把他嚇得「誠惶誠恐……他實在太了解毛嗜權如命的為人了，如果不立即對這件事做個斬釘截鐵的表態的話，今後恐怕就要大禍臨頭了」。[9]

對這體制性的死結，林彪有所認識，但認識得並不透徹。

8　周恩來，〈對我們黨在新民主主義階段六次路線鬥爭的個人認識——發言提綱〉，轉引自高文謙，《晚年周恩來》（香港：明鏡出版社，2003），頁377。

9　同上，頁371。

林彪自20世紀60年代初起從軍內擴展到全國大規模地大搞對毛的個人迷信。如提出「突出政治」，發行《毛主席語錄》，這些都為毛澤東發動文革做了極大的鋪墊和輿論準備。林在個人筆記中所寫的：「要把大擁、大順作為總訣，要仿恩（格斯）之於馬（克思），斯（大林）之於列（寧），蔣（介石）之於孫（中山），跟著轉，乃大竅門所在。要亦步亦趨，得一人而得天下。」[10] 林彪既然想要通過捧毛來「得一人而得天下」，就說明他對接班人的位置是絕非沒有想法的。然而林畢竟沒有看透這一接班人的死局。例如，1970年廬山會議後，他因設立國家主席問題被毛步步緊逼。一方面消沉沮喪，另一方面也覺得被利用、被愚弄而對毛心生怨恨，以沉默的冷戰對抗。當時林辦工作人員就聽到葉群在給人打電話時公開向人抱怨：「林彪同志最近身體不好，人很憔悴，每天晚上要吃兩次安眠藥，體重只有八十多斤了⋯⋯是啊，⋯⋯歷史上都是站在他〔指毛——編者注〕一邊的，支持他的，把他捧得那麼高，現在又整他〔指林——編者注〕⋯⋯」[11] 葉的抱怨恐怕也表達了林彪的心聲。他們顯然覺得毛「過河拆橋」，有一點分歧便要廢黜林這個儲君了。這時，這位熟讀史書的接班人卻忘了皇太子政治中的一個基本常識：歷史上幾乎所有的皇帝都是卸磨殺驢、

---

10 張素華，《變局：七千人大會始末》（北京：中國青年出版社，2009），頁160-161。

11 李根清，〈林彪「散記」中對毛澤東的思考〉，載《炎黃春秋》，2014，第11期，北京：中華炎黃文化研究會，頁53；于運深口述、舒雲整理，〈我給林彪當秘書的最後一年〉，重慶：《昨天》（電子刊物），2015年8月30日，第56期。

過河拆橋的，這其實是最高皇權的一個經典性格特徵。或許正因為「不識廬山真面目，只緣身在此山中」，這位擅長對別人搞陰謀的接班人，當別人把更大的陰謀搞到他頭上時便糊塗了。

被始亂終棄的接班人們

毛澤東對他親手挑選的兩個接班人——劉少奇和林彪，都有始亂終棄的特點。對劉，毛先是建立一線、二線制，還大力擁護劉當國家主席。而在文革中卻倒打一耙，說劉搞「獨立王國」，是「赫魯雪夫式的人物」。對林，先是把他的接班人地位史無前例地寫入黨章，後又迅速反目為仇。由此看來，毛的接班人困境和危機的造成，不僅在於政治體制和其他波譎雲詭的「路線」、「政策」等等必然性，還在於他的個人經歷和性格氣質等看似偶然的因素。這在他對林彪的選擇和罷黜中表現得尤為明顯。這些個人因素包括：（一）口是心非，出爾反爾的矛盾性格；（二）多疑猜忌的病態人格；（三）實用主義的行事作風。在傳統的皇太子政治中，君主的一些極其個人的因素都可以直接引發對儲君的選擇和廢黜，更何況在變異了的中共的皇太子政治裡，毛是絕對的規則的制定者兼實行者。

毛澤東在林彪問題上一開始就表現出他的矛盾性格。一方面，他好大喜功，急需要搞個人迷信來提高自己的威望和鞏固最高權力，另一方面卻又要忸怩作態、欲蓋彌彰、自己給自己套上早就反對個人崇拜的道德包裝。例如，1966年5月18日林彪在政治局擴大會議上的講話，是林支持毛發動文革的一個極其

重要的戰略性的講話，後被貶為「政變經」。林在這篇講話中
非但對毛進行了比他60年代初更狂熱的吹捧，還下了誓死保衛
毛的絕殺令。當時，林彪的吹捧對毛澤東在黨內權鬥中樹立絕
對正確的地位是一種急需。另外，以林彪在軍隊的主管地位，
他的講話對毛的對手劉、鄧等人更具有極大的震懾力。這一講
話為當時的中共領導人周恩來等一片叫好，毛也從來沒有任何
反對的表示。不料一個多月後，毛在7月8日寫給江青的信中專
門講到了林彪的這一講話，卻說：「他是專講政變問題的。這
個問題，像他這樣講法過去還沒有過。他的一些提法，我總感
覺不安。我歷來不相信，我那幾本小書，有那樣大的神通。現
在經他一吹，全黨全國都吹起來了，真是王婆賣瓜，自賣自
誇。我是被他們迫上梁山的，看來不同意他們不行了。在重大
問題上，違心地同意別人，在我一生還是第一次。……」[12] 如
果說毛江之間僅限於夫妻間的私人通信，倒也無可厚非。而毛
卻在7月11日下午、12日上午在武昌和當時在第一線主持方方面
面工作的周恩來、王任重等人談話中，給他們看了此信。後周
恩來又向林彪做了轉達，但林並未立即做任何修改。[13] 同年9月
22日，事情又發生了翻雲覆雨的變化，毛澤東以中共中央的名
義向全黨批轉了林彪的講話，並評價為：「一個極為重要的馬
克思列寧主義的文件。」[14]

12　《中國文化大革命數據庫，1966-1976》。

13　逄先知、金沖及，《毛澤東傳（1949-1976）》（北京：中央文獻出版社，
　　2003），下卷，頁1158。

14　〈中共中央關於印發林彪講話的通知〉（1966年9月22日），中發〔66〕
　　502號。出處同注12。

　　毛澤東的這些翻雲覆雨至少洩露了如下的天機：（一）
他要向周恩來等黨內的中間派明白：他是為了文革的大局被迫
接受了林彪的吹捧。這樣，他便可以一方面盡情享受林彪搞的
個人崇拜帶來的成果，而另一方面卻又充分表達自己偉大的謙
虛。（二）他深知黨內對他和林彪唱雙簧式的個人迷信宣傳其
實是頗有非議的。[15] 為了他在與黨內對手決戰的八屆十一中全
會上得到中間派的支援，便通過傳閱他私人信件給周、王的方
式巧妙地推卸了自己破壞以往黨的反對過度吹捧個人的決議的
錯誤，還讓別人承擔的責任。（三）八屆十一中全會上毛林獲
勝，他就又用中央文件的方式向全黨批發和高度評價了林彪
的講話，最終說明他其實是急需和贊成林彪的吹捧的。毛澤東
這類雙重人格中的虛偽是一貫的。1973年他為了阻止周恩來批
判林彪的極左路線，發動了對周的所謂外交上的「右傾投降主
義」的批判。他先是慫恿他的翻譯和聯絡員王海容和唐聞生積
極參與整周恩來，事後又當著周的面批評王唐兩人「她們整
我，整總理」。對此，王唐兩人極其不滿道：「他做臉、我

---

15 自20世紀60年代初起，林彪總是把毛個人和思想高舉到極端不合理的程
　度。把原本附庸於共產主義理論體系下的貧乏雜碎的毛思想與馬列主義分
　離開來，並提升為當代馬列主義的最高峰。為此，這些過分的諛辭在黨內
　招致多數人的非議，1960年3月的中央政治局常委在天津開會決定不同意
　林彪的觀點（如「馬克思列寧主義的頂峰」、「最高最活的馬克思主義」
　等），而一律只提「馬列主義、毛澤東思想」。毛澤東怕觸犯眾怒，便也
　同意了這一決議。在林彪發表〈在中央政治局擴大會議上的講話（1966
　年5月18日）〉的三個月前，毛在2月9日又重申了他完全同意這一決議。
　見中共中央文獻研究室編，《毛澤東年譜》（北京：中央文獻出版社，
　2013），卷5，頁558。

們做屁股」，「他要我們去批總理，批完了，他給總理台階下」。[16] 無獨有偶，後來成為林彪集團幹將的原政治局委員邱會作也有同感，他認為：「《決議》說毛主席被利用。說我們在利用他，根本沒那麼回事！……（毛）一生中只有他利用別人為他和他的事業服務，哪有他被別人利用的道理？」[17]

在給江青的信中還隱隱約約地透露出一脈毛的無意識思維，那便是他對林彪大談政變的多疑。在毛的評語（「他是專講政變問題的。這個問題，像他這樣講法過去還沒有過」）的字裡行間其實蘊藏著這樣的邏輯：林既然對政變這一課題如此地感興趣，他將來會不會對我搞政變呢？這就涉及到毛的第二個個人因素，不斷蔓延的多疑猜忌的病態人格。無疑，那些靠陰謀和權術奪取了最高權力的人，最擔心的可能就是別人效法他的榜樣用陰謀和權術來奪取他的權力，所以他們最易發多疑症。在皇權與儲君的矛盾中，中國歷史上一些靠陰謀強勢奪權、後又顯得雄才大略的帝王常常是在接班人問題上罷黜儲君和「廢黜皇太子」的好手。例如，毛在他的詩作〈沁園春・雪〉裡所推崇的帝王「漢武」（漢武帝）和「唐宗」（唐太宗）就都是以在接班人問題上罷黜儲君聞名於史的。這裡，隋文帝楊堅也是一個典型的案例。他用「禪讓」的名義從自己年僅8歲的外甥周靜帝手裡強行奪得的政權，因為他的長子楊勇也是他陰謀的支持者和參與者。他登基當天，就下詔冊立楊勇

---

16 高文謙，《晚年周恩來》（香港：明鏡出版社，2003），頁476。

17 程光，《心靈的對話：邱會作與兒子談文化大革命》（香港：北星出版社，2011），頁3。

為皇太子。既然是名正言順的東宮之主，楊勇也就建立了他自己的接班人梯隊，成為潛在的第二權力中心。而朝中百官也就在節日時去東宮朝拜這位未來的新皇。不料，這些都引起了隋文帝的極端猜忌，以為太子也和自己當年一樣準備搶班奪權。結果他決定廢黜太子楊勇，一網打盡了他的接班人團隊。毛的情況也是同樣，他對自己選擇的接班人，從一開始就不是放心的。1966年9月，林辦工作人員就目擊毛在人民大會堂讓剛在八屆十一中全會上當上「接班人」的林彪去讀《三國志》中的〈郭嘉傳〉和《宋書》中〈范曄傳〉，以毛氏特有的「語言方式」來警戒林彪不能造反。[18] 而這種猜忌，也正是導致文革的主要禍源之一。

　　最後，毛澤東極端實用主義的行事作風也對他的接班人廢立上的始亂終棄發生了影響。毛正式公布林彪是他的接班人是在1966年8月初的八屆十一中全會上。可能因毛7月8日給江青的信裡對他的批評所造成的嫌隙，林彪稱病不出席該會。為了排除來自劉鄧中央一線的阻力，進一步將文化大革命發動起來，並使之合法化，毛澤東倉促決定召開中共的八屆十一中全會。毛澤東原以為憑藉他個人的威望完全可以輕易解決劉鄧派工作組的問題，不料一開始便在8月5日的會議上遭到歷來謙恭的劉少奇的公開頂撞，而政治局中的大多數人卻保持沉默。為此，他急需有力的支持和一位超級打手為他壓陣，他便想到了林彪。8月6日晚上，毛臨時決定「讓機要秘書通知在大連休養

---

18 張雲生、張叢，《文革期間我給林彪當秘書》（香港：香港中華兒女出版社，2003），上卷，頁445。

的林彪出席中共八屆十一中全會。林彪當晚乘飛機回到北京，直接到人民大會堂出席會議」。[19] 林彪到來以後，局面果然改觀。會議通過了《十六條》。在8月12日的會議公報裡，毛澤東在未經任何選舉程序的情況下，不再提及劉少奇、周恩來、朱德和陳雲的副主席職務，批准會議公報裡只列林彪一人為唯一的「中共中央副主席」。至此，林彪接班人的地位得以確立。從這一立儲的過程來看，毛澤東顯然違反了中共最高權力更迭的一些基本程序。例如，八屆十一中全會並沒有重新選舉中央主席和副主席，他怎麼能一個人決定林為唯一的副主席呢？從他先急召林彪上陣、後又投桃報李地行賞的前因後果來看，既缺乏深思熟慮，又極端實用主義。還給儲君留下了今後可以以實力來待價而沽、進而在政治利益上逼宮的餘地。

　　從林彪這一面來看，其實更是當局者迷。當他依靠參與毛的文革密謀、充當打手、並以破壞正常程序而當上了接班人後，他就沒有想過：這種非程序性的權力轉移一旦開頭，便完全可能是周期性的。有朝一日毛也可以通過同樣的方法罷黜他、趕他下台。要知道在任何皇太子政治中，交班人皇帝的心態常常是：一個參與了陰謀、會搞陰謀的儲君永遠是最危險的。他既然可以和自己合作，對付其他勢力；那麼他也當然可以和他人合作，來推翻自己。總之，這種接班人的確立方式，從兩方面都給未來的君臣關係投下了揮之不去的不和諧的陰影。據說，林彪對毛要立他為接班人最初也有過推辭，林彪「向毛澤東作揖，託稱身體有病，不願接任新職。毛澤東大

---

19 中共中央文獻研究室編，《毛澤東年譜》，卷5，頁609。

怒，罵林彪『你想當明世宗！』〔明世宗即明朝嘉靖皇帝，虔
信道教，不問政事——筆者注〕嚴斥林彪：『你不想介入運動
是假的。』」[20] 說實話，儘管林彪很早就上了毛的「賊船」，
但對自己這麼快地被立儲還是吃驚的，因而在行動上是半推半
就的。為此，他在被立儲後沒幾天還有過下面的表白：

> ……中央給我的工作，我自知水準、能力不夠，懇辭再
> 三，但是，現在主席和中央既已決定了，我只好順從主席
> 和黨的決定，試一試，努力做好。我還隨時準備交班給更
> 合適的同志。[21]

這裡，林彪再一次表露了他對這一變異了的皇太子政治
漩渦中儲君可能的殘酷的命運的估計不足。因為開弓沒有回頭
箭，因參與了政治陰謀而被立儲的太子不能拒絕冊封，因為這
也早已經是政治陰謀的一個組成部分了。在中國傳統的皇太子
政治中，不接受冊封或辭職，還是有被允許和善終的先例的。
如西元43年，漢光武帝劉秀的原太子劉強因母后郭聖通被廢而
多次要求出讓太子之位給異母兄弟劉陽，後被劉秀改封為東海

---

20 張寧，《塵劫》（香港：明報出版社，1997），頁329。在李文普的〈林
　彪衛士長李文普沉默後不得不說〉中對這次會見也有所記載：「會後，林
　彪取代劉少奇，成為黨中央的唯一的副主席，他曾幾次流露不想幹這種角
　色」，見赤男、明曉等著，《林彪元帥叛逃事件最新報告》（香港：中華
　兒女出版社，2000），頁11。
21 林彪，〈在中央工作會議上的講話〉（1966年8月13日），載《中國文化大
　革命數據庫，1966-1976》。

王。而在中共的皇太子政治中，中途退出或不接受冊封都是絕不被允許的。這裡最能說明問題的是毛的第一接班人劉少奇的辭職。1967年1月13日，劉少奇在面見毛澤東時要求辭去自己的所有職務，攜妻女回鄉種田，以盡早結束文革。但這一謙卑的要求為毛所拒絕，不久便招來殺身之禍。[22]

　　如果說毛澤東在八屆十一中全會上決定立林彪為接班人還表現出一種利益交換的倉促，那麼他在1969年九大期間同意把林的接班人地位寫入黨章就不是輕率兩個字可以概括的了。早在1962年的中蘇論戰中，毛就批評史達林在生前沒有立下立儲的遺囑，才導致了赫魯雪夫的上台。[23] 因此，以毛素來喜歡標新立異的個性和意圖超越列寧史達林的「第三個里程碑」的遐想，搞出在黨章中寫上接班人名字的奇招，並不令人奇怪。然而從中國封建社會皇太子政治的發展來看，毛澤東的做法是一種歷史的倒退。世襲制發展到清朝，為了保護皇帝選中的儲君在生前既不受到來自其他各方勢力的傷害，又不至於形成威脅皇權的第二權力中心，康熙皇帝的第四子雍正皇帝接受皇室骨肉相殘的沉痛教訓，在確立接班人一事上想出了「秘密立儲」的妙招。即等皇帝離世時，由輔政大臣當著大家的面取出密

22　黃崢，《王光美訪談錄》（北京：中央文獻出版社，2006），頁415。

23　毛澤東的這一見解發表於1961年英國元帥蒙哥馬利訪華期間。他的原話大約是：「共產黨沒有王位繼承法，但也並非不如中國古代皇帝那樣聰明。史達林是立了繼承人的，就是馬林科夫。不過呢，他立的太晚了。蒙哥馬利講的也有點道理，史達林生前沒有公開宣布他的繼承人是馬林科夫，也沒有寫遺囑。……我們和蘇聯不同，比史達林有遠見。」見熊向暉《我的情報與外交生涯》〔增訂新版〕（北京：中共黨史出版社，2006），頁414。

詔宣讀接班人的名字。這樣一方面可以跳出煮豆燃豆，同根相煎的閉環，另一方面又代表了最高皇權給所有可能接班的政治勢力的公正「暗示」，即大家都可能是「接班人」。既然在老皇帝死前機會均等，太子們在坐上那把至高無上的椅子的機會沒有完全喪失之前，就很少去主動挑戰最高皇權。雍正之後的乾隆、嘉慶、道光、咸豐皇帝，都是通過「秘密立儲制」接班的。這一制度應當是中國專制政治發展到高級階段的產物，的確可以有效地減少交班人和接班人之間、以及接班人和最高皇權之間的明爭暗鬥，而且也同時照顧到了皇帝的個人意志和絕對權威。而毛澤東反其道而行之，大張旗鼓地提前立儲，其實是大大壓縮了各方可能減少的你死我活的權鬥的空間。

　　在黨章中寫上林彪的接班人地位，是否意味著毛對林就完全放心了呢？答案是否定的。首先，對毛澤東這樣的雙重人格者來說，這固然能給他帶來一時的從眾如流、任人唯賢的美名，但又會必然同時加劇他對接班人權力的限制以及引發和儲君反目成仇衝突的可能。其次，在中國傳統的皇太子政治中，皇帝在公開立儲後要允許東宮開府，即建立一套皇太子的政府接班梯隊。然而，在九大把林彪寫上黨章以後，我們沒有看到林彪的職權除國防部長外有任何增加。相反，毛對林作為主持工作的軍委副主席和國防部長範圍內的工作，也起了極大的疑心。例如，1969年10月17日，因中蘇衝突的加劇，林彪通過軍委辦事組發給全軍的一個口述戰備命令，被軍委的一個副總參謀長無心中整理為書面的「林副主席一號命令」。這一命令所涉及的內容完全在林彪當時的職權範圍內，而且他也同時報了毛澤東。但是據汪東興回憶：毛看後「一臉不高興的樣子」，

立刻叫他「燒掉」。顯然，毛把林的正常工作當作了一種「他想試探一下淩駕於毛主席以上下命令」，懷疑他準備搶班奪權。[24]

更有趣的是，在林彪的接班人地位寫上黨章的墨跡未乾之時，毛就開始準備隔代指定林的接班人了。九大期間，毛澤東就接班人問題和林彪談過話，談到「你年紀大了誰來接班」時，提到了張春橋的名字。[25]1970年4月25日，毛澤東和林彪在蘇州見面。毛已經比較正式地向林彪提出由張春橋當林的接班人。據秘書回憶，葉群的記錄如下：

> 毛主席問林彪：「周總理年齡大了，對總理的接班人有什麼考慮？」
>
> 林彪沒有說話。
>
> 毛主席又問：「我年紀大了，你身體也不好，你準備把班交給誰？」
>
> 林彪還是沒有說話。
>
> 毛主席再問：「你看小張（張春橋）怎麼樣？」
>
> 林彪說：「還是要用跟您一塊上井岡山的紅小鬼。」
>
> 關於用「紅小鬼」的話，我印象深刻。葉群也對我們說過，林彪給毛主席說「還是要靠紅小鬼」。葉群還說：「要籌備四屆人大了，主席情緒很好。」

---

24 汪東興，《汪東興回憶：毛澤東與林彪反革命集團的鬥爭》（北京：當代中國出版社，2010），頁14-15。

25 王年一，《大動亂的年代》（鄭州：河南人民出版社，1989），頁388。

　　就是這次，毛主席邀請林彪出席九屆二中全會，林彪答
應了。26

　　毛林的上述對話至少告訴了我們以下幾點：（一）毛深
知林彪的健康情況極差，很可能熬不到接他班之日。他把林彪
寫入黨章其實是一種過渡性的權宜之計；（二）這一過渡的對
象是張春橋；（三）毛希望林能同意他指定的隔代接班人，並
準備立刻轉移權力。顯然，毛林之間在這一問題上產生了嚴重
的分歧。這一分歧導致了他們在九屆二中全會上的最終分道揚
鑣。

　　皮相地來看，九屆二中全會上的毛林主要衝突之一是在是
否設國家主席問題上。然而，從變異了的中共皇太子政治的角
度來看這一衝突，恐怕還不難得出另外的結論——最高皇權極
力限制東宮太子開府納士、建立行政上的接班梯隊的企圖。正
如同有關學者分析的，儘管「國家主席」是一個虛位，但是一
旦林彪獲得這一法統的位置，「他既可以按法統直接號令周恩
來集團所控制的政務系統，也可以按法統直接插手中央文革集
團所控制的文化教育系統。」27 為此，原林彪軍人集團的主要
成員之一的邱會作在他晚年的回憶錄裡認為：「實際上主席的
目的就是不想讓林彪當。」28

26 于運深口述、舒雲整理，〈我給林彪當秘書的最後一年〉，重慶：《昨
　　天》（電子刊物），2015年8月30日，第56期。
27 單少傑，《毛澤東執政春秋（1949-1976）》（紐約：明鏡出版社，
　　2000），頁671。
28 邱會作，《邱會作回憶錄（下）》（香港：新世紀出版社，2011），頁679。

作這一如是觀，我們便不難理解毛澤東為什麼對投入林彪陣營的陳伯達恨之入骨，不惜構陷莫須有的罪名，在廬山會議後下狠手打成比劉少奇罪名還要多的「國民黨反共分子、托派、叛徒、特務、修正主義分子」。[29] 因為陳伯達的加入標誌著林彪的軍人集團開始有了重量級的文臣，一個東宮太子府的雛形便躍然欲出了。而毛氏皇太子政治中是絕對不會無視他的儲君形成一個完整的第二權力中心的潛在危險的。

一步之遙被阻的個人因素

在皇太子政治中，雖然儲君的地位裡最高皇權只有一步之遙，但在沒有跨越之前，最高皇權和東宮太子之間的關係還是君臣關係。可林彪除了「接班人」以外，還有另外一個正式的稱號：「毛主席的親密戰友」。嚴格地來講，這一稱號和君臣關係的嚴格的上下定位是有一些矛盾的。因為一旦成為儲君，平輩的「親密戰友」之說就不再是一種臣下的身分。而綜觀林彪在當上接班人前後的言行，他對於自己和毛之間的君臣關係的定位並不是非常清楚的，他的認知更多地是游離於「接班人」和「親密戰友」之間。加上他大半生是個軍人，缺乏中共最上層的政治生涯的歷練。雖然他也讀了大量中國宮廷政治的典籍，但和周恩來這樣天天沉浸於風雲變幻的宮廷政治中的老

---

29 見〈中共中央關於批發《關於國民黨反共分子、托派、叛徒、特務、修正主義分子陳伯達的反革命歷史罪行的審查報告》的通知及附件材料〉，1972年7月2日，中發〔1972〕25號。載《中國文化大革命數據庫，1966-1976》。

手相比，畢竟還是紙上談兵的水準而已。一方面，林基本上是以軍隊的經驗從政；另一方面，他沒有完全擺正自己和最高皇權的君臣關係，看不透「接班人」這個難以消弭的死結。這就使得在體制和其他必然性的政治因素外，他個人性格、心理乃至家庭關係等偶然性也極大地影響了他的最終被罷黜。

其實，林彪和毛澤東在不少個人性格上是很相似的，可謂「人以群分」。這首先是表現在林對親信部下的無端猜忌，心胸狹窄，並因此而構陷罪名加以的殘酷整治上。而當這些組織措施涉及到毛澤東的批准時，可能因為林的長期軍人生涯。使他又常常採取非常直接的類似「逼宮」的形式，在毛原來就多疑的內心投下了不小的陰影。雖說林彪是名義上主持軍委工作的副主席，但因為他的身體情況，不得不選擇一個他信得過的軍隊的總參謀長主持日常工作。毛在文革中罷黜了他親手選擇的兩個接班人；林彪也在文革中積極參與搞掉了兩個他親自推薦的總參謀長——羅瑞卿和楊成武。羅瑞卿一案，雖說毛因為羅瑞卿和賀龍、劉少奇走得太近，對他也有所顧忌，但當時還沒有下決心要整倒羅瑞卿。其中一個重要原因是毛深知羅對他還是忠心耿耿的。1965年12月1日，「林彪派葉群到杭州向毛澤東誣告羅瑞卿，並帶去林彪11月30日寫給毛澤東的信和關於羅瑞卿的十份材料。」[30] 葉群和毛密談了五個多小時，又在12月8日到15日的中央政治局常委擴大會議上「分三次作了約十小時的發言，繪聲繪色地捏造事實，說羅瑞卿如何逼迫林彪

30　《毛澤東年譜》，卷5，頁544。

退位，要林『不要擋路』，『一切交給羅負責』」。[31] 林在信中還說：「現先派葉群送呈材料，並向主席作初步口頭彙報。如主席找我面談，我可隨時到來。」[32] 很清楚，所有這些的活動和材料的重點在於逼迫毛澤東在林羅之間做出一個迅速的選擇。為了利用林彪掌控軍隊為文革的發動保駕，毛澤東當然選擇了林彪。但是他在上海會議中仍然意味深長地對林說過：「（羅）反對你（林彪），還沒有反對我呢。就是反對我到長江裡游泳，還是一片好意。」[33] 今天回過頭去審視羅瑞卿一案和他與林彪交惡的緣起，完全是因為那些並不複雜的人際嫌隙，便使他上綱到了對羅企圖「搶班奪權」的猜疑。很顯然，林彪對他手下的總參謀長缺乏包容之心，而對一些芥蒂小事過多地表現出睚眥必報之心。

　　林彪緊接著整垮他親手挑選的第二任總參謀長（代）楊成武一案，更顯示了他的性格缺陷。根據現在陸續披露的材料，主要是因為如下幾件事：（一）1967年夏楊成武陪同毛澤東南巡，在途中毛澤東為了拉攏林的這一親信，並離間林楊關係，講了不少林彪的壞話。毛又讓楊在途中回京多次執行他的密旨，故意命令楊只和周恩來聯繫，不要告訴林彪。這被林彪認

31 中共中央文獻研究室編，《毛澤東傳（1949-1976）》（北京：中央文獻出版社，2003），下卷，頁1142。

32 林彪，〈關於羅瑞卿問題給毛澤東的一封信〉（1965年11月30日），載《中國文化大革命數據庫，1966-1976》。

33 羅點點，《點點記憶：紅色家族檔案》（香港：天地圖書有限公司，1999），頁196。

為是楊「有意封鎖」。[34] 而對楊來說，更是有苦說不出，因為「身到高位始知難……楊成武已深深感受到這兩位統帥副統帥之間的矛盾、猜忌、警惕與鬥爭。而他本人，正夾在這對矛盾之間。」[35]（二）1968年3月，楊成武收到空軍機關的匿名信，狀告林立果「小艦隊」成員周宇馳、于新野、劉沛豐、王飛等人玩弄女性等惡行，他便轉給林彪建議調查。這當然被林彪和林立果看成是極大的不敬和挑釁。

就為了這些事，林彪向毛澤東狀告楊成武，羅織了楊成武「同余立金勾結，要篡奪空軍的領導權，要打倒吳法憲」，「同傅崇碧勾結要打倒謝富治」，以及「楊成武的個人野心還想排擠許世友，排擠韓先楚，排擠黃永勝以及與他的地位相上下的人」等莫須有的罪名。[36] 對這些罪名，毛澤東當然心知肚明。但因為1968年春的毛澤東仍非常需要林彪的支援。作為一個極端實用主義的政治家，毛當然首先考慮了文革政治大局上的成敗得失，而不是他和楊成武之間的個人情感。然而，毛對林彪「兩者必擇其一」式的攤牌仍是怨氣沖天的。他說過：「一邊是副統帥，一邊是代總長，兩者必擇其一，讓我怎麼辦呢？當時我還沒有充分的理由，不要這個副統帥，無法向全國人民交代呀。」[37] 打倒楊成武不久，毛又在1968年4月上旬對

34　《文革期間我給林彪當秘書》，上卷，頁245。

35　權延赤，《微行：楊成武在1967》（廣州：廣東旅遊出版社，1997），頁150。

36　林彪，〈在軍隊幹部會上的講話〉（1968年3月24日），載《中國文化大革命數據庫，1966-1976》。

37　楊成武，《楊成武將軍自述》（瀋陽：遼寧人民出版社，1977），頁339-

楊的老上級聶榮臻元帥說：「如果講楊成武的後台，第一個就是我，第二個才輪到你。」[38] 在毛看來，林顯然是要求羅瑞卿和楊成武對他個人（儲君）的忠誠大於對毛（最高皇權）的忠誠。儘管毛為了文革大局兩次支持了林，但毛的內心深處怎麼會不激發出不滿的情愫呢？

果然，毛澤東在1970年的廬山會議上因為張春橋問題的攤牌給了林彪一次當頭棒喝。臨上廬山之前，林彪、葉群及其軍人集團對搞掉張春橋也是信心滿滿。連陳伯達都認為：因為有「在羅瑞卿、楊（成武）、余（立金）、傅（崇碧）、賀龍的問題」的先例，「如果林副主席提出張春橋的問題，毛主席肯定會支持。」[39] 但結果事與願違。當然廬山上的風雲突變有眾多的因素，但毛澤東終於宣洩出了對林彪前幾次「逼宮」的不滿恐怕也是其中之一吧？

林彪性格的第二個缺陷，還在於一種病態性的偏執。每天和他見面的秘書認為：晚年林彪「已經陷入了嚴重的病態，但他自己並不承認這種嚴重性。執拗而內向的性格使他認準了一個『理』：誰也不可信，只能信自己」。[40] 這一病態人格如果表現在日常生活中，可能最多導致和家人和親友的疏遠或不和。但表現在儲君和最高皇權的政治關係中，都可能成為被廢

340。

38　《毛澤東年譜》，卷6，頁159。

39　于運深口述、舒雲整理，〈我給林彪當秘書的最後一年〉，重慶：《昨天》（電子刊物），2015年8月30日，第56期。

40　張雲生，〈打開歷史迷宮的一把鑰匙——淺談林彪的病及其對中國當代史的影響〉，載丁凱文主編，《重審林彪罪案》，頁548。

黜的導火線。盧山會議上林彪及其軍人集團企圖「揪出張春橋」失敗後，毛澤東採取了步步緊逼的措施，相繼對黃、吳、李、邱、葉做了嚴厲的批評。尤其是對葉群的批評，無疑是指向林彪的。但是，毛當時一直沒有點林彪的名，據《毛澤東年譜》記載：至1971年3月24日毛還指示周恩來「把黃永勝、李作鵬、邱會作的書面檢討及毛澤東的批示送林彪閱，並要求在場的人，除康生外，乘火車去北戴河向林彪作一次彙報，時間在林彪看完黃、李、邱的檢討之後」。[41] 4月20日，周恩來「示意林彪到會講話，林彪沒有出席會議的意思」。[42] 項莊舞劍，意在沛公。毛澤東抓住黃吳李邱葉的檢查，意在要林彪就盧山會議之事也做一深刻檢查。

　　平心而論，毛澤東的要求也並非完全無理。例如，盧山會議上林彪等人群攻張春橋的一個最主要的罪證是張在討論《憲法》時不同意「（毛澤東思想）天才地、全面地、創造性地發展了馬列主義」。[43] 其實，這三個副詞是毛澤東自己反對和圈去的，在以前的中央文件和九大黨章裡就發生過。而林彪從來不親自閱讀這些重要文件，只是每天聽秘書「講文件」。後來，連林的秘書都承認這是林彪的疏忽。[44]

　　此外，根據今天陸續問世的材料，林彪又確實是盧山會議上以設國家主席和保衛「天才論」為名，企圖搞垮張春橋等

---

41 《毛澤東年譜》，卷6，頁375。
42 同上，頁378。
43 吳法憲，《歲月艱難：吳法憲回憶錄》（香港：北星出版社，2006），下卷，頁781。
44 〈我給林彪當秘書的最後一年〉。

文革派的幕後推手。從毛澤東的視角來看，林彪是應當高姿態地做一個自我檢討的。而他一直沒有點林彪的名，已經是很保護他的了。但林彪並不領情，堅決不做檢查，開始了和毛長達一年的「冷戰」。並在不同的公開場合向毛鬧了情緒。從宮廷政治的角度來看，這些都是非常不智之舉。在皇太子政治中，任何一個極其個人的和偶然的因素，都可能導致儲君的廢黜，更何況是用鬧情緒來向最高皇權示威呢？對於這一點，文革研究學者陳益南認為：「如果林彪能在九‧一三事件前，向毛澤東認錯並作出檢討，那麼，他的下場便遠不會有後來所發生的那樣慘⋯⋯」[45] 這當然是假設歷史的一家之說。但有一點可以肯定：林彪以冷戰對抗「聖威」，大大加速了毛澤東對他從一般的「埋怨」到「憤怒」的過程。要知道，「從不服軟」的順我者昌、逆我者亡的性格同樣是毛澤東的梟雄個性，而他則是一念間可以決定「儲君」林彪興亡的「君主」。在這一性格衝突中，失敗者必然是林彪。原林辦工作人員官偉勳就舉過這樣「一個例證」：

> 1970年斯諾來訪是一個例證。據Y秘書講，斯諾來京之後，毛主席指示林彪首先接見，林彪就是不見。⋯⋯一拖就是幾個月。毛主席怎麼能高興？你不是說我的話「一句頂一萬句」嗎？我讓你接見一下斯諾你都不見！後來毛主席自己接見了，「四個偉大討嫌」這句要命的話就出來

45 陳益南，〈從歷史軌跡思考林彪問題〉，載《重審林彪罪案》，頁568-569。

了。[46]

　　林彪在廬山會議後處理和毛的關係上舉措失當還有另外的個人原因，那就是他的心理疾病的加劇導致他病態性的固執、使他更悲觀消極地應對。因為精神病常識在今天的普及和政治禁忌的打破，無論是林以前的家庭醫生、秘書，還是主張為他「翻案」的研究者，都公開地認為林患有一定程度的精神病。[47]大陸的林彪研究學者舒雲在採訪了林彪女兒林豆豆以後，得知當年蘇聯專家診斷林彪的精神病症是嚴重的憂鬱症。[48]在日常生活中，林彪顯然是個怪人，他不僅怕光、怕風、怕涼、怕出汗、還怕水，視水為敵。他每天最多聽秘書講半小時的文件，餘下時間全部是獨自一人坐在暗室裡，如同一具蒼白的枯屍，數小時地一動不動。文革開始時，毛澤東的御醫李志綏在一次為林彪看病時為之大吃一驚：「這明明是一個精神上不健全的人，怎麼能讓他來管理國家呢？」[49]

　　在1970年9月的廬山會議上失敗後，林彪顯然是精神受到刺激極大，情緒極其消沉，出現了「恐懼害怕、敏感多疑、委屈易哭、悲觀失望、不願見人、不想說話」等多種精神病的症狀。[50]屬於精神憂鬱的焦慮症、疑病症、恐懼症都時有出

46　《我所知道的葉群》，頁210。

47　同上，頁207-208。

48　舒雲，《林彪事件完整調查》（紐約：明鏡出版社，2006），頁450。

49　李志綏，《毛澤東私人醫生回憶錄》（台北：時報文化出版公司，1994），頁436。

50　抗戰中，因國軍閻錫山部失誤未將相關資訊下達至基層，身著繳獲來的日

現。對此，原林辦秘書們的回憶錄中對此都有很多的記載，如「1970年廬山會議後，本來就深居簡出的林彪，更加孤家寡人，情緒低落到谷底。……更多的時間是一個人蜷縮在沙發裡。看來他是更加鬱悶了。」1971年初，林在蘇州時和葉群一起抱頭痛哭。[51] 又如，林對警衛李文普極其悲觀地說：「北戴河的房子不要蓋了，反正我活不了幾天啦！」再如，他突然抱著來訪者大哭。[52] 這些症狀雖然還沒有到主導林彪正常思維的地步，但對他的性格的變異還是有不小的影響的。

接班人的接班人之爭

當林彪在1970年4月25日回答毛澤東關於他的接班人問題時，曾拐彎抹角地否定了張春橋。他的藉口是：「還是要用跟您一塊上井岡山的紅小鬼。」事實上他手下的軍人集團的幹將黃、吳、李、邱儘管都是「紅小鬼」，但都難以成為第二代接班人。論年紀，黃永勝其實只小了林彪三歲，九大和九屆二中全會期間已經60歲，和林是同代人。他們中年紀最輕的是吳法憲，也已經56歲，大張春橋3歲。種種跡象表明：林彪並不是沒有考慮過他的接班人問題，而他心中預定的、並開始積極培養

本軍服的林彪在途經其防區時被哨兵誤以為是日軍向其開槍，受了嚴重的槍傷。經檢驗脊髓神經受到嚴重創傷，並因此留下了困擾終生的植物神經紊亂症。據有關醫學常識性的網路辭典，這一神經紊亂症也很容易併發一些精神病症狀。見百度百科 http：//baike.baidu.com/view/2957993.htm。

51 〈我給林彪當秘書的最後一年〉。

52 張聶爾，《風雲「九‧一三」》（北京：解放軍出版社，1999），頁317。

的人選是他的兒子林立果。

　　林立果（1945-1971）是林彪的獨子，生於戰爭年代。文革爆發時，是年僅21歲的北京大學物理系二年級學生。為了對他的保護和培養，他被林彪和葉群禁止參加群眾性的學生運動，而被送到上海空四軍，以一種非常獨特的方式參加了文革。一方面，他被當時的空四軍軍長江騰蛟等人待為「太子」式的上賓，經常和他交流軍內「路線鬥爭」的秘情。這不僅極大地滿足了林立果的政治虛榮心，還使他深入了解了權力鬥爭的內幕。另一方面，他又在軍內的專人陪同下，近距離觀察了上海的造反運動，「對張春橋、姚文元、王洪文就有些佩服，認為他們不簡單，有頭腦，會拉隊伍……說不定將來會成大事。」[53]除此以外，林彪還特意讓他參與不少有關軍隊文革問題的重要決策。例如，讓他參與處理軍隊院校學生衝擊國防部的處理，參加起草林彪1967年3月20日在軍級幹部會議上的重要講話等等。[54] 這些，不僅催發了林立果的政治早熟和早慧，更膨脹了一個年輕的高幹子女對高層權力的興趣和野心。1967年春，在林立果自己的要求下，他被林彪安排參軍，到空軍工作。僅4個月後，他在空軍司令吳法憲的親自介紹下入黨。

　　從1967到1970年的3年內，在林彪的親自安排、支持和默許下，林立果迅速地完成了政治上的三級跳，儼然成為「接班人」的當然「接班人」。首先，林彪通過吳法憲選擇了空軍司

53　張聿溫，《你所不知道的那些事兒：林立果「小艦隊」興亡始末》（北京：北京出版社，2014），頁14。

54　張雲生、張叢，《文革期間我給林彪當秘書》（香港：中華兒女出版社，2003），上卷，頁110、173-174。

令部辦公室中一批有資歷、有才華的中青年幹部作為輔佐林立
果的「調研小組」。這些人包括了後來成為林立果「小艦隊」
核心成員的王飛、周宇馳、劉沛豐、何汝珍、劉世英等人。由
於文革中的一條政治上成名的捷徑是如同張春橋、姚文元那
樣發表理論文章，引起毛和中央的重視，林立果便在這些人
的幫助下，由林彪辦公室發稿審定，在《解放軍報》和《人
民日報》的顯著版面發表了〈正確對待兩種不同性質的當權
派〉（1967年6月25日）、〈從政治上思想上徹底打倒黨內一
小撮走資本主義道路的當權派〉（1967年7月22日）等文章。
文章發表後林立果聲名鵲起、獲得一片讚揚。連林彪也對他
說：「老虎會寫文章了，不錯，進步不小。我以前說過，槍桿
子，筆桿子，奪取政權靠這兩桿子。一個人，會玩這兩桿子，
就全面了。」[55] 其次，在林彪和葉群的授意下，1969年10月17
日，林立果被吳法憲任命為「空軍司令部辦公室副主任兼作戰
部副部長」。這軍職對林立果來說不僅是連升八級，從一個參
軍才兩年多的新兵成為副師一級的軍官。而且給以他一個可以
進一步招兵買馬、指揮整個空軍的重要平台。空軍司令吳法憲
就多次公開宣稱：「林副主席把林立果派到空軍來，是對我們
的最大關懷」；「林立果可以指揮空軍的一切，調動空軍的一
切。」不久，空軍司令部、政治部、後勤部都為落實貫徹這
「兩個一切」發了正式文件。[56] 由此，林立果很快就把他身邊

55　《你所不知道的那些事兒：林立果「小艦隊」興亡始末》，頁41。

56　《歷史的審判：審判林彪、江青反革命集團案犯紀實》（北京：群眾出版
　　社，2000），上卷，頁99-100。

的「調研小組」擴展成了一個由他擔任「康曼德」（英文指揮官commander的譯音）的「聯合艦隊」，其中除了一批空軍司令部裡的中青年軍官，還有不少兵團級的軍區空軍司令員，正軍職的空軍副參謀長及軍政委，如江騰蛟、魯珉、王維國、陳勵耘、胡萍、顧同舟、梁璞等人。因為有了這些兵團和正軍級的空軍幹部的支持，林立果還開始在各地建立類似的秘密軍人組織，如「上海小組」、空四軍的「教導隊」和廣州的「戰鬥小分隊」等等。

　　然而，憑什麼來確立沒有任何從軍資歷和戰爭經驗的林立果的「康曼德」的地位呢？在林彪和葉群的直接參與下，一種給他們的兒子套上「超天才」的神聖光環的造神運動便應運而生了。1970年7月31日，林立果在空軍機關二級部以上的領導幹部中做了一個關於學習毛主席著作的講用報告。內容分為「政治和經濟的關係」、「中國一定要強盛」、「活學活用毛澤東思想」、「空軍作戰方面的幾個具體問題」和「調查研究和學習主席思想的方法」五個部分。這一報告是「小艦隊」的秀才們花了幾個月的時間精心炮製的，有不少內容更是直接抄自以往空軍軍事專家戰略研究的機密文件，如〈空軍在未來及反侵略中的使用問題〉。這樣，在極端閉塞的文革中自然給人耳目一新之感。於是，吳法憲和王飛、周宇馳、王維國等「小艦隊」成員們立刻相機發動了聲勢浩大的造神運動，林立果被吹捧為「天才、全才、全域之才，智慧超過了年齡，是放了一顆政治衛星」，「立果同志的講用報告是寶書，是路線篇、燈塔篇、方向篇、戰鬥篇、育人篇，站到了時代的頂峰！立果同志是非凡的天才、超天才，是棟樑之才、全國之才、世界之才；

是傑出的政治家、優秀的軍事家、卓越的思想家、天才的理論
家、出色的科學家；他的天才剛剛外露，過去書上有神童、才
子、聖人，現在這種人就站在我們前面；林立果是世界領袖，
將來世界革命有人領。」[57] 這裡所指的「講用報告」，當然是
指林立果在空軍機關二級部以上的領導幹部會上所做的那個關
於學習毛主席著作的講用報告。但是，林立果並沒有就此止
步，他又在空軍5,000餘人規模的「三代會」上做報告，繼而層
層播放錄音，出版平裝本、精裝本、燙金本、袖珍本等多種版
本，共714,265冊，風頭一時緊逼《毛主席語錄》。

　　可能是因為望子成龍之心過於急切，林彪竟然毫無顧忌
地直接參與了對林立果的造神運動。平時每天只聽秘書講文件
四十分鐘的林彪，竟然出乎意外地聽完了好幾個小時的林立果
報告的錄音，稱讚說：「不僅思想像我，連語言也像我。」
1970年6月，空四軍政委王維國來京，林彪接見了他。王當著
林彪的面吹捧林立果是天才。林彪聽後哈哈大笑。王走後林彪
對林立果說：「我說你是天才嘛。王維國都說你是天才，王維
國也不簡單。」[58] 林彪還身體力行地為兒子造勢。如林立果抓
的幾個科研專案在北京南苑某國防工廠，深居簡出、怕風怕光
怕水的林彪欣然前往視察。引人矚目的是：視察中林彪右邊是
總參謀長黃永勝，左邊竟然就是儼然一副「少帥」架勢的林立
果！1969年3月，在林彪下決心製造所謂的「楊余傅事件」，打
倒當時的代總參謀長楊成武時，導火線就是楊在不經意之間得

罪了林立果和他的小集團成員。當時，楊成武收到一封揭發林
立果的「調研小組」成員玩弄女性，把京西賓館女服務員肚子
搞大的匿名信，便轉給林彪建議調查。本來如果林彪不理睬，
事情也就走一個官僚形式過去了。不料這被林彪看成是對他的
「接班人」林立果的極大的挑釁。林彪竟把信轉給被告的對
象。經周宇馳等人查對筆跡，認為匿名信是空軍政委余立金的
秘書單世充所為。於是開始了報復行動。他們抓住在空軍工作
的楊成武的大女兒楊毅和單世充可能有「曖昧關係」為藉口，
關押了單世充和他的妻子進行逼供。1968年3月23日晚，楊成武
被押送到人民大會堂福建廳，林彪當面宣讀了他的三大罪狀，
第三條便是：「楊成武把王飛、周宇馳、于新野打成反革命。
楊成武你不當代總長了，黃永勝當總長。」[59] 由此可見，林彪
絕不允許軍內有任何對林立果的地位有威脅的行為，哪怕是不
經意的不敬也被視為一種挑戰。可以想像，只要還有幾年的發
展，林立果就不僅會只是空軍的「太上皇」，恐怕很快會成為
全軍的「少帥」了。由此，也就不難理解為什麼林彪和葉群要
違反中央紀律，讓林立果冒充林辦工作人員上廬山參加九屆二
中全會上對張春橋的發難。因為在他們的潛意識裡，這恐怕不
僅是對林彪的「接班人」保衛戰，也是對林立果的「接班人」
的「接班人」地位的保衛戰。

　　有人說戀愛中的女人是最愚蠢的，其實權力場中的男人，
愚蠢的程度也絕對不遑多讓。林彪和葉群對林立果的種種過分
的縱容、直接授權以及參與造神等行為，不僅明顯觸犯了中國

59　楊成武，《楊成武將軍自述》（瀋陽：遼寧人民出版社，1977），頁341。

歷代皇太子政治中皇權和儲君關係的大忌，就中共所謂的「黨紀國法」而言，也絕對是大逆不道的。毛澤東並沒有可繼承他權位的兒子。而在陰差陽錯之中，這卻使毛占領了所謂的「任人唯賢」而不是「任人唯親」的道德制高點。在這一過程裡，最高領袖擁有超出世襲制中皇帝所有的憑個人喜好來立儲或罷黜的絕對權力。和一般的封建皇權不同，這一超常的權力常常在「保證無產階級革命事業千秋萬代不變色」的旗號下，不但決定對第一代儲君的抉擇，還涉獵對第二代接班人的建言和隔代指定。而林彪作為接班人，在自己還遠沒有登上大寶，又明知毛中意的第二代接班人是張春橋的情況下，做出了種種要把自己一旦登基後的國家最高權力讓兒子世襲的架勢，實在是一系列的昏招。因為這不僅把他自己（儲君）放在毛澤東（最高皇權）的公開對抗的對立面，而且還違反了中共所謂的「任人唯賢」的政策和路線。更何況，這還可能大大觸犯了沒有兒子接班的毛澤東的內心深處的禁忌。

　　毛澤東發動文革的目的之一，就是反對劉少奇的第二權力中心。他當然也不會同意林彪在他眼皮下建立自己的文臣武將班子。林彪自己無法建立這第二權力中心，卻縱容和幫助林立果建立這樣一個潛在的中心。無論是林立果身邊的「調研小組」還是後來擴展而成的「聯合艦隊」；抑或林立果在各地建立「上海小組」、空四軍的「教導隊」和廣州的「戰鬥小分隊」等等，都無一不是緊緊圍繞著這位林「少帥」的左臂右膀和私人武裝。這裡林立果又觸犯了毛澤東的又一個更大的禁忌——染指軍隊、建立「軍中之軍」的秘密組織。毛澤東為緊緊抓住對軍隊的控制，文革中連調動一個排的兵力，都必須報

請他親自批准才有效。而林立果卻要在軍內建立一支相當規模的、只忠於他個人和林氏的親軍和私兵，並準備用來搞武裝政變，這還不就是篡軍（黨）奪權的滔天大罪嗎？在文革中，毛澤東雖然在實際上也搞任人唯親，用自己的女兒（李訥）和侄兒（毛遠新）來配合他的「戰略部署」，並最後默許他們被提升到省軍級的職位。但是他都從不為他們配備專門的輔佐班子，更不用說允許他們建立私人武裝了。縱容和支持兒子做如此犯忌的事，恐怕在中共建國以來高幹中林彪是第一人。

　　值得一提的還有：在中國皇權時代的政權更迭中，製造個人迷信的造神運動無一不是為篡奪最高權力服務的。毛澤東在文革前夕和初期和林彪唱了一齣君臣合作的個人崇拜的雙簧戲，也是為了從劉少奇等中央一線領導手裡奪權，建立他個人絕對的神權權威。古往今來，為了證明他們逆行篡權的合理性和合法性，陰謀家們常常借助於「天命」說。如歷史上有名的王莽以「禪讓」為名篡漢，便事先造足了他「承天命」的輿論。毛澤東多疑寡信，又熟讀《二十四史》和《資治通鑑》之類的史書，他對於林立果被林彪集團吹捧為「超天才」的終極目的當然是心知肚明的。這同時也使毛對林彪對他搞的天才崇拜徹底地倒了胃口，「超天才」的說法更使毛到了忍無可忍的地步：林彪在對毛的造神運動裡也還僅把毛吹捧為「天才」和「第三個里程碑」，而林的年僅二十多歲的兒子竟要被奉為超越了毛的「超天才」和「第四個里程碑」。這對毛來說都不啻是一個極大的諷刺乃至侮辱，以致毛在林立果的講用報告後不久就罕見地進行了批評。《毛澤東年譜》中有如下的記載：

　　7月31日（1970年）林彪之子林立果在空軍幹部大會上作學習毛澤東思想的「講用報告」。林彪聽錄音後說：不僅思想像我的，語言也像我的。吳法憲稱林立果的講用報告「放了一顆政治衛星，是天才」。周宇馳、王飛、陳勵耘說這是「第四個里程碑」，林立果「是全才、帥才、超群之才，是第三代接班人」等等。毛澤東得知此事後說：不能捧，二十幾歲的人捧為「超天才」，這沒有什麼好處。[60]

　　林彪顯然沒有覺察到毛澤東在林立果「講用報告」後對他的「天才論」的吹捧早已經到了惱羞成怒的地步。在九屆二中全會上，他仍然濫調重彈，用「天才論」作為向張春橋發難的理論武器。在廬山會議上，除了那幾條為林彪的進攻選取的論天才的馬列語錄外，陳伯達還同時編纂了八條林彪關於「天才」的講話，稱為〈林副主席指示〉，這些都是以往林彪在文革初期吹捧毛澤東的著名段落，如「毛主席比馬克思、恩格斯、列寧、史達林高得多。現在世界上沒有哪一個比得上毛主席的水準」，「毛主席這樣的天才，全世界幾百年、中國幾千年才出現一個。毛主席是世界最偉大的天才。」[61]

　　可以想像：這八條往日十分賞心悅目的吹捧自己的林語錄，在廬山會議上的毛澤東的眼裡卻顯得條條觸目驚心了起來，因為它們無不是為林立果的「承天命」說鋪路的理論基

60　中共中央文獻研究室編，《毛澤東年譜》（北京：中央文獻出版社，2013），卷5，頁316。

61　《你所不知道的那些事兒》，頁128-129。

礎，而自己則成了被乳臭未乾的「超天才」玩弄於股掌之上的奠基物。為之，毛澤東勃然大怒，在他反擊林、陳的〈我的一點意見〉（1970年8月31日）裡，原來也是撕破臉皮、點了林彪名的，毛寫道：「我是說主要的不是由於人們的天才，而是由於人們的社會實踐。（陳伯達摘引林彪同志的話多至8條，如獲至寶。）」後來，出於對林陳分而治之、各個擊破的鬥爭策略，他才刪去了這括弧中的關鍵性的一句。[62]

其實，毛澤東對對於林彪的第二代接班人──林立果一直沒有放鬆過警惕。僅就今天陸續公開披露的一些史料來看，便可以證明毛對他是一直進行了監視的。例如，林立果在空軍做「講用報告」後不久，上海張春橋的手下就向中央秘密地提供了報告的文本。[63] 毛澤東還一直通過他在空軍司令部的眼線，掌握林立果及其「小艦隊」的動向。[64] 再如，林立果報告後不久，毛澤東辦公室就通知了吳法憲，阻止了林立果「講用報告」在軍內的進一步運作和出版。[65] 筆者曾經就此事採訪過一位當年被打成林立果「小艦隊」周邊成員的空軍幹部，他評論說：「毛澤東其實並不怕林彪，因為林的健康情況不可能接班。毛擔心的其實是林立果。為了防止林立果接班他也是一定要搞掉林彪的。」[66] 這一說法還是頗有見地的。兒子害了老

62　同上，頁127-128。

63　徐景賢，《文革名人徐景賢最後回憶》（香港：星克爾出版有限公司，2013），頁232-233。

64　丁抒，〈毛澤東和他的女譯電員〉，香港：《開放》雜誌，2000年4月號。

65　《你所不知道的那些事兒》，頁103。

66　1976年6月筆者在紐約文革40周年討論會上對陳昭的採訪。

子，林立果的「超天才」少帥夢無疑是觸發毛澤東下決心罷黜林彪「接班人」地位的一個極其重要的因素。

近年以來，對毛澤東的接班人情結和林彪悲劇的體制和個人因素的研究，都有了逐漸深化的趨勢。其中值得注意的一說是：這一事件不僅是「接班人」的悲劇，其因果還涉及到了「接班人」的「接班人」、即隔代接班人的選擇和指定問題。已故的中國歷史學家高華，在2006年就指出：林彪在「政治上極其幼稚的一面」是在文革中推出他的兒子林立果作為他的接班人，從而犯了毛的大忌。[67] 最近，清華大學的文革研究學者唐少傑又進一步指出：

> 毛澤東的「接班人」情結及其實踐表現富有獨特之處還在於毛澤東對於「接班人」所做出的「隔代指定」，即毛澤東既要選定自己的「接班人」，又要選定其「接班人」的「接班人」。……毛澤東曾建議自己『欽定』而又為中共黨章『法定』的接班人林彪接受張春橋為林彪的接班人，這就使得毛澤東與林彪的關係很有可能走入不歸之路，更有可能致使文革的高層人事變動成為某種宿命。毛澤東或許從來就沒有認真考慮過其『接班人』與其『接班人』的『接班人』之間的關係。文革歷史證明，這種『接班人』與『接班人』的『接班人』之間的關係，不是雙方

---

67 高華，〈革命政治的變異和退化：「林彪事件」的再考察〉，載《二十一世紀》（香港：香港中文大學中國文化研究所，2006年10月號），頁79。

水火不容、視如仇敵，就是彼此你死我活、不共戴天。[68]

總之，林立果的「超天才」少帥夢無疑是觸發毛澤東下決心罷黜林彪「接班人」地位的一個極其重要的因素。

結語

1971年9月13日，毛林之爭寫下了最後一章，但還是沒有跳出皇太子政治的怪圈。它在「九‧一三事件」前夕進入了這一惡性循環中的最常見結局和最悲劇性的一步：皇太子被逼造反、不久兵敗身亡。綜觀毛林之間由數十年的「最親密的戰友」到成為「接班人」以後迅速反目為仇的經過，不難告訴世人他們之間注定翻臉的體制原因。

毛澤東時代的最高權力的傳承其實是一種以禪讓為外形、以皇權世襲獨有的立儲為實質的過程。在這一過程裡，最高領袖還擁有哪怕對世襲制中皇帝也所有限制的、完全憑個人喜好來立儲或罷黜的絕對權力。和傳統的皇太子政治相比，這一「接班人」制度還在革命的名義下變異出不少新的規則來，諸如絕對不允許有「接班人」的潛在「第二權力中心」、最高皇權有隔代指定儲君的「接班人」的權力等等。

毛時代的接班人困境和危機的造成，不僅在於政治體制和其他波譎雲詭的「路線」、「政策」等等必然性，還在於毛的

---

68 唐少傑，〈簡論文革時期毛澤東的情結和角色〉，載《文革博物館通訊（826）》，美國電子刊物《華夏文摘增刊》，第994期，中國新聞電腦網路（CND）主辦。

個人經歷和性格氣質等看似偶然的因素。從林彪這方面來看，他也沒有完全擺正自己和最高皇權的君臣關係，看不透「接班人」這個難以消弭的死結。這就使得在體制和其他必然性的政治因素外，他個人性格、心理乃至家庭關係等偶然性也極大地影響了他的最終被罷黜。林立果的「超天才」少帥夢無疑是觸發毛澤東下決心罷黜林彪「接班人」地位的一個極其重要的因素。

　　毛時代的新的皇太子政治的隨意性，不僅造成了國家最高權力交接無序的危機，還使皇權和儲君之間的一些個人性格等因素造成的矛盾激化為無法調和的衝突，從而大大增加了儲君被廢或被逼造反的變數。

　　簡言之，相比較本來就處處刀光劍影、步步血雨腥風傳統的皇太子政治，它的革命的變異使「接班人」通向最高權力的一步之遙更難跨越了。

第四章

皇權和相權
在權力和殺戮中浮沉的「紅色宰相」

在文革史研究中，周恩來恐怕一直是一個爭議最大的歷史人物。褒者把他歌頌為「浩劫中扶危定傾的功臣」；而貶者則斥之為「助紂為虐的幫凶」。[1] 然而，對於周恩來在文革中以及中共建國以來執政中的角色，雙方卻鮮有爭議，都認為他是「新中國的宰相」或「紅色宰相」。[2] 周恩來自己似乎也非常認同這一「宰相」的角色定位。他不僅多次表白自己不是帥才，「不能掌舵，只能當副手」，[3] 就「連難得的遊山玩水也只到留侯廟、武侯祠憑弔，決不在皇陵懷古。」[4]

眾所周知，雖然毛澤東自喻為人民的領袖、中共也是一個

---

1 均引自高文謙，《晚年周恩來》（香港：明鏡出版社，2003），頁10。

2 前者如《周恩來的宰相生涯》（香港：香港文匯出版社，1992）。後者如金鐘主編，《紅朝宰相：周恩來人格解剖》（香港：開放雜誌社，1998）。

3 周恩來，〈對我們黨在新民主主義革命階段六次路線鬥爭的個人認識〉（1972年6月10日），轉引自《晚年周恩來》，頁377。

4 阮銘，〈旋轉舞台上的周恩來〉，載金鐘主編，《紅朝宰相：周恩來人格解剖》，頁32。

存在於現代社會裡的政黨，但文革和文革前的中國，實際還是處在一個沒有皇帝的皇權時代。如果我們把周恩來在這一社會的政治角色認定為「宰相」，那麼我們就可以、也應當從歷代皇朝中宰相制度的演變，以及君相之間的複雜關係中來分析周恩來在文革中的幾經沉浮。這樣的解析，或許還可以從文化基因的底蘊上打開一扇洞察當代歷史的視窗。

在天下大亂中登上大權在握的宰相巔峰

從中國皇權社會宰相或丞相制度的發展來看，把文革前的周恩來定位為中共大權在握的「宰相」既不完全符合中國相權的演變歷史，也不符合中共文革以前的權力結構形態。但頗具諷刺意義的是：儘管文革是毛澤東作為集權專制的代表為進一步鞏固和擴大皇權而發動的政治運動，它卻出人意表地把周恩來推上了一個集黨權、政權和軍權於一身的「紅朝宰相」的大位。周恩來在文革中所掌握的權柄，在中國皇朝千年歷史上的宰相中也是並不多見的。

在傳統的對中國幾千年王朝的政治學研究裡，皇權和相權的共存和鬥爭，一直被認為是貫穿中國兩千年帝制時代政治史的主線之一。追源溯流，比較正式的丞相制度演化於秦統一中國的過程中，確立於秦王朝正式建立以後，因為消滅封建列國的需要和皇朝國土的急劇拓展，使得君主一人無法承擔龐大繁複的決策和管理的雙重職責。於是就需要建立一套官僚政治制度來輔佐和補充皇權。從這一意義上來說，皇帝是專制主義的代表，而丞相則是官僚政治的代表。這便形成了一種皇權專制

和官僚政治長期並存的雙權力中心的政治格局，即在通俗的史書中常說的所謂的「皇帝和士大夫共治天下」的制度安排。

　　毛澤東對秦朝的政治體制也一直頗有心儀、稱道不已。在一生的最後一首七律詩裡，他便寫下過：「祖龍雖死魂猶在……百代皆行秦政制。」[5] 文革中，毛一直在美化秦始皇，說他搞的這一套政治體制就是好，就是能夠使國家強大，就是能夠使國家穩定。西元前221年，秦王朝成為中國第一個中央集權的皇權帝國。秦始皇在確立皇帝尊號的同時，還總結了戰國以來各國的官僚制度，建立起了一套適應大統一的皇權國家需要的中央機構，以協助皇帝領導全國，並處理庶政，這就是三公九卿制度，如下圖：

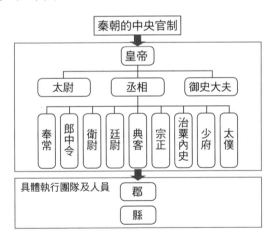

原圖見 https：//kknews.cc/history/g2ba2ey.html

5　毛澤東，《七律‧讀〈封建論〉呈郭老》（1973年8月5日），載中共中央文獻研究室編，《建國以來毛澤東文稿》（北京：中央文獻出版社，1998），第13冊，頁361。

　　這裡應當指出的是：（一）丞相雖然是「百官之長」，是輔助皇帝掌管天下的行政長官，但是他並沒有軍權。掌管全國軍事的是另一個「三公」——太尉。然而，就是太尉也還只是皇帝的最高軍事參謀，須有皇帝的符節命令才能領軍。除軍事外，還不得參與政事。（二）丞相除了被限制了軍權外，還有來自第三個「三公」——御史大夫的監察。御史大夫的地位相當於儲相，其職責一為天下掌管文書、呈遞公卿奏章、頒布皇帝詔令等，如皇帝的機要秘書長；二為朝廷內外監察，為全國最高的監察長官。（三）九卿雖然只相當於部長一級的官吏，[6]他們都有自己的府寺，以處理日常事務。大事匯總與丞相，或最後請皇帝做決策。但無論三公，還是九卿，他們任免調動的人事權，還是都在皇帝手裡。由此可見，自秦皇朝起，皇帝對相權就有種種制約，以達到權力平衡。

　　如果我們對秦制和毛澤東在文革初期通過群眾運動對舊的國家機器的最初衝擊後建立的中央體制做些粗淺的比較，會有一些似曾相識之感。秦王朝的「太尉」，無疑是林彪的中央軍委，但它連調動一個連的兵力都必須有軍委主席毛澤東的親自批准。另一個「三公」即御史大夫，可能可以理解為當年權傾一時的中央文革，如江青、陳伯達、康生等人。他們既是毛

6　九卿中的廷尉掌管司法。是國家的大法官；治粟內史掌管財政；少府掌管皇帝和整個皇室的財務；典客掌管外交和民族事務；宗正掌管皇族和宗室事務；郎中令掌管宮殿警衛，負責皇室成員的安全；衛尉掌管宮門警衛，有點員警的味道；太僕掌管宮廷御馬和國家馬政；而奉常則是掌管宗廟禮儀的，有人說奉常的地位很高，屬九卿之首，不過僅僅從他的職責來說，按現代人的角度來看，這似乎是一個閒職。

澤東的機要秘書長，又是全中國官僚體制最高的監察長官。周恩來無疑是「丞相」的代表，但是在文革中，他常常並不僅是「國務院」，還是「黨中央」的代表。比如文革中的中央文件，最初常常是三家出面聯合頒發，即「中共中央」、「中央文革」和「中央軍委」。只是在事務涉及到純國家行政，「國務院」才會上中央聯合文件的版面。如果細察這些聯合中央文件，不難發現一個明顯的組織結構上的自相矛盾：照理「中央文革」不過是「中共中央」領導下的一個辦事機構，怎麼可以並排陳列呢？如果懂得了毛澤東對秦制的偏愛，便不難理解他要把「中央文革」和「中共中央」放在平行地位的初衷。因為在他喜好的秦制的中央機構形態中，皇權高於任何中央官僚機構。既然秦皇帝以下的「三公」的官僚機構都處於皇權的一元化領導下，他當然也就不在乎原來他們之間有什麼重疊的從屬關係了。從中也可以清楚地看到：毛從來就把他個人的權力和欲望凌駕於他那個「黨中央」的一切、包括組織和紀律之上。

　　當然，這裡還涉及到對這個「中共中央」的理解。文革以前，一般用「中共中央」或「中央」名義發布的文件，大都出自劉少奇和鄧小平控制的中央書記處。除鄧小平為總書記外，還包括彭真、康生、羅瑞卿、陸定一、楊尚昆等人為書記處書記或候補書記。中央書記處，被認為是中共中央常設的最高領導機構，因為中共是黨領導一切的。我們還必須注意到：上述書記處的成員，如總書記鄧小平、書記處書記或候補書記林彪、彭真、羅瑞卿、陸定一等還大都是周恩來領銜的國務院的最主要的副總理。另外一些副總理，如薄一波等，也是劉少奇為代表的黨權一系的大將。與其說他們接受周的領導，不如說

他們只是在周為首的國務院裡掛一個名而已。實際上，接受的是劉鄧為首的黨中央／書記處的直接領導。

這裡我們應當糾正一個很常見的歷史錯覺。人們常常以為：文革前的中央官僚機構中，只有周恩來的國務院在行使丞相的職能。其實，劉鄧控制的書記處的相權——黨政權力要比周的國務院大得多。在文革之前，周恩來實際上並不被賦予完整的相權。這在為毛澤東欣賞秦制中也是不乏先例的。秦王朝在它建立的過程裡，曾有過一度的「左相」和「右相」的雙相制，而左丞相相對重要。[7] 因此，如果我們把中央書記處的功能比喻為「左丞相」，那麼文革前周恩來直轄的國務院，充其量不過是發揮一個「右丞相」的功能而已。秦漢以降，為了分相權和集皇權，到隋及唐初的上層官僚體制中，實際上已經實行了梯隊化和集體化的丞相領導制，即以尚書省（掌執行）、中書省（司造命）和門下省（職封駁）三省的宰相制來取代秦漢的雙相制或獨相制。在議論國家大政方針時，三省長官聚集在門下省的「政事堂」進行討論，有時皇帝也會參加，最後拍板。因此，以周恩來領銜的國務院的權限，不過是尚書省的一部分而已。

文革前的周恩來非但沒有一個完整的相權，他還處處受到劉、鄧控制的黨權的代表——書記處的掣肘。那些劉少奇派系的成員，因為掌握的都是黨政的雙重實權，對來自周恩來國

7　秦國丞相之設始於秦武王二年，是年設左、右丞相。秦昭王三十二年，改相邦。秦王政未親政時，以呂不韋為相邦，並置丞相昌平君，期間或左右二相並置、或設獨相、或稱相邦。秦始皇統一全國後，以李斯為左丞相，馮去疾任右丞相。秦二世誅李斯、馮去疾，以趙高為中丞相。

務院的行政領導常常是並不買帳的。相反，按中共黨領導一切
的規矩。周恩來掛帥的國務院儘管是和書記處平行的機構，倒
是要向書記處彙報工作的。比如，陸定一文革前既是書記處書
記、副總理，還是中宣部長。1962年周恩來對知識分子問題有
過比較寬鬆的講話，認為他們的大多數應當是勞動人民的知識
分子。[8] 但當時思想方法比較「左」的陸定一就公開反對，還不
讓傳達和公開周的這一講話。對此，周恩來一直非常惱火。[9] 再
如，當時集書記處書記、總參謀長大權於一身的羅瑞卿對劉少
奇積極靠攏，對周恩來卻出言不遜。在羅瑞卿擔任公安部長的
建國初期，在廣東製造過一起針對葉劍英系的幹部陳泊（廣州
市公安局局長）、陳坤（廣州市公安局副局長）的大冤案，也
被稱為「建國後公安系統的第一冤案」或「兩陳案」。這一冤
案不僅把陳泊、陳坤打成「英國特務」，還靠酷刑逼供，搞出
了一個千餘人的「中統特務集團」。當時周恩來受陳泊之妻呂
璜之託，調閱了公安部的案卷，然後和羅瑞卿交涉。不料羅瑞
卿在電話中飛揚跋扈、根本不承認周是他的「領導」，相反還
加劇了對兩陳的迫害。[10] 因為這些人都是毛、劉的嫡系，周恩
來也只能忍了下來。

8　中央文獻研究室，《周恩來年譜（1949-1976）》（北京：中央文獻出版
　　社，1997），中卷，頁461-462。

9　可見司馬清揚和歐陽龍門所著，《新發現的周恩來》（紐約：明鏡出版
　　社，2009），上卷，頁164-166。

10　見曉農，〈建國後公安系統的第一冤案〉，載《文史精華》，2005，第
　　5期。也可見參閱《百度百科》〈布魯（陳泊）〉的詞條，https：//baike.
　　baidu.com/item/%E5%B8%83%E9%B2%81/6260387？fromtitle=%E9%99%88
　　%E6%B3%8A&fromid=68330。

　　文化大革命風雲突變，毛、劉反目。劉少奇作為毛曾經的嫡系和接班人竟成了毛要打倒的對象。劉、鄧所控制的書記處也成了運動的主要目標。隨著所謂的「彭羅陸楊反黨集團」被揪出，劉、鄧也成為文革的主要對象，書記處的實際功能便被摧毀了。據近年來陸續被披露的史料來看，周恩來不僅參與了毛澤東文革陰謀的幕後策劃，是整肅「彭羅陸楊反黨集團」的執行者之一；還是毛發動文革的左臂右膀，是毛文革整個領導班底的具體搭建者。而周恩來正是在這一步步緊緊追隨毛的黨內殘酷的權鬥中，獲得了最大的利益，成為唯一大權獨攬的丞相、即歷史上的「獨相」的。認識到這一點非常重要，因為它有助於我們從權力和體制的層面上認清楚政治人物參與政治運動的態度和動機。

　　周恩來在毛澤東發動文革前就知悉毛倒劉的陰謀，因為他是為數極少的、毛事先「交底」文革意圖的中央領導。[11] 他在毛澤東發動文革的第一大戰役——清理所謂的「彭羅陸楊反黨集團」非但身體力行，向那些他隱忍了多年的劉系的書記處的幹將們無情地開火，還創造了一個所謂老幹部要「保持晚節」的著名理論。1966年5月中下旬的中央政治局擴大會議，是文革正式揭幕的標誌。這不僅因為會議通過了〈五・一六通知〉，林彪在會議上做了他著名的反政變的動員講話，還因為周恩來以中共黨內老幹部代表的身分出面，做了一個更為激烈的反政變和「保持晚節」的講話。一方面，他把彭羅陸楊稱為「四大家族」，誣陷他們要搞「反革命政變」；另一方面，他還一一

11　《新發現的周恩來》，上卷，頁152-153。

給這些他的同事們（副總理）無限上綱上線。如他把彭真罵成「大黨閥」、「本質是政治掮客，投機分子。」他把羅瑞卿說成是奪了林彪軍權的「實際上」的「國防部長」、「資產階級野心家」；他終於公開反擊了陸定一在1962年對他有關的中國知識分子看法的異議和封鎖，說陸「根本不講理」。他還進一步無端指責陸隱瞞大地主家庭出身：「他家是大地主從來未向我講過，他沒有改造的決心。」[12] 另外，在八屆十一中全會上儘管「鄧小平在毛主席那裡過了關，但他麻煩還是不少。現在看會議資料，也有研究者和當事人回憶，會議對鄧小平的批判一點不比對劉少奇差。周恩來對鄧小平的批判調子很高、很嚴厲、很突出。」[13] 鄧小平是黨內長期掣肘周恩來相權的書記處的代表，也是國務院最有實權的、可以不買周帳的副總理之一。他還出於和周恩來完全不同的黨內派系（毛派）。據此，周恩來的「嚴厲」而「突出」的批判，很可能是和上述歷史的糾葛有關的。

　　平心而論，我們在周恩來的上述言行裡不僅看到一個中共黨內鬥爭老手的狠辣，還明顯地帶有對長期以來有芥蒂的政治對手的私憤的宣洩。80年代，前中共領導人鄧小平在為周文革中種種錯失所做的辯解時還有過如下幾乎全中國家喻戶曉的評述：「在『文化大革命』中，他（周）所處的地位十分困難，

12　周恩來，〈周恩來在中央擴大會議上的講話〉（1966年5月21日），載《中國文化大革命數據庫，1966-1976》。

13　程光，《心靈的對話：邱會作與兒子談文化大革命》（香港：北星出版社，2011），頁55。

也說了好多違心的話，做了好多違心的事。但人民原諒他。」[14]
且不論鄧有沒有資格代表「人民」說這些事可以用「原諒」兩
個字輕輕一筆帶過；對周當年犯下這些錯失時是否「違心」，
和他一起共事的陳伯達就頗不以為然，他在晚年的回憶中反詰
道：「人的認識需要有個過程。周總理有時也說了些錯話，現
在說他說了違心的話，……可是人不可能經常說違心的話，主
要還是認識上的原因……人的錯誤都不能說，都是完人，這樣
是否就能解釋歷史呢？」[15]

　　根據最近在海外出版的陳伯達回憶錄《陳伯達遺稿：獄
中自述及其他》，周恩來不僅是毛文革的被動的執行者，還是
一個主動的創造者。是周恩來幫毛一手組建了中央文革小組。
第一，陳的組長是周向政治局常委推薦的。第二，還是周恩來
和陳伯達一起確立了江青任第一副組長和整個小組名單。[16] 第
三，又是周恩來，在中共的八屆十一中全會上向全會推薦林彪
為副統帥，毛的接班人。由此可見，毛發動文革名正言順的文
（中央文革），武（林彪為首的軍人集團）組織班子，都是周
幫忙搭建的。周為此也頗引以為自豪，多次在文革中接見群眾
講話時提到。1967年1月21日，時值不少群眾炮打林彪和陳伯
達之際，周在人大會堂接見部分來京軍事院校學生時就說過：

---

14 安建設編，《周恩來的最後歲月（1966-1976）》（北京：中央文獻出版
　社，1995），頁2。

15 陳曉農，《陳伯達最後口述回憶》（香港：陽光環球出版香港有限公司，
　2005），頁277-278。

16 陳伯達，《陳伯達遺稿：獄中自述及其他》（香港：天地圖書有限公司，
　1998），頁79-81。

「在十一中全會上，我推薦了林彪同志，他是活學活用毛澤東思想最好，跟毛主席跟得最緊的，我推薦他為副統帥。他毛澤東思想紅旗舉得最高，用毛澤東思想教育解放軍最好。另一個是把毛澤東思想領會得最好，從理論上闡述和宣傳得最好，這就是我黨傑出的理論家陳伯達同志。他們是經過幾十年考驗的。我們要用盡一切努力消除誹謗。」[17] 周對毛文革不遺餘力的支持幾乎是即刻便得到了毛的實惠回報。1966年5月毛澤東秘書、中辦副主任田家英被迫害自殺後，6月，周的親信、國務院副秘書長和總理辦公室主任童小鵬便被調任中共中央辦公廳第一副主任。7月，童還兼任了新組建的中共中央辦公廳秘書局局長。[18] 據陳伯達回憶，八屆十一中全會後，「毛主席指示：以後開會，由周總理主持，叫中央文革碰頭會。」[19] 因為「中央文革」在毛的心目中是用來代替書記處（用秦制來詮釋是「左相」的代表）的，[20] 而這一「中央文革碰頭會」中還有中央軍委的代表（用秦制來詮釋是「太尉」的代表），這樣周恩來非但得到了完整的左右相權，還染指了軍權，成為秦制中整個三公九卿的總協調人、所謂的百官之首。毫無疑問，周恩來是毛文革的最大的權力的得益者之一。

17　〈周恩來同志在人民大會堂接見來京串連的部分軍事院校同志們時的講話〉（1967年1月21日），載宋永毅主編，《中國文化大革命數據庫，1966-1976》。

18　《新發現的周恩來》，上卷，頁193。

19　同注13。

20　《毛澤東傳（1949-1976）》（北京：中央文獻出版社，2003），下卷，頁1480-1487。

　　從這一視角來觀照周恩來在文革初期大力提倡的「保持晚節」說，便不難窺見所謂「忠君為國」和「顧全大局」的美麗的政治辭藻下隱藏的私心和實利所在。周恩來文革中關於「保持晚節」的提倡，其實是一種對毛澤東作為帝王的知遇之恩的感激和他作為被重用的「丞相」向「皇上」投桃報李的刻意表白。周恩來說：「要跟著毛主席。毛主席今天是領袖，百年以後也是領袖，晚節不忠，一筆勾銷。」他甚至表示：「蓋棺不能定論，火化了也不能定論。」他更以李秀成、瞿秋白為例說明「晚節不忠」的危險。他指責瞿為「叛徒」，提出：「不因為他死了就是烈士，我提議把瞿秋白從八寶山搬出來。把李秀成的蘇州忠王府也毀掉。這些人都是無恥的。」[21] 由於周第一個在黨的政治局會議上主張對死者墓地的打砸搶，數月以後，他的講話廣為流傳，瞿，李兩人的墓地即被紅衛兵全部毀掉，文革群眾性政治暴力中對死者屍體、墓地的殘害即由此濫觴。

　　對於周恩來所謂的「保持晚節」的理論，專門研究晚年周恩來的學者旅美高文謙有以下深入的剖析：

> 他【作者注：周恩來】一直把在政治上保持晚節和忠於毛澤東個人聯繫在一起。這和他深受中國儒家政治文化傳統的影響有很大關係，包括其中的忠君思想，內心深處對毛的尊崇、敬畏乃至感戴之情，都遠在一般人之上。[22]

---

21 周恩來，〈周恩來在中央擴大會議上的講話〉。
22 《晚年周恩來》，頁111-112。

　　這裡，還應當從儒家忠君者的價值體系和他們所獲得的個人利益的底蘊處做一點補充。儒家文化中的「士」或文人，歷來有所謂「學會文武藝，貨與帝王家」的深層思維和「學而優則仕」的身體力行的傳統。特別遺憾的是：在中國千百年來的皇權政治下，「學而優則仕」，必須、也只能「仕」與帝王家。對儒家千千萬萬的士子文人來說，賣者如過江之鯽，買主則只此一家，粥少僧多、別無分店。在周恩來們看來，只有「貨與帝王家」，才是體現他們「治國平天下」的人生價值的唯一途徑。然而，我們不能忘了此中清晰的利益交換關係，即官僚制是皇權對士大夫的某種「贖買」。[23]

　　總之，是毛澤東發動的文革才使周恩來有機會獲得完整的相權，登上了百官之首的宰相的權力巔峰。從文革發動期的周的言行來看，他對毛的信任和授權是感激涕零的，他對毛和毛派的激進的政治思想非但沒有任何反感，還時時表現出一些有過之而無不及的特點。文革初期，周曾經親自在國務院系統抓了三個試點：國家外文委，中國科學院和國家科委。其結果是這三個單位的負責人被他一手打成了「張彥反黨集團」、「韓光反黨集團」和「張勁夫反黨集團」。周在萬人大會上斷言：「他們不單是走資本主義道路的當權派。又是一個陰謀集團，當然各有各的系統，但是總之性質相同。」[24] 1966年9月，周恩

<hr />

23　張鳴，《中國政治制度史導論》（北京：中國人民大學出版社，2019），頁2-3。

24　〈在人民大會堂舉行的「首都科技界徹底粉碎資產階級反動路線新反撲」大會上周恩來同志講話（1967年1月25日）〉，當然專案的問題除文革的幾個同志以外，總理也是參加了的，也是領導的，是他們這些同志，專案小

來還在他主持起草的一份中央文件中提出：「要把所有幹部都放到火裡燒一燒」，這一提法竟頗具諷刺性地遭到了極左派理論家的張春橋的反對。這一文件連毛也覺得走得太遠，便被他壓下未發。[25] 由此可見，至少在文革發動時，周恩來在意識形態上都是一個激進的毛派。把他的言行說成是「違心的」實在是在構築一個歷史的笑話。

是一代儒相還是一朝奴相？

周恩來常被人稱為一代儒相或賢相。其實，這又是一種歷史錯覺。首先，這裡有對儒家文化中君臣關係的誤解。在儒家文化追逐世俗權力和實際利益以外，還是有其追求某種形而上的道德理想的一面的。中國皇權時代的官僚體系不僅擔負著管理職能，還有某種對社會的教化功能，使社會生活符合王朝正統的道德倫理的要求。這種管理和教化的雙重職能，還常常使官僚體系的承載者們以為他們才是這個社會的真正主角，只有他們才具有學理和道德上的雙重優越。這不僅使他們自認為為民父母，是引導民眾走向道德正途的導師；還自以為是他們、而不是皇帝，承負著古代聖賢的道德和學說。

論及周恩來的「忠君為國」思想，有必要糾正一些時下對於儒家「忠君」兩字的誤解。比如，人們一直以為「君為臣

組的全體同志的努力，剝開了這個畫皮，使我們看出，照妖鏡把這些牛鬼蛇神照出來了。

25 王力，《現場歷史：文化大革命紀事》（香港：牛津大學出版社，1993），頁32-33。

綱」的思想，是儒家首先提倡的，而事實上這是法家代表人物韓非在《忠孝》篇中首次提出的。[26] 在儒家那裡，君臣關係並不是所謂的「君要臣死，臣不得不死」，而是像孔子所言：「君使臣以禮，臣事君以忠。」[27] 亦如孟子所說：「君之視臣如手足，則臣視君如腹心；君之視臣如犬馬，則臣視君如國人；君之視臣如土芥，則臣視君如寇讎。」[28] 這是一種人格上的平等關係，君以什麼樣的方式對待臣子，臣子便可回報以相應的態度。所以在儒家思想中，臣子不是一味的服從君主，而是要時刻提醒君王以民為本，以道為準。因而，儒家的士大夫們一向認為他們還應當成為帝王師，用聖賢的道德和學說來勸諫君主，監管規範皇帝的行為舉止。在《論語‧憲問》中，子路問事君，子曰：「勿欺也，而犯之。」孔子認為對待君主不能只阿諛奉承一味迎合，也不能陽奉陰違故意欺騙，而要在其犯錯誤的時候指出君主所犯的錯誤，並引導他改正。[29]《孟子‧萬章》下篇中，齊宣王問卿，孟子曰：「王何卿之問也？」王曰：「卿何不同乎？」曰：「不同。有貴戚之卿，有異姓之卿。」王曰：「請問貴戚之卿。」曰：「君有大過則諫，反覆之而不聽，則易位。」[30] 從孟子對齊宣王的回答中我們可以看

---

26 陳舜臣，《儒教三千年》（桂林：廣西師範大學出版社，2009）；這裡轉引自高甜甜〈從「勿欺也，而犯之」看儒家的直諫傳統〉，載《赤峰學院學報》，2014年8月號，頁127-128。

27 李學勤主編，《論語注疏》（北京：北京大學出版社，1999），頁41。

28 李學勤主編，《孟子注疏》（北京：北京大學出版社，1999），頁216-217。

29 《論語注疏》，頁195。

30 《孟子注疏》，頁291-292。

出孟子也是主張直諫的，君主犯了重大錯誤就要勸阻，在反覆勸阻不聽的情況下甚至可以廢棄他，另立他人。這種觀點比孔子「勿欺也，而犯之」更為激進。這便是中國文人士大夫所追求的「為天地立心，為生民立命，為往聖繼絕學，為萬世開太平」的道德精神。[31]

用儒家「忠君為國」思想的上述標準來剖視「紅色宰相」周恩來的君臣關係，便不難發現他的文革言行非但沒有任何規範毛澤東行為舉止的意義，更缺乏起碼的為文人士大夫們推崇的聖賢道德和獨立人格。和儒家提倡的「勿欺也」的思想完全相反，我們在周的言行中看到的只有他對毛的阿諛奉承和一味迎合。與其說周恩來是一代儒相，不如說更像一個奴相。毛澤東的御醫李志綏在1966年11月10日毛第7次接見紅衛兵時，就親眼目睹周恩來跪倒在毛面前的地圖上，為毛指點方向。他當時的直感是：「一個堂堂一國的總理，怎麼能舉止像個奴僕一樣呢？」連林彪都在汪東興面前批評周說：「像個老當差的，不管誰當了領導，周都會唯唯諾諾，畢恭畢敬，唯命是從。」[32]

眾所周知，林彪所製造的對毛澤東的個人崇拜是毛賴以發動文革的最重要的思想資源之一。但不為人知的是：周恩來在這方面對毛的肉麻吹捧非但不亞於林彪，常常還有其首創性。

---

31 此為北宋大儒家張載《橫渠語錄》中的名言。當代哲學家馮友蘭將其稱作「橫渠四句」。由於其言簡意賅，一直被人們傳頌不衰。見百度百科《橫渠四句》，https：//baike.baidu.com/item/%E6%A8%AA%E6%B8%A0%E5%9B%9B%E5%8F%A5。

32 李志綏，《毛澤東私人醫生回憶錄》（台北：時報文化出版公司，1994），頁490-491。

近年來據一些學者所挖掘出來的史料，周恩來對毛的吹捧遠遠
早於林彪。早在20世紀40年代的延安時期，他就疾呼：「毛澤
東同志的方向，就是中國共產黨的方向！毛澤東同志的路線們
就是中國布爾什維克的路線！」[33] 在隨後的中共「七大」上，
周又篡改歷史事實，吹捧毛「領導了我們經過了中國革命三個
歷史時期，創造了偉大的革命力量……達到了今天的初步勝
利」。在這次講話的最後，周高呼「毛澤東同志萬歲！」[34] 成
為黨內最早喊毛「萬歲」的為數不多的幾個中央領導人之一。
早在文革之前，周就多次說過林彪在文革中為人們熟知的吹捧
毛的觀點，諸如「毛澤東思想是帝國主義走向崩潰、社會主義
走向勝利的時代，創造性地全面地發展了馬克思列寧主義」
（1960），「頂峰，就是最高峰的意思，毛主席和列寧一樣是
天才的領袖，世界人民的領袖。」（1966）[35] 文革中林彪有一
句被批臭了的捧毛的名言：「毛主席的話句句是真理，一句頂
一萬句。」據後來學者們的考證，後半句確實為林彪所言，而
前半句則是周恩來的獨創。[36] 中國古代儒家的良臣賢相從不把
皇帝當作聖賢道德的化身，當周恩來究其一生都在獻媚「毛主
席是真理的代表」時，[37] 他離開一個儒相的「忠君為國」標準

---

33 〈周恩來在延安歡迎會上的演說〉（1943年8月2日），載《解放日報》，
　　1943年8月6日。
34 《解放日報》，1945年5月1日。
35 《新發現的周恩來》，下卷，頁805-807。
36 同上，頁808。
37 這是周恩來1958年在中共「八大」二次會議上的講話，轉引自《新發現的
　　周恩來》，下卷，頁804。

的差距何止十萬八千里之遠。

　　周恩來不僅極力諂媚毛澤東，還同樣竭盡全力吹捧江青。本來，毛澤東在文革中讓自己的夫人干政，在上層政治中大搞「夫妻老婆店」，不僅直接違反了中共自己的章程，在中國歷史上也是深為良臣賢相們詬病的「外戚政治」。而周恩來對此的態度卻截然相反，邱會作回憶說：「周恩來對江青的認識與眾不同，認為『江青問題』是關係到全黨的『政治大問題』，一定要處理好，否則會影響全黨全國的大局。因此，周恩來對江青處處關照，愛護，幫助，忍讓⋯⋯」[38] 在文革初期，周恩來聯同林彪把江青的工資級別從9級提升到5級，給她經濟上的實惠。中共九大期間，是周提名連中央候補委員都不是的江青當了中央政治局委員。十大籌備期間，他甚至提名江為政治局常委，後被毛澤東否決。文革中周恩來講過不勝枚舉的向江青獻媚表忠的言論，例如江青同志是「我們偉大領袖毛主席的親密戰友」；「江青同志是我們黨內傑出的女戰士，傑出的共產黨戰士！值得我們向她學習！向她致敬！」[39] 周恩來還在數十萬人的群眾集會上第一次喊出了「誓死保衛江青同志」的口號。[40] 在中國數千年皇權政治的歷史上，還沒有過一個宰相如

---

38 程光，〈1970年廬山會議背景研究〉，載丁凱文主編，《百年林彪》（紐約：明鏡出版社，2007），頁423。

39 〈周恩來在接見軍隊幹部會議上的講話〉（1968年3月24日），載宋永毅主編，《中國文化大革命數據庫，1966-1976》。

40 〈周恩來、陳伯達、康生、江青就劉少奇被捕叛變的罪行材料給毛澤東、林彪的報告〉（1968年9月25日），來自周恩來手稿，載高文謙，《晚年周恩來》，頁250。

此肉麻地吹捧後宮后妃的先例——周恩來的獻媚也可謂是「前
無古人後無來者」的了。其實，究其原因也很簡單，因為在周
眼裡：江青是毛澤東的皇權的一種合理延伸，是他向毛進一步
表忠心的又一次不可多得的機會。

在中國古代的以丞相為首的文官集團中，一直有著一個
敢於向皇帝「言諫」的道德傳統。皇權時代，「惟以天下奉一
人」的理念時刻反映在君主的思想、語言以及行動中，這對於
飽受儒家思想教育的文人士大夫卻是無法完全認同的。他們的
使命並非只為了君主，還為天下萬民，他們有義務為萬民請
命，要求仁政，匡正君德。如唐朝的貞觀之治，和當時的丞相
梯隊成員之一的、門下省的最高長官魏徵的言諫是息息相關。
據說魏徵自貞觀七年始，一生向皇帝進諫了200多件事，對貞
觀之治的貢獻極大。近年來中國學者著重研究了魏徵在依法治
國上的貢獻，認為他的「立法當安人寧國，執法當立戒任刑」
的思想實際上是一種民本主義的思想，是貞觀之治的思想基礎
之一。[41] 魏徵法治思想的要點是：立法，無論是從指導思想還
是具體的立法技術上，都要從人民的安居樂業、國家的安康太
平的角度出發。而在執法上，則一定要「慎刑慎典」，千萬不
能主觀定罪和刑訊逼供。[42] 貞觀初年，嶺南酋長馮盎沒有來朝
拜。朝中大多數官員都認為這是一種謀反，唐太宗也決定了派

---

41 可見羅俊傑，〈論魏徵的法律思想及其現實意義〉，《湖南教育學院學
報》，2001，卷19，第1期，頁20-23。還可見翟小功，〈魏徵的民本主義
執法思想及其損益利用〉，《河北科技師範學院學報》，2013年9月，第3
期，頁52-56。
42 同上。

遣軍隊去鎮反。但魏徵卻力反潮流。他認為：馮盎「謀反」只是一種傳說。正因為眾說紛紜，傳聞幾成事實，馮盎當然就不敢來朝拜了。唐太宗覺得魏徵的「言諫」有理，派人前去溝通，發現果然是事實，從而避免了一場大規模的流血戰爭。[43]

唐代與魏徵交相輝映的還有另一個有名的儒相狄仁傑，他也常常為了法治和公正而敢於向皇帝「言諫」。唐高宗時。狄仁傑任大理丞（相當於今天的最高法院院長）。他在上任第一年中就解決了許多積案，其中不少是冤錯假案。狄仁傑當時處理的案子涉及到17,000餘人，但是竟沒有一個人有怨言。可見他處理非常公正。有一次，左威衛大將軍權善才和右監門中郎將范懷義誤砍了唐太宗昭陵上的柏樹。按當時的法律，最多將兩人免官，但唐高宗在盛怒之下一定要將兩人定為死罪，眾大臣皆縮頭閉口。而狄仁傑據理力爭、當庭直諫。他認為：依大唐法律，兩人罪不當死。而陛下卻下旨處死兩人。這就會造成法律的矛盾和反覆，以後就無法治理國家了。唐高宗最後被狄仁傑說服，就免除了兩人的死罪。[44]

周恩來在文革中還曾擔任中央專案組組長。在文革公檢法全部被砸爛的特殊情況下，這一職位便顯得分外位高權重，至少是全中國司法系統的最高官員之一了。可是，和魏徵、狄仁傑等人積極甄別冤錯假案的執法完全背道而馳，周恩來本人便是製造一系列冤錯假案的始作俑者。周恩來直接插手或有關的中共上層的文革冤案，就有劉少奇、賀龍、陶鑄、彭德懷、羅

---

43 李桂英，〈魏徵：以諫諍為己任〉，《領導科學》，2002，第4期，頁44-45。
44 劉傑等著，《中國名相正傳》（西安：三秦出版社，1995），頁230-231。

瑞卿等十餘個大案。

　　這裡，需要簡單地介紹一下中央專案組（又名中央專案審查小組）。中央專案組和中央文革小組一樣，都成立於文革發動的1966年5月24日的政治局會議上。但中央文革小組的活動是公開的，而中央專案組卻是秘密的，這個名字從未出現在媒體上。在它存在的13年時間裡，它行使的權力超過遠遠大於一度存在過的中央監察委員會和中央組織部，也遠遠大於中央的公，檢，法機構。如果說中央文革小組是文化大革命中煽動混亂的第一個，那麼，中央專案組則是最後一個環節，它負責為中央文革小組發起的行動做最後的定案。它的成員在文化大革命中擁有的特權相當於列寧的「契卡」和希特勒的「蓋世太保」。在中共八屆十二中全會前夕，該小組立案審查的中央委員和中央候補委員的人數達到88人。[45] 在整個文革時期，整個中央專案組（包含地方各層）調查過大約200萬以上幹部。僅中共中央，國家機關副部長和地方副省長以上的高級幹部，被立案審查的即占總人數的75％左右。在審查中，濫用專政手段，大搞逼供信，製造了數以百萬計的冤假錯案，加上受牽連的親屬和有各種社會聯繫的人，全國被株連的群眾達一億人。[46]

　　在整個中央專案組製造的文革冤錯假案中，把原中共的第一副主席、國家主席劉少奇定為「叛徒，內奸，工賊」大概是最大的案子之一了。周恩來在其中充當了什麼角色呢？首先，

---

45 Roderick MacFarquhar and Michael Schoenhals, *Mao's Last Revolution*（Cambridge：The Belknap Press of Harvard University Press, 2006）. pp. 281-284.

46 《新發現的周恩來》，下卷，頁894。

根據中共的檔案，八屆十二中全會上據以開除劉少奇出黨的
《關於叛徒、內奸、工賊劉少奇罪行的審查報告》是中央專案
組組長周恩來和陳伯達、康生和江青共同簽發，呈送毛澤東和
林彪審閱的。報告稱：

> 劉賊少奇是長期埋伏在黨內的大叛徒、大內奸、大特
> 務、大漢奸。現在專案組所掌握的人證、物證和旁證材料
> 足以證明劉賊是一個五毒俱全、十惡不赦的反革命分子。[47]

在八屆十二中全會上，又是周恩來受毛澤東和黨中央的委
託，做了這個報告。

其次，儘管江青、康生、謝富治等人在具體辦案的逼供
信方面做了主要的工作，但周恩來並非是完全不知情的。林彪
在八屆十二中全會上談到周在劉少奇一案中的作用時還特地做
了表揚：「當然專案的問題除文革的幾個同志以外，總理也是
參加了的，也是領導的，是他們這些同志，專案小組的全體同
志的努力，剝開了這個畫皮，使我們看出，照妖鏡把這些牛鬼
蛇神照出來了。」[48] 這裡還必須指出的是：周恩來對於所謂的
劉少奇「叛黨賣國」的歷史問題的真相，非但知情，不少事件
中他當年還是作為中共中央的代表直接處理的當事人（如劉在
1927年的湖北工運中充當內奸工賊和1929年在滿洲被捕的事件

47　〈中央首長在首都十萬人大會上的講話〉（1968年3月27日），載《中國文
　　化大革命數據庫，1966-1976》。

48　〈林彪同志在中共八屆擴大的十二中全會第二次會議上的講話〉（1968年
　　10月26日），載《中國文化大革命數據庫，1966-1976》。

等）。[49] 因而，他完全知道這些材料是捏造事實、顛倒是非的偽證，但是他從不就此向專案組的其他人做出起碼的負責任的事實陳述，更不用說直接向毛的「言諫」了。

最後，周恩來非但對劉少奇落井下石，還利用製造這一大冤案的機會向毛澤東和江青進一步表忠心。據說，在他簽發劉少奇被捕叛變的「罪證材料」的同時，竟寫下了「劉賊可殺」的批語。[50] 同時，他還給江青寫了一封信，說：「劉賊是大叛徒、大工賊、大內奸、大特務、大漢奸，真是五毒俱全、十惡不赦的反革命分子！」他還向江青個人表示：「毛澤東思想的傳播，毛主席聲音的傳達，毛主席指示的執行，這是考驗我們夠不夠做一個共產黨員，能不能保持革命晚節的尺度。在這點上，我們要向你學習！我更要向你學習！（江青閱後在此處批道：向恩來同志學習！共勉勵，保晚節！）」[51]

在中共黨內，周恩來和劉少奇從來就不屬同一派系。自40年代延安整風起，他們兩人就一直有歷史過節。文革前，周恩來的國務院一直受到劉鄧控制的書記處的掣肘，心中也很可能早有存怨。當毛澤東把劉少奇列為文革第一既定的打倒目標的情況下，周恩來便逢君之惡，不做直諫；加上中共黨內的權鬥歷來狠毒下流，早已司空見慣，人們或許還有可以理解之處。然而，周恩來對他作為當事人一清二楚的歷史事實不做任何解釋，並利用劉少奇的冤案作為他進一步鞏固自己權位和效

49　《新發現的周恩來》，上卷，頁134-135。

50　同上，頁937-938。

51　〈周恩來就劉少奇被捕叛變問題致江青的信〉（1968年9月25日），載《晚年周恩來》，頁251。

忠於皇權的機會，又說了許多對劉少奇的處理非常激烈過分的話（如上述「劉賊可殺」的批語），這便成了一個周恩來個人毫無原則和底線的人格和道德問題了。在這一方面，被周迫害的政治對手劉少奇則比他要好得多。1980年10月，中共為了起草《關於建國以來黨的若干歷史問題的決議》，召開過一個4,000名高級幹部會議對毛和文革進行討論。在會議上，原周恩來手下的國務院副總理劉寧一的發言令人矚目。他指出：毛澤東其實對劉少奇和周恩來都不信任，認為他們掌握了黨權和政權，「都是壞人」，原來都是準備要搞掉的。[52] 劉少奇夫人王光美有關上述《決議》有一封給中央的信，信中揭發毛從建國初期起就一直拉攏劉少奇搞掉周恩來。但是劉一直沒有同意，他認為：「反總理對黨的事業不利。」這樣，毛才改變初衷、先聯合周恩來在文革中打到了劉少奇。[53]

中共的黨史專家一直津津樂道地歌頌周恩來在文革中保護了不少老幹部，即所謂「大樹參天護英華」。[54] 但是周恩來自己在文革中的表白卻一語道破天機：「主席領導我們，要我們做的，沒有別的話好講。我保了多少人，劉少奇，鄧小平，王光美……我還不是『保皇派』，我奉命『保』。」[55] 原中央文

---

52 〈中直機關討論歷史決議（草案）簡報〉（1980年10月16日-11月22日），載《中國文化大革命數據庫，1966-1976》。

53 《新發現的周恩來》，下卷，頁927-932。

54 這一說法，可能最早出於傅崇碧〈大樹參天護英華〉，見安建設編，《周恩來的最後歲月》（北京：中央文獻出版社，1995），頁60。

55 〈周恩來同志在國務院會議廳接見北京部隊幾個革命組織時的講話〉，載《中國文化大革命數據庫，1966-1976》。

革的王力在他的回憶錄中也指出：「據我所知，所有保的人都是毛澤東決定，周恩來執行。毛澤東不決定，周恩來不敢也不能去做。」[56] 周恩來可能在私下、在毛的背後也對一些受害的老幹部表示過同情，但是如同女學者崔衛平所指出的：

> 假如你在政治局會議上「一致通過」某打倒老幹部的決議，雖然內心多麼不贊成，但是並沒有阻止這種決議的產生和發揮效用，你會後，事後再力圖做出某種補償，只能是杯水車薪。……漢娜・阿倫特花很大的力氣來劃分──某人在亮起來的公共舞台上的行為與他偷偷摸摸處理的好事之間不可替代的區別，認為只是在「公共生活的對立面」上。某種「善行」位於隱蔽狀態，迴避了在公共生活中所要承擔的責任，逃離了在民族共同體的政治生活中參與和發揮影響──無疑，政治生活在其他生活中占有先行和決定性的作用。[57]

其實，周恩來在公開的政治生活所做的，還不只是生怕越雷池一步的被動，還有著出於近乎冷血的私利和處心積慮的主動選擇的。這可以從他對賀龍冤案的處理中得到淋漓盡致的顯示。

賀龍是共產中國的元帥、軍委常務副主席，還是周恩來

56　王力，《王力反思錄》（香港：北星出版社，2001），下卷，頁948。

57　崔衛平，〈論周恩來──政治家的政治行為〉，美國《縱覽中國》（電子刊物），2014年11月23日，http：//www.chinainperspective.com/ArtShow.aspx？AID=31463。

手下最主要的副總理之一。他和周的關係一直在中共黨內被視
為莫逆之交。他們兩人的友情可以追溯到中共建黨建軍初期。
1927年8月1日，賀龍和周恩來一起組織了「南昌起義」。當
時，周恩來是中共前敵委員會書記，而賀龍是起義的前線總指
揮。在文革剛發動時，因為毛澤東是保賀龍的，周恩來也確實
對賀龍持保護的態度。他甚至還讓賀龍夫婦一度住到他家裡，
躲避群眾運動的衝擊。然而，因為賀龍不積極揭發劉少奇，又
和林彪在軍委領導權問題上發生尖銳矛盾，毛澤東很快轉向開
始整肅賀龍。周恩來並沒有就自己的好朋友賀龍的處境和所謂
的「問題」（大都來自林彪派系所整的「材料」）向毛做過任
何言諫辯誣。當賀龍問題的「調查組」按林彪的旨意給賀龍加
上「叛變投敵未遂」的罪名時，儘管周恩來作為歷史上資深的
中共領導人完全知曉這是誣陷，卻像他對待劉少奇的歷史問題
一樣，沒有為賀講任何一句話。相反，在他主持的「中央文革
碰頭會」上，他附和了葉群的提議，決定對賀龍立案審查。考
慮到當時周正和他推薦的接班人林彪打得火熱，不能不說這是
一種卑下的賣友求榮的行為。據看過中共絕密檔案的學者、原
中共中央文獻研究室副主任高文謙先生回憶：「向中央報送的
審查報告正是經過周本人的手。他在上面親自動手做了修改，
寫下了大段的批語。」[58] 據深知內幕的人揭發，這些批語「把
賀龍罵得狗血淋頭，沒說一句好話」。[59] 據此，1967年9月13
日，毛澤東正式批准了對賀龍的立案審查。近兩年後，賀龍就

58　《晚年周恩來》，頁191。
59　張寧，《塵劫》（香港：明報出版公司，1997），頁328-329。

不堪折磨而慘死於周恩來直接領導的賀龍專案組的囚室中。

　　林彪事件爆發以後，毛澤東為了把整中共元老的責任推到林彪頭上，在中共上層多次講到要為賀龍平反，但主持賀龍專案的周恩來卻遲遲不辦。如1972年12月，毛就和周恩來講過：「看來賀龍同志的案子假了……」[60] 不過1973年12月21日，毛仍然批評賀龍「不過這個人經常身上有武器。」[61]1974年9月，毛澤東見為賀龍平反一事沒有下落，就向陪同外賓來武漢的鄧小平提出：「賀龍要恢復名譽。」同時，毛還特別指示：不要再核對材料了。[62] 並請鄧回京後向政治局傳達。毛的「特別指示」點出了為賀龍平反的阻力在哪裡。誰是負責和會核對賀龍的歷史問題的材料呢？當然是專案組，而賀龍專案組的負責人正是周恩來！在毛澤東的話被稱為「最高指示」的文革中，周恩來竟成為他朋友賀龍平反問題的最大阻力。這看來匪夷所思，其實只能有一種解釋，除了周聽到毛對賀仍有批評之詞外，那就是周恩來自己在製造賀龍冤案上比毛澤東走得更遠、陷得更深、做得更冷血。他不願意看到賀龍平反後，有人來追究自己賣友求榮、迫害致死的歷史責任。

　　中共的官方媒體，至今還一直把周恩來美化成一個「熱愛人民」的好總理。但是，文化大革命的史實卻告訴我們截然相反的真相。文革後期有一場對普通人民群眾、尤其是對勇敢

60　《新發現的周恩來》，下卷，頁1055-1056。

61　王年一，〈關於賀龍冤案的一些資料〉，《黨史研究資料》，1992，第6期。

62　中共中央文獻研究室編，《毛澤東傳（1949-1976）》（北京：中央文獻出版社，2003），頁1698。

反對文革的民間異議者和思想家們的大規模鎮壓和殺戮的運動——1970年年初的「一打三反」運動。「一打」是指「打擊反革命破壞活動」。「三反」是指「反對鋪張浪費」和「反對貪汙盜竊、投機倒把」。和文革中絕對大多數的政治運動都源出於毛澤東不一樣，這場「一打三反」運動竟直接來自周恩來，而毛只是批了「照辦」兩字。《建國以來毛澤東文稿》在其「注釋」中，則對這份文件的出台因由經過和具體內容有以下詳細記載和說明：

> 周恩來於一九七〇年一月三十日送審的這個中共中央指示稿指出，為落實戰備，鞏固國防，對反革命分子的各種破壞活動，必須堅決地予以打擊。……周恩來在送審報告中寫道：「我們幾經討論，認為現在需要發這樣一個指示，給在備戰動員中一小撮反革命分子的破壞活動以打擊。」毛澤東閱後，寫了這個批語。一月三十一日，中共中央發出了這個指示。[63]

在這份周恩來起草的文件中，對所謂的「反革命分子」，表現出了他無比兇狠的一面。比如，文件中要求：「要突出重點。打擊的重點是現行的反革命分子。」「對於那些氣焰囂張、罪惡累累、民憤極大、不殺不足以平民憤的反革命分子，要堅決殺掉。對於那些罪惡雖屬嚴重，但民憤不大者，可分別

63　〈對中央關於打擊反革命破壞活動指示稿的批語〉，載《建國以來毛澤東文稿》（北京：中央文獻出版社，1998），第13冊，頁77。

判以死緩或無期徒刑；罪行較重，必須判刑者，可判以有期徒刑。對於那些罪行較輕者，可交群眾嚴加管制。」「要大張旗鼓地、廣泛深入地做好宣傳、動員。殺、判之前要交給群眾討論，『做到家喻戶曉，人人明白。』殺、判時要召開群眾大會，公開宣判，立即執行。這樣才會人心大快，敵人震懾。」「要統一掌握批准權限。按照中央規定殺人由省、市、自治區革命委員會批准，報中央備案。」「要加強領導。必須首長負責，自己動手，具體指導，深入實施。」[64]

　　周恩來為了在短期內擴大殺人的規模，產生震懾效果，竟把原本屬於最高法院的死刑審核權下放到省一級，省一級只要把殺人人數報到中央備案即可。但有些省分又將此進一步下放，一直放到縣一級都有權力宣布執行死刑，被判處死刑的一律立即執行。結果殺人變成了達成數字的任務。根據大陸文革研究者王年一看到的檔案中的數據，全國僅1970年2月到11月的10個月內「挖出了『叛徒』、『特務』、『反革命分子』184萬多名，捕了28.48萬多名，殺了數以千計的人。」[65] 因為1970年11月後，殺戮仍在全國範圍內大規模地持續升溫，據旅美學者丁抒的研究：「就全國而言，在『一打三反』運動中非正常死亡的人數，應在10萬以上。」[66]

64　〈中共中央關於打擊反革命破壞活動的指示〉（1970年1月31日），載《中國文化大革命數據庫，1966-1976》。

65　王年一，《大動亂年代》（鄭州：河南人民出版社，1988），頁333。

66　丁抒，〈風雨如磐的日子：一九七〇年的「一打三反」運動〉，美國網刊《華夏文摘》，第343期，http：//www.cnd.org/HXWK/author/DING-Shu/zk0306b-0.gb.html。

　　文革中最著名的民間思想犯和政治犯（異議者），大都是在「一打三反」運動中被處死的。不妨看一下這份遠不完全的名單，讀者可以一眼瞥見眾多熟悉的英烈們的名字：張志新、遇羅克、蔡鐵根、毛應星、忻元華、丁祖曉、官明華、陸蘭秀、陸鴻恩、吳曉飛、陳燿庭、謝聚璋、石仁祥、方運孚、王佩英、查金華、張坤豪、方忠謀、馬綿珍、朱守忠、陳壽圖、陳彤椿、賈正玉、徐惠昌……[67] 當時在全國被處決的還有不少集團性的案件。比如寧夏由13位年輕人組成的「共產主義自修大學」，吳述森、魯志立、吳述樟三人就被判處死刑、立即執行。又如，福建龍岩縣農民謝洪水等人因為擁護劉少奇的「三自一包」的農業政策，聚集了300多人，成立了一個《中國共產黨幸福委員會》。在「一打三反」運動被破案，導致21人被處決，12人被逼自殺，8人被打傷致死。[68] 更令人髮指的是：遇羅克的死刑還是周恩來親自下的命令。據可靠的資訊來源，周恩來當時說：「這樣的人不殺，殺誰？」[69] 而遇羅克的主要罪狀，不過是寫了〈出身論〉，向中共公開地要求普天下所有被中共列為「出身不好」的青少年有同等的受教育和政治上的權利而已。在風雨如磐、萬馬齊喑的年代裡，所有上述英烈們「位卑未敢忘憂國」。他們或以公開的大字報、大標語，或以不公開的匿名信的方式，直接地向毛澤東和黨中央表達不同意

67　關於這些英烈們的具體事跡，可參閱不平編著，《文革英烈》（3冊）（美國：成家出版社，2019）。

68　丁抒，〈風雨如磐的日子：一九七〇年的「一打三反」運動〉。

69　胡平，〈是誰下令殺害了遇羅克？〉（2020年3月6日），載獨立中文筆會網站，https：//www.chinesepen.org/blog/archives/144854。

見，要求停止文革和殘害幹部群眾。他們是儒家知識分子直諫、死諫傳統道德的當代代表。而周恩來位居宰相之位，非但自己放棄了中國自古以來文官集團和知識分子群體的「言諫」的職業操守，在暴君面前奴顏卑怯、唯唯諾諾；但在人民群眾及他們的傑出代表面前，卻充分展示了共產黨人最兇狠殘酷的一面，是周和他代表的國家機器殺害了這些中國人民中最傑出的民間思想家。

　　寫到這裡，可能有的讀者會認為：面對毛澤東這樣一個無比強勢的暴君，周恩來即便有不同意見，犯言直諫、面折廷爭，也不會有任何效果，相反只能給自己帶來殺身之禍。事實並非全然如此。首先，如果周在一些重大冤案中陳述自己親身經歷的歷史事實，可能不會改變這些案件的總的結局，但未必會觸犯毛澤東，因為毛有時也是被下面的逼供信結果所欺騙的。比如劉少奇案，如果周恩來對他所親身經歷處理的歷史事件做出說明，未必會改變劉被打倒的結局，但是劉所謂的歷史「罪行」便會減輕很多。更不用說賀龍案，毛在林彪事件後就有為賀龍恢復名譽的想法，但是周一直因為種種原因沒有及時地辦理。其次，如果周真的願意進諫，是有可能改變或部分改變毛的一些原始想法的。在寫《晚年周恩來》一書的過程中，高文謙曾經採訪過彭真的秘書項淳一，項告訴過高文謙周在毛澤東打倒彭真過程中的影響。1966年3月在杭州召開中央政治局常委擴大會議時，毛就準備利用江青對滬劇《蘆蕩火種》未能在北京演出一事以「獨立王國」的罪名打倒劉少奇的親信彭真。但因為作為政治局常委的周恩來當時表示他「還沒有什麼感覺」，而另一個常委鄧小平也不積極反應，毛就只能推遲了

對彭真的發難。[70] 最後，這裡的關鍵問題首先是對失德的君主
進行言諫的意願而不是效果。儒家先賢的理論中對於反對昏君
的行為是予以肯定的，因此在良臣賢相們的心中，亂世中為民
請命、匡扶社稷是義不容辭的，不需要做苟全性命的預估後才
行動，即使需要流血犧牲也要將生死置之度外──這便是儒家
「文死諫」傳統的由來。

皇權和相權共存中的體制和人格的畸變

　　在中國數千年漫長的王朝政治中，皇權和相權的共存顯
示出一種雙權力中心的政治格局：它們既是互相依存的，又是
互相矛盾的。然而，皇權是至高無上的，專制主義性質的政治
權力又具有天生的排他性和擴張性，這就決定了皇權在和相權
共存時無可避免地產生制度性的權力紛爭。而在這一矛盾和爭
鬥中，皇權總是處於主導性的地位，因為君主畢竟擁有生殺予
奪大權。在絕對的帝王權術前面，丞相的處境常常是「伴君如
伴虎」：太忠於職守、敢於承擔責任的丞相有被猜疑篡權的危
險。而一味充當政治附庸和為皇權驅使的走狗，也可能會最後
陷入「狡兔死、走狗烹」的結局。前者有明朝的開國丞相胡惟
庸（？-1380）。胡在朱元璋打天下時當宰相7年，積極任事，敢
於擔責，如此性格在皇帝創業時期可謂優點。但在皇權達到江
山穩定、權力膨脹後，就與猜疑心極重、缺乏安全感的朱元璋
產生政見分歧。1380年，胡惟庸被朱「誣以謀反」，以叛逆、

70　《晚年周恩來》，頁103-107。

謀反罪被殺，還株連其友好開國功勳李善長等數萬人。後者的
命運也有明嘉靖年間的嚴嵩（1480-1567）。這位明代執政時間
最長、知名度最高的長壽奸相，曾在一人之下萬人之上20年。
他一生謹慎，如履薄冰，時時事事揣測嘉靖皇帝的心思，為支
持皇帝長生不老的逐夢，竟為之撰寫文采斐然青詞（道教儀式
中向上天禱告的詞文）。但是，等到嚴嵩老眼昏花再不能勤奮
侍奉皇帝，其執行的政策造成諸多社會問題和朝廷積怨，嘉靖
就順應「民意」，毫不留情以「通倭犯上」謀反罪將嚴嵩抄家
去職，貶為平民，使88歲的嚴嵩在孤苦中死去。

　　我們不難在毛澤東和周恩來的文革關係中看到上述的皇
權和相權之間的依存和衝突。儘管周恩來對毛澤東可謂卑躬屈
膝、亦步亦趨，但是毛澤東對他卻一直是猜疑提防、「用而不
信」。雖然文革初周因為和毛結盟打倒了劉鄧，終於在文革中
集相權於一身。但是毛對他的敲打、對他的相權的限制和削弱
也一直沒有停止過。據中國大陸研究過皇權對相權種種削奪措
施的學者陳克禮的考據，皇帝一是常常通過重用外戚和內朝親
信（甚至宦官）來對外朝的相權進行此消彼長的削弱；二是通
過增加丞相或副丞相的數量，利用提拔一些年輕的親信來分散
相權。[71] 這些帝王權術，相信經歷過文革的人們都不會覺得陌
生。雖然自1967年3月後，周恩來被毛澤東任命為中央文革碰頭
會的主持人，以取代原來書記處的功能。但是紅朝女老闆江青
在這一碰頭會中的角色絕對不容小視。另外，這一碰頭會的其

---

71 陳克禮，〈中國古代宰相制度的演變〉，國學網，http：//www.guoxue.
　　com/？p=698。

他成員中，大都或是毛夫人江青的外戚勢力（如張春橋、姚文元、王力、關鋒、戚本禹等），或是毛的個人秘書和內朝總管（如陳伯達和汪東興）。鑒於這些人從各個角度代表了皇權，當然對周的相權構成了極大的壓迫和鉗制，以致周這個主持人都只能低首下心、無可奈何地對江青等人說：「以後你們做決定，我給你們辦事。」[72] 九大以後，毛還曾一度因為「周總理年齡大了」，考慮過「總理的接班人」問題。如在1970年4月25日毛澤東和林彪在蘇州的一段對話中，毛曾表達了由張春橋來當總理的想法。[73] 而毛口中的「小張」（張春橋），則既是歷代帝王用來削弱和控制相權的「外戚」勢力的代表，又是更聽話的「年輕的親信」。1975年1月，第四屆人民代表大會召開。在毛最後拍板決定的12位副總理中，竟有一半左右是由皇權直接提拔的年輕的或相對年輕的親信，如華國鋒、紀登奎、陳永貴、吳桂賢、孫健等。

因為周恩來和毛澤東結盟，在文革中連續搞掉了劉少奇和林彪兩任接班人，他的人馬便主動和非主動地填補了劉、林兩派留下的權力空間。毛澤東對此一直是高度警惕的，對周恩來有過多次的敲打，有時甚至發展到對他進行直接的路線鬥爭的程度，差一點就打倒了他。例如，八屆十一中全會後，劉鄧一系或被打倒或者也靠邊站了。周恩來曾一度主持過「中央碰頭會」的工作，實際上是中共中央政治局的常委擴大會議。與此

---

72 《王力反思錄》，下卷，頁984。

73 于運深口述、舒雲整理，〈我給林彪當秘書的最後一年〉，重慶：《昨天》（電子刊物），2015年8月30日，第56期。

同時，以陳伯達、江青為首的中央文革小組也有一個中央文革小組碰頭會，平行地領導著文革運動。周在1967年2月2日致信陳、江，想把兩者合二為一：

> （一）今後每星期一、三、五晚十時起在釣魚台召開碰頭會，以文革為主。我參加，討論形勢和政策及有關文件草案。明（三）日，我提議討論初中和小學開學文件、工業生產問題（文件在印發），下一次討論農業。（二）今後每星期二、四、六下午三時半在懷仁堂或國務院會議室召開碰頭會，以常委四同志（周、陳、康、李）為主，副總理（陳、李、譚、謝）和劍英參加。務請中央文革江青同志或指定的同志參加，分別討論黨政一些業務問題。[74]

毛澤東對此很快批示：「此件不用，退周。」[75] 周恩來可謂碰了一鼻子灰。這不僅是毛對周個人的敲打，主要還是對他太積極地擴張相權的警告。如果按周的方案，一方面毛的親信組成的中央文革小組會被陷入「初中和小學開學」和工農業生產等國務院的庶務工作之中。而另一方面，周系的常委和副總理會成為文革的實際領導力量。因而，雖然不久後毛讓周擔任了「中央文革碰頭會」的主持人，至少在名義上給了他完整的相權。但是在實際上解散了「中央碰頭會」。而在這一新的丞

---

74 中共中央文獻研究室，《周恩來年譜（1949-1976）》（北京：中央文獻出版社，1997），下卷，頁122。
75 同上。

相工作的梯隊──「中央文革碰頭會」中，絕大多數成員是來自皇權的代表。

　　長期以來，周恩來處於對毛澤東猜忌成性的個性的了解，從不想、也一直在避免成為黨內的第二把手，以免對毛構成直接威脅。但林彪事件後，周恩來的相權更進一步地擴大，成為黨、政、軍和內政的總管，無可避免地一度成為中共最有權勢的獨相和第二把手。果不其然，周的權高位重引發了毛澤東的打擊。1973年11月到12月期間，毛澤東抓住了周恩來在11月13日晚和美國總統的代表季辛吉博士會談中美軍事合作後沒有及時向毛請示報告一事，連續召開政治局擴大會議批判周恩來對美外交的「右傾投降主義」。對周的批判被上綱到「投降賣國」、「甘當兒皇帝」的地步，江青甚至提出這是「第11次路線鬥爭」，指責周想「迫不及待地取代主席」。當時中國的高層政壇上山雨欲來、陰風滿樓，周的處境岌岌可危。如果不是周恩來馬上自誣自虐，認下了毛強加給他的種種莫須有的罪名，向毛表示了徹底的臣服，他還是真有被打倒的可能。[76]自1973年下半年到1974年初，毛澤東又發動了「批儒評法運動」。在今天的中共官方的闡釋中，在毛澤東鼓勵下的文革激進派江青等人批所謂的「周公」和「宰相」，以及「黨內的大儒」，完全是影射周恩來。[77] 因為過度勞累和來自毛的不時打擊，周恩來終於病倒，於1972年5月被查出患有膀胱癌。照理，

76　《晚年周恩來》，頁396-397。

77　席宣、金春明著，《「文化大革命」簡史（增訂新版）》（北京：中共黨史出版社，2006），頁246-247。

這種癌症早期只要開刀，存活率極高。一旦拖延到癌症擴散，就無法拯救。毛澤東採取的方法是有意拖延，不同意開刀。

因為治療上的有意拖延，周恩來的癌症終於擴散而不治。1976年1月8日，周恩來在晚期癌症的極度痛苦中油盡燈枯，離開了人世。綜觀整個文革，周恩來歷經變幻風雲，在和毛聯手打倒了兩個黨內第二把手後，才終於成為「黨、政、軍、內政的總管」，成為中國歷史上並不多見的大權在握的獨相。他大概不會想到：他生命的悲劇正是來自於他政治上的宰相夢的完成：「黨、政、軍、內政的總管」竟成為他無法醫治癌症的理由。在他真正掌握了獨一無二的相權之際，正是他的生命被皇權以一種慢性鴆殺的形式湮滅之時。

根據現在被披露的種種中共的秘密檔案：不管周恩來在毛澤東面前如何唯命是從、亦步亦趨，毛澤東卻一直對他用而不信，視為自己一生中最大的政治對手之一。其根源當然深植在專制政權的皇權和相權的體制性的矛盾和衝突之中。然而，一個有趣的史實卻是：毛澤東雖然一直想清算和清除這個政治對手，但是直到他死都無法做成。對此，海外學界有種種精闢的解釋。

曾經在大陸擔任過中共中央文獻研究室周恩來生平研究小組組長、《晚年周恩來》一書的作者高文謙先生認為，在中共黨內一直有一種「謀事在毛，成事在周」的說法：

　　毛懂得用人之道，在實際工作中需要周的輔佐。原因在於毛縱有雄才大略。也無法一人唱獨角戲，況且他缺乏組織上的才幹，遇事大而化之而不願做具體瑣碎的工作；而

這恰恰是周氏的所長，正是毛需要依賴他的地方。正是由
於周恩來在黨內的分量、組織才幹以及凡事隱忍的態度，
毛澤東……既把周視為可能向他在軍中的領導地位挑戰的
對手而始終存有戒心，不斷敲打；又把他看作是成就革命
大業所必須爭取乃至倚重的對象。終其一生，毛對周始終
沒有擺脫這種矛盾心態的糾葛。[78]

在毛澤東臨死前發動的針對周恩來的「反儒評法」運動
中，他最終還是沒有下得了「倒周」的決心，高文謙認為其原
因是：

這並不是因為毛良心發現而不忍對周下手。實際上，毛
在政治鬥爭中從來就沒有念過舊情，無論對彭德懷、劉少
奇，還是林彪都是如此。……【周】在黨內軍中有眾多的
支持者和同情者，且為人處世一貫謹慎守分，從無二心。
這是在黨內外早就有定論的。……林彪事件後，周恩來因
趁勢推動落實黨的各項政策而在政治上大得人心。在這種
情況下，如果硬要違背黨心民意而大舉批周的話，很有可
能激起眾怒，在政治上鬧出亂子來。[79]

2009年，海外華裔民間學者司馬清揚和歐陽龍門合著了
一本上下兩卷的《新發現的周恩來》。在這本近百萬字的力作

78　《晚年周恩來》，頁11、64。
79　同上，頁518。

中，他們對上述問題做了一些較為獨特而有趣的探索。第一，
周恩來總是「深深知道毛澤東內心想要的東西，周恩來總是給
予支持，無論是否對人民有利是無所謂的」。比如「林彪接替
劉少奇在黨內的職務的提名，卻是由周恩來揣摩毛澤東的旨意
而提出的」。[80] 天下恐怕沒有一個君主不會喜歡這樣一個深得
君心而又得心應手的臣下的。第二，周恩來「投毛所好」還通
過一個非常特殊的管道，即通過討好毛身邊的女人來進一步取
得毛的歡心。同時也利用「枕邊風」來鞏固自己的地位。在
江青面前，周完全是在女主人面前的一副低眉下首的老僕人的
姿態。小到江青的房間溫度、衣食住行，大到對她的大會吹捧
和政治局委員的提名，周都一一盡心盡力地服侍到家。用江青
的親信戚本禹的話來說：江青之所以在周恩來面前肆無忌憚地
大發脾氣，「正是他們關係比較好的表現，她怎麼不敢在劉少
奇、林彪面前發脾氣？」[81] 對毛的另外一些女人，如謝靜宜、
張玉鳳等，周也從來諂媚討好。如謝的北京市委書記、人大副
委員長都是周提名的。[82] 第三，周恩來在政治危機中，總是通
過不承擔自己的責任，靠出賣和犧牲同事及部下的辦法來換取
自己的生存。除了被周恩來和毛合謀而打倒的劉少奇和林彪兩
個中共第二把手外，周在文革初期靠出賣了他的莫逆之交賀龍
和林彪搞好了關係。在1966年底至1967年初的批判資反路線
中，又對原來和自己共同主持了中央工作並配合默契的陶鑄下

80　《新發現的周恩來》，上卷，頁101、225。

81　閻長貴，〈1967：江青和周恩來的關係〉，北京：《記憶》（電子刊
　　物），2008，第3期。

82　《新發現的周恩來》，下卷，頁617。

手批判，使自己成為了唯一的主持人。1967年2月的「二月逆流」中，周原是參與了的。但他一發現毛的動向，便立刻和那些反對文革的自己的老部下（老帥和副總理們）劃清了界線，使毛最終賦予了他中央文革碰頭會主持人的重任。即便在處理林彪事件中，他也是故伎重演。中辦副主任王良恩曾兩次轉交許世友等三位上將給林彪的信給他，他不處理。而在江青發現這些信後要把王整成「林彪死黨」，他又不出來說話，結果導致了王良恩含冤自殺。[83] 最後，值得一提的還有司馬清揚和歐陽龍門對毛澤東眼裡的周恩來上述政治品格的分析：

> 周自己認為自己對毛澤東是忠心的，但是毛澤東並不是這樣認為。毛澤東說：周恩來從來都是跟從一把手。換句話說，周恩來不是忠於毛澤東個人，而是因為跟毛澤東這個強者，自己才不會打倒，才有勝算，由此才選擇了毛澤東。……周恩來的發跡歷史就是一典型的批判前任領導史。但是在毛澤東生前，周恩來會跟著毛，要保持晚節。[84]

看完了上述分析，不難理解毛澤東為什麼對周恩來總是用而不信，但還是沒有充分地闡釋毛澤東為什麼最後沒有選擇「倒周」的原因。我們必須從體制的角度再做進一步的分析。在皇權和相權的共存和權鬥的複雜關係中，如同我們前面所分析的：皇權所代表的專制主義的政治權力具有天生的排他性和

83　參見〈王良恩之死〉一節，載《新發現的周恩來》，上卷，頁460-463。
84　《新發現的周恩來》，下卷，頁142。

擴張性。因為皇權是至高無上的，這種排他擴張還可能是無限的。比如，明朝的開國皇帝朱元璋在冤殺了開國丞相胡惟庸後，竟然宣布從此取消宰相制度，由皇帝直接統領六部官員。然而，君主一人畢竟無法長期承擔龐大繁複的決策和管理的雙重職責，到明成祖時，只能以大學士參與機務，稱之為「內閣」以避丞相之名。到明朝中葉，內閣已經擁有丞相的實權，其首輔赫然為真宰相。由此可見，如果皇帝無法從體制上改變中央政治的體制和架構，就難以改變皇權專制和官僚政治長期依存的雙權力中心的政治格局。在通過「殺功臣」來鞏固和發展中央集權上，毛澤東和朱元璋可能非常相似。但是在執政的勤勉上，毛遠遠不如朱元璋。如同高文謙先生所分析的：毛「缺乏組織上的才幹，遇事大而化之而不願做具體瑣碎的工作；而這恰恰是周氏的所長，正是毛需要依賴他的地方」。[85]——這就給毛澤東的「廢相」增加了實際的困難。從歐美的民主政權來看，通過民選的國家元首，如美國的總統和歐洲的總理，一般都要承擔決策和管理的雙重職責。如果那裡有皇帝（如英國女皇），都不過是君位虛設，只是一種象徵性的「皇權」。毛澤東當然不會願意當名譽上的君主，他就不會從體制上改變專制主義的皇權和相權共存和爭鬥的國家體制。

　　毛澤東在文革初期曾有過改變國家體制的想法，比如他的「五・七指示」和建立「公社」這種國家形式的遐想。[86] 他

85　《晚年周恩來》，頁64。

86　毛澤東，〈對總後勤部關於進一步搞好部隊農副業生產報告的批語〉（1966年5月7日），載《中國文化大革命數據庫，1966-1976》。

還多次鼓吹要按「巴黎公社的原則」、通過「全面選舉制」來
建構全新的革命政權。[87] 這些都曾還迷惑過不少患有共產主義
幼稚病的年輕人，使他們成為狂熱的毛主義者。然而，毛澤東
的新的國家體制只能是一種烏托邦的幻想和欺騙。且不說它在
社會經濟和文明發展中的完全倒退的特徵，更重要的是它和毛
的專制體制有著不可調和的矛盾。在這樣的新的政治架構下，
可能沒有了周恩來式的王朝宰相的需要。但再進一步，它也會
危及毛澤東這樣的獨裁皇帝的存在。比如，巴黎公社的官吏和
領導人可以隨時通過「全面選舉制」來撤換，這就使毛澤東完
全可能當不成終生的領導人。再如，巴黎公社要廢除常備軍，
而毛澤東正是依靠了林彪的軍隊才能發動這場政治運動。巴黎
公社是以其社員的選舉作為其合法性的來源並解決歧見的，而
毛澤東平生最討厭的就是西方民主的選舉。這樣，就使1967年
「一月革命」後群眾組織的兩派鬥爭越演越烈，最後變為全國
性的「武化大革命」。對此，原文革中的異議者、後成為西方
著名經濟學家的楊小凱有如下的分析：

> 毛澤東反對選舉決勝負的遊戲規則，禁止全國性政治組
> 織，主張分省用政治協商辦法解決造反派和保守派及造反
> 派內部的衝突。由於政治協商是由官方少數人操縱下的不
> 透明不公正過程，又沒有選舉決勝負的遊戲規則，所以造
> 反派中的在野集團不認輸，導致各派之間發生內戰，整個

---

87 〈中國共產黨中央委員會關於無產階級文化大革命的決定〉（1966年8月8
日），載《中國文化大革命數據庫，1966-1976》。

國家陷入內亂，最後毛只能以對全國實行軍事管制而結束
動亂。[88]

　　這裡需要指出的是：主持全國性的政治協商的是周恩來；
向毛澤東提議對全國實行軍管的還是周恩來。[89] 文革中期，毛
澤東確實在全國各省市建立了新的政治體制，那就是以軍人為
主的「革命委員會」。這一政體，毛澤東曾借外電之口委婉地
自嘲為：「軍事官僚專政」。[90] 鑒於此，中央政權就需要有一
個不僅有強大的行政能力，還必須具有資深的軍事背景的丞相
來協調、統一全國的運動步驟。而這些條件又都非周恩來莫
屬。周不僅是中共軍隊的創始人之一，更是在軍內有極為深厚
的人脈。在整個文革中，他不僅主管了軍隊的「三支兩軍」的
工作，還直接參與中央軍委的領導工作。對此，連林彪都望塵
莫及地說過：「我這個國防部長有一大半是總理替我當的。」[91]
在中央集權的皇權政治體制中，皇帝是專制主義的代表，而丞
相則是官僚政治的代表。以宰相為首的官僚政治制度來輔佐和
補充皇權是必須的。既然毛澤東在文革中建立的新的政治體制

88 楊小凱，〈從大躍進─大饑荒到文化大革命的經濟發展線索〉，載宋永
　毅、丁抒編，《大躍進─大饑荒：歷史和比較視野下的史實和思辨》（香
　港：田園書屋，2009），下卷，頁712。
89 陳揚勇，《苦撐危局：周恩來在1967》（北京：中央文獻出版社，
　1999），頁116-117。
90 毛澤東，〈九大毛澤東主持會議錄音記錄稿（之六）〉（1969年4月28
　日），載《中國文化大革命數據庫，1966-1976》。
91 遲澤厚，〈林彪「一號命令」發出前後〉，載美國《華夏文摘增刊》（電
　子刊物），第327期，2003年2月21日。

使周恩來的宰相職位變得更為重要，而周又是唯一可以為皇權倚重的最合適的人選。這樣，「倒周」在政治體制上便自然而然地不可行了。

除了制度上的原因，還有毛澤東和周恩來個人的一些複雜因素。1973年下半年到1974年初，毛澤東發動了意在批周的「批儒評法運動」。那時，毛也確實可以進一步全面「倒周」。但如同高文謙先生在前面分析的：「如果硬要違背黨心民意而大舉批周的話，很有可能激起眾怒，在政治上鬧出亂子來。」[92] 更重要的是：林彪事件以後，80歲的毛澤東在身心上都受到極大的打擊，他的身體實際上已經是處於一種風燭殘年、苟延殘喘的狀態。毛澤東生前曾非常欣賞唐代羅隱〈籌筆驛〉中的絕句「時來天地皆同力，運去英雄不自由」。[93] 這句話的意思是：時運來時，連天地都鼎力相助你；時運沒有了，再偉大的英雄也會壯志難籌——毛的個人健康狀態使他已經沒有精力和雄心再發動一場全國性的「倒周」運動了。

周恩來臨死前對於毛澤東越發強烈的「倒周」的意圖是心知肚明的。晚年的他可謂時時生活在極大的恐懼之中，深怕毛真的會對他下手，使他這個為皇權當了一輩子的忠心耿耿的管家和奴才的人落到嘉靖年間的老臣嚴嵩一樣的「走狗烹」的淒涼下場。這種對皇權的恐懼，在紅色宰相周恩來的身上是深入到每一個細胞的，以致使他言行嚴重失態和人格發生畸變。比

92　《晚年周恩來》，頁518。
93　《唐詩鑑賞辭典》（網路電子書），http：//www.dushu369.com/shici/HTML/89516.html。

如，據當時的外交部副部長喬冠華回憶：1975年7月1日，周恩來在醫院會見泰國總理克立‧巴莫後，一些工作人員要求和他合影。合影完後，周恩來「突然冒出一句：『照可以照，但將來可不要在我臉上劃ＸＸ。』總理這樣一說，大家聽了心情都很沉重，抬不起頭來。總理是很有涵養的，一般不會在工作人員面前如此激動」。[94] 再如，在這期間的一次政治局會議上，從不喜怒形於色的周恩來竟然因為自己的蛋炒飯沒有放鹽這樣的區區小事，當眾發脾氣，對他的保健醫生張佐良拍了桌子。事後，他向張佐良道了歉，承認自己是「遷怒」才當眾發脾氣。[95] 換句話說，周不敢對在會議上整了他的文革女老闆江青有任何不滿，卻把氣出在服侍他的工作人員頭上。這種因恐懼而造成的失常在周起草的中央文件和信件裡也常常有跡可尋。他在1974年11月6日給毛的信中，竟然把「積極」誤寫為「極端」，有些句子還因缺字而不通。[96] 可見周恩來這一時期的心神不寧和方寸大亂已經到了何等病態的地步！

　　更為嚴重的病態還發生在他的人格畸變中。在毛澤東面前，周恩來原來就處處表現出一副奴相。前諾貝爾和平獎得主劉曉波博士在看中共九大文革紀錄片時就注意到這樣一個絕妙細節：

94　〈訪問喬冠華、章含之談話記錄〉（1981年11月6日），載《晚年周恩來》，頁571。

95　張佐良，《周恩來保健醫生回憶錄（1966-1976）》（香港：三聯書店，1998），頁82、84。

96　周恩來，〈周恩來致毛澤東的信〉（1974年11月6日），載《晚年周恩來》，頁534-535。

　　主席台上，老毛居中，林彪和周恩來一左一右。老毛象徵性地對台下狂熱的代表們揮了揮手，身子就略微彎曲，似乎要坐下，……沒想到，不知為何老毛沒有坐下，身體在稍微前躬的姿勢上停了瞬間，又站直了，再次衝著代表們鼓起掌來。……林彪看到老毛已經有了要落座的動作，就一下子坐了下來，他萬萬沒想到老毛又站直了。而周恩來卻用眼睛的餘光一直瞄著老毛，盡量保持與之相同的節奏。老毛身體稍彎，恩來也跟著稍彎；老毛停留片刻，恩來也停留片刻；老毛突然站直，恩來也隨之站直；老毛鼓掌，恩來也鼓掌。整個過程的同步程度之高，令人嘆為觀止。

進而，劉曉波見微知著、一針見血地得出了這樣的結論：

　　不要小看這些微不足道的細節，極權者對臣子們是否效忠的判斷，有時就是荒唐到於細微處洞見忠奸。林彪的先於老毛坐下，可能就會被滿腹狐疑的老毛視為「目中無人」；而恩來與老毛的絕對同步，就會被極權者解讀為發自內心的臣服。林彪最後被老毛視為有野心，在與恩來的爭寵競賽中身敗名裂，也許就是由這點點滴滴的細節印象累積而成，因為在效忠競賽的大節上，林彪做得遠遠比恩來突出。而恩來同志的效忠表演，於細微處方見真功夫，遠在林彪的大處著眼之上。[97]

---

97 劉曉波，〈周恩來的官場生存術──讀《晚年周恩來》之三〉（2003年10

　　在周恩來臨死前的幾年裡，周恩來的人格從一般的奴相畸變為出格的自虐。在皇權面前的紅色宰相已經不是一般的奴顏婢膝了，而是有意無意地通過自貶、自汙、自我作踐來討好君主，以期毛能在得到折磨他的快感時，高抬貴手、放過自己。如前所述，在1973年11到12月的政治局批周會議中，周恩來自誣自虐，認下了毛強加給他的種種莫須有的罪名，向毛表示了徹底的臣服。毛澤東對此是大有征服者和施虐者的快感的。他在1974年2月22日接見完尚比亞總統卡翁達後，故意向陪同接見的周恩來發問：「總理，你怎麼樣了？」周謙卑地回答：「還可以，沒抓好大事。（這是毛指責他的罪名──作者注）」……毛得意洋洋地笑著說：「被人整得不亦可乎吧？」……周也笑了，由衷地回答道：「沒有，自己犯錯誤。……」[98] 在心理學意義上，自虐並非是以痛苦為歡樂，而是以痛苦的代價來「購買」歡樂。如同心理學家吉西卡・本傑明在他1983年出版的專著《主人與奴僕：性統治的夢幻》中指出的：「自虐就是在別人那裡尋求自我認知，這個人必須是足夠肯定這種認知。」[99] 在毛和周的君相之間，「這個人」當然是毛澤東。從毛上述勝利者的揶揄口吻來看，他對他一手操縱的折磨周的鬥爭會和他又能在當面嘲弄周是大有快感的。而周的笑答中竟也大有自娛的成分。如同心理學大師佛洛伊德在談自虐時所指出的那樣：「一個幹了壞事而未受懲罰的小孩比一

月27日），http://www.liu-xiaobo.org/blog/archives/6519。

98　《新發現的周恩來》，下卷，頁635。

99　珀拉・J・卡普蘭著，徐育才、周琳玉譯，《女性自虐之謎》（西安：華岳文藝出版社，1988），頁98-99。

個受了懲罰的小孩更難受⋯⋯一旦父親懲罰了孩子，小孩就會有一種解脫後的輕鬆感⋯⋯因為，他只有受罰，罪惡感才可能被消除。」[100]

　　周恩來臨死之前，毛一直對是否徹底「倒周」舉棋不定。為此周做了一系列出格的自虐的動作來向毛提供施虐者的快感。最集中的表現是他在1975年6月16日，臨死前半年給毛澤東寫的一封「請罪書」和求饒信。當時，在癌細胞的吞噬下周的體重只有六十一斤，他也自知不久於人世了。周還在信中說：

　　　　從遵義會議到今天整整40年，得主席諄諄善誘，而不斷犯錯，甚至犯罪，真愧悔無極。現在病中，反覆回憶自省，不僅要保持晚節，還願寫出一個像樣的意見總結出來。

　　更過分的是，周可能怕毛看不到他的自賤自虐，還特地給毛的女秘書張玉鳳寫了一張便條，非但稱張為「您」，還完全是低聲下氣的哀求的口吻：

玉鳳同志：
您好！
　　現送十六日夜報告主席一件。請你視情況，待主席精神好，吃得好，睡得好的時（候），念給主席一聽，千萬不要在疲倦時辦，拜託拜託。

---

100 同上，頁24-25。

周恩來

1975.6.16.22時半[101]

對此，誠如劉曉波所評論的那樣：「身為中共元老和終生總理的周恩來，居然對毛的二奶張玉鳳也如此哀求，可謂斯文掃地、權威盡落。」[102] 然而，更令人深思的問題恐怕還是：周恩來當年也是一個充滿著「面壁十年圖破壁，難酬蹈海亦英雄」[103] 的理想的自負自信的青年，怎麼到了「破壁」以後、當上了大權在握的紅色宰相了，反而在人格上由自負自信到自謙自卑，最後竟退化墮落到自賤自虐了呢？這當然是一種政治制度的悲劇，又何尚不是周恩來的個人悲劇？

結語

中共的文革話語，是一個精心構築的巨大的謊言系統，對「紅色宰相」周恩來的高度讚美便是其中之一。本章從歷代皇朝中宰相制度的演變、以及君相之間的複雜關係中來分析周恩來在文革中的幾經沉浮。這樣的解析，既可以解開歷史的錯覺，還可以從文化基因的底蘊上打開一扇洞察歷史真相的視窗。

---

101 《晚年周恩來》，頁12-13。

102 劉曉波，〈周恩來的官場生存術——讀《晚年周恩來》之三〉。

103 此詩句來自周恩來作於1917年的〈大江歌〉。全詩為：「大江歌罷掉頭東，邃密群科濟世窮。面壁十年圖破壁，難酬蹈海亦英雄。」當時周恩來從南開中學畢業，準備東渡日本求學，尋求革命真理，臨行前，19歲的周恩來寫下了這首大氣磅礡的抒發革命理想的詩。

從中國皇權社會宰相或丞相制度的發展來看，把文革前的周恩來定位為中共大權在握的「宰相」，是一個歷史的錯覺。文革前的中央官僚機構中，並非只有周恩來的國務院在行使丞相的職能。其實，劉鄧控制的書記處的相權──黨政權力要比周的國務院大得多。在文革之前，周恩來實際上並不被賦予完整的相權。而文革使周恩來不僅參與了毛澤東陰謀的幕後策劃，是整肅「彭羅陸楊反黨集團」的執行者之一；還是毛發動文革的左臂右膀，是毛文革整個領導班底的具體搭建者。而周恩來正是在這一步步緊緊追隨毛的黨內殘酷的權鬥中，獲得了最大的利益，登上了一個集黨權、政權和軍權於一身的「紅朝宰相」的大位。而周恩來文革初期關於「保持晚節」的提倡，不過是一種對毛澤東作為帝王的知遇之恩的感激和他作為被重用的「丞相」向「皇上」的投桃報李的刻意表白。

把周恩來說成是一代儒相是更大的歷史錯覺。用儒家「忠君為國」、「文死諫」等標準來剖視毛周的君臣關係，便不難發現周恩來的文革言行非但沒有任何規範毛澤東行為舉止的意義，更缺乏起碼的為文人士大夫們推崇的聖賢道德和獨立人格。在周的言行中看到的只有他對毛的唯命是從和阿諛奉承。與其說周恩來是一代儒相，不如說更像一個奴相。和歷代賢相積極甄別冤錯假案的執法完全背道而馳，周恩來本人便是製造一系列冤錯假案的始作俑者。周恩來非但直接插手或有關的中共上層的文革冤案，在人民群眾及他們的傑出代表面前，更充分展示了共產黨人最兇狠殘酷的一面，如周和他代表的國家機器發動「一打三反」運動，就殺害了這些成百上千的中國人民中最傑出的民間思想家。

　　在皇權和相權的共存中，皇權是至高無上的，專制主義性質的政治權力又具有天生的排他性和擴張性。在絕對的帝王權術前面，丞相的處境常常是「伴君如伴虎」。儘管周恩來對毛澤東可謂卑躬屈膝、亦步亦趨，但是毛澤東對他卻一直是猜疑提防、「用而不信」。雖然文革初周因為和毛結盟打倒了劉鄧，終於在文革中集相權於一身。但是毛對他的敲打、對他的相權的限制和削弱也一直沒有停止過。綜觀整個文革，周恩來歷經變幻風雲，在和毛聯手打倒了兩個黨內第二把手後，才終於成為「黨、政、軍、內政的總管」，成為中國歷史上並不多見的大權在握的獨相。他大概不會想到：他生命的悲劇正是來自於他政治上的宰相夢的完成：「黨、政、軍、內政的總管」竟成為他無法醫治癌症的理由。在他真正掌握了獨一無二的相權之際，正是他的生命被皇權以一種慢性鴆殺的形式湮滅之時。晚年的周恩來可謂時時生活在極大的恐懼之中，更可悲的是：這種對皇權的恐懼，在周恩來的身上是深入到每一個細胞的，以致使他言行嚴重失態和人格發生畸變——由自負自信到自謙自卑，最後竟退化墮落到自賤自虐。這既是政治制度的悲劇，又是紅色宰相周恩來個人的靈魂悲劇。

第五章

病態和報復
精神病理和江青的反常政治行為

　　現代心理學告訴我們：任何政治人物都首先是人，他們的心理活動——不管是理性的還是非理性的、健康的還是病態的——都會對他們所領導和參與的政治運動發生或正常、或病態的影響。例如，美國政治心理學的奠基者之一哈羅德・D・拉斯維爾（Harold D. Lasswell）就曾通過他的一系列著作，開創了一種用精神病理學和政治學結合起來研究政治人物的新嘗試。[1]當然，誠如拉斯維爾所言：「嘗試的目的並不是為了證明政客都『精神錯亂』。實際上，對於揭示不同類型公共人物的發展輪廓這一核心問題來說，具體的病理是次要的。」[2]

---

[1] 哈羅德・D・拉斯維爾的經典代表作有：（一）《精神病理學與政治》（*Psychopathology and Politics, 1930*）；（二）《世界政治和個人的不安全感》（*World Politics and Personal Insecurity, 1935*）；和（三）《權力與人格》（*Power and Personality, 1948*）。其中，《精神病理學與政治》和《權力與人格》已經有了中譯本。

[2] 哈羅德・D・拉斯維爾著，魏萬磊譯，《精神病理學與政治》（北京：中央編譯出版社，2015），頁7-8。

作這一如是觀，對江青的心理活動，尤其是病態心理的研究，也是全面地研究她文革中完整的政治活動和反常的政治行為的「核心問題」之一。這裡特別需要指出的是：江青和任何被懷疑有「精神錯亂」的政治人物不同，她是一個在文革前就被醫生正式診斷出患有多種心理疾病的病人。她又是帶著這些精神疾患進入這一政治風暴之中的。加上江青是毛澤東的夫人，毛又在文革中充分發揮了他們「夫妻政治」的功能，使江青在文革中成為一個「一人之下、萬人之上」的權傾一時的女人。儘管精神疾病並不是江青在文革中大施淫威、迫害他人的主要原因，但絕對的權力絕沒有有助於江青精神疾病的治療。相反，權力造成了她原有的病灶和人格中暴戾成分的迅速激發和大為拓展，從而對社會帶來了更大的危害。在這一點上，絕對的權力卻成了江青變態人格的放大鏡。而兩者閒複雜微妙的關係更成了江青和整個文革研究中不可或缺的一環。

一個曾為醫生下過正式診斷的心理疾病患者

從精神疾病的角度去分析江青的文革政治活動，一個首要前提是必須說明她是一個心理疾病患者。這一點絕非危言聳聽，是有著堅實的病例和病歷為事實依據的。江青自中共建國以來一直聲稱她有「重病」。1958年7月，一群當時中國最優秀的醫生在給她做了細緻的身體檢查後，並沒有發覺生理器質上的疾病，相反一致認為她患有「強迫觀念和雙重人格」等

心理疾病，並向毛澤東做了正式的報告。[3]「強迫觀念」也稱為「強迫症」（Obsessive-Compulsive Disorder），是一種精神疾病。「雙重人格」，也稱為「多重人格障礙」，在最新的精神病學上已經被歸入林林總總的「變態人格」（Personality Disorder）的大範疇，當然也是精神疾病的一種。另外，在20世紀50到60年代，江青一直被醫生診斷為有嚴重的神經衰弱（Neurasthenic），有著嚴重的失眠、恐懼、脾氣暴躁等徵狀。這一病狀在目下的國際精神病學中，也已經被歸入精神疾病的範疇，[4] 它常常和抑鬱症（Major depressive disorder）、焦慮症（Anxiety disorder）、恐懼症（Phobia）及強迫症有關。簡言之，江青文革前的精神方面的疾病，是為醫生診斷過、並有過初步結論的。

另據江青的秘書楊銀祿回憶，他在1968年剛剛去江青處報到時便被告知她有嚴重的「植物神經功能紊亂」（Autonomic dysfunction）的病，「特別怕聲音，還怕見生人，一聽到聲音，見到生人，就精神緊張，出虛汗，發脾氣。」[5] 無獨有偶，這一疾病林彪竟然也有，用林夫人葉群的話來說：「江青同志和林彪同志是多年的老朋友了，是知心朋友……性格是一樣的，生活習慣是一樣的，身體狀況也是一樣的，都怕風、怕光、怕聲

3　李志綏，《毛澤東私人醫生回憶錄》（台北：時報文化出版公司，1994），頁246-248。

4　同上，頁104-105。

5　楊銀祿，《我給江青當秘書》（香港：共和出版有限公司，2003），頁5-6。

響，都好出虛汗，……是同病相憐呀！」[6] 根據有精神病學領域「聖經」之稱的、由美國精神病學會（American Psychiatric Association）制定發行的《精神疾病診斷與統計手冊》第5版（The Diagnostic and Statistical Manual of Mental Disorders，簡稱 DSM-5），它和三種精神疾病有關聯：（一）睡眠—覺醒節律障礙（Sleep-Wake Disorders）；（二）物質相關和成癮性障礙（Substance-Related and Addictive Disorders）；（三）路易體神經認知障礙（Major or Mild Neurocognitive Disorders With Lewy Bodies）。[7]

在中文世界有關精神疾病的著述裡檢索一下這種怪病的徵狀和起源，也會發覺它常常由心理因素造成：「植物神經功能紊亂是一種內臟功能失調的綜合症。包括循環系統功能、消化系統功能或性功能失調的徵狀，多由心理社會因素誘發人體部分生理功能暫時性失調，神經內分泌出現相關改變而組織結構上並無相應病理改變的綜合症。……情緒徵狀表現為煩躁、焦慮、情緒不穩、多慮、多疑、多怒、緊張恐懼、坐立不安、心神不定等。」[8] 換句話說，這一所謂的「植物神經功能紊亂」，也可能是江青原來就有的精神疾病造成的。

在眾多的江青的傳記和江青接觸過的人的回憶錄中都對她

6　同上，頁175。

7　American Psychiatric Association. *The Diagnostic and Statistical Manual of Mental Disorders.* 5th edition（American Psychiatric Publishing, 2013），pp.390, 500, 619.

8　〈植物神經功能紊亂的主要徵狀有哪些？〉，載網路《疾病大全》，http：//www.qqyy.com/jibing/sjnk/140723/527b1.html。

得精神疾病的過程有所描述，稍作流覽還會發覺都大體符合現代醫學關於該疾病發展的脈絡。江青在中共建國以前大概因為衛生條件的限制，得了子宮頸糜爛的婦女病，1955年被婦科專家檢查出有癌變：「醫生跟江青說明病情後，江差點崩潰。經由醫生們一再保證原位癌可以完全治療，她才平靜了下來。幾天後，江便乘飛機往蘇聯。」[9] 根據陪江青同去蘇聯的中方翻譯的描述，江青在蘇聯「這次做化療有反應，情緒差，脾氣也不好」。據蘇聯方面指派的翻譯卡爾圖諾娃回憶，她也覺得江青當時非常「喜怒無常」。她舉了如下的例子：

> 有一天我去江青的單間病房，我記得，是在二樓。在門廳我看見瑪申卡（她是庫圖佐夫大街裁縫店的裁縫）在埋首哭泣。我問她出了什麼事。她說：「要是你趕上了這種事也得哭。我給她（江青）趕了一夜才縫好的連衣裙，讓她試試，可是她卻不願意試！」我不知道是什麼原因使江青情緒不好。[10]

1956年5月，「江青做放射治療整1年，需要赴莫斯科複查。複查結果令人滿意。」[11] 但問題是江青本人並不這麼看。

9　《毛澤東私人醫生回憶錄》，頁177。

10　卡爾圖諾娃，〈我給江青當翻譯〉，原載於俄國《半人星馬座》雜誌，1992，第1-2期。此處引文轉引自葉永烈，《江青傳》（烏魯木齊：新疆人民出版社，2000），頁294-295。

11　張國男，〈我所接觸的江青〉，原載北京《炎黃春秋》，2015，第4期，http：//www.21ccom.net/articles/history/xiandai/20150521124946_all.html。

據她身邊的醫生觀察，儘管「蘇聯的放射治療非常成功，但她變得更難以伺候，抑鬱消沉」：[12]

　　　　江青從蘇聯接受醫療返國後，神經衰弱更形嚴重。她認為她有重病，子宮頸原位癌復發、咽部淋巴結發炎、胃不好、消化能力差、頭上似乎壓了一個鐵盔。她自稱是淋巴體質。她說耳鳴，好像有個蟲子向耳裡鑽。怕風、怕光、怕聲音，而且有一種恐懼感。她長期有失眠症，安眠藥換來換去，然後又說藥物過敏。她對安眠藥上癮。她生病也生上了癮。但她的鈷60放射治療十分成功，原位癌完全治癒。[13]

　　從現代精神病學的數據來看，癌症病人如果不能對自身疾病缺乏了解並過度的恐懼，是非常容易患上憂鬱症等心理疾病的。「一項研究以3個癌症中心的215名癌症病人為對象，調查研究他們當中精神病的患病率。德若伽提斯（Derogatis）（1983）發現47%的病人出現精神病的徵狀……隨著病情的加重，病人患上抑鬱症的機率也增加。」[14]

　　然而，江青在上面所講「恐懼感」恐怕絕非只是對癌症這樣一種疾病的恐懼，更是對由此而引發的對她和毛澤東婚變的恐懼。因為上述的婦女病，江青大約和毛在1955-1956年間開始

12　《毛澤東私人醫生回憶錄》，頁198。

13　同上，頁243。

14　林英尊，《抑鬱症：被誤解的疾病》（新加坡：盍甲出版有限公司，2011），頁139-140。

便沒有了夫妻間的性生活。毛澤東雖然沒有和她離婚，但不停地在外面找年輕的女人，使江青有一種極度的不安全感，時時感到有失去她第一夫人地位的恐懼：

> 因為毛的外遇多，江又不能不想到，她的位置有可能被別的女人取代。剛開始毛為了顧及江青的顏面還偷偷摸摸的。但日子一久，便也沒有那麼小心謹慎。江青就撞見毛和她自己的護士許多次。她作為一個女人，自尊心受極大打擊，但又無可奈何。她又不敢公然表示她的怒意，怕毛不要她。[15]

　　對江青的原始病源，毛澤東其實心裡非常清楚。他對自己的御醫李志綏開誠布公地說過：「江青就是怕我不要她了。我同她講不會的，可她就是放心不下。你看怪不怪。」[16]

　　這其實並不奇怪。這種因丈夫的外遇而導致妻子的精神疾病，在現今的網上被稱為女性的「外遇型的精神疾病」，屬「憂鬱症」，是一種常見的女性心理疾患的來源。[17] 不管毛澤東對婚姻的不忠是否是江青的病源，江青在文革前便有不輕的精神疾病應當是一個不爭的事實。說來頗具諷刺意味，1958年那一群中國大陸的頂尖的醫生們診斷江青有「強迫觀念和雙重

15　《毛澤東私人醫生回憶錄》，頁137。

16　同上，頁138。

17　可參見邱念睦醫師的〈女性心理疾病與社會適應〉。他指出：外遇型的女性精神疾病「文獻上確定重鬱症之發生，是女多於男，甚至可為男性之二倍」，http://taiwan.yam.org.tw/nwc/nwc2/chiou.htm。

人格」的精神病患時，開出的治療方法之一是建議江「多參加文娛活動」。[18] 不料沒多久毛真的派江去了文藝戰線，先搞京劇改革，後又發動了驚天動地的文化大革命，使她在政治風暴中獨領風騷、竟成了「文化大革命的偉大的旗手」——這絕對是李志綏等一群中國職業醫生們在陰差陽錯中始料未及的。

偏執型人格、政治報復和「第一夫人情結」

　　據李志綏回憶：「江青參與政治後，她原本的神經衰弱就逐漸消失無蹤，我的日子相對也好過多了。她很少再向我抱怨，或找我去調停她和護士們之間的爭吵。」但李醫生又補充道：江青對和她有裂隙的人「舊恨難消，政治權力給了她報復的機會」。[19] 事實上，政治野心的滿足可能一時減輕一些江青的心理疾病的徵狀，但絕不可能根治它們。江青秘書楊銀祿在上一節的證言表明，這些徵狀還都是存在的。因為江青在文革中口含天憲、權傾一時，導致更嚴重的問題發生了：她可以利用手中權力在政治運動中大肆報復。江青確實是帶著她的病態心理進入文革歲月的。但是她患的畢竟還不是完全喪失自主意識和語言能力的精神分裂症。也就是說，那些心理病患會在一定的程度上影響她的政治活動，但畢竟還沒有到主導她全部意識和人格的程度。

　　從精神分析的視角來看，江青的「報復心」和她的家庭出

18　《毛澤東私人醫生回憶錄》，頁244。

19　同上，頁387。

身和童年經歷應當有一定的關聯。江青在1937年進入延安之後
所寫的小傳裡說：

> 我是產生在一個已經走向沒落的小資產階級家庭裡。在
> 我的記憶裡，童年的生活充滿了恐怖、淒涼的情調。[20]

這些「恐怖」和「淒涼」具體是指一些什麼樣的經歷呢？
江青在接受美國女學者羅克珊・維特克（Roxane Witke）的訪問
時回憶道：她父親是一個開車輪店的山東小財主，但在家庭生
活中充滿了「狂暴行為」。他經常野蠻地「毆打母親和我們小
孩子」，以致他們只能離家出走、「到他家做僕人」。父親的
家暴甚至使江青從小就產生了一種社會性的報復心態，「認為
所有的男人都不是好東西」。[21] 她們母女兩人當僕人的經歷非
但飢寒交迫和流離失所，更備嘗了寄人籬下的世態炎涼：

> 她小時候從來沒有穿過新衣服，或真正屬於女孩子的衣
> 服（說到這裡，她的語氣帶著怨恨），所有衣服都是哥哥
> 穿剩的，頭上的兩根小辮子給她帶來了不少麻煩。在她母
> 親東主家有一個小女兒，喜歡模仿江青的怪模樣。一次，
> 那個孩子又捉弄她，猛扯江青的頭髮，她痛極而怒，使盡
> 全身力氣把那個孩子推倒在地。可怕的情景出現了，東主

---

20 見江青手跡，載施為鑒，《不為人知的江青》（香港：夏菲爾出版有限公
　　司，2008），頁36。
21 羅克珊・維特克（Roxane Witke）著，范思譯，《紅都女皇：江青同志》
　　（香港：星克爾出版有限公司，2006），頁48。

家的人都忙著幫那個孩子，結果，江青的母親被解雇了。[22]

　　西方心理學的兒童依戀理論（Attachment Theory）認為：如果個體在兒童期受到冷落、虐待等創傷，其情感發育就會受損，形成一種與別人在感情上疏遠的不良傾向。在被欺負環境中成長的孩子對周圍環境的感受是孤獨和恐懼的。當他／她一旦成長並強大後，便常常會由感受孤獨變成敵視周圍，由恐懼某種對象，變成對這種對象的報復。[23] 江青曾在接受上述訪問時坦承：她少女時對欺負過她的人就有很強的報復心。例如，1929年她被濟南的山東省實驗劇院錄取，主要學習現代戲，也有一些古典音樂和戲劇課。當時僅有3個女生的班上，另外2個與其他同學一樣，看不起江青，因為她穿著破舊。於是江青「設法搞惡作劇報復」：

　　學校在一座古老的孔廟裡，夏天，房間非常悶熱。下課後，學生經常到大殿乘涼，江青清楚地記得高大的孔子雕像佇立在大殿中央。他戴著巨大的、前後帶珠簾的帽子，兩側是72位聖賢，他們是他的弟子。一個悶熱的夜晚，江青走進大殿，在一把舊藤椅上坐下來。那兩個女同學走進來，命令她搬椅子給她們坐。江青順從她們的要求，先提起一盞燈籠，幫助她們搬來兩把椅子。可是當她們得意洋

22　《紅都女皇：江青同志》，頁48-49。

23　這一理論為英國心理學家和精神分析學家Edward John Mostyn Bowlby所創立。其學術概要可見 *Wikipedia*，https：//en.wikipedia.org/wiki/Attachment_theory。

洋地坐下之後，江青卻不動聲色，提著燈籠悄悄溜出殿
外，把門關上，逃之夭夭。兩個女孩子突然間被關在陰森
可怕的大殿內，嚇得大叫救命。……24

　　一般說來，報復是因為一個人的利益因另一個人的行為而
產生一定量的損害，那麼前者的報復心理會期待讓後者也產生
不低於該量（一定量）的利益上的賠償，或也產生不低於該量
的利益上的損害。在江青少女時的上述「惡作劇報復」中，我
們看到這個「量」的範疇是得到了控制的，因而還是可以理解
為一種沒有偏離正常太遠的人格和心理行為。然而，美國女學
者羅克珊‧維特克在訪談時還敏銳地發現：江青掌權後所闡釋
的文革政治動機和起源故事，則「一半出於想像，一半出於真
實，直到她掌握了足夠的權力毀滅他們〔這裡指江青要打倒的
對象──筆者注〕。個人復仇被融合到了為毛的政治服務的方
針中，驅使她要來一場文化大革命……」25 如果說追逐權力對
戀愛中的女人是一種天然的春藥，那麼被掌握的權力對使用她
的女人更可能是一種可怕的毒藥。在江青文革的政治活動中，
我們確實可以看到很多政治權力極端地擴大和深化了她的報復
心理，以致使她做出一些令人很不理解非常態甚至病態的失控
行為來。

　　1966年7月26日晚間9點多，江青、陳伯達、康生帶著中
央文革全套人馬在北大召開了萬人大會，動員學生起來反對工

24　《紅都女皇：江青同志》，頁54-55。
25　同上，頁5。

作組。這大概是江青在文革初期的群眾大會上的最早的講話之一。然而，江青在大會上突然講了一件毛澤東家庭裡的親屬間的矛盾，並把它上升到「路線」鬥爭的高度。據當時紅衛兵傳單中的簡要記錄，江青是這樣憤怒地聲討了毛的第二個兒媳婦邵華（當時在北大中文系就讀）和她的母親、即毛的親家母張文秋的：

> 　　下面我來講講張承先的幹部路線。在他的幹部名單裡有個叫張少華的。這個人我是知道的。她是核心小組領導人物。她的母親張文秋是一個全國通報的政治騙子手。她欺騙了中文系五年級同學。我不知道她用什麼辦法沒到外地搞社教留在北京了。我的一個孩子有病，一個護士同志發揚了高度的革命人道主義精神，護理我的孩子，後來張文秋、張少華她們趕走了護士，跟他（指毛岸青——筆者）結婚！（氣得說不出話）……革命同志們，教師們，四年來我們受盡了氣，我是受他們害的，本來我沒有病，我的心臟病就是被他們逼出來的，我講不下去了，現在請陳伯達同志講幾句話。（她很激動，講不下去了。）26

　　據說當時的萬人會場一時寂靜了下來，因為大家實在不知道這個「張少華」是何許人，為何惹得第一夫人如此大發雷

霆。至於張文秋，更從來沒有人看到過說她是「政治騙子手」的「全國通報」（並不存在）。這裡還有當年在會場上的北大學生繪聲繪色的回憶：

突然有嗓子嘶啞的女人哭聲響起，會場頓時寂靜下來。

「我要控訴，我要抗議！階級鬥爭搞到我們家裡來了！」江青在擴音器旁哭述起來：「特務搞到我們家裡來了！我氣憤！我要控述！」

這下會場上萬雙耳朵都豎起來了，大家踮起腳尖要看是誰在哭述，一看是江青，偉大旗手！只聽江青沙啞地喊：「張少華在不在？」

整個會場都暈了，不知道旗手喊的是誰？

有人對著麥克風大喊：「張少華在不在？」無人答應。誰叫張少華？上萬人墮入五里霧中！

江青手舞起來，喊：「同學們，小將們！你們看看張承先的幹部路線！他就是推行叛徒特務路線！在張承先的領導核心中，有一個叫張少華的，女的！她的母親張文秋是全國通報的政治騙子（注：始終未看到全國的通報）！張少華說她自己是毛主席的兒媳婦，我們根本不承認！不承認，就是不承認！……同學們，這就是階級鬥爭！階級鬥爭搞到我們家裡來了！同學們，小將們，這4年，我在文藝界工作，受夠了彭真周揚迫害！我本來沒有心臟病。現在我的心臟也不好了，心臟也有毛病了！我要控訴！我要控

訴！」[27]

　　用一句通俗的話來說，江青在這個萬人大會上的表現不僅大失她作為「中央首長」的人格和第一夫人的身分，還表現為一種底層潑婦式的歇斯底里。然而，歇斯底里症（英語：Hysteria），表面上看來只是一種無法控制的情感發洩，在心理學上其實是一種精神疾患的外顯。根據美國《精神疾病診斷與統計手冊》第5版，它已經被歸入「人格障礙」的範疇，也就是文革前醫生給江青診斷的「雙重人格」，或「多重人格障礙」。[28] 通俗地說，「人格障礙」是指個體在日常生活中的情感反應和意志行為與正常人水火不容、格格不入。而「多重人格障礙」則進一步說在一個人身上有超過一個的人格存在：除了正常的，還有多種非正常的。在世界精神病學的著述中羅列的十餘種病態人格裡，有一種叫「偏執型人格」（Paranoid personality disorder）的特徵似乎比較符合江青的上述表現。「偏執型人格」是一種病態人格，它的嚴重性已經介於正常人格和偏執型精神病人之間。因為它具有攻擊性，便常常是犯罪心理學的研究對象。中國犯罪心理學的奠基人之一的羅大華在他那本著名的《犯罪心理學》中是這樣描述這一變態人格的：

　　　　偏執型人格障礙是一種以猜疑和偏執為主要特點的人

---

27 老兵夜話〈「毛主席家裡的階級鬥爭」〉，http：//blog.sina.com.cn/s/blog_6bed063f0102e20f.html。

28 *The Diagnostic and Statistical Manual of Mental Disorders.* pp.545-552.

格障礙。患者的臨床特點為主觀、固執、敏感多疑、心胸狹隘、報復心強、自我評價過高、容易攻擊衝動。一方面可表現為驕傲自大，自命不凡，總認為懷才不遇或受到迫害；另一方面在遇到挫折或失敗時又可表現沮喪、埋怨、怪罪他人，推諉於客觀而易與周圍人或領導發生衝突。他們常產生關於被害的、關係的或嫉妒的超價觀念（由強烈情感加強了在意識中占主導地位的觀念），可能產生報復性或攻擊性行為。[29]

　　精神醫學上所講的人格，是以性格為核心，還包括先天素質、氣質、智慧、適應社會的方式與能力以及個人的心理特徵等方面，是由軀體的、心理的、社會文化等多種因素共同作用而形成的穩定複合體。人格障礙主要表現為人格結構和它的組成部分在均衡發展上產生障礙，突出地表現為情感和意志明顯偏離正常。我們不妨來對照分析一下，江青如何在北大的萬人大會上表現出種種「偏執型人格」的特徵。首先，江青的表現「以猜疑和偏執為主要特點」。事實是：邵華（張少華）和毛澤東第二個患精神病的兒子毛岸青的婚事是得到毛親自的批准和支持的，而且毛岸青也不過是江青的繼子而已，有他的親生父親毛澤東同意應當就可以了。而江青因為對此婚姻的不滿，

---

29 羅大華（1936-2015），中國政法大學教授。1983至2010年擔任第一屆至第七屆中國心理學會法制心理專業委員會主任。他主編的《犯罪心理學》是中國大陸第一本犯罪心理著作，為司法部統一教材。它不僅在大陸出過6版，在臺灣也出版過。此處引文來自他著作的「在線閱讀」，http://m.yuexinli.com/fanzuixinlixue/fanzui/1619.html。

便猜疑成一種至少邵華母女是想在毛澤東家裡和她爭權奪利的陰謀（「階級鬥爭搞到我們家裡來了」），[30] 還要把邵華的母親張文秋胡說成「全國通報的政治騙子手」。其次，江青把她和毛的家事搞到萬人大會上來上綱上線，又可見她的「心胸狹隘、報復心強」和「容易攻擊衝動」。據江的秘書回憶，江青和她的兩個繼子——毛岸英和毛岸青長期不和。她一直把他們作為要在毛澤東身邊要清除的「楊開慧勢力」。毛岸英在朝鮮戰爭中逝世後，有精神病的毛岸青就成了下一個要從毛家趕出去的對象。江青在上述講話中所提到的那個護士（「我的一個孩子有病，一個護士同志發揚了高度的革命人道主義精神，護理我的孩子，後來張文秋、張少華她們趕走了護士，跟他〔指毛岸青——筆者〕結婚！」），其實是毛岸青在蘇聯治療精神病時的一個蘇聯護士。江青非常支持這樁跨國婚姻，還提前送了新娘禮物。因為這樣就可以讓毛岸青定居蘇聯，永久地趕出毛家。[31] 最後，江青還確實把自己放在「受到迫害」的地位（「現在我的心臟也不好了，心臟也有毛病了！」），從而把這一變態離奇的「報復性或攻擊性行為」在她的另一重變態人格中合理化。當然，因為邵華畢竟是毛澤東喜歡的兒媳，江青的這一行為當時並沒有產生直接的嚴重後果。

　　應當補充的是：江青的這種歇斯底里的「衝動」在文革中

---

30 網路上有一種流傳的說法，說江青之所以遷怒邵華和她母親張文秋，是因為她們和毛有不正當的性關係。但此說至今缺乏可靠的證據。可參見：〈毛澤東亂倫：一張從未被發現的毛亂倫照片〉，http：//www.aboluowang.com/2012/0109/231894.html。

31 楊銀祿，《我給江青當秘書》，頁120。

屢次發生，而且越來越具有「攻擊性」。有時，江青的「攻擊性」竟發展到在公眾場合使用暴力的程度。以下是幾幕鮮活的歷史紀錄：

其一，因為宋慶齡是民國的以嫻靜雍容、溫文爾雅聞名的第一夫人，一直為江青妒忌。加上文革初宋又對江的一些做法頗有微詞，江青便多次在公眾場合把《宋慶齡選集》扔到地板上，並「像發了瘋一樣似的」用「雙腳踐踏」，還「咬牙切齒地咒罵」。[32] 原中央文革小組組長陳伯達也目擊過這類事情。他說：「有一次，江青走進我的辦公室裡，到我的書架跟前查看，看到書架上有一本精裝的《宋慶齡文集》，就拿下來摔到地上，用腳踩。……簡直就像發神經。」[33]

這裡應當一提的是：當年和江青一起工作過的同事中，並非陳伯達一人認為江青精神不正常，原《光明日報》總編，中央文革小組成員穆欣也認為「江青精神不正常」。為此，江青「不能容忍」，堅持把他打倒。[34]

其二，1966年12月的中央工作會議上，江青因為她要揪出賀龍提議一時沒有得到毛澤東的採納而放聲大哭。陳伯達因和她不和，便用嘲諷的口吻勸了一句。不料江青「騰地站起。直對陳伯達破口大罵：『你是什麼東西！』『你還配穿軍裝

---

32 穆欣，《辦「光明日報」十年自述，1957-1967》（北京：中共黨史出版社，1994），頁316。又見〈文革中江青與宋慶齡的矛盾〉，載《中國共產黨新聞網》，http://dangshi.people.com.cn/GB/85039/12576655.html。

33 陳伯達，《陳伯達最後口述回憶》（香港：陽光環球出版香港有限公司，2005），頁308。

34 王力，《王力反思錄》（香港：北星出版社，2001），下卷，頁718。也可參見穆欣，《辦「光明日報」十年自述，1957-1967》，頁354。

嗎？』說著，江青什麼體面、影響都不顧了，撲了上去，一把
揪住陳伯達的衣服領子，用力一拽，只聽『撲哧』一聲，把陳
伯達的領章揪了下來。」[35]

　　其三，因為江青多次撞見毛澤東和他的年輕女友的「大被
同眠」而醋罐打翻，毛澤東便在1969-1970年左右下令警衛部隊
未經他批准不允許江青到他的住處。[36] 有一次，江青為警衛人
員阻攔，便手提木棍，要動手打人。[37]

　　其四，江和毛分居後老是要干涉毛的起居飲食，均遭到毛
的嚴詞拒絕。一次中央警衛團副團長張耀祠來傳達毛不允許她
「干涉」毛的飲食的指示，當場被她「氣急敗壞地狠狠地踢了
一腳，然後揚長而去。張耀祠撫摸著疼痛不已的腿，真是哭笑
不得」。[38]

　　其五，1976年9月18日，江青竟和毛澤東的表侄女王海容一
言不合，就在毛的追悼會上大打出手⋯⋯[39]

　　對於江青在政壇上的種種歇斯底里和耍潑撒野的表現，毛
其實完全是心知肚明的。1967年8月毛在武漢，正值武漢事件發
生，江青和林彪（葉群）等人在北京大造輿論，要一舉揪出所
有的「軍內走資本主義道路的當權派」。毛的御醫李志綏有這

35　《不為人知的江青》，頁155。

36　《毛澤東私人醫生回憶錄》，頁464。

37　楊銀祿，《我給江青當秘書》，頁109。又見陳長江、趙桂來，《毛澤東最
　　後十年：警衛隊長的回憶》（北京：中共中央黨校出版社，1998），頁199-
　　200。

38　《我給江青當秘書》，頁108。

39　索爾茲伯里（Charlotte Y. Salisbury），〈毛氏追悼會上江王大吵——採訪宋
　　慶齡的回憶〉，香港《文匯報》，1990年8月5日。

樣一段有趣的描述：

> 我們還在武漢梅園招待所時，毛每天看《魯迅全集》。有一天他突然講了一句：「葉群是阿金式的人物，江青也差不多。」雖然毛對江青鬧得天翻地覆的行為不安，他還是沒有採取任何阻止她的行動。[40]

這裡的「阿金」，是指魯迅小說化的散文《阿金》中的主人公，是一個城市女傭。她雖然出身卑微，但不甘於做人下人。她行為放蕩不羈，敢於耍潑撒野。阿金一來，便引發了周圍男人們的追逐和巷戰。魯迅在文中自嘲說：阿金搖動了他30年來的信念。他一直認為男性的作者「將敗亡的大罪，推在女性身上」是冤枉，「殊不料現在阿金卻以一個貌不出眾，才不驚人的娘姨，不用一個月，就在我眼前攪亂了四分之一里，假使她是一個女王，或者是皇后，皇太后，那麼，其影響也就可以推見了：足夠鬧出大大的亂子來。」[41] 毛澤東私下講江青、葉群是「阿金式」的人物，其評價當然是負面的。毛深知她們是可能「足夠鬧出大大的亂子來」的「女王」或「皇后」。但時隔不到兩年，卻又是同一個毛澤東，卻批准了江青和葉群一起在九大進入中共最高的中樞機關當了政治局委員。據說毛澤東還說過：「江青鬥爭性強，階級立場堅定，這點我倆是一致的。她不會搞兩面派，但不懂策略，不懂團結人，所以吃了

40　《毛澤東私人醫生回憶錄》，頁475。
41　《魯迅全集》（北京：人民文學出版社，1981），卷6，頁205。

虧。」[42] 西方的兩位研究毛澤東的學者提出過這樣一個頗具真知灼見的觀點：「毛不擔心江青的耍潑胡鬧不得人心，他就是要用她在中共高層製造一種人人提心吊膽、朝不保夕的氣氛。在毛面前，江溫順得像隻小貓，只有毛能夠帶給她災難。」[43]

江青的這種無端猜疑和瘋狂報復的變態人格，在打倒劉少奇和把他夫人王光美誣陷為「美國戰略特務」的專案中得到了淋漓盡致的表現。這裡首先必須說明的是：從歷史問題上入手、調查並拼湊打倒劉少奇的材料是「毛主席的戰略部署」，而不是江青的創造發明。在公正的歷史研究中，江青完全沒有必要為毛承擔任何他的罪孽和過錯。這裡必須反對用批老婆來為皇帝代罪的「女人禍水」的傳統偏見。然而，江青在這一文革最大的冤案中確實又有她個人的創造和發明。所謂的「劉少奇、王光美專案組」，是毛澤東在1967年批准成立、由周恩來親自任組長的。當時主要負責具體操作的是公安部長謝富治。皮相地看來，江青和它的關係並不大。然而，謝富治在1968年8月26日的一個批示中卻洩露了天機：

> 大叛徒劉少奇一案，主要工作都是由江青同志親自抓的。今後一切重要情況的報告和請示，都要首先報告江青同志。[44]

---

42 高文謙，《晚年周恩來》（紐約：明鏡出版社，2003），頁579。

43 Jung Chang and Jon Halliday, *Mao: The Unknown Story*（London：Globalfair Ltd.），2005. 見中譯本《毛澤東：鮮為人知的故事》（香港：開放出版社，2006），頁539。

44 紀希晨，〈江青的魔爪和醜態〉，《人民日報》，1980年12月4日。

　　江青自己在中國大陸對所謂的「林彪、江青反革命集團案」的庭審中也承認她插手這一專案工作是「受了委託」——當然是來自毛的「委託」。[45] 然而，對劉的妻子王光美的審查，並把她打成「美國戰略特務」便基本上出自於江青的首創。其實，這一罪名的極度荒謬是顯而易見的。據專案組稱：王光美成為美國特務是她在北京輔仁大學畢業前後。屆時王只有24歲，並沒有和任何美國政府人士有過接觸。她被北京地下黨介紹去當國、共、美三方代表組成的北平「軍事調處執行部」的英文翻譯是1946年2-3月的事，而此時美國戰略情報局已在一年前解散了。在江青的親自批准下，專案組逮捕了原輔仁大學的代理秘書長，後任河北師院外語系教授的張重一和原輔仁大學教授，王光美的老師楊承祚。江青要他們承認發展了王成為美國的「戰略特務」。而其中張重一根本和王「連話都沒有說過」。[46] 張、楊兩位渾身是病的老人都死於王光美專案組的瘋狂刑訊逼供之下。專案組的初步結論說：「從調查和審訊情況來看，基本上可以斷定王光美是戰略情報局的一個特務」。而江青對這個已屬荒謬的結論還大不滿意，打了一個大「X」，批道：「搞得不好，退王專案組。」於是，結論又升級成了「根據現有材料證明」，王光美不僅是「美國特務」，還是「日本特務」和「國民黨特務」了。[47]

　　從江青和王光美的歷史交集來看，兩人之間似乎沒有深仇

45　同上。

46　孫浩剛、李庚晨，〈迫害狂——江青〉，《解放軍報》，1980年12月9日。

47　李耐因，〈偽證是怎樣製造出來的？〉，載《歷史的審判：審判林彪、江青反革命集團案犯紀實》（北京：群眾出版社，2000），上冊，頁264。

大恨。為什麼江青要對她如此逞兇施虐呢？1967年4月10日清華大學造反派開過一個批鬥王光美的萬人大會。據當時中央文革辦事組的王光宇後來揭發，江青通過關鋒派他去清華大學暗中操縱，還特別要求造反派給王光美穿上她出國訪問穿的衣服項鍊以示侮辱。[48] 這一細節清楚地揭示了江青的仇恨和她對王光美作為國家主席夫人頻頻出國訪問的嫉妒有關。長期以來，江青一直有一種非常強烈的「第一夫人情結」。照理，江青自她和毛澤東結婚始，便已經是中共的第一夫人，應當沒有這一情結。但是事實恰恰相反。一方面她固然是第一夫人，但在她嫁給毛澤東後的很長一段時期，卻無法獲得她嚮往和應有的地位和名分。在新中國建立以後，她應當可以當上名符其實的第一夫人了，卻又因病而和毛長期分居，從沒有隨毛出國訪問而名不符實。而王光美，卻作為國家主席劉少奇夫人，一次次出訪，在海外出盡「第一夫人」的風頭。

　　「情結」（complex）作為一種心理學術語，指的是一群重要的無意識組合，或是一種隱藏在一個人神秘的心理狀態中，強烈而無意識的衝動。既然情結是一種「結」，必然在無意識的洶湧中呈現為難以消解的糾結和矛盾。由此便產生了一種同樣難以消解的嫉妒（Obsessional jealousy）。按美國《精神疾病診斷與統計手冊》的標準來看，這是「強迫症或和它有關的人格變態」（Obsessive-Compulsive and Related Disorders）的臨

---

48 王光宇，〈清華大學造反派侮辱性批鬥王光美內幕〉，載閻長貴、王光宇，《問史求信集》（北京：紅旗出版社，2009），頁178-182。

床表現之一。[49] 而「強迫症」，又正是文革前的醫生們對江青心理疾病的初步診斷之一。應當補充的是，這種難以消解的嫉妒，在上述精神病學的著作中同樣是江青的變態人格──偏執型人格的臨床表現。[50]

　　如果說江青的嫉妒只是存在於她的主觀意識裡，不轉化為行動，便並不會構成犯罪和對社會的危害。而根據羅大華的《犯罪心理學》，由這種偏執型人格導致的精神病，是危害社會最多、最容易導致犯罪的精神病類型之一：「偏執性精神病人因其意志行為受妄想影響和支配，……往往導致傷害、殺人、誣告、反社會言行等各種危害行為。……很可能對妄想對象採取報復、攻擊行為」；而「嫉妒妄想」則更可能惡性發展到「兇殺行為」。[51] 如果說文革前的江青，因為手中無權，哪怕她妒火焚身也無法對王光美實行報復。而文革使江青差不多到達了權力的頂峰，她可以輕易地利用國家機器（如王光美專案組）置王於死地。王光美確實差一點被槍斃。九大以後，林彪為討好江青和她的專案，批示判處王光美死刑，還要「立即執行」。後因毛澤東念及舊情，批示「刀下留人」，王光美才倖免於難。[52]

49　*The Diagnostic and Statistical Manual of Mental Disorders.* p.264.

50　同上，p. 649。

51　羅大華主編，《犯罪心理學》，http：//m.yuexinli.com/fanzuixinlixue/fanzui/1619.html。

52　〈迫害狂──江青〉。

從被迫害妄想到現實中的迫害狂

作為毛澤東的文革同謀和主要打手，除去她的領導責任，江青還直接誣陷和迫害了大批無辜的幹部和群眾。其數量在1980年中國大陸對所謂的「林彪、江青反革命集團案」的官方起訴文件中有如下的披露：

> 被告人江青隨意點名誣陷大批黨政軍領導幹部和群眾。……至於江青個人究竟點了多少名，誣陷了多少人，這個數字現在是很難統計的。我們僅從1967年到1970年這段時間，從江青的部分講話錄音中就查出被她直接點名誣陷為「叛徒」、「特務」、「裡通外國分子」、「反革命」等等罪名的幹部、群眾即達一百七十四人，其中有中央委員、候補委員二十四人。凡是被她點名誣陷的人，絕大多數都遭受了各種迫害。有的被整病了，有的被整傷了，有的被整殘廢了，有些人被整死了，弄得家破人亡。53

為此，江青在文革後的批判文章中常常被人們稱為「迫害狂」。說到江青的誣陷和迫害，這裡還有一些反常現象值得我們做進一步研究。在為江青迫害的對象中，當然有很多是她明知對方不是「叛徒」、「特務」、「裡通外國分子」和「反革命」的。但是江青為了毛的權力鬥爭的需要，有意羅織罪名、

53　〈公訴人江文 被告人江青所犯罪行的發言〉（1980年12月24日），載《歷史的審判：審判林彪、江青反革命集團案犯紀實》，上卷，頁68-69。

陷人於囹圄之中。這一類的政治迫害，沒有江青也會有毛的其他打手來如期進行，她不過是起了推波助瀾的作用而已。另一種則不是如此。他們並非來自毛的意願，江青卻似乎確實懷疑和認定被迫害的對象有問題。儘管江的這種主觀意識在稍有正常邏輯思維的人看來都是荒唐不羈的，但江青當時卻言之鑿鑿，信之不疑，注入了自己的感情和戲劇的效果，以致不時地鬧出笑話來。

在江青秘書楊銀祿的回憶錄中，有這樣一則「一顆安眠藥、驚動政治局」的故事。講的是1972年3月4日晚上（林彪事件以後），江青在不經意中吃了護士曉兆給她的備份安眠藥，忘了，還責怪曉兆沒有給她。本來這件小事到此就可以了結了。但是江青一聽說曉兆是「廣州軍區調來的」，立刻就懷疑她是「黃永勝派到我這裡來的」。還打電話叫所有在京的政治局委員都來調查這一林彪集團「迫害」她的陰謀。江青的胡鬧顯然沒有得到她同事們的支援，因為曉兆不過是一個護士，而所有江青服用的安眠藥都是由醫生決定的，和護士沒有任何關係。連和江青一起同為「四人幫」成員的「張春橋、姚文元，也對江青的這種做法看不慣……在一旁默不作聲」。但江青並沒有認為自己的懷疑是錯誤的，而是充滿了進一步的恐懼，以致一夜未眠，第二天早上還嚇得「臉上的肌膚在顫抖」連「拿筆寫信的力氣都沒有了」。只能用口述的方法讓秘書給毛澤東寫了一封正式的「受迫害者」的求救信，如下：

　　主席：我長期遭受林彪一夥的迫害，他們指使在我這裡的坐探叫我服了大量的毒藥，使我植物神經功能嚴重

失調。我現在嘴唇青紫，手腳發麻，頭髮脫落，好似乾
柴……請主席為我做主……[54]

　　毛澤東當然沒有理睬江青這一可笑的猜疑。但是江青卻仍然把它作為自己受到林彪迫害的重要案件資料鎖入保險箱。很顯然，江青認為她對身邊工作人員的懷疑和她被迫害都是真實的。此類被迫害的妄想在文革中多次發生。例如，她將這種受迫害的情結擴展到毛澤東身邊，認為毛身邊也有一個由「醫生護士等人」組成的陰謀集團，並當著毛的面嘮叨不止。最後，毛實在不勝其煩，便當著所有人的面對江青說：「你說這些人（指他身邊的工作人員）是反革命、特務集團，你知道這個集團的頭子是誰？那就是我。」[55] 江青這才啞口無言。

　　精神病學的常識告訴我們：這是一種典型的「被迫害妄想症」（Persecutory type of delusional disorder），大都屬偏執型人格變態。它的臨床表現是：

　　患者會自覺受到迫害，如言語上的針對、嘲弄、跟蹤及
監聽等，患者更可發展出很廣泛及系統性的被迫害思想，
例如會認為整個暗殺集團部署暗殺行動。故此患者會處處
防備，生活極度謹慎，由於擔心被害，患者的社交生活及
日常工作都會受到影響。其中的「妄想」是指病人整天多
疑多慮，胡亂推理和判斷，思維發生障礙，是精神疾病的

54　《我給江青當秘書》，頁93-99。

55　同上，頁107。

一個重要徵狀。患者可伴有幻覺，但無其他明顯的精神徵狀。病人由於缺乏安全感，導致對外界的極度不信任，而產生的一種幻想。[56]

在西方心理學界對偏執型人格患者的研究中，很早就有人把這類人格障礙者分為兩類。一種被稱為迫害偏執人格，「傾向於責備人，把別人看成壞人，把自己看成受害者，認為自己遭到虐待和迫害。」另一種被稱為懲罰偏執人格，「個體傾向於責備自己，認為自己是壞的，而因為別人懲罰他們是正當的，他們有一種將威脅解釋為懲罰的傾向。」[57] 江青的人格障礙顯然屬於前者。

美國心理學家史蒂芬・卡普曼（Stephen Karpman），為醫學博士。他曾任美國國家海軍精神科醫生，與人際溝通分析學派（Transactional Analysis，簡稱TA）創始人艾瑞克・伯恩博士（Eric Berne）一起工作。在長期的臨床實踐中他發現所有的心理遊戲中都有迫害者、拯救者與犧牲者這三個角色，而每一個人都常常在這三個不同的角色中互換位置。為此，他創立了著名的卡普曼戲劇三角形（Karpman Drama Triangle）：[58]

56　見維基百科中的條目，https：//zh.wikipedia.org/wiki/被害妄想。

57　劉娜，〈偏執人格障礙的認知理論〉，《三峽大學學報》，2008年1月，卷30專輯，頁154-155。

58　Karpman, Stephen. *A Game Free Life*（Drama Triangle Publications），2014.

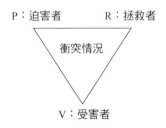

　　按照這一理論來分析江青的迫害狂的形成，我們會發現其重要來源卻是她長期的「受害者」情結，或被迫害狂想症。在這一互換的過程中，江青先是把自己在幻想中虛構為一個被迫害者（「受害者」），而所有她要打倒的政治對手和整肅的對象又被想像為對她進行瘋狂迫害的人（「迫害者」）。這樣，她就有了道德的支點和合法的理由去同樣瘋狂地反擊這些迫害她的人，而成為一個「拯救者」。其實，正是她在虛構世界裡的被迫害的妄想使得她在現實的世界裡成了瘋狂的迫害者。對此，為江青寫傳記的美國學者特里爾（Ross Terrill）有類似的觀照：

　　　可以肯定地說，江青是好戰的；但是她把自己的鬥爭看作是自我防衛……江青經常沉湎於幻想之中。少女時代的她就充滿了激情和夢幻……現在亦無大改變，她感到肩負著某種使命的衝動，她覺得自己成了衝鋒陷陣拯救自己的人民的女英雄。[59]

59　R・特里爾著，劉路新譯，《江青全傳》（石家莊：河北人民出版社，1994），頁170、191。

　　長期以來，江青一直有一塊非常大的歷史心病，那就是她在30年代在上海當演員的那段歷史。其實，江青在當時是一個進步的革命文藝青年，也從不是什麼「叛徒」。她在愛情上的追求也並非是低俗淫蕩的；相反，真實地反映了一個現代新女性在那個時代追求自由和女權的努力和波折。在文革中曾是第一任江青秘書，現又成為文革研究專家的閻長貴先生對江的這段歷史有非常中肯的評價：

> 江在「文化大革命」中作惡多端。那麼，江年輕時就是一個壞人嗎？我認為不能這樣說。……江在「文革」中，一方面吹噓自己30年代的革命經歷，經常向人講她30年代做地下工作的情況（向我也講過），一方面又竭力掩蓋自己30年代的另一些情況，對了解和涉及她30年代歷史的人大施淫威、殘酷迫害，使很多人特別是文藝界人士被迫害致死、致殘。她僅在這方面的罪惡就擢髮難數，這也清楚地表現著她政治和道德品質的卑劣。然而客觀地、歷史地講，同其他年代如40年代、50年代、60年代、70年代相比，江青的30年代是值得肯定的，它是江的「黃金年代」（這是美國傳記作家特里爾在《江青全傳》中的說法）。而江為什麼對她的30年代又諱莫如深？這大概是古今中外一切出身卑微後來又成為大人物的共同的變態心理。[60]

---

60 閻長貴，《江青第一任秘書閻長貴談江青》（香港：中國文革歷史出版社，2017），此處筆者的引言根據的是此書的電子版。

　　雖說閻先生把江青的心理問題延伸到古今中外的一切大人物身上有一點以偏概全，但對此是一種「變態心理」之說，實為神來之筆。首先，江青所投身的共產主義革命，是一種她青年時代所代表的個人主義和個性解放的天敵。加上中國幾千年以來對女性參政的仇視態度，江青在她的30年代的演員和文藝青年的經歷當然不是一種英雄血統，相反是為人垢恨的履歷。這大概使江青感到了「受害」的壓力並成為要掩蓋它的原因之一。其次，江青在30年代雖然也參加了一些進步活動，但無論在地下黨還是在左翼文藝界，都畢竟是一個小角色。江青要「吹噓自己30年代的革命經歷」，就必須把自己的作用無限放大。30年代上海中共和革命文藝的領導及代表人物，當然是周揚、夏衍、陽翰笙和田漢等人。而這些人非但在江青建國後的一些文藝活動（包括京劇革命）中反對了江的極左政策，恐怕在這些大人物們的內心深處對江青這個當年的三流演員是不屑一顧的。這些都自然而然地在江青這個心理疾病患者的無意識裡構成了深深的「受害者情結」。而在30年代的上海和周揚等人公開豎旗對立的是魯迅。這又就使江青產生了把兩者連結在一起的被迫害妄想。例如，在江青和維特克的談話裡，她對自己和魯迅一起受到周揚等人的迫害有如下的長篇描述：

　　　　在她有了演員的名氣後，幾家電影公司找到她強簽合同，這時魯迅出來保護她了。魯迅作為一名作家，批評電影公司是多麼殘忍地欺凌演員。最大的電影公司（通過周揚及其黨羽的文化運作，直接或間接地為國民黨服務）誹謗他和恐嚇要殺死江青來反擊魯迅。因此，在上海的那些

年，她和魯迅都受到了相同的迫害。像魯迅那樣，她的神
經時刻受到敵人的折磨。在說到各種不同的人和團體時，
她的聲音痛苦地升高了。那時候，國民黨和共產黨裡都有
人陰謀殺害她。……他們散布她將被綁架的謠言，實際
上，他們正試圖逼她自殺。她已經失去個人權利，沒有接
觸媒體的管道，沒有辦法去反駁攻擊者，為自己辯護。在
那些攻擊者中，很多人控制著媒體。當認識到自己已實際
上被與外界隔離了，很容易受到攻擊後，她每天都生活在
恐懼中。她的健康日漸惡化，抵抗力急劇下降。[61]

　　這一段冗長的表述完全可以當作一個被迫害妄想症患者的
自白，完全符合我們在上文引用過的臨床徵狀（「廣泛及系統
性的被迫害思想，例如會認為整個暗殺集團部署暗殺行動。故
此患者會處處防備，生活極度謹慎，由於擔心被害，患者的社
交生活及日常工作都會受到影響。其中的『妄想』是指病人整
天多疑多慮，胡亂推理和判斷」）。首先，這裡的「受害者」
是她虛構的，因為沒有任何歷史材料證明魯迅和江青在30年代
的上海有過交集。當維特克直接問江他們兩人是否相識時，江
青也只能羞羞答答地說，她在上海時，有人告訴她，魯迅曾看
過她的舞台演出。她臉色微紅地回答，強調是聽別人說的，
她自己並不知道是不是真的。[62]——可見和她一起扮演「受害
者」的魯迅和她的關係是純屬妄想。另外，江青眼裡扮演「迫

61　《紅都女皇：江青同志》，頁120-121。
62　同上，頁108。

害者」的「周揚及其黨羽」也是虛構的。因為30年代的周揚也並不認識江青（按江青的說法，只在田漢家裡匆匆見過一面而已）。由此可見，「綁架」、「陰謀殺害」、「逼她自殺」等等駭人聽聞的迫害完全出於江青「受害者情結」的外射。這裡最可怕的是：因為這種妄想被「廣泛及系統化」，這樣江在30年代的朋友鄭君里、趙丹乃至保姆秦桂貞都在不幸中被「系統化」進了她的被迫害妄想網絡中的某個連結點。而成了江青的瘋狂迫害對象。

　　現在我們就不難解釋為什麼不少受了江青殘酷迫害的人一直想不通江青要迫害他們的緣由，因為他們都覺得自己並沒有在現實中對江造成任何政治上的威脅。這裡解開迷思的鑰匙是：他們都在用一種正常思維來思考和判斷江青的非正常思維——深藏於她潛意識裡的「受害者情結」和被她「廣泛及系統化」的受迫害妄想。江在文革中的第一任秘書閻長貴先生所受的迫害便是如此的典型一例。閻長貴先生1967年1月因《紅旗》雜誌的同事關鋒推薦任江青第一任專職秘書，1968年1月被江青誣陷為「坐探」，投入秦城監獄，關押7年半。事情的直接起因是他轉了一封來自北京一個電影製片廠一位在30、40年代曾一度叫「江青」的女幹部的信給了江青。出於好奇，閻長貴以為兩個「江青」之間可能有什麼關聯。此事顯然觸及到了江青20世紀30年代的歷史，於是就在偶然和不幸中被「系統化」進了江青的被迫害妄想網絡中。閻先是被江青撤了職。不久因為關鋒和戚本禹倒台，又被江青進一步「廣泛」地妄想為他們安置在她身邊專門來迫害她的「坐探」，還偷了江青身邊的「毛主席手稿」。閻長貴先生在文革結束後自然徹底平了反，

但是他一直無法理解為什麼江青會產生如此「荒誕」和「信口雌黃，胡亂編造」。因為「江青關我八年，而專案組一次也沒問過我所謂『偷』毛主席手稿的事」——因為根本沒這回事。他的唯一解釋是：「江青為了整人，整一個下人——手下的人，竟出此下策，也足見其人格低劣之一斑。」[63] 閻長貴先生的憤怒和痛斥都是正當的和合理的。只是，如果把他的評語「人格低劣」改為「人格病態」，或許更接近事實。因為江青對他的瘋狂迫害，很大程度上還源起於她同樣瘋狂的被迫害妄想症。這些荒誕不經的虛構和想像在江青的無意識世界裡還是「廣泛和系統化」的，這當然是正常的人所無法理喻的。

　　1991年5月14日凌晨，江青在她北京保外就醫的居住地自殺身亡。對於她的自殺，毛派研究者認為可能是「政治謀殺」。[64] 她原來的秘書楊銀祿則認為是「是因絕望自殺的。她被隔離審查（後被判刑）以後，整整等了15年的時間，看到國內形勢穩定，人民生活水平不斷提高，大勢已去，想恢復以前的輝煌已經沒有了希望。加之，又患了咽喉癌，心理上和生理上都很痛苦，她於是就橫下一條心，結束了自己的生命」。[65] 楊銀祿的解釋基本是對的，但是他忽略了指出一點：江青的心理上的痛苦還和她長期以來所患的精神抑鬱症有關。她的自殺完全可能是她抑鬱症最後發作的結果。美國《精神疾病診斷與統計手

63　見《江青第一任秘書閻長貴談江青》的第六部分〈我和江青〉。

64　秋石客，《鎖在雲霧裡的江青》（香港：中國文革歷史出版有限公司，2016），頁345-346。

65　〈江青為何自殺？機要秘書楊銀祿揭開謎底〉，載「環球網」，http：//history.sina.com.cn/bk/wgs/2014-02-13/175082258.shtml。

冊》第5版就把自殺作為抑鬱症的最典型的臨床表現之一：

> 大約5%-6%的心理疾病患者死於自殺，約20%的有一次
> 以上的自殺企圖，有自殺觀念的比例更高。自殺行為有時
> 是對傷害自己或他人的命令式幻覺的反應。……特別有自
> 殺風險的是抑鬱症患者，尤其在感覺無望和失業時。在精
> 神病性發作或出院後的一段時間，自殺風險也較高。[66]

此外，這一分析還有中國官方的統計數據的支持。在中國
近年以來的自殺中，大約51%為抑鬱症患者，其中至少15%最終
死於自殺。[67]

結語

任何政治人物在從事他們的政治活動時，當然主要是出於
理性考量：或是基於自身利益，或是基於政治信仰。但是，這
些人物的行為是否還有其他原因？答案是肯定的，自20世紀30
年代在美国崛起的政治心理學告訴我們：政治人物的政治行為
有時是為了獲得心理的滿足，這樣的行為有時是非理性的，即
使有理性的考慮，也是有限的理性。如果我們再進一步追問：
如果政治人物患有精神疾病，這樣的心理疾患是否也會影響、
或有限地影響他們的政治行為？答案也應當是肯定的。

66　*The Diagnostic and Statistical Manual of Mental Disorders.* p.161.

67　劉曉秋、白志軍，〈中國抑鬱症患者自殺危險因素的原分析〉，《中國臨
　　床心理學雜誌》，2014，第2期，頁291。

江青在文革前就被醫生診斷出患有多種精神疾病，如患有「強迫觀念和雙重人格」等。她是帶著這些心理疾患進入這一政治風暴之中的。江青的心理疾病之一是一種女性的「外遇型」的「憂鬱症」。其原始病源是對毛澤東和她離婚的恐懼。毛對婚姻不忠，使江青有一種極度的不安全感，時時感到有失去她第一夫人地位的可能。

為醫治精神疾病，江青被鼓勵參與文化革命。她一時成了一人之下萬人之上的權傾一時的女人。但絕對的權力無助於江青精神疾病的治療。相反，權力造成了她原有的病灶和人格中暴戾成分的迅速激發和大為拓展，使她可以輕易地誣陷和迫害他人，從而對社會帶來了更大的危害。在她的政治活動裡，出現了歇斯底里的衝動、無端猜疑和報復的病態、被迫害的幻想和迫害的瘋狂等等反常行為。這些都說明江青在文革中有極為嚴重的偏執型的人格障礙。

在這一點上，絕對的權力卻成了江青變態人格的放大鏡。讀者可以在本章分析江青的偏執型變態人格和她瘋狂報復其政治對手和整肅對象的關係中，以及她從受迫害妄想的虛構網絡到現實世界裡政治迫害狂的奇妙轉換中獲得一些別開生面的啟迪。

江青作為一個心理疾病患者進入文革的動盪歲月，又最終以一個精神病病人的方式以自殺離開了紛擾於她的人世。這更說明：對研究江青這種「類型公共人物的發展輪廓」[68] 來說，離開了認真研究她的精神病患和政治活動的關係，就不可能說是全面的和完整的。

68　同注2中哈羅德‧D‧拉斯維爾的「引言」。

第六章

製造悲劇歷史的悲劇人物
張春橋和「張春橋思想」

　　毛時代的中共高層人物大都不是堅定的「革命理想」主義者。他們或者並不真正懂得他們要「無限忠於」的毛澤東思想，抑或只是利用這一口號來謀求個人的權力和家族的私利。和他們相比，張春橋無疑是一個異類。張春橋在他同級的高級幹部中，生活上的廉潔也可算是首屈一指的。如果說今天「張春橋」的名字還在公眾中有什麼難以磨滅的記憶，一定是他在1981年公審中以罕見的沉默表達對法庭的藐視。這一形象不僅構成了對審判的公開挑戰，還表明了他至死不渝地忠實於毛澤東和他的思想體系。當然，在「你死我活」的中共政爭潛規則下，張春橋還是被打著毛澤東旗號的法庭以反毛澤東的罪名判了「死刑緩期執行」，成了一個極具諷刺性的歷史悲劇人物。此外，中共還嚴密地封殺了一切來自張春橋方面的資訊，使他最終成為一個被臉譜化了的反面人物消逝在公眾視野裡。

　　這一禁忌，直到香港中文大學出版社的《張春橋獄中家書》的出版，才被轟然打破。該著作不僅以張春橋被囚於秦城

監獄後的53封家書向公眾展現了一個有血有肉、有情有感的歷史人物，更以他女兒張維維的長篇訪談，披露不少鮮為人知的文革內幕。[1] 這些，對於今天的學界構築一個多維的、更接近於真相的文革史，都有著重大的意義。然而這些書信還表明：張春橋不僅在文革中不遺餘力地推行毛的路線，更至死不渝地忠於毛主義，以致到了泥古不化的程度。例如，張春橋在1981年被判決後，在秦城監獄中也被允許看報和聽廣播。因此，在他的家書中也有不少評論時政的段落。可惜的是，張春橋對文革並沒有什麼應有的反思，仍然還用早已過時的革命思維來觀照早已今非昔比的大千世界。例如，張春橋「從來就沒有放棄過那幾種說法，例如『階級鬥爭』、『無產階級革命』、『立場觀點方法』、『辯證唯物主義』、『歷史唯物主義』、『共產主義一定會取代資本主義』等等」。[2] 張春橋至死還憧憬著再來一次21世紀的文革和共產黨革命，認為「剝削階級剝削制度總要被共產主義代替的，真正的萬歲，是共產主義……」。這種思維停滯的後遺症在長期坐牢的風雲人物中並不鮮見，可稱為革命造成的「活化石」現象。但對一個著名的中共「理論家」而言，至今還用早已過時的文革的理論來分析世界大勢卻絕對是一種被革命異化了的現象，卻只能給人啼笑皆非之感。[3]

1　張春橋，《張春橋獄中家書》（香港：香港中文大學出版社，2015）。
2　〈女兒眼中的張春橋：訪問張維維〉，載《張春橋獄中家書》，頁300。
3　張春橋2001年12月31日給女兒的信，載《張春橋獄中家書》，頁220。

歷史定位：毛、張之間的互動和互需

　　據張春橋的女兒張維維說：「我父親沒有個人野心。他給自己的定位就是做毛主席的秘書，聽毛主席的話，幫毛主席幹事，如此而已。……我怎麼給他定位？我覺得他就是一位共產主義戰士，毛主席是旗手……他心甘情願地做一位先鋒隊的護旗者，一位戰士。」[4] 據說張春橋自己生前常掛在嘴邊的一句話也是：「我這一生最大的野心，就是想寫一部《毛澤東傳》。」[5] 其實，我們大可不必把張和他女兒的話當真——此說不過是政治人物掩飾自己胸中抱負的戲言罷了。野心（ambition），無論在英語還是西方政治中都不是一個貶義詞。不同於中共虛偽的政治道德，從現代政治學的觀點來看：一個政治人物有他的理想抱負絕非是一種要譴責的事，關鍵還是在於他的主張正確與否。此外，張春橋在文革前就在中共官場上高踞要位，文革中更成為政治局常委級的共產黨政客，在中共最高層的政壇上混了風風火火幾十年的張春橋怎麼可能還是一個只想到寫一部傳記的小文人和護旗的小戰士呢？

　　毋庸諱言，在中國官方和民間的公眾視野裡，張春橋是一個被臉譜化了的人物。他帶著眾多的政治標籤，諸如「叛徒」、「篡黨奪權的陰謀家」、「野心家」等等。值得一提的是，最新出版的《張春橋：1949及其後》的作者鄭重的評價。

4　同上，頁229。

5　徐景賢，《文革名人徐景賢最後回憶錄》（香港：星克爾出版有限公司，2013），頁282。

他不從政治是非上來給人物定位，而採取了一種較為中性的概括：「毛澤東思想的闡釋者」。鄭重認為：跟隨和理解毛澤東的步伐和思想，是相當一部分、包括延安走出來的革命知識分子的普遍心願。但不幸的是，他們中的許多人，包括毛澤東身邊的筆桿子都一一被淘汰出局，而張春橋卻和毛相知始終，並被毛視為知音。之所以如此，「靠的並不是對毛澤東的高調吹捧」，而是因為「他把自己定位為毛澤東的秘書、毛澤東思想的闡釋者，想在理論上制勝，或許認為理論比權力的壽命更長」。總之，「他只不過是毛澤東棋盤上的一顆棋子，沒有這顆棋子，毛澤東晚年的棋可能是另一種下法。」[6]

　　這一歷史定位，當然是有一定道理的。但是，還可以進一步發掘毛和張之間的互動，即毛澤東身邊的筆桿子集團——極左派的理論精英們對毛澤東晚年思想形成的主動貢獻和反饋影響。無論是中國還是西方的文革研究者，對於毛澤東的馬列理論素養都有過高估計的傾向。事實上，毛澤東從沒有過什麼完整的「無產階級專政下繼續革命的理論」，他有的只是一些反官僚主義的零碎的、不成系統的，甚至自相矛盾的片言隻語。但是，毛要打倒劉少奇的欲望和陰謀都要比他在理論上的創造要強烈千百倍。毛澤東又是一個自負甚高的「革命導師」，他不想把他對劉的鬥爭被認為是簡單的權力鬥爭而失去道德制高點，他需要製造出一套玄妙的革命理想和理論來美化他發動的政治運動。這些理想和理論其實是毛和他的筆桿子集團一起創

6　鄭重，《張春橋：1949及其後》（香港：香港中文大學出版社，2017），
　　頁viii、ix

造的。比如，所謂的「無產階級專政下繼續革命的理論」，就
是直到一月奪權以後才由王力和陳伯達為他在馬列著作裡找根
據初步提出來的。而當時總結得匆匆忙忙，還因為是1967年2月
阿爾巴尼亞的共產黨領導卡博和巴盧庫來訪，必須要給他們一
些文革的馬列理論根據。[7]

　　其後，1967年5月18日，《紅旗》雜誌、《人民日報》編
輯部文章〈偉大的歷史條件〉中，首次公開地提出「無產階級
專政下革命」的概念；1967年《紅旗》雜誌第9期社論〈兩個根
本對立的文件〉改為「關於無產階級專政下進行革命的光輝理
論」。1967年11月1日，《人民日報》、《紅旗》雜誌、《解放
軍報》編輯部文章〈無產階級專政下的文化大革命萬歲〉中，
又改為「關於無產階級專政下繼續進行革命的光輝理論」；
1967年《紅旗》雜誌第15期社論〈大立毛澤東思想的偉大革
命〉提出了「無產階級專政下繼續革命理論」。終於，1967年
11月6日的《人民日報》、《紅旗》雜誌和《解放軍報》發表了
〈沿著十月革命開闢的道路前進——紀念偉大的十月社會主義
革命50周年〉一文，將「無產階級專政下繼續革命理論」歸納
為系統的六點，如下：

　　　毛澤東同志關於無產階級專政下繼續革命理論的要點
　　是：
　　　一、必須用馬克思列寧主義的對立統一的規律來觀察

7　王力，《現場歷史：文化大革命紀事》（香港：牛津大學出版社，
　　1993），頁86-87。

社會主義社會。毛澤東同志指出：「對立統一規律是宇宙的根本規律。」「矛盾是普遍存在的」，「事物內部的這種矛盾性是事物發展的根本原因」。在社會主義社會中，「有兩類社會矛盾，這就是敵我之間的矛盾和人民內部的矛盾」。「敵我之間的矛盾是對抗性的矛盾。人民內部的矛盾，在勞動人民之間說來，是非對抗性的」。毛澤東同志告訴我們：必須「劃分敵我和人民內部兩類矛盾的界線」，「正確處理人民內部矛盾」，才能使無產階級專政日益鞏固和加強，使社會主義制度日益發展。

二、「社會主義社會是一個相當長的歷史階段。在社會主義這個歷史階段中，還存在著階級、階級矛盾和階級鬥爭，存在著社會主義同資本主義兩條道路的鬥爭，存在著資本主義復辟的危險性。」在生產資料所有制的社會主義改造基本完成以後，「階級鬥爭並沒有結束。無產階級和資產階級之間的階級鬥爭，各派政治力量之間的階級鬥爭，無產階級和資產階級之間在意識形態方面的階級鬥爭，還是長時期的，曲折的，有時甚至是很激烈的。」為了防止資本主義復辟，為了防止「和平演變」，必須把政治戰線和思想戰線上的社會主義革命進行到底。

三、無產階級專政下的階級鬥爭，在本質上，依然是政權問題，就是資產階級要推翻無產階級專政，無產階級則要大力鞏固無產階級專政。無產階級必須在上層建築其中包括各個文化領域中對資產階級實行全面的專政。「我們對他們的關係絕對不是什麼平等的關係，而是一個階級壓迫另一個階級的關係，即無產階級對資產階級實行獨裁

或專政的關係，而不能是什麼別的關係，例如所謂平等關係、被剝削階級同剝削階級的和平共處關係、仁義道德關係等等。」

四、社會上兩個階級、兩條道路的鬥爭，必然會反映到黨內來。黨內一小撮走資本主義道路的當權派，就是資產階級在黨內的代表人物。他們「是一批反革命的修正主義分子，一旦時機成熟，他們就會要奪取政權，由無產階級專政變為資產階級專政」。我們要鞏固無產階級專政，就必須充分注意識破「睡在我們的身旁」的「赫魯曉夫那樣的人物」，充分揭露他們，批判他們，整倒他們，使他們不能翻天，把那些被他們篡奪了的權力堅決奪回到無產階級手中。

五、無產階級專政下繼續進行革命，最重要的，是要開展無產階級文化大革命。「無產階級文化大革命，只能是群眾自己解放自己」。「要讓群眾在這個大革命運動中，自己教育自己」。就是說，這個無產階級文化大革命，運用無產階級專政下的大民主的方法，自下而上地放手發動群眾，同時，實行無產階級革命派的大聯合，實行革命群眾、人民解放軍和革命幹部的革命三結合。

六、無產階級文化大革命在思想領域中的根本綱領是「鬥私，批修」。「無產階級要按照自己的世界觀改造世界，資產階級也要按照自己的世界觀改造世界。」因此，無產階級文化大革命是觸及人們靈魂的大革命，是要解決人們的世界觀問題。要在政治上、思想上、理論上批判修正主義，用無產階級的思想去戰勝資產階級利己主義和一

切非無產階級思想，改革教育，改革文藝，改革一切不
適應於社會主義經濟基礎的上層建築，挖掉修正主義的根
子。

毛澤東同志提出的上述這些關於無產階級專政下繼續
革命的理論，天才地創造性地發展了馬克思列寧主義關於
無產階級專政時期階級鬥爭的觀念，天才地發展了無產階
級專政的觀念，具有劃時代的意義，在馬克思主義發展史
上，樹立了第三個偉大的里程碑。[8]

　　儘管這篇文章是陳伯達和姚文元主持起草的，但在上述一
系列逐步成形的論述中，張春橋也是參加了工作的。在文章最
後一稿寫成後，他們在送給毛澤東審閱的信上說：「這篇社論
又再作修改。關於主席思想六條，做了新的整理。列寧的話又
充分引用了。」「大家希望主席能看一看，並加批改。」毛在
信封上批了：「內件已閱，修改得好，可用。」[9] 由此可見，毛
對於他身邊的極左派的理論精英們對他思想形成的主動貢獻和
反饋是心安理得地笑納的。這一過程，用現代漢語的白話來說
是「共謀」；而用中共官方的漂亮套話來說，便是「集體智慧
的結晶」了。[10]

8　宋永毅主編，《中國文化大革命數據庫，1966-1976》網路版（香港：香港
　　中文大學中國研究服務中心，2002-2021）。
9　席宣，〈關於無產階級專政下繼續革命的理論〉，載張化、蘇采青主編，
　　《回首文革》，（北京：中共黨史出版社，2000），上卷，頁99-100。
10　這一提法第一次出現於中共的〈關於建國以來黨的若干歷史問題的決議〉
　　（1981年6月27日），載《中國文化大革命數據庫，1966-1976》。

　　當然，張春橋作為上述極左派文人精英集團的重要成員，他對毛澤東晚年思想的貢獻和影響還有他個人的、獨特的地方。比如，毛澤東發動文革的理論性的文件，除〈五‧一六通知〉外，還有主要由張春橋起草修改的〈林彪同志委託江青同志召開的部隊文藝工作座談會紀要〉（1966年4月10日）。此中，張春橋發明了一個「黑線專政論」，即「文化戰線上都存在兩個階級、兩條路線的鬥爭……被一條與毛主席思想相對立的反黨反社會主義的黑線專了我們的政，這條黑線就是資產階級的文藝思想、現代修正主義的文藝思想和所謂30年代文藝的結合。……我們一定要根據黨中央的指示，堅決進行一場文化戰線上的社會主義大革命，徹底搞掉這條黑線。」據當年參加了這一座談會的原總政治部副主任劉志堅回憶：「〈紀要〉經過毛澤東三次審閱、修改……有一些重要觀點，就是毛澤東親筆加上去的。毛澤東對〈紀要〉的三次修改都是認真的、字斟句酌的。他在許多地方刪去了歌頌自己的詞句，但卻保留了……張春橋闡述的『黑線專政論』。」[11] 毛澤東在看後非但大加讚賞，還進一步的修改中加上了「搞掉條黑線之後，還會有將來的黑線，還得再鬥爭。……過去十幾年的教訓是：我們抓遲了。毛主席說，他只抓過一些個別問題，沒有全盤的系統的抓起來，而只要我們不抓，很多陣地就只好聽任黑線去占領，這是一條嚴重的教訓。」如果說張春橋的「黑線」大約還只是指當時的文藝界領導周揚等人，而毛澤東則受張的啟發，

---

11 劉志堅，〈部隊文藝工作座談會紀要產生前後（節錄）〉，載張化、蘇采青主編，《回首文革》，上卷，頁348-349。

把它發展成「全盤的系統的」兩條路線鬥爭的理論問題了。另外，張春橋還參加了起草發動文化大革命的另外的幾個綱領性的文件。比如，張春橋起草過提出「巴黎公社原則」的《十六條》，被認為是「起最大作用」的起草人之一。張春橋還起草了正式提出「批判資產階級反動路線」的1966年林彪的國慶講話，是唯一的執筆人。此外，張春橋還是九大、十大政治報告的起草人。因此，說張春橋是毛澤東晚年最依仗的筆桿子和極左派的理論家，絕非虛言。[12]

寫到這裡，我們也就不難解釋為什麼張春橋直到臨死都不肯放棄毛澤東的晚年思想——因為他本人也是這一思想體系的構築者之一，而政治人物最難的便是否定自己。張春橋即便在1998年保釋出獄後還是一塊毛澤東文革理論文庫中的活化石。

然而，如果我們要就此得出張春橋就是一個純粹的革命理想主義者的結論，那就太幼稚了。不少研究上海文革史的著作都客觀地描述了一些歷史事實，揭示了理想主義者背後的功利背景。比如，上海市委的原第一書記陳丕顯，是紅小鬼出生的長征幹部。在文革發動期中，他對江青到上海來組織張春橋、姚文元寫作批判吳晗的《海瑞罷官》的活動，曾是大力支援的。為此，毛澤東對他也曾寄予厚望，希望不要把他「燒焦」了，多次暗示他「出來工作」。其實，陳已經在竭力出來工作，作為上海「一月革命」的兩個基石性的文件〈緊急通告〉和〈告上海全市人民書〉，就是陳和造反派一起擬定，並由他

12　戚本禹，《戚本禹回憶錄》（香港：中國文革歷史出版社，2016），下卷，頁460。

直接簽署的。因為這兩個文件得到了毛澤東的極力讚賞，便對張春橋在上海第一把手的地位造成了威脅。於是張就長期對毛隱瞞真相，並採用不光彩的伎倆和深知內情的朱永嘉等人統一口徑，貪天功為己有。[13] 以後，張又一直藉口群眾的反應阻礙陳丕顯的解放，直到1974年9月17日，毛澤東在接到陳丕顯要求結束已經八年的隔離審查后，直接批示要政治局討論，還在批示後又加了一句：「似可做人民內部矛盾處理」。但張還是不爽快地執行，說「似可做」，可以理解為「問題嚴重」。一直拖了整整一年才為陳安排了市革命委員會副主任的虛職，並迫使陳向中央要求調出上海。[14]

　　儘管毛澤東身邊的筆桿子集團，即極左派的理論精英們對毛晚年思想都做過大小不一的貢獻和影響，但是他們本身卻大都命運多舛，被毛逐步拋棄，一一成為文革的祭品，如早期的王力、關鋒、戚本禹，後期的陳伯達等，而張卻始終不倒。這裡，除了張和毛澤東在文革理論上的同聲相應、同氣相求外，應當還有多種個人性格和政治經驗等因素。比如，張在重大的理論問題上從不別出心裁地開風氣之先。1966年十一屆八中全會時，毛澤東就批評過戚本禹關於軍隊可能搞「熱月政變」的講話，指出：軍隊的事你們不要亂講……你看張春橋從來就不亂說話。再如，張春橋進京後從來不和其他中央領導有工作以外的關係，時時擺明了自己是一個目不旁顧的只忠於毛的人，

13　《張春橋：1949及其後》，頁326-327.

14　李遜，《革命造反年代：上海文革運動史稿》（香港：牛津大學出版社，2015），第2冊，頁1082-1083。

可謂用心良苦。又如，有時即便是毛澤東講錯了，張春橋原來
只是跟進的，他也願意出來為毛承擔責任。一月奪權後成立上
海人民公社，是秉承毛的原意。但一旦毛出爾反爾地改變了主
意，張主動認錯，為毛承擔責任。1967年2月24日，張春橋在毛
澤東突然召見他和姚文元，要求把「上海人民公社」改為「革
命委員會」後，在上海的群眾大會上講了如下一段自我批評的
話：15

　　大家可以看到，毛主席看問題總是站得高看得遠，一
個問題到了他那裡，他就反覆考慮的，考慮得比我們細緻
得多，他提出了我們根本沒有想過的問題，這個包括我在
內。同志們，恐怕你們也沒有想，我是沒有想，什麼國號
問題呀！承認不承認的問題呀！根本沒有想過這個事，
那個時候，還有大家哪！有很多單位主張搞公社，我們也
覺得不錯麼！改名字叫公社也可以，那一下子就幹起來
了，幹起來了我們當然就報告中央了，我們在那個時候就
沒有再往下想，有些時候，腦子裡轉過一下，唉呀！我們
說什麼人叫做社員啊！比如農村一個社員問題，農村人民
公社，惡霸地主、富農不能當社員，在我們上海人民公社
什麼人當社員，什麼人不能當社員，這個問題將來怎麼解
決啊？腦子裡想過一下，但也沒有想下去，因為忙得不得
了。腦子裡有點熱了。主席呢？他考慮問題反覆地考慮。
同時非常注意保護人民的革命熱情。最後中央是在會議上

15　《張春橋：1949及其後》，頁195。

討論了主席的意見，就同意了全國的臨時權力機構的名稱
都不叫公社。但是中央文件上面特別加了一句：除上海中
央另有指示外，給上海的革命人民留下了一個餘地，給你
們上海人自己考慮考慮。（長時間鼓掌，口號：毛主席萬
歲！）所以毛主席在這些問題上考慮的非常周到，非常細
膩。特別是對上海市人民群眾的熱情，（他們就是怕，我
們沒有阻止他們。）主席說：「你們看怎麼樣啊，能不能
說得通呀？」我們說，上海人民都是聽主席話的，主席講
了，大家會聽的。（口號）我們回來以後就向公社委員會
擴大會議傳達了。大家一致地，沒有發生任何爭論，完全
同意毛主席的指示。那麼就是中央給我們留下的這個餘
地。我們完全考慮了，我們考慮的結果，還是按照全國一
致，按照毛主席的指示，改成上海市革命人民委員會的口
號，從今天會議上大家的情緒來看，就更加證明了：我們
向主席說的話不是假話，我們相信，全上海的革命群眾組
織、全上海的革命群眾一定會同意把上海人民公社臨時委
員會改成上海市革命委員會。（掌聲）（口號聲）16

如果不是了解歷史真相的人，還真會以為是張春橋和上海
的造反派，而不是毛澤東要建立「上海人民公社」。而他們在
得到了毛澤東的批評後誠心誠意地糾正了。張這樣故意把自己
放在被批評和被糾正的小學生的地位，自然地為毛的出爾反爾

---

16 〈張春橋姚文元在「高舉毛澤東思想偉大紅旗進一步開展三結合奪權鬥爭
　　誓師大會」上的講話〉，載《中國文化大革命數據庫，1966-1976》。

解了圍，深獲毛的帝心。

　　然而，這些都還不是最關鍵的。在政治鬥爭的競技場中，實力才是安全的第一保障。鄭重在講到張春橋的自我定位時還寫道：「他首先是一個地方官，其次再是京官，或者說是一位外放的京官。如此則進有據、退有援，可以從容應對越來越尖銳複雜的政治鬥爭。」[17] 換句話說，張春橋把他擔任第一書記和革委會主任的上海，當作了他實踐毛澤東文革理論的試驗田和根據地──這才是毛澤東所最需要的，而其他的筆桿子卻都沒有這樣接地氣的條件和實踐。如果說在1966年11月的安亭事件中張在沒有毛耳提面命的情況下簽字同意工人造反派的要求是冒險揣摩聖意，[18] 那麼在1967年一月奪權以後，張主政的上海在烽火連天的全國，主動為毛提供了一個他的文革理論完全可以「成功」的樣板。文革中流行的口號「全國看上海」，並不是一句虛言。論大聯合，張在上海基本上未經大規模的血雨腥風就搞成了一派，即便是在1967年8月全市鎮壓反對派「支聯站」和「聯司」的行動中也沒有動槍炮和死人，為此得到毛澤東的稱讚。[19] 論大批判，張春橋控制的《文匯報》和《解放日報》一直有全國影響，張手頭還有「羅思鼎」、「丁學雷」等

17　《張春橋：1949及其後》，頁389。

18　張春橋的親信徐景賢在論及此事時說：「在安亭事件中，張春橋做出了毛澤東想做而沒有來得及做的事：在最大的範圍內把群眾發動起來，更廣泛地動員群眾投入文化大革命，才能保證這場運動的勝利」，見《文革名人徐景賢最後回憶錄》，頁65。

19　李遜，《革命造反年代：上海文革運動史稿》（香港：牛津出版社，2015），第2冊，頁901-908。

一流的極左派寫作組。1968年，其他省市還在忙著成立革命委員會，上海已經搞出了第一批文革鬥批改的成果。無論是「赤腳醫生」、「七・二一大學」，還是「理工科大學的教育革命」的調查報告，都被毛直接批示，作為重要成果指導全國。[20]更為重要的是，上海一直是毛的「抓革命、促生產」的典範。即便在文革中，它的工農業總產值也一直保持高速增長，第三個五年計畫期間（1966-1970），上海工農業生產總值年增長10%。第四個五年計畫期間（1971-1975），年增長7.38%。共增長41.9%。[21]尤其是上海工業生產總值占全國工業總產值的比重，在文革中也達到了平均每年16.91%的水準。在全國29個省市中是首屈一指的。儘管毛的文革搞亂了全國，但是毛自己絕不會認為是自己的理論和決策的錯誤，相反一貫把責任推到劉少奇、林彪等政治對手和一切「階級敵人」的身上。同時，無論是自我安慰還是堵人口實，毛都急需一個穩定的省市作為他理論的成功佐證，而張春橋主政的上海正不斷提供了這種樣板。這樣，毛澤東和張春橋之間的關係，就絕不僅僅是張春橋傳記中所言的毛澤東多次「救了張春橋」，應當還是毛澤東通過「救張春橋」來拯救自己的文革部署和實踐。總之，毛、張

---

20 這三個報告分別是〈從上海機床廠看培養工程技術人員的道路〉（《人民日報》，1968年7月22日）；〈從上海機械學院兩條路線的鬥爭看理工科大學的教育革命——調查報告〉（《紅旗》，1968年9月10日）和〈從「赤腳醫生」的成長 看醫學教育革命的方向——上海市的調查報告〉（《紅旗》，1968年9月10日）。

21 孫懷仁主編，《上海社會主義經濟建設發展簡史（1949-1985）》，（上海人民出版社，1990），頁472-489。

之間除了理論上的互動，還有實踐上的互需。[22]

「張春橋思想」：從「破除資產階級法權」到「對資產階級全面專政」

　　說到「張春橋思想」，當然是一個偽命題。它源於文革結束後對張春橋等「四人幫」的清算中。1976年10月，蘇振華等被華國鋒派往上海奪了原以張春橋為首的上海市委的權，據蘇在1977年3月18日的中央工作會議上說：「四人幫」在上海的餘黨把張春橋的〈論對資產階級的全面專政〉一文吹捧為「張春橋思想」，是對階級關係變化的「新發現」和「第四個里程碑」。當然，調查的結果證明剛剛粉粹「四人幫」以後的清查批判大都還是走在「四人幫」搞運動的老路上，[23] 大都是子虛烏有的指控。即便就張春橋在政壇上的小心謹慎和恪守成規，也不會允許他的部下有這樣犯忌的言論出現。

　　然而，這一「偽命題」卻提出了一個實實在在的話題。到底有沒有「張春橋思想」？或者說，作為一個中共的最負盛名文革理論家，張春橋到底有沒有他自己的理論體系？結論不難得出：張春橋從沒有、也沒有刻意追求過建立自己的新的理論體系。如果說有什麼「張春橋思想」的話，那也是他對毛澤

22　朱婷，〈20世紀50-70年代上海「老工業基地」戰略定位的回顧與思考〉，《上海經濟研究》（2011），載《中國權威經濟論庫》，http：//202.119.108.161：93/modules/showContent.aspx？title=&Word=&DocGUID=fedd5bfbd0824866b5263eb18e2501f1。

23　《張春橋：1949及其後》，頁630。

東思想，尤其是毛澤東晚年思想的一些新的闡釋而已。但是，
這不等於說在張春橋的闡釋中，沒有他一以貫之的理論堅持。
而這一點不難發現，那就是張春橋對所謂的「破除資產階級法
權」理論的堅持和發展。

　　張春橋是在1958年開始大躍進的那個秋天進入毛澤東的
視域的。當時的毛澤東正在高唱著「一天等於二十年」的共產
主義狂想曲。他把人民公社提高到權力機構，一大二公，全民
所有制，吃飯不要錢，工農兵學商，管理生產、生活和政權。
為此，毛在一系列的黨內會議上開始大談破除資產階級法權思
想，如等級制度，領導和群眾關係問題等等。24　參加了這一
系列共產主義狂想會議的柯慶施回到上海後，把毛澤東在這些
會議上談到資產階級法權的情況做了傳達。張春橋對此心領神
會，於9月10日夜，寫出了他一生中直接闡釋毛思想的第一篇、
也是最重要的一篇文章：〈破除資產階級的法權思想〉，刊登
在1958年9月15日的上海市委的理論刊物——《解放》雜誌第6
期上。毛澤東看到張春橋文章後大喜過望，立刻指示《人民日
報》全文轉載。因為當時的《人民日報》總編輯吳冷西對張文
有不同看法，便寫信給毛，希望他加一個靈活一點的編者按。
於是張文便在1958年10月13日的《人民日報》上以顯要地位被
全文轉載，並有如下的毛親筆所寫的編者按：

　　人民日報編者按：張春橋同志此文，見之於上海《解

---

24 中共中央文獻研究室，《毛澤東年譜》（北京：中央文獻出版社，
　　1992），卷3，頁414、417。

放》半月刊第6期，現在轉載於此，以供同志們討論。這個
問題需要討論，因為它是當前一個重要的問題。我們認為
張文基本上是正確的，但有一些片面性，就是說，對歷史
過程解釋得不完全。但他鮮明地提出了這個問題，引人注
意。文章又通俗易懂，很好讀。25

　　張春橋的文章確實「通俗易懂，很好讀」。與其說是一
篇理論論述，不如說是一份通俗的宣傳文稿。它的中心要點是
吹捧和神化中共在戰爭年代因物資貧乏而被迫實行的對幹部的
「供給制」，反對因社會進化而自然形成的「等級工資制」和
「計件工資制」等等。張文簡單地認定「資產階級法權思想的
核心是等級制度」。同時，張文又製造了一個人人平等，沒有
等級制的「在毛澤東同志的直接領導下創立起來的」革命原
則，認為今天的人們普遍懷念「供給制」，「並不羨慕什麼薪
金制」。張文還進一步認為現行的薪金和分配制度是產生「資
產階級右派分子、貪汙腐化分子」的原因。前面提到毛澤東在
他發表張文的編者按中提到張春橋的「片面性」，這主要是說
他「對歷史過程解釋得不完全」，因為中共在戰爭年代也沒有
在整個社會都實行「供給制」，而是僅限於根據地的機關、軍
隊、學校等，而張文則一廂情願地誇大為整個社會。那麼，
「供給制」在中共的歷史上真的消滅了「等級制度」嗎？其實
大不然。當年延安實行的是「供給制」，但整風中王實味、丁

---

25 中共中央文獻研究室，《建國以來毛澤東文稿》（北京：中央文獻出版
　　社，1992），第7冊，頁447。

玲等人就揭發過延安的「『供給制』其實是『衣分三色，食分五等』」；「一方面害病的同志喝不到一口麵湯，青年學生一天只得到兩餐稀粥」，「另一方面有些頗為健康的『大人物』作非常不合理不必要的『享受』」。[26] 就因為這一兩篇說出事實真相的文章，王實味還被殘酷地槍殺了；丁玲到1957年還要被追訴而打成「右派分子」。

　　說來有趣的是，毛澤東對於馬克思提出的「資產階級法權」理論的理解，其實是一種對馬克思主義的誤解和歪曲，而張春橋對毛的誤解和歪曲再進行無限擴大的闡釋，更是一種誤解上的誤解和歪曲上的歪曲，從根本上離開了原教旨的馬克思主義。毛澤東所謂的「資產階級法權」的理論，來源於馬克思在《哥達綱領批判》中的論述。1875年德國工人運動中的兩派──社會民主黨（又稱愛森那赫派）和全德工人聯合會（又稱拉薩爾派）實行合併，產生了合併的「哥達綱領」。馬克思在批判拉薩爾主義的「不折不扣」的公平分配勞動所得等理論時指出：

　　我們這裡所說的是這樣的共產主義社會，它不是在它自身基礎上已經發展的了，恰好相反，是剛剛從資本主義社會中產生出來的，因此它在各方面，在經濟、道德和精神各方面都還帶著它脫胎出來的那個舊社會的痕跡。所以，每一個生產者，在作了各項扣除之後，從社會方面正好領回他所給予社會的一切。他所給予社會的，就是他個人的

<hr>

26　王實味，〈野百合花〉，載《解放日報》，1942年3月13、23日。

勞動量。

　　當然，這裡通行的就是調節商品交換（就它是等價的交換而言）的同一原則。……所以，在這裡平等的權利按照原則仍然是資產階級的法權，雖然原則和實踐在這裡已不再互相矛盾，而在商品交換中，等價物的交換只存在於平均數中，並不是存在於每個各別場合。

　　但是這些弊病，在共產主義社會第一階段，在它經過長久的陣痛剛剛從資本主義社會裡產生出來的形態中，是不可避免的。權利永遠不能超出社會的經濟結構以及由經濟結構所制約的社會的文化發展。

　　在共產主義社會高級階段上，在迫使人們奴隸般地服從分工的情形已經消失，從而腦力勞動和體力勞動的對立也隨之消失之後；在勞動已不僅僅是謀生的手段，而且本身成了生活的第一需要之後；在隨著個人的全面發展生產力也增長起來，而集體財富的一切源泉都充分湧流之後，——只有在那個時候，才能完全超出資產階級法權的狹隘眼界，社會才能在自己的旗幟上寫上：各盡所能，按需分配！27

　　顯然，儘管馬克思的整個理論體系是一種烏托邦式的空想，但從他的上述言論裡我們至少可以看到如下幾點比較實在的見解：（一）馬克思並不認為在共產主義的第一階段——社會主義社會裡可以消滅按勞分配的原則，相反，認為它已經是

27　《馬克思恩格斯選集》（北京：人民出版社，1953），卷3，頁99。

「等價」的「商品交換」，是符合社會主義社會的「經濟結構以及由經濟結構所制約的社會的文化發展」的。列寧後來還認為：在社會主義階段「還要保衛那個事實上的不平等『資產階級權利』」[28]。（二）當馬克思在談到「資產階級法權」（近年來已經更準確地譯為「資產階級權利」[29]）時，他把它局限在經濟和分配領域，並沒有涉及政治。（三）馬克思認為社會分工、腦體勞動的差別等只有在「集體財富的一切源泉都充分湧流之後」的高級的共產主義社會才可能消逝。

毛澤東不懂外文，又從沒有系統地研究過馬克思主義。他只是從翻譯錯位的「資產階級法權」的片言隻語出發，對馬克思的這一論述做了如下的誤解和曲解：（一）毛澤東把馬克思在經濟領域內的「資產階級法權」的觀念無限制地擴展到政治領域，尤其是錯誤地把政治生活裡的官僚主義和等級特權等都當作「資產階級法權」的產物；（二）毛澤東無視馬克思通過生產力的充分發展來解決分配領域內的「資產階級法權」問題的見解，一味抵制或否認物質利益原則，企圖以「供給制」來取代社會發展產生的「工資制」，限制和取消社會和經濟發展中必須有的商品、貨幣流通等現象；（三）毛澤東曲解了馬克思關於按勞分配是社會主義合理和必須經歷的分配方式的看法，企圖以倒退的小農經濟的平均主義來提早消滅社會分工和社會差別。其實，為毛澤東首肯的、張春橋所闡釋鼓吹的「破

---

28 列寧，《國家與革命》（北京：人民出版社，1972），頁10-11。

29 中共中央馬恩列斯著作編譯局，〈「資產階級法權」應改譯為「資產階級權利」〉，《人民日報》，1977年12月12日。

除資產階級法權思想」在理論上的荒謬性是顯而易見的。比如，張春橋認為：「資產階級法權思想的核心是等級制度」。但是在人類歷史上，以等級制為特徵的並不是資本主義社會，而是奴隸社會或封建社會。而恰恰又是馬克思，認為「資產階級權利」是作為否定封建等級制度和封建等級特權的對立物產生的。[30] 無論是毛澤東思想，還是「張春橋思想」其實都是對經典馬克思主義的極大背叛。

　　毛澤東和張春橋對馬克思的無知、誤解和歪曲在理論上是荒謬的，在實踐中更是極其有害的。比如，在大躍進中，人民公社就實行了對幹部的供給制和工資制結合的分配制度，還對公眾一度實行了「吃飯不要錢」的供給制，為全國性的大饑荒的爆發點燃了引信雷管。再如，當時對所謂的「資產階級法權」的限制，還干擾了正常的經濟秩序，使商品流通出現了異常現象。1958年中國貨幣發行額和商品的比例為1：7：86，市場處於供不應求的緊張狀態。[31] 這一是由於許多群眾誤以為國家要取消貨幣，擔心實行「供給制」後無法自由購物，便紛紛提取銀行存款，搶購高檔商品，一時造成混亂。二是由於在農村實行供給制和吃飯不要錢的「共產風」，使農民生產的大部分農副產品作為自給性的產品，直接分到各戶或者在食堂裡吃掉。造成了市場上農產品供應的緊張。還有，毛澤東把按勞分配作為「資產階級法權」來限制，嚴重損害了正常的生產，挫傷了群眾的勞動積極性。據統計，1958年公交系統被取消計件

30　馬克思，〈德意志意識形態〉，載《馬克思恩格斯全集》，卷3，頁229。
31　《中國共產黨七十年》（北京：中共黨史出版社，1991），頁418。

工資和獎勵制度的共有230萬人。所占整個工人的比重由40%下降到14.1%，到1960年不到5%。同時，各種獎勵制度也在「要社會主義，不要鈔票掛帥」的口號下被取消。其後果不僅降低了工人的工資收入，更造成大躍進後長期的勞動紀律鬆懈、生產效率下降的現象。[32] 話句話說，所謂的「破除資產階級法權（權利）」的後果其實是剝奪了工農大眾的工資和衣食住行的基本權利。最後，毛澤東所謂的「破除資產階級法權」對中國經濟發展造成了長遠的、極具破壞性的影響，使文革前的中國嚴重的平均主義的分配格局難以突破，並使商品生產和商品交換長期受到限制，使中國和發達國家的差距越來越大。

毛澤東一手發動的、實踐其「破除資產階級法權」的大躍進是以餓死數千萬人的大饑荒的悲劇收場的。但是，他並沒有就此止步。如同有研究者所指出的那樣：「對資產階級法權的誤解，成為毛澤東從1958年後發動歷次政治運動的重要思想基礎之一，也為階級鬥爭和無產階級專政下的繼續革命理論提供了依據。它不僅導致在經濟上推行一系列『左』傾錯誤政策，而且成為在政治上發動『文化大革命』的思想和理論基礎。」[33]

1971年林彪事件發生後，毛因接班人問題的失誤而長期處於一種無法自圓其說的尷尬處境裡。最後他又想到了藉助於玄妙高深的理論來轉移和掩蓋自己錯誤的舊招數。於是，他發表了一系列〈關於理論問題的談話要點〉，大談破除資產階級法

32　《當代中國的職工工資福利和社會保險》（北京：中國社會科學出版社，1987），頁77、82。

33　高遠戎，〈「大躍進」期間的資產階級法權討論及影響——試析毛澤東對社會主義社會的一些構想〉，《中共黨史研究》，2006，第3期，頁85。

權問題。如他在會見丹麥首相保羅‧哈特林時指出：「總而言之，中國屬於社會主義國家。解放前跟資本主義差不多。現在還實行八級工資制，按勞分配、貨幣交換，這些跟舊社會沒有多少差別。所不同的是所有制變更了。」1974年12月26日，毛在他81歲生日之際在和周恩來等人談話中又說：「我國現在實行的是商品制度，工資制度也不平等，有八級工資制，等等。這只能在無產階級專政下加以限制。所以，林彪一類如上台，搞資本主義很容易。」為此，毛點名張春橋「寫這類文章。這個問題不搞清楚，就會變修正主義。要使全國知道」。[34]

　　1975年4月1日，張春橋受毛委託發表了他另一篇關於資產階級法權的重頭文章〈論對資產階級的全面專政〉。[35] 在這篇文章裡，「張春橋思想」可謂初露端倪。首先，張文似乎不再滿足於闡釋毛思想，而是有了一些自己的創造。比如，張文借列寧的名義，創造了一個列寧從沒有說過的「對資產階級全面專政」的概念。張文不僅把林彪集團硬和地主資產階級強行掛鉤，還把復辟資本主義的危險怪罪到人類社會在一定的文明階段的必然產物頭上，諸如商品制度、貨幣交換、八級工資制、按勞分配等等。其實馬列主義有關無產階級專政的學說雖然偏頗，但是還遠沒有荒謬偏激到要對商品和貨幣等進行「全面專政」的地步。而張春橋還把社會主義的集體所有制也作為資產階級法權產生的經濟原因之一，又把一切人類社會都無法

34　《建國以來毛澤東文稿》（北京：中央文獻出版社，1998），第13冊，頁413。

35　這兩篇文章分別刊載於《紅旗》雜誌，1975，第3、4期。

避免的弊病和問題——諸如官僚主義、貪汙盜竊、腐化墮落等等——都說成是資產階級法權的產物。看完張春橋的宏論，人們似乎只能得出這樣一個荒唐的結論：我們只有對迄今為止所產生的一切文明進行「全面專政」，人類才能逃脫末日的審判。

其實，張春橋等極左派理論家口口聲聲反對現代修正主義，而他們所闡釋的毛的最新思想才是一種貨真價實的對經典馬列主義的倒退性的修正。更為嚴重的是：張春橋不僅有其言，還有其行。據張春橋當時的親信、上海市委書記徐景賢回憶：

> 文章發表以後，張春橋覺得還應該有限制資產階級法權的實際行動：他布置上海市委的馬天水、我和王秀珍搞一次測算：算算在上海推行幹部的「供給制」，全家人吃飯，穿衣等都不要錢，將增加多少財政支出；如果要把工人的八級工資制，都改為「供給制」，有需要增加多少開支。此事由馬天水布置上海市革會的綜合計畫組和財政局、勞動局等測算了好多天，由市委寫作組的經濟組負責聯繫各方面的測算結果：最後結論是財政開支要增加好幾倍，上海的財政根本無法負擔。報告送給了張春橋，推行「供給制」一事就此作罷。[36]

---

36 徐景賢，《文革名人徐景賢最後回憶錄》（香港：星克爾出版有限公司，2013），頁281-282。

　　其實，這種「革命理想」對社會生產力的破壞和人類文明的倒行逆施是顯而易見。好比現代社會中的食品難免有對人體有害的化學成分，但我們絕不能因此而因噎廢食，甚至倒退到茹毛飲血的原始社會去。從毛澤東「五・七指示」到張春橋的「限制資產階級法權」等理論的要害，就在於用歷史和社會形態的倒退來避免人類的高級文明發展階段中難免出現的弊端。不僅如此，他們還要用手裡的獨裁權力來「全面專政」、強行推行他們的烏托邦幻想，其結果必然是災難性。

　　張春橋在中國大陸沒有成功的「全面專政」的實驗，後來在柬埔寨由紅色高棉在毛的直接支援下實現了。張春橋在1975年12月曾秘密訪問柬埔寨，高度讚揚紅色高棉廢除貨幣，制止商品交流，甚至強行驅逐城市人口下鄉來消滅「城鄉差別」，做了「中國沒有做到的事」，把柬埔寨變成了一個「了不起的意識形態的試驗場」。[37] 張春橋當然沒有提到這一試驗的慘絕人寰的後果：柬埔寨全國在數年內變成了一座大兵營和大監獄。監禁、酷刑、處決和飢餓造成了近兩百萬柬埔寨人的死亡，占了全國人口的五分之一強！[38]

革命吞噬兒女：製造悲劇歷史的悲劇人物

　　原王洪文政治秘書，張春橋的知音之一的蕭木曾對張春橋

37　王友琴，〈2016：張春橋幽靈〉，載香港《開放》雜誌網路版，2017年1月28日。

38　宋征，《毛澤東主義的興亡：中國「革命」與紅高棉「革命」的歷史》，（華盛頓：美國陽光出版社，2013），頁834-890。

和中共的上層政治有這樣的評價：「我在北京生活了三年多，和他們（這裡指張春橋、周恩來、華國鋒等——筆者注）距離比較近，在我眼裡沒有壞人，但他們都是悲劇人物。」[39] 確實，由張春橋等人一起積極參與創造的歷史、即毛澤東發動的文革完全是一段悲劇性的歷史，它不僅在毛的政敵和民眾中造成了數以千萬計的人間悲劇，還在他的最忠誠的助手及家庭中，製造了淒慘的悲劇。

例如，在「四人幫」被抓之前，張春橋就已經敏銳地意識到了自己可能被害的危險，這個位極人臣的毛可能的「接班人」甚至連一杯辦公室裡的水都不敢喝，因為下毒可能隨時來自汪東興和他掌握的中央警衛部隊——他們也時時刻刻掌握著張春橋的「安全」！據張春橋女兒張維維透露：

> 爸爸也是滿警惕的，例如他離開房間後再回來，杯子裡的水肯定是不喝的，要換掉。他肯定在防著什麼，但他沒有說過究竟在防誰。我覺得他應該是在防汪東興。……他是隨時隨地準備被抓起來的。我們還討論到怎麼抓，他說：「很簡單，開個會就行了。他們叫我去開會，我不能不去。」後來他們果然就是這麼操作的，所以我一點都不吃驚。[40]

恐怕最為震怵人心的是：當張春橋和其他文革派的重臣

39　《張春橋：1949及其後》，頁713。

40　張春橋，《張春橋獄中家書》，頁276。

充分意識到了汪東興是未來中央發動武裝政變的中樞人物，曾請求過毛在林彪事件後撤換汪。而毛卻用輕輕的一句「我用慣了他」，便回絕了。歷史的發展完全證實了張的擔憂，在抓捕「四人幫」中起了最關鍵作用的就是汪東興。此外，毛一方面認定張是他最理想的接班人，另一方面卻選了華國鋒做實際的接班人。因此，其實是毛為華國鋒日後一網打盡最忠誠於他的張春橋和文革派奠定了最重要的權力基礎。[41] 據張春橋的親信、上海市委寫作班負責人朱永嘉在文革後透露，毛澤東生前對張春橋的評價極高，他還在文革中多次提醒張春橋：

> 要注意團結、和一切能夠團結的人搞好關係。……多向總理學習，學習他的各個方面、特別是要學習他善於處理和各方面的關係。有了權力以後最重要的是善於運用權力。這裡有藝術和講究的。[42]

雖然毛澤東口頭上要張春橋「學習總理」，但是他最後實際上是把周恩來的總理大權給了華國鋒而不是張春橋。在有權才有一切的中共黨內，張春橋怎麼可能像周恩來那樣地「善於處理和各方面的關係」呢？這就不僅僅是一種口頭表態的願望，還多多少少地帶有一點虛偽了。連朱永嘉也不無遺憾地說：「毛主席……並沒有給張春橋在中央改變人際關係足夠的

---

41 同上。
42 朱永嘉口述，《晚年毛澤東重讀古文內幕》（香港：星克爾出版有限公司，2012），頁169。

時間和機會。」[43]

　　因而，不就抓捕「四人幫」的歷史是非而論，張春橋悲劇的關鍵來源卻正是他們無限忠誠的毛澤東和他的文革。說毛最終葬送了最忠誠於他的文革派其實一點不為過。儘管張春橋在生前可能不會承認這一點，但是《張春橋獄中家書》卻給讀者留下了發人深省的思考。

　　張春橋在他同級的高級幹部中，不僅生活作風上一貫廉潔儉樸，在個人婚姻上也算是比較重感情的一個。他和妻子文靜相識於1943年晉察冀邊區的抗戰烽火。文靜、原名李若文和李淑芳，出身在一個天津富有的銀行家家庭。她思想進步，1933年在中學時就加入了C. Y.（共青團）。因為家庭出身和經歷的相似，加上都愛好文學，張和她很快陷入熱戀，定下了終身大事。不料，1943年10月的日軍大掃蕩中，文靜在突圍中受傷被俘。在酷刑下，文靜交代了自己的共產黨員和抗日幹部的身分，並被迫為日軍編寫了一些宣傳資料。1945年，文靜出逃到邊區，重新回到了張春橋身邊。而當時張已經被提升為《晉察冀日報》的副總編輯，成了邊區黨的喉舌。如張春橋傳記的作者史雲所指出的：

　　　　從政治上考慮，他不能再繼續和文靜的戀愛關係……有文靜這樣一即是「革命隊伍叛徒」又是「民族敗類」的陰影隨身，對他以後的前途是大大不利的。如果他和文靜一刀兩斷，不會有任何人指責他，畢竟他們並沒有結

---

43 同上。

婚。……但是，他選擇了一條自以為得計，然而卻是最愚蠢的做法——接納文靜，今後設法掩飾甚至抹掉她的這段歷史。[44]

與上述世俗的看法相反，張春橋在他的「叛徒」戀人回歸後，竟毅然和她結婚，恰恰說明了他們之間是真愛。而張春橋也是一個重感情的男子漢（這在後來他至死不渝地忠於毛澤東和文革上也可以看出來）。「四人幫」被粉碎後，文靜曾再一次被捕3、4年，重審她的所謂「叛徒」問題。據女兒張維維回憶：

> 1982年到1983年，我媽媽回家後，公安局專案組的人到我們家裡來，告訴她最後的結論。我也在場，我看了一眼她的結論。上面寫的是：歷史問題有「變節」行為。……關於她的這個結論是1945年做出的，1949年她重新入黨。[45]

這裡要指出的是：按中共當年的政策，文靜被俘後並沒有任何出賣組織和同志的行為，因而只是被視為有過變節行為。而這是允許她重新入黨工作的。所以把文靜的問題上綱上線為「革命隊伍叛徒」和「民族敗類」是不符合中共自己的政策的。當然，後來中共這方面的審幹政策越來越左，在文革中已

44　史雲，《張春橋姚文元實傳：自傳、日記、供詞》（香港：三聯書店，2012），頁90-93。

45　《張春橋獄中家書》，頁290。

經把一般的變節行為和叛徒幾乎混為一談了。儘管如此，文靜在張春橋倒台後的審查中最後還是維持了原來的結論，甚至都沒有開除她的黨籍。也就說明文靜的歷史問題並不嚴重，更不存在張春橋要「設法掩飾甚至抹掉她的這段歷史」的問題。

　　從《晉察冀日報》的副總編輯到上海市委宣傳部長，張的官運一直很順，但他從沒有考慮過要和文靜離婚。直到文革中他被毛委以重任，也沒有動過離婚的念頭。用他親信徐景賢的話來說：「文革初期的一個階段，張春橋和文靜之間的夫妻關係，可以用『感情甚篤』來形容。」[46] 十大後，張還當上了政治局常委、解放軍總政治部主任，便開始因妻子的歷史問題一再受到他在中央的政敵，如周恩來、葉劍英等人的攻擊。另外，張得知毛澤東可能會進一步重用他，才開始違心地考慮和文靜離婚，1976年初曾託他的親信徐景賢在上海另「找個伴」。[47] 正如張維維所說：「我知道，因為政治原因要他們離婚，這件事對他倆來說都是特別特別痛苦的。」[48] 後來，因為政治風雲突變，打斷了他們的被迫離婚行程。張春橋在晚年被監視性地「保外就醫」後，文靜則義無反顧地放棄了自己的自由，來到他的身邊照顧他、並攜手走完了人生。從這一點上來說，張春橋的婚姻倒是因禍得福了。然而，讀者卻可以從中看到張春橋所忠於的「革命」的殘酷和可怕：革命永遠以吞噬自己的兒女為發展的動力和代價。它不僅在政治上吞噬了它最忠

---

46 徐景賢，《十年一夢》（香港：時代國際出版有限公司，2003），頁394。
47 同上，頁402-403。
48 《張春橋獄中家書》，頁309。

誠的兒女，還差一點吞噬他們僅剩下的一點愛情和婚姻。

　　充當毛澤東的助手發動文革，張春橋當然是站在歷史的對立面上，應當對這一場民族災難負有相當的罪責。但作為一個悲劇性的歷史人物，他和他的家庭都為支援毛和文革付出了高昂的代價，承擔了過高的罪名——其中不少本來應當是要毛澤東承擔的。就張春橋一家來說，他本人自1976年10月被抓，1981年被判死刑，其後在監獄裡過了20年。雖然1996年保外就醫，但實際上也還是被軟禁到死。他被捕後，妻子和兒女們都紛紛被抓被囚，以致他80多歲的老母親也在無人照管的情況下自殺身亡。更為悲哀的是：張春橋對這樣的結局是有準確的預感的。他女兒張維維在回憶1976年夏天最後一次見到張春橋時，談到周恩來、朱德都已經過世，毛澤東也病重了：

　　　我還問他：「那你怎麼辦？」他說：「我怎麼辦，千刀萬剮呀。」我以為是他自己這麼說的，後來才知道是別人說要對他千刀萬剮，他是重複別人的話。……他這麼說了，那我就追問他：「你千刀萬剮了，那我們怎麼辦？」他說：「我也不知道。誰叫你是張春橋的女兒。」[49]

　　中共上層宮廷政治中黑幕重重，常常有興衰而無正邪、有成敗而無是非、無論哪一方都不乾淨。而一直占據「好人」的歷史大義的「四人幫」的反對派，在權爭的手段伎倆上有時遠比他們要反對的一方更陰險狡詐一些。

49　同上，頁277。

　　林彪事件以後,張春橋、江青等文革派和周恩來、葉劍英等元老派處於對壘狀態。毛澤東出於制衡他手下的權力體系的需要,其實對兩個宗派都是有批評的。除了我們都耳熟能詳的毛對「四人幫」的批評外,1975年1月,毛澤東提議張春橋當解放軍總政治部主任,遭到周、葉、李(先念)的聯合反對,毛就批評他們說:「你們三個人不要老搞在一起,不要搞『三人幫』。」1975年5月3日的政治局會議上,毛還批評葉劍英不要搞「廣東幫」由此可見,「幫」一詞在毛澤東口裡不過是對黨內派系活動一種揶揄式的評語而已,把毛澤東對張春橋等人「同志式」的批評上升為「四人幫反黨集團」是站不住腳的。[50]

　　使人比較震驚的還有周恩來為打倒政治對手所搞的工於心計的活動。因為毛澤東對張的格外器重,使張有可能接周死後的總理的班,周恩來便開始對他進行種種打擊,主要是在歷史問題上硬把張說成是「叛徒」。說張春橋是「叛徒」的所謂材料來自林彪軍人集團成員邱會作支援的上海第二軍醫大學群眾組織「紅旗」。邱會作和張春橋之間有很大的個人恩怨。張在運動初期支援「紅旗」的對立派「紅縱」造了邱會作的反,邱為了報復便支持(或指使)「紅旗」炮打張春橋和搞他的材料。周恩來聽說了此事,便暗示邱讓「紅旗」以「群眾來信」的名義把這些材料寄給自己,再轉給毛澤東。周這麼做一來撇清了自己和林彪集團一起搞張「黑材料」的嫌疑,二來又以文革中流行的「群眾揭發」包裝了自己整政治對手的真實用心。[51]

---

50 《張春橋:1949及其後》,頁679-680。
51 邱會作,《邱會作回憶錄》(香港:新世紀出版社,2011),下卷,頁

　　張春橋在歷史上從沒有被捕過，「叛徒」一說實為為子虛烏有。筆者在上海文革中親身參加了炮打張春橋的活動，也見聞過「紅旗」等組織搞的張的「叛徒」材料。平心而論，實在都是一些捕風捉影和道聽塗說的東西。比如，其中有一傳說是張春橋1940年間在國民黨的南京的江蘇反省院寫過「自首書」和「反共啟示」，其實那時張已經去了延安，又如何能在南京寫「自首書」呢？其二，張春橋檔案裡確實有一件他1936年4月在上海加入過「中國共產黨上海預備黨員委員會」的事。這一組織並非是被批准的中共的正式組織。為此，張春橋在延安1938年重新入了黨。然而，如同張春橋傳記的作者所客觀地指出的：「在長期的地下鬥爭中，如果因為客觀條件無法和黨取得聯繫，自行組織起來進行革命鬥爭，這種做法並不少見。」[52]最重要的是：這其實表現了張春橋年輕時的追求革命的積極性，和「叛徒」毫不相干。

　　在以周恩來幾十年的地下工作的經驗和一貫為人稱道的實事求是的工作作風，他應當不難一眼看透那些明擺著的說張是「叛徒」的破綻。何況他本人就有過這樣的遭人誣陷的「歷史問題」。1967年5月，南開大學紅衛兵在舊報紙中發現了一則〈伍豪等脫離共產黨啟示〉，而「伍豪」是周恩來在黨內的化名之一。此事源出國民黨特務機關的誣陷。但鬧到江青和毛澤東那裡以後，周恩來立刻做了多次反駁，其中最有力的理由便是：在這一〈啟示〉在上海各大報刊登出的1932年2月，他

52　《張春橋姚文元實傳：自傳、日記、供詞》，頁72。

已經人在江西中央蘇區了。[53] 比較周、張這兩個為人誣陷的案件，應當說張案更容易令人一眼穿透，因為連一份類似周的書面〈啟示〉都不存在。奇怪的是：周恩來竟死死地抓住張所謂的「叛徒」問題不放，明明暗暗地打擊張春橋。1973年9月，周恩來和鄧穎超陪同法國總統蓬皮杜來上海，鄧穎超特地拜訪了上海市委大院中幾乎所有的新老幹部的家，卻有意不去張春橋家。還公開地揚言：「只有一家沒有去。不去的原因，你們大家一想就可以想到的。」這顯然是暗示張春橋太太文靜的歷史問題和張的叛徒問題。[54] 1974年12月，周恩來還在他最後一次見到毛談四屆人大人事安排時，當面提出張的「歷史問題」，以阻止張可能當總理。除此以外，周還把這些從來未經證實的問題不負責任地擴散。[55] 1973年4月9日，周恩來非常肯定地對來看望他的鄧小平夫婦說：「張春橋是叛徒，但是主席不讓查。」而當時的鄧小平還在被審查之中。周恩來作為一個因所謂的「歷史問題」在文革中受誣陷的受害者，對另一個受害者張春橋卻不斷地用別人迫害他的方法加害。這實在是很能說明中共的宮廷政治的經典特質：無原則的暗算、陰謀、攻訐。[56]

　　或許，鄭重的《張春橋：1949及其後》一書中所披露的葉

53　高文謙，《晚年周恩來》（紐約：明鏡出版社，2003），頁220-224。

54　《張春橋：1949及其後》，頁861。因為文靜的歷史問題應當已經解決了。因而此處的「一想就可以想到的」恐怕還影射張春橋的所謂「叛徒」問題。

55　《晚年周恩來》，頁540-541。

56　鄧榕，《我的父親鄧小平：文革歲月》（香港：三聯書店，2013），頁250-251。

劍英對王洪文的暗算更能引發經久的震撼。在1973年7月的中共十大上，毛澤東決定培養王洪文作為接班人。在當時的政治局裡，元老派挺王最力的是周恩來和葉劍英。王洪文當時被毛調到中央學習各方面的理論、方法和經驗。但是葉劍英卻老是邀請王洪文到中南海釣魚，去郊外打獵，還在軍委所在地撥給王一套高規格的樓房。平時葉常邀請王赴宴。王為得到元老派的支持無法推辭，葉卻常常指令部下用茅臺酒把王灌醉。對這些，張春橋雖然也設法勸阻王洪文「不要上這些人的當」[57]，但王並不聽勸。令王洪文萬萬沒有想到的是：葉在他背後又把他的林林種種表現都向毛作了彙報，造成王是一個不堪培養的紈褲的印象，以致毛失望地感嘆說：「釣魚台無魚可釣。」[58]更具諷刺意義的是：這些後來又都出現在華、葉中央列舉「四人幫」罪證的文件裡，作為「新生資產階級分子王洪文的罪證」，證明他「大量貪汙盜竊、侵吞揮霍國家資財」。[59] 葉劍英這麼做可謂一箭三鵰。其一，使王對他感激涕零。如果王洪文接班成功，他便有從龍之功。其二，拉攏王洪文，分化他和其他文革派——如張春橋、江青的關係。最後，在毛那裡破壞王的名譽，使毛對他選的接班人失望。對於曾被葉劍英玩弄於股掌之中，王洪文被抓以後有過椎心的懊悔，曾在秦城監獄裡

57　《張春橋：1949及其後》，頁719。

58　同上，頁792。

59　〈中共中央關於「王洪文、張春橋、江青、姚文元反黨集團罪證（材料之二）」的通知及材料〉（1977年3月6日，中發〔1977〕10號）。載《中國文化大革命數據庫，1966-1976》。

對著張春橋的囚室窗口大叫：「我錯了！」[60]

　　中共宮廷政治的另一個特質是持續不斷的內鬥。周恩來逝世以後，華國鋒被毛任命為國務院總理。以華為代表務實派和以張為代表的務虛派又發生了矛盾，結果竟在毛澤東屍骨未寒之際發生了1976年10月6日的宮廷政變。華國鋒聯合葉劍英等元老派動用軍隊一舉抓捕了王洪文、江青、張春橋和姚文元。按官方長期以來的說法，這是因為張春橋等人搞陰謀詭計，要策劃反革命武裝叛亂。其實，真實的歷史是截然相反的。首先，張春橋和王洪文對於毛澤東最後選擇華國鋒作為第一副主席都是「完全擁護，保證支持」的。[61] 尤其是張春橋，如果他要在華和王之間做一個選擇，甚至可能還是會選華國鋒。[62] 本來華、張、王三駕馬車還是可以穩定地運行幾年的。只是「華國鋒太急於想『獨掌乾坤』了，結果後來自己也沒有好下場」。[63]其次，無論是華國鋒、葉劍英，還是汪東興在實施十月政變時都說過的「四人幫」已經在布置搞「武裝政變」了，他們必須「先下手為強」。張春橋傳記的作者鄭重在經過詳細的考證

60　《張春橋：1949及其後》，頁792。

61　〈毛遠新1976年1月31日奉毛澤東之命和王洪文、張春橋談話後的報告〉，轉引自《張春橋：1949及其後》，頁716。

62　王洪文原是張春橋一手扶植起來的上海工人造反派的頭頭，對張言聽計從。1973年他被毛澤東選為接班人進京後，和張發生了一些矛盾。一是因為上面提到的葉劍英對王的拉攏，損害了王和江、張等文革派的關係。二是當時上海發生了一個《朝霞》事件，即王洪文和他的工人造反派小兄弟們對張春橋下屬市委寫作組編的《朝霞》發動圍攻，責令停刊檢查。這使張和王的關係產生了很深的罅隙。詳情可見《張春橋：1949及其後》，頁610-615。

63　《張春橋：1949及其後》，頁767。

後，說明沒有任何事實依據，不過是一種為打倒政敵製造的倒打一把的藉口。對此，現在的文革研究界也逐漸有了一定的共識。[64] 最後，出現在〈中共中央關於「王洪文、張春橋、江青、姚文元反黨集團罪證（材料之一）」的通知及材料〉中徐景賢有關張下令武裝政變的證詞其實是一種「偽證」。[65] 其原因是在徐被監禁期間，華國鋒通過當時的公安部部長趙蒼璧派人告訴徐：只要承認張春橋給上海下過武裝叛亂的指令，徐就可以免於起訴和處分。為此，徐作了假證。[66]

有關華國鋒發動政變的必然性，蕭木有這樣一個歷史性的分析：

帝王制度的本質是皇權由一人獨擅，不准旁人分享，不容許有不同政見，更不能容忍出現派別。歷史上，大凡立而又被廢的皇太子，一旦新皇帝繼位，他們的命運幾乎全都是一個字：死。只是死的方式有所不同，時間略有先後。此類實例，古代史上可以找出一大堆。不過華國鋒根本用不著去翻那些老古董，他只要一接班也即繼位，便可以無師自通。道理很簡單：左邊一個是曾經有可能入選

---

64 〈中共中央關於「王洪文、張春橋、江青、姚文元反黨集團罪證（材料之一）」的通知及材料〉（1976年12月10日，中發〔1976〕24號）。載《中國文化大革命數據庫，1966-1976》。

65 詳可參見劉健，〈回顧「粉碎四人幫」：是華國鋒陰謀篡黨奪權而不是四人幫〉，美國《當代中國研究》，2016年第2號，頁95-118。還可參見韓剛，〈有關粉碎「四人幫」事件的史實和疑點〉，廣州：《同舟共進》，2013，第5期，頁48-55。

66 《張春橋：1949及其後》，頁790。

的接班人張春橋，右邊一個是已經定了三年的接班人王洪文，華國鋒坐在這樣一個位置上心裡能踏實嗎？於是這位原來曾經厚道的人便有了不那麼厚道的想法，等到毛澤東一去世，便與功臣派聯起手來，發動了一場稱之為「一舉粉碎『四人幫』」的「十‧六政變」。[67]

　　這一體制性的分析是耐人尋味的，它至少證明了中共的接班人制度從沒有跳出過封建王朝黑暗的宮廷政治的怪圈。而我們只要打開了從「失敗者」看歷史的逆向視域，便不難發現不少對官方的中心敘事具有顛覆性的「另類史實」，從而展示了一種新的觀照文革中中共高層爭鬥的史觀。

　　不過，當我們在指出許多中共在粉碎「四人幫」後給張春橋所安的罪名的不符合事實甚至「莫須有」的同時，又必須指出這是一種對張本人極具諷刺性的悲劇後果：因為張春橋本人也正是這種無限上綱、羅織構陷的革命的最積極的參與者和創造者之一。包括文革在內的共產黨革命的邏輯常常是「以其人之道，還治其人之身」的。

　　然而，張春橋的不少文革罪名並非一定來自打倒他的政敵周恩來、華國鋒等人的有意構陷，而常常來自普通但是相當數量的群眾對他和他主持的宣傳部門的並非有意的誤讀和誤解。比如，在文革晚期的1974-1976年，有不少反張春橋和其他文革派的重大政治風波竟就是這樣引發的。比如，1974年的批林批孔中，群眾認為張春橋、姚文元等人利用梁效、羅思鼎等寫

67　同上，頁880。

作組寫了不少含沙射影地攻擊周恩來為「現代大儒」、「批宰相」和「批折衷主義」的文章。[68] 此外，憤怒的讀者還認為：1976年在周過世後，張還繼續指令《文匯報》發表暗批周恩來的文章。其結果是引發了全國性的群眾抗議，成為爆發1976年「四·五天安門事件」的導火線。[69]

確實，在批林批孔運動中，江青直接領導的梁效寫作組寫了〈孔丘其人〉等文章。上海市委寫作組也不甘落後，先後發表的文章有：署名康立的〈漢代一場儒法大辯論——讀鹽鐵論札記〉和羅思鼎的〈秦王朝建立過程中復辟與反復辟鬥爭——兼論儒法鬥爭的社會基礎〉等等。〈孔丘其人〉中有這樣描寫孔子的句子：「71歲重病在床的時候」，「還掙扎著爬起來，端著一隻胳膊，搖搖晃晃地走去見昏君」。這在當時被不少細心的讀者認定是影射周恩來。但後來據該文的作者范達人說明：根本就不是這麼回事。因為此文是江青經毛澤東同意才寫的，而且還經周恩來看過才發表。至於上海寫作組那幾篇文章，[70] 據後來的調查：文章的組織者朱永嘉堅決否認和張春橋有任何關係。這些文章也曾被粉碎「四人幫」以後的中央專案組立案審查，但最後都否定了朱的利用批林批孔或批鄧來「批判周恩來」的罪名。

周恩來逝世後上海《文匯報》還有過在全國引起了軒然大波的「三·五」和「三·二五」的報導：1976年3月5日，

---

68 同上，頁586-588。
69 同上，頁725-728。
70 范達人，〈梁效幾篇重點文章的寫作經過〉，北京：《炎黃春秋》，2014，第3期。

《文匯報》夜班編輯在編排一篇新華社關於部隊學雷鋒的電訊稿。因為已經拼好的版面篇幅關係，便刪去了包含周恩來題詞內容（並非題詞本身）的段落。時值周病逝不久，這一正常的編輯工作便被細心的讀者憤怒地指責為「反對周恩來」。一波未平，一波又起。3月25日《文匯報》刊登了一篇上海儀表局通訊員對該局批鄧反擊右傾翻案風的報導，文中有一句「黨內那個走資派要把被打倒的至今不肯改悔的走資派扶上台」。按該基層通訊員的解釋，「黨內那個走資派」是指當時受批判的鄧小平，後者是指周榮鑫和胡耀邦等。但憤怒的讀者並不這麼理解，他們認為前者是影射周恩來，後者才是指鄧小平，於是引發了全國性的抗議浪潮。南京的群眾還在上海和北方之間的來往列車上刷上「《文匯報》的文章是反黨奪權的信號，揪出《文匯報》的黑後台！」「把赫魯曉夫式的野心家、陰謀家、兩面派的張春橋揪出來示眾！」[71] 當時中共為平息這一全國性的風潮，經毛澤東圈閱批准，發出〈中共中央關於南京大字報問題的電話通知〉，指出：「最近幾天，南京出現了矛頭指向中央領導同志的大字報、大標語，這是分裂以毛主席為首的黨中央，轉移批鄧大方向的政治事件。」[72] 儘管這兩個事件在粉碎「四人幫」以後都是中央專案組的清查重點，但事與願違，他們最後也只能得出其中實際上不存在反周陰謀，相反只是讀者的誤讀誤解的結論。

71　《張春橋：1949及其後》，頁727。
72　〈中共中央關於南京大字報問題的電話通知〉（1976年4月1日），載《中國文化大革命數據庫，1966-1976》。

　　今天我們如何看待這些讀者的誤讀和誤解引發的政治風波？張春橋的傳記作者認為：這些事件「雖然使群眾產生了誤解，但充分表明了人心的向背，像歷史上一些偶發事情而引發出重大的歷史事件那樣，它們激化了群眾憤怒的情緒」。[73] 鄭著能夠看到歷史發展中偶然性的作用，是很有見地的。但是，他還是沒有更深一層透析為什麼群眾會產生這種定向的誤讀和誤解。如果我們借用西方文學和歷史研究中的接受理論（reception theory）來作一觀照，或許會更清楚一些。接受理論或接受美學（Aesthetic of Reception），是由德國康茨坦斯大學文學史教授堯斯（Hans Robert Jauss）在20 世紀 60 年代末至70 年代初提出的。[74] 他認為，作品的美學實踐應包括文本的生產、文本的流通和文本的接受三個方面。文本的接受是讀者通過自身的審美經驗「再創造」作品的過程，它常常發掘出作品中的種種讀者認定的但不一定是作者本意的意蘊。當然，讀者接受活動受自身審美經驗的積累和政治歷史條件的限制，從而產生一種對某種作品的定向的「期待水準」。如果我們把上述讀者接受活動中的「自身審美經驗的積累和政治歷史條件的限制」理解成為文革前和文革中中共宣傳部門對讀者進行的長期的為「革命研究歷史」的捕風捉影的教育，和發表在各種報刊的牽強附會的影射史學的文本，便不難理解為什麼讀者會對張春橋等人控制的《文匯報》產生「陰謀批周」的誤讀。因為他們在文革這

73　《張春橋：1949及其後》，頁728。

74　堯斯的代表作可見：Jauss, Hans Robert. *Toward an Aesthetic of Reception*. Trans. Timothy Bahti（Minneapolis：University of Minnesota Press, 1982）.

一特殊的「政治歷史條件」中積累的「審美經驗」，便是任何談歷史的文本中都有對當代政治影射的可能性——這就是他們的「期待水準」。細究起來，張春橋還是文革中這一導致讀者誤讀的「期待水準」的創世鼻祖之一。他參與寫作的姚文元的《評新編歷史劇「海瑞罷官」》（也發表在《文匯報》），[75]就誤讀了吳晗，把寫於1960年的這一歷史劇硬和1961年的所謂單幹風、翻案風聯繫起來。當然，張春橋和姚文元的「誤讀」是有意的政治陷害，而群眾對《文匯報》有關文章的誤讀則出於無意的憤懣，其接受方式不過是以其人之道，還治其人之身罷了。然而，誤讀畢竟是誤讀，不是事實真相。經過近半個世紀的時間積澱，我們沒有任何必要再讓歷史保持沉默。

結語

在幫助毛澤東發動文革、建立文革理論體系的左派筆桿子集團——中央文革小組的成員中，張春橋的地位顯然獨樹一幟。他既不像陳伯達——中途對毛澤東的理論路線有了歧義；也不像王力、關鋒和戚本禹——因過於激進和不夠謹慎而被毛最終拋棄而成為文革的祭品。張春橋自始至終是毛的文革理論最忠實的闡釋者。也因此而被毛視為理論上的知音和最理想的接班人。當然，張春橋作為上述極左派文人精英集團的重要成員，他對毛澤東晚年思想的貢獻和影響還有他個人的、獨特的地方。最主要的是：張春橋把他擔任第一書記和革委會主任的

75　載《文匯報》，1965年11月10日。

上海，當作了他實踐毛澤東文革理論的試驗田和根據地──這才是毛澤東所最需要的，而其他的筆桿子卻都沒有這樣接地氣的條件和實踐。

　　作為一個中共的最負盛名文革理論家，張春橋從沒有、也沒有刻意追求過建立自己的理論體系、比如所謂的「張春橋思想」。但是，這不等於說在張春橋對毛主義的闡釋中，沒有他一以貫之的理論堅持──那就是張春橋對所謂的「破除資產階級法權」理論的堅持和發展。其實，毛澤東的這一理論是對經典馬克思主義的誤解和歪曲，這種小農平均主義的烏托邦對社會生產力的破壞和人類文明的倒行逆施是顯而易見。而張春橋的進一步闡釋不僅違背了文明發展的常識，也同時披露了毛主義在哲學上貧困和理論上的貧乏。

　　由張春橋等人一起積極參與創造的歷史、即毛澤東發動的文革完全是一段悲劇性的歷史。它不僅在毛的政敵和民眾中造成了數以千萬計的人間悲劇，還在他的最忠誠的助手及家庭中，製造了淒慘的悲劇。當我們在指出許多中共在粉碎「四人幫」後給張春橋所安的罪名的不符合事實甚至「莫須有」的同時，又必須指出這是一種對張本人極具諷刺性的悲劇後果：因為張春橋本人也正是這種無限上綱、羅織構陷的革命的最積極的參與者和創造者之一。而包括文革在內的共產黨革命的邏輯常常是「以其人之道，還治其人之身」的。

　　雖然人們常說歷史是由戰勝者來寫的，但是對戰敗者的研究卻絕不容忽視。且不說這種逆向思維的敘事常常可以提供鮮為人知的史實，成為對勝利者歷史的一種難得補充。更為重要的是，它常常在不經意的細節中剝落勝利者歷史中人為的油

彩，提供對完整的場景進行觀照和審視的多維視野。

　　張春橋走了，雖蓋棺卻仍不能論定，畢竟他的一生，功過皆為歷史，成敗亦非其所求。

第七章

從政治夫妻到夫妻政治
文革中的夫人參政現象

　　說到文革中最富有「中共特色」的政治景觀，恐怕很難令人不想到在1969年的中共九大上，主席和副主席的兩位夫人——江青和葉群——都高票當選，被提拔為中央政治局委員。這無論在中共黨史中，還是在整個國際共產主義運動史上，都確實是史無前例的。眾所周知，國際共運的第一代領袖馬克思的夫人燕妮（Jenny Marx, 1814-1881），雖然也是她丈夫理想的支持者，但是從來沒有涉足於第一國際的領導中心。第二代領袖人物列寧和史達林的夫人，都從沒有進入過黨的中樞機關，更遑論直接和丈夫一起領導全國的政治運動。比如，列寧的夫人娜捷施達・康斯坦丁諾夫娜・克魯普斯卡婭（Nadezhda Krupskaya, 1898-1924）雖然也是一個老布爾什維克，但十月革命以後只是擔任教育部副部長的的職位，基本上從事教育科學的研究工作。再如史達林的夫人娜傑日達・阿利盧耶娃（Nadezhda Sergeevna Alliluyeva, 1901-1932），非但在婚後沒有擔任過公職，還是史達林大清洗等政策的反對者。

　　在國際共運史上，文革中的「夫人參政」現象是毛澤東的一種創造，或許也是他被譽為「馬列主義發展史上第三個里程碑」體系中的一部分。這一政策還對其他一些共產黨國家產生過影響。例如，文革中的1971年6月，羅馬尼亞獨裁者齊奧賽斯庫和他的夫人伊琳娜‧齊奧賽斯庫（Elena Ceau escu, 1916-1989）訪問了中國。伊琳娜聽取了江青的夫人參政的經驗，還認真做了筆記。回國以後，伊琳娜「完全把毛夫人作為她進一步執政的榜樣」，開始更積極地介入羅馬尼亞的政治領導。[1] 她不僅立刻成為政治局委員，第二年還成為該黨的第二號人物。這對夫婦狼狽為奸對羅馬尼亞人民做盡了壞事，結果在1989年的羅馬尼亞民主革命中被起義的人民群眾槍斃了。[2]

　　中國在文革中原創的「夫人參政」的惡果比羅馬尼亞的仿造者有過之而無不及。以江青和葉群為例，她們非但是毛文革的發動和展開的關鍵人物，實際上還成了權傾一時，炙手可熱的政界和軍界的「太上皇」的角色。江青雖然是中央文革小組的第一副組長，但誰都知道她是該組織的說一不二的核心人物。葉群雖然只是軍委領導小組的一般組員，但她是林彪夫人和代表，儼然也是「太上皇」。遺憾的是：無論是在文革實踐和文革過去半個世紀後的歷史評判中，這一「夫人參政」政策都沒有給毛文革帶來成功的幸運，相反只是加重了這一民族災

1　George Galloway and Bob Wylie, *Downfall: The Ceausescus and the Romanian Revolution*（London：Futura Publication, 1991）, p. 88.

2　Mark Almond, *The Rise and Fall of Nicolae and Elena Ceausescu*（London：Chapmans Publishers Ltd. 1992）, pp.147-148. See also *Elena Ceausescu,* **Wikipedia**, https：//en.wikipedia.org/wiki/Elena_ Ceausescu.

難，甚至最後成為參政的夫人（們）被猜忌和拋棄的誘因。當然在某種程度上，也加速了文革的破產和人民的覺醒。

政治夫妻：非中國特色的中共政策

在定性這一「夫人參政」政治景觀時，筆者用的定語是「中共特色」而不是「中國特色」。認識到這一點非常重要——因為在中國數千年的傳統社會裡，最高的皇權統治者們大都是「夫人參政」政策的反對者。中國是個傳統的農業大國。自然經濟產生的「男耕女織」、「男主外、女主內」的性別分工模式在中國社會一度占據統治地位。在這一分工模式下，男性從事的是社會性勞動，活動於公共領域。而女性從事的卻是家務性勞動，活動範圍局限於私人領域。婦女被孤立、排斥在公共領域之外。中國傳統政治的本質是建築在私有制家庭基礎上的父權家長制。王權更替，是在男性政治父系的血親中延續的。另外，家長制的統治其實是把國家作為家庭的擴大和演化。而夫（婦）人參政，在封建統治的最高層便形成了對父系王權的侵犯和削蝕。其結果不是造成權力外移，挑起母黨或妻黨的外戚之亂，就是會和主要統治階層的士大夫的正統意識形態發生道義衝突，造成綱紀混亂，國勢衰微。

然而，在中國千年男性皇權的傳統中並不是沒有「夫（婦）人參政」的漏洞的。其一是「太后攝政」。那是指在先帝突然駕崩而太子年幼登基的特殊情況下，由太后暫時掌握最高皇權。但從中國歷史上來看，這一特例在政權穩定過渡中的效果並不好。比如東漢末年，從西元88年漢和帝劉肇10歲登

基，到西元167年漢靈帝劉宏12歲登基，中間經歷了由竇太后、鄧太后、梁太后等攝政稱朕的外戚之禍，最後導致漢家天下的崩潰。鑒於這一女黨之亂，黃初三年（222）九月魏文帝曹丕發布〈禁婦人與政詔〉道：「夫婦人與政，亂之本也！自今以後，群臣不得奏事太后，后族之家不得當輔政之任，又不得橫授茅土之爵。以此詔傳後世，若有背違，天下共誅之。」[3]

儘管宋代以後因為理學盛行和禮教日益森嚴，夫人和女性的直接染指權柄都幾乎成為不可能，但是男性皇權政治的另一個漏洞還是始終存在的。那就是后妃以「枕邊風」干政；或和宮外的外戚、親信裡應外合。為此，明朝的開國君主朱元璋還是三令五申嚴禁后妃干政，以強化皇帝權力。他對朱升等人說過：「治天下者，正家為先。正家之道，始於謹夫婦。后妃雖母儀天下，然不可俾預政事。至於嬪嬙之屬，不過備職事，侍巾 。恩寵或過，則驕恣犯分，上下失序。歷代宮 ，政由內出，鮮不為禍。惟明主能察於未然，下此多為所惑。……」[4] 洪武三年五月，朱元璋又下令規定：「皇后止詔宮中嬪婦事，宮門之外，悉不得預。……群臣命婦，非朝賀不見宮人。人君無見命婦禮。以上皆垂為永制，命子孫世世代代守之。」[5]

無疑，這些反對「夫人參政」的措施是為了避免亂邦滅國的厄運。但是它們對女性的歧視，單純地把王朝的敗亡歸結於「女人禍水」顯然是荒唐的。但在另一個方面，在防止皇權因

3　陳壽，《三國志・魏書（一）》（北京：中華書局，1985），頁80。

4　張廷玉等，《明史・后妃列傳第一》（北京：中華書局，1985），第12冊，頁3503。

5　夏燮，《明通鑑》（北京：點石齋書局，1903），卷3，頁246。

夫妻、母子關係而產生的色授恩隆，乃至化公權力為私利上卻還是有一定的合理性的，否則它們也不可能在漫長的傳統社會中被奉為圭臬。

毛澤東所領導的中國的共產黨革命，其實質也是一種朱元璋式的農民起義。然而，為什麼朱元璋為了他政權的長治久安，要對「夫人參政」如此嚴厲地禁錮，而毛澤東卻要以此作為他一手創立的文革新政體重要組成部分呢？其根本的原因在於：朱元璋是真皇帝，他的起兵反元，就是為了當皇帝。登基以後，他已經建立了他建立在男性父權制的血緣上延續的「家天下」。因為他已經是皇帝，「朕即天下」，他就不需要遮遮蓋蓋，搞虛偽矛盾的陰謀來鞏固他的政權，而可以公開地汲取歷代王朝興亡的歷史經驗，嚴禁「夫（婦）人政治」。在中共成立時，中國傳統的皇帝制度已經遭到人民的唾棄、被推翻了10年了。作為一個20世紀的政黨，中共的黨綱和政策顯然不會也無法公開提倡帝制，相反至少在表面上增加了許多諸如黨內民主、選舉等等現代色彩的東西。正因為這些堂而皇之的政策的存在，即便中共的某些領導人、如毛澤東的內心想當皇帝的欲望絕不比朱元璋遜色，他至少在名義上卻只能當一個「偽皇帝」。因此，他只能搞和黨綱相矛盾的陰謀詭計來維護他「君臨天下」的統治。而要搞這種權謀詭道，和自己日夜相處、休戚與共的老婆當然是最理想的幫手了。

除此以外，中共的兩種幹部政策和意識形態也為高幹夫人干預政治開了方便之門。同時使毛澤東最終把江青和葉群提拔到中樞機關的政治前台時沒有遇到什麼阻礙。

第一，中共從來就沒有過明確的領導人和其直系親屬之間

的利益衝突或規避政策。相反，長期以來中共一直奉行抽象空
洞的「任人唯賢」的政策、即只要「賢」而不避「親」。即使
在同一部門，也不反對提拔領導幹部的配偶和直系親屬一起工
作。這當然使各級領導人在公開地搞「夫人參政」時沒有任何
政策和法規上的障礙。文革以前，中共上層、尤其是在軍內就
有任命自己的夫人參政的風氣。儘管中共革命是以男性為中心
的，建國後的10大元帥、10大將軍、57上將中無一是女性，但
不少人的辦公室主任（或手握實權的秘書）卻是他們的夫人。
以下的表格只是我們至今為止知道的軍隊高幹夫人以「辦公室
主任」名義在文革前後參政的情況：

名稱	職務	夫人姓名	職務
林彪元帥	軍委第一副主席	葉群	辦公室主任
賀龍元帥	軍委常務副主席	薛明	辦公室主任
楊成武上將	代總參謀長	趙志珍	辦公室主任
肖華上將	總政治部主任	王新蘭	辦公室主任
黃永勝上將	廣州軍區司令 後任總參謀長	項輝方	辦公室主任
韓先楚上將	福州軍區司令	劉芷	辦公室主任
許世友上將	南京軍區司令	田普	辦公室主任

　　這種情況在黨政系統的上層官員中也並不鮮見。如政治局
委員、被稱為「蒙古王」的內蒙古自治區的負責人烏蘭夫的辦
公室主任就一直是他夫人雲麗文。再如，政治局委員康生的辦
公室主任就是他的夫人曹軼歐。原中宣部長陸定一的辦公室主

任是他的夫人嚴慰冰。在文化大革命山西省的一月奪權中扮演
了中樞角色的「革命幹部」的代表劉格平，也有一個時時起關
鍵作用的夫人丁磊。文革前她只是省人委信訪局的一個普通幹
部，劉格平一成為革委會的第一把手，她也當上了省人事局局
長。據研究山西省文革史的學者的評價：她「是個權欲熏天、
不甘寂寞、策劃於密室、點火於基層……後來山西一系列事
件，都有她濃濃的影子」。[6] 有的高級幹部的夫人名義上並沒有
被任命為「辦公室主任」，但也是大權在握的「政治秘書」。
最典型的例子是國家主席和中共副主席劉少奇的夫人王光美。
江青也同樣，文革前擔任過中央辦公廳政治秘書辦公室的副主
任，曾一時被稱為「毛辦」的實際負責人。

　　自1967年軍隊參加支左和1968年以後中高層軍隊幹部擔任
地方革命委員會主任，這種本來應當被視為利益衝突的夫妻同
時在同一領導部門工作的現象竟在軍內和黨內蔚然成風。不少
軍隊高級幹部的夫人原來不在軍隊或同一部門，也特地被調到
軍內或同一部門工作，擔任辦公室主任。比如，林彪集團的空
軍司令吳法憲的夫人陳綏圻、副總參謀長、海軍政委李作鵬的
夫人董其采就都是由葉群以「軍委」的名義出面調到她們丈夫
身邊當辦公室主任的。可能這種任命夫人為「辦公室主任」或
「政治秘書」的出發點之一是讓作為首長的丈夫有最貼心的人
來處理機密事務，但其實質是很明顯地把公共政治家庭化了，
並以私人化的關係嚴重侵犯了公權力。

6　石名崗，《文革中的山西》（香港：天馬出版有限公司，2015），頁179、
　　182、229-230。

　　有關允許夫人充當高級幹部的辦公室主任或秘書的現象文革結束後還不同程度上地存在，一直到1995年2月9日中共中央發布的《黨政領導幹部選拔任用工作暫行條例》，才在第47條規定第一次明確提出「不准提拔本人的配偶、子女及其他親屬，或者指令提拔秘書等身邊工作人員」。[7] 文革結束近40年後，大概因為「夫人政治」和其他直系親屬關係已造成的中共全黨的腐敗一發而不可收，2010年中共的《廉政準則》的第一章第五條第一款才規定：「禁止利用職權和職務上的影響為親屬及身邊工作人員謀取利益。不准有下列行為：（一）要求或者指使提拔配偶、子女及其配偶、其他親屬以及身邊工作人員。」2014年的中紀委的《廉政準則》釋義中才明確指出：「不管領導幹部的配偶、子女及其配偶、其他親屬及身邊工作人員本人是否符合選拔任用的條件，這種要求都是錯誤的，是不允許的。」[8]

　　第二，中共的解放婦女的意識形態和政策有利於「夫人參政」。自革命年代開始，中共就是政治和階級意識上的男女平等和女性參政的積極提倡者。可能因為革命的人力資源的長期不足，這一平等和參政主要是體現在要求女性分擔在階級鬥爭、尤其是在革命戰爭中男性的責任。在革命政權組成中男女成分的比例，尤其是在中樞領導機關（如政治局）中，女性基本空缺。中層領導機關中被提拔的女性幹部還是占極少數。在

7　見《人民網》，http：//people.com.cn/GB/channel1/10/20000821/195703.html。
8　見中共中央紀律檢查委員會、中華人民共和國國家監察委員會網站，〈《廉政準則》釋義：第一章第五條第一款〉，http：//www.ccdi.gov.cn/djfg/fgsy/201407/t20140715_114318.html。

底層領導機構，女性幹部雖然不少，但大都上是文化程度比較低的、圍繞男性主要領導人的基層幹部。換句話說，這些被「解放」了的婦女幹部，基本上是為占絕對主導地位的男性政治服務的，而不是在參政中代表、體現和捍衛最廣大女性利益，以保持決策的合理和完善的女性的代表。她們不僅在戰爭中被高度的男性化，在政治上也成為男性決策者的附庸。如同研究大陸女性參政的學者鮑靜所指出的：「在革命模式下，女性在整體上看是被作為一支重要的階級革命力量而被承認的，從個體上看是被簡化為一個個革命符號。」[9] 這一情況，在文化大革命中尤其突出。如果僅從人數比例來看，文化大革命中的女性參政是中共歷史上的最高峰時期。1969年的中共九大，有兩位女性（江青和葉群）被選入中央政治局，是至今為止的中共歷屆大會中所沒有的。從第一到第四屆全國人民代表大會常務委員會的女常委比例來看，文化大革命中召開的第四屆人大（1975）有42名女常委，人數是1954年的第一屆人大4名女常委的10.5倍；是1959年第二屆人大5名的8.4倍；還是1965年的第三屆人大20名女常委的2.1倍。[10] 因此，當毛林合作把他們的夫人送進中央政治局時，在不明事理的人看來還是婦女解放的創舉呢！

　　如何來理解這一文革中「女性參政」比例飆升的現象？江青在文革後被判死刑的法庭上做過這樣的最後陳述：「我就是

9　鮑靜，《女性參政：社會性別的追問》（北京：中國人民大學出版社，2013），頁136。
10　此處數據參見唐婭輝，〈中國女性參政的時代追問〉，載《婦女研究論叢》，2011，第5期，頁48-49。

毛主席的一條狗。……在毛主席的政治棋盤上，雖然我不過是一個卒子，不過，我是過了河的卒子。」[11] 這話雖不雅，卻是江青和毛澤東關係的真實寫照——江青被提拔到中央政治局只是為了「名正言順」地充當毛文革的政治打手，葉群的作用當然也基本相同。而作為橡皮圖章的人大中成倍增加的女常委，大都是一些文化程度不高、政治素質極低的女性，完全是毛文革男性政治的點綴和附庸，還成了江青、葉群夫人參政的掩蓋物，給她們塗上了「女性參政」的油彩。

最能說明中共男性政治本質的，莫過於在20世紀80年代全面否定文革的運動中，這些被利用參政的夫人往往被作為祭眾的替罪羊的現象。例如在1981年通過的《中共中央關於建國以來黨的若干歷史問題的決議》中，就把江青和毛澤東的關係說成是毛被江青「利用」和「欺騙」的關係。[12] 更有甚者，由中共中央文獻研究室編著並出版的《毛澤東傳（1893-1949）》還把江青的原罪追溯到她和毛澤東的戀愛和婚姻，認為：「一九三八年秋，賀子珍離開延安一年後，毛澤東同志從上海到延安抗大學習的江青結婚。這次婚姻上的錯誤選擇，給毛澤東後來的生活，特別是他的晚年帶來極大的不幸。」[13] 這些在官方研究中流行的見解正暴露了中共政治和歷代傳統王權

---

11 葉永烈，《「四人幫」興亡》（北京：當代中國出版社，2014），頁1417。

12 宋永毅主編，《中國文化大革命數據庫，1966-1976》網路版（香港：香港中文大學中國研究服務中心，2002-2021），第3版。

13 中共中央文獻研究室編著，《毛澤東傳（1893-1949）》（北京：中央文獻出版社，1996），頁527。

一樣，其骨子裡對待女性參政的態度不是「婦女解放」，而是「女人禍水論」。

江青曾一再宣稱「我和主席是政治夫妻」，[14] 即她和毛澤東的夫妻關係主要不是以個人情愛為基礎的尋常婚姻，而是政治利益一致前提下的結合。毛江結合是在中共的延安時期。當時男女比例的嚴重失調（38：1）已經持續了好長一段時間了。據說1936年與毛同為湖南籍的女作家丁玲路過延安，在毛的窯洞裡夜談。毛澤東一時興起，把延安比作「一個偏安的小朝廷」，還扳著丁玲的手指，數起了皇帝（當然是毛澤東）應有的「三宮六院七十二嬪妃來」，結果連地主的小老婆都算上，還是沒有湊全。[15]

到了1938年秋，當45歲的毛澤東在和24歲的江青結合時，中共高層領導人可以選擇的「嬪妃」的情況已經有了很大的改變。毛澤東是和他一同經歷了長征的夫人賀子珍離婚後與江青結合（沒有正式離婚就同居了）的，而這在當時的延安已經是一件司空見慣的事。因為抗日熱潮的掀起，大批革命女青年和女學生來延安投奔革命。不料這些女性全部首先成為中共的領導層的追逐對象，據說當年賀龍還用〈游擊隊之歌〉的調調高唱過：「我們生長在這裡，每一個女人都是我們自己的」。[16]

---

14 楊銀祿，《我給江青當秘書》（香港：共和出版有限公司，2002），頁101。

15 〈換妻潮〉，載陳憲輝著，《革命真相‧二十世紀中國紀事》，網路著作，2014。https：//china20.weebly.com/。也可以參見楊桂欣，〈我丁玲就是丁玲！〉，載《炎黃春秋》，1993，第7期。

16 〈換妻潮〉。

這雖然有些搞笑，但確實代表了中共高層領導人的心態、並迅速引發了風行一時的「換妻潮」，即中共領導人們和結髮妻子的離婚，再和女青年們「老夫少妻式」的再婚潮。

這一「換妻潮」常常還是中共各級組織以「革命」的名義出面強作原配和女青年工作的結果。例如，陝甘寧邊區政府民政廳廳長代表組織動員高崗夫人楊芝芳說：高崗活動很多，經常出頭露面，你是小腳，與高崗一起出面不太合適，最好與高崗分開。楊芝芳服從組織，同意了離婚。隨後毛澤東、王明、王若飛、習仲勳出面，請19歲的女學生李力群吃飯，說服了她嫁給高崗。不少懷著報國熱情的女青年到延安後遭遇中共高層的政治「分配婚姻」或「包辦婚姻」，在組織壓力下被迫服從革命需要，嫁給不相知的革命高幹。例如，在中共組織部門安排下，18歲的學生張茜嫁給了40歲的陳毅，22歲王定國嫁給了50多歲的謝覺哉，19歲的朱明嫁給了50多歲的林伯渠，20歲的浦安修嫁給了40歲的彭德懷，18歲的汪榮華嫁給了44歲的劉伯承，25歲的薛明嫁給了46歲的賀龍。中共高層八成以上換了年輕而有文化的新妻，大批投奔延安的知識女性中嫁作了高官婦。[17] 在當時被號稱為「延安八大美女」之一的葉群，也正是在這一換妻潮中，由毛澤東和朱德等人的直接「撮合」，才放棄了自己原來理想的戀人，嫁給了剛剛離婚，比她大了10歲的林彪。[18] 有時，這種實質上的逼婚還鬧出了人命，老幹部黃克功追求年僅16歲的陝北公學的女學生劉茜不成，竟以她「玩弄

17　同上。

18　官偉勛，《我所知道的葉群》（北京：中國文學出版社，1993），頁151。

革命幹部」的名義殘忍地殺害了她。而在黃克功被判死刑後在
老幹部中仍擁有大量的同情者。[19] 正是從這一意義上來看，毛
和江的婚姻不過是隨大流而已。而深陷於換妻潮中的整個中共
領導層也不可能有什麼道德勇氣和制高點來反對這一大潮的產
物——毛澤東和江青的婚姻，而制定出什麼子虛烏有的「約法
三章」來。[20]

　　至於說到江青嫁給毛澤東的動機有當未來第一夫人的野
心，其實也是一種近乎大驚小怪的苛評。恐怕大多數的女性都
多多少少地有過「第一夫人情結」。我們可以批評這種情結的
虛妄，也可以論證它的畸形，但應當承認追求「夫貴妻榮」是
至今為止中國社會乃至整個世界的一種常見的女性婚姻心態。
人類學家的研究顯示：女人在史前社會裡就特別會尋找高大強
壯的男人，因為後者可以使她們和後代得到充分的食物和保
護。在現代社會裡，男性軀體上的特徵不再那麼重要，但是他
們手中的權力則常常會發散出極大的吸引力來。德國學者安
潔・溫卡森（Antjie Windgassen）在研究了20多位世界獨裁者的

---

19 裴毅然，《紅色褶裡的真相（一）》（台北：獨立作家出版社，2015），
　　頁234-238。

20 在不少中共的官方研究中，一直廣泛流傳在毛江結婚前，中共中央儘管批
　　准了他們的婚姻，但有如下的「約法三章」：「第一，毛、賀的夫妻關係
　　尚在而沒有正式解除時，江青同志不能以毛澤東夫人自居。第二，江青同
　　志負責照料毛澤東同志的起居與健康，今後誰也無權向黨中央提出類似的
　　要求。第三，江青同志只管毛澤東同志的私人生活與事務，20年內禁止在
　　黨內擔任任何職務，並不得干預、過問黨內人事及參加政治生活。」這一
　　說法，已經被晚近的嚴肅研究證實並不存在。詳見閻長貴，《江青第一任
　　秘書閻長貴談江青》（香港：中國文革歷史出版社，2017）。

女人（包括江青）後得出了這樣耐人尋味的結論：

> 為什麼這些女人會和這些獨裁者在一起？他們都不具備任何一項據說是女性所鍾愛的男性優點：誠實、忠心、溫柔、幽默？這些男人的所作所為多半是散播恐懼和禍害，進行恐怖統治、施暴於民。確實難以在他們身上附加任何正面的特質。但是，他們可以提供給他們的女人其他的東西：權力！他們是極權體系的領導者，是整個國家的唯一的主宰者，掌握了難以想像的最大的權力。……探討獨裁者的女人，意味著不因為私人部分而忽略政治和歷史的面向。這些女人不只是扮演了獨裁者的愛人和妻子的角色，在大多數情況下她們是伴侶、親信、知情者、活躍的同謀，有時候甚至是共犯。[21]

當然，並不是每一個獨裁者的女人最後都成為類似江青和葉群那樣的政治同謀和共犯的，這還取決於每一個女人對權力的熱望與追逐的程度。更重要的是，還取決於權力、即獨裁者們對她們深入參與政治陰謀的需要和利用。

文革的發動：政治陰謀中的夫妻政治

原文革中的江青第一任秘書閻長貴先生，後被她無端迫害

21　安潔・溫卡森（Antjie Windgassen）著，蔡佩君譯，《與權力共枕：獨裁者身邊的女人》（台北：一方出版公司，2003），頁13-14。

而入秦城八載。文革後閻先生被平反、又成為文革和江青問題
的研究專家。他在談及毛澤東和江青的婚姻和在文革中的夫人
參政現象時，有如下一段「譽人不增其美，毀人不益其惡」的
評論：

> 江和毛的夫妻關係存續了38年，應該說是始終不錯的，
> 毛不止一次跟別人說：江青政治上很敏銳，對他很有幫
> 助。江也自詡是毛澤東的「流動哨兵」。江直言，她和毛
> 是「政治夫妻」，誠哉斯言！江和毛之所以給中國人民造
> 成危害，不僅在於他們結成夫妻，而在於他們結成了政治
> 夫妻。22

　　這裡筆者想補充說明的是：毛江結合的性質在當年就主要
是政治夫妻，並沒有太多的愛情可言。充其量不過是一個造反
的草莽英雄選明星美女為山寨夫人的舊戲文、老故事而已。我
想這裡閻先生想要說明的，其實是毛澤東和江青在文革中所搞
的「夫妻政治」，即把文革這樣一場事關決定黨運國運的重大
政治事件，搞成了他們兩人的家庭「夫妻店」。
　　雖然毛澤東在文革中把夫人參政發展到了登峰造極的地
步，但是在中共的歷史上，他並不是這一做法的首創者。在今
天可以查到的中共黨史資料中，可以發現公開地讓自己的夫
人在自己發起的黨內政治運動裡充當舉足輕重角色的，是所

22 閻長貴，《江青第一任秘書閻長貴談江青》（香港：中國文革歷史出版
　　社，2017）。此處作者根據的是此書的電子版。

謂的延安「搶救運動」中的康生，他是當時的中央總學委副
主任。這一運動，發生在中共自1942年2月開始在陝甘寧邊區
延安根據地所發動的整風運動後期，針對的主要對象是幹部隊
伍中的知識分子。通過欺騙詐供、恐嚇利誘、酷刑折磨、反省
「坦白」、「現身說法」、檢舉揭發、通過發動群眾鬥群眾等
一系列手法製造出大批的「被搶救對象」。康生為了樹立樣
板、推動全域，派他的夫人曹軼歐去延安縣蹲點，並兼任縣委
副書記。開創了「夫妻政治」的先例。曹軼歐在那裡通過訓練
班、坦白大會、關監獄等的手段，搞出了一批所謂的「特務分
子」。而康生則立即向全黨推廣他夫人的「延安經驗」。因為
運動的打擊對象和方式的類似，這一「搶救運動」被歷史學家
稱為「文革前史」──「這兩次運動太像了！都把自己的幹部
當敵人整，都採取群眾運動的方式，都搞逼供信，都造成大量
冤錯假案，而卻都有一位軍師──康生。」[23]

　　劉少奇和康生在延安「搶救運動中」都是領導該運動中央
總學委的三個負責人（還有一人是李富春）。不知道是否受到
康生的影響，劉在1963-1964年領導「四清運動」時，也持續了
這一「夫妻政治」的模式。1963年11月，劉派他的太太和「政
治秘書」王光美（化名「董樸」）參加河北省四清工作隊，到
唐山專區撫寧縣盧王莊桃園大隊「蹲點」。在之後的5個月裡，
王光美搞出了一個「桃園經驗」。這一所謂的「經驗」，其實
也是製造階級鬥爭、採用文革式的奪權形式，對基層幹部群眾

23　郝在今，《「文革」前史：延安「搶救運動」紀實》（香港：利文出版
　　社，2006），頁3、129-139。

大搞逼供信的東西。但劉少奇為了進一步擴大他在全黨的領導地位，一定要作為指導全國四清運動的樣板。1964年8月19日，劉少奇還給毛澤東寫了一封信，借陳伯達要往下發「桃園經驗」的名義，親擬了一個「中央批語」，要以中央文件的名義的形式向全國推廣。[24] 毛澤東雖然心裡很不高興，但最後還是勉強地同意了。然而，他很快就借用了劉少奇的「夫妻政治」的模式，把江青推向了中國的政治前台，共同策劃了打倒劉少奇的文化大革命。而毛澤東的「以其人之道，還治其人之身」的陰謀，大概又是劉少奇所始料未及的。

　　因為中共的第一和第二把手都在同一時間內大搞「夫妻政治」，以致在文革發動以前的數年內就出現了他們之間種種明爭暗鬥的「夫人競賽」的奇觀。例如，劉少奇在1959年擔任國家主席後，當然帶著第一夫人王光美頻頻活躍在外交舞台上。但是在1962年1到2月的「七千人大會」上毛劉對大躍進——大饑荒的分歧在黨內公開後，毛澤東竟然也帶著江青公開出現在國家的外交舞台上。1962年9月23日，印尼總統蘇卡諾攜夫人對中國進行國是訪問，劉少奇攜夫人王光美去機場迎接。第二天，《人民日報》當然就大篇幅地刊登了中國和印尼兩對主席、總統和夫人們的照片。王光美當然也出盡了風頭。其實，這裡所謂的「蘇卡諾夫人」，其實只是蘇的第三個太太哈蒂妮，並不是印尼國內廣泛承認的「國母」法瑪瓦蒂。令人不解的是，毛澤東在9月26日也會見了蘇卡諾和夫人，並一舉打破

---

24 馮來剛、魯彤著，《劉少奇在建國後的20年》（瀋陽：遼寧人民出版社，2001），頁395。

　　了他從來是單獨會見外賓的慣例，讓夫人江青也出席了會見。其結果是毛澤東夫婦和蘇卡諾夫婦的大幅照片出現在《人民日報》的頭版頭條，而在第二版次要的地方，又安排了一張劉少奇、王光美和蘇卡諾夫婦的小幅照片。這樣，蘇卡諾的一個小老婆的照片就頻繁地出現在中共的第一號黨報上。

　　因為這大概是中國絕大多數的民眾第一次看到毛夫人江青的尊容，也就被學者們廣泛地認為使江青登上中國政治舞台的「重要訊號」。究其原因，有的學者認為是江青看到《人民日報》上登出的王光美照片後妒火焚燒，因為「她，作為『第一夫人』，從未在《人民日報》上露過面。她極力要求『戰勝』王光美。終於，她得到毛澤東的允許，第一次以毛澤東夫人的身分，參加會見貴賓——蘇加諾總統和夫人。」[25] 其實，這裡固然有兩個女人之間戰爭的因素，更重要的是毛澤東對政治對手劉少奇的妒火，他想通過他和江青一起接見外賓的活動，以示警劉少奇，要他認清誰才是中國的第一把手。其二是毛正式發出他的「夫妻政治」的信號。毛很快就派江青去搞「京劇改革」，從文藝領域突破劉少奇的缺口。

　　再如，在王光美因劉少奇派遣到河北去搞「桃園經驗」後的8個月，北京舉辦了以江青為主角的「京劇現代戲觀摩演出大會」，毛澤東帶領中共百官於1964年6月17和23日兩次觀看了現代京劇《智取威虎山》和《蘆蕩火種》。江青發表了她自嫁給毛以來第一次公開演講〈談京劇革命〉。6月26日，毛澤東在送

---

25 葉永烈，《「四人幫」興亡》（北京：人民日報出版社，2009），上卷，頁349。

審的江青講話的紀錄稿上並沒有簡單地畫圈，而是親筆批示：
「已閱，講得好。」[26] 毛澤東對夫人政治活動親自肯定的舉
動，和劉少奇對王光美的「桃園經驗」的吹捧形成了明顯的對
抗。

如果我們仔細地回溯一下毛澤東發動文革的全過程，還會
清楚地發見他和江青的夫妻政治起了決定性的作用。正是江青
在1965年下半年到1966年上半年的活動，為毛澤東的文革奠定
了理論上、組織上和政治上的重要基礎。從理論上來看，毛澤
東發動文革有幾個重要的文獻，早期主要是中共中央批發〈林
彪同志委託江青同志召開的部隊文藝工作座談會紀要〉（1966
年4月10日）和〈中國共產黨中央委員會通知（五・一六通
知）〉（1966年5月16日）。雖然江青本人並不是什麼理論家，
但是她組織了一批極左派的理論家進行寫作，還直接為毛提供
了建立文革指導思想的理論平台。例如，〈林彪同志委託江青
同志召開的部隊文藝工作座談會紀要〉是江青在毛澤東的直接
指派下，利用了林彪的名義，在軍內開的一個她一個人講，少
數軍隊文藝方面的負責人聽的「一人座談會」的產物。但是江
青請來了陳伯達、張春橋、姚文元等及左派理論家炮製了這個
〈紀要〉，又經過毛澤東的三次重要修改，使之成為文化革命
在「文化戰線」領域內展開的指南。〈紀要〉中包括了江青提
出，經陳伯達、張春橋修改的著名的「文藝黑線專政」論。毛
澤東借這一平台，又淋漓盡致地發揮為要「堅決進行一場文化

---

26 《建國以來毛澤東文稿》（北京：中央文獻出版社，1996），第11冊，頁
89-90。

戰線上的社會主義大革命，徹底搞掉這條黑線⋯⋯搞掉這條黑線之後，還會有將來的黑線，還得再鬥爭」。[27] 這些提法，都是後來毛的全面奪權和文化大革命要「七八年搞一次」的思想雛形。更為重要的是，這一文件一經中央批發，立刻成為毛澤東進行黨內清洗的利器。4月16日，毛澤東即以此為思想武器，召集政治局常委擴大會議，撤銷了以彭真為首的「文化革命五人小組」。為此，〈紀要〉在文革爆發後被譽為「無產階級司令部發出的革命號令，它號召無產階級革命派和廣大群眾，開展無產階級文化大革命」。[28]

　　〈五・一六通知〉曾一直被廣泛地認為是文革的綱領，是「吹響了無產階級文化大革命進軍的號角」的「偉大的歷史文件」。[29] 它其實也是江青一手組織的起草小組寫的。王力作為這一小組成員後來在回憶〈五・一六通知〉起草過程時說：

　　　　毛主席決定開兩個會：一個是常委擴大會，在杭州開，參與者有常委、康生、陳伯達，各大區的書記。常委擴大會的任務是批評彭真。另外成立起草小組，在上海，名義上是給常委擴大會議準備文件。名單是江青定的，組長陳伯達，成員康生、江青、張春橋、吳冷西、王力、尹達、

27　劉志堅，〈部隊文藝工作座談會紀要產生前後〉，載張化、蘇采青主編，《回首文革》（北京：中共黨史出版社，2000），上卷，頁343-350。

28　〈兩個根本對立的文件〉，《紅旗》雜誌，1967，第9期社論，轉引自《中國文化大革命數據庫，1966-1976》。

29　《紅旗》雜誌編輯部、《人民日報》編輯部，〈偉大的歷史文件〉，1967年5月18日社論，轉引自《中國文化大革命數據庫，1966-1976》。

陳亞丁、關鋒、戚本禹、穆欣。因為康生、陳伯達在杭州
開會，所以上海的起草小組實際上由江青主持。成立日期
是4月16日。……在毛主席看來，起草小組改稿子比常委會
重要。30

　　這個起草小組的絕大部分成員後來就被任命為「隸屬於
政治局常委領導下」的中央文化革命小組，成為毛澤東通過江
青掀動文革風雲的中樞機關。31 這又成為江青在配合毛發動文
革中組織上的重大貢獻。1966年5月4日至26日，中共中央政治
局召開擴大會議，討論通過〈五・一六通知〉，毛在杭州未出
席，但是當時連中央候補委員都不是的江青卻帶領張春橋、姚
文元、戚本禹等出席了會議，儼然是毛的當然代表。

　　姚文元的文章〈評《海瑞罷官》〉一直被不少學者認為是
拉開文革政治大戲的序幕，這篇文章通過攻擊原北京市副市長
吳晗，把矛頭指向了彭真為首的舊北京市委。而彭真則是劉少
奇手下最重要的大將之一。這篇文章的召集人就是江青。她奉
毛的旨意，瞞著中央政治局，到上海秘密組織撰寫。文章定稿
時毛「看了三遍」，按張春橋的說法：這篇文章「思想是主席
的，具體是江青同志指導搞的」。32 換句話說，文革發動在理

---

30 王力，《王力反思錄》，（香港：北星出版社，2001），下卷，頁585-
　　587。

31 〈中共中央關於中央文化革命小組名單的通知〉 1966年5月28日，中發
　　〔66〕281號。

32 李遜，《革命造反年代：上海文革史稿》（香港：牛津大學出版社，
　　2015），卷1，頁45-46。

論上的導火索、政治上的序幕和組織上的中堅幹部配備，都是毛澤東和江青「夫妻政治」、即「夫妻老婆店」的產物。

耐人尋味的是：在文革發動中通過「夫妻政治」的形式做出特殊貢獻的不止於毛江一對夫婦。1965年12月，在上海舉行的中共中央政治局常委擴大會議上，中共中央書記處書記、國務院副總理、中央軍委秘書長、解放軍總參謀長、政治局委員羅瑞卿突然被指責為「反對突出政治」、「反對林彪」等被打倒。這成為文革在中共上層變動的一場「前哨戰」。究其原因，當然有毛澤東的發動文革前的「清君側」的總戰略，即清除和劉少奇走得比較近的羅瑞卿有關。但是和沒有出席會議的林彪夫婦的「夫妻政治」的遊戲也有極大的關係。11月30日，林彪派他的夫人葉群帶著好幾份揭發材料，和毛澤東密談了近六小時。隨後，葉群又在這一政治局常委擴大會議上做了幾小時的反羅報告。1965年11月30日，林彪寫信給毛澤東說：「有重要情況需要向你報告，好幾個重要的負責同志早就提議我向你報告。我因為怕有礙主席健康而未報告，現聯繫才知道楊尚昆的情況，覺得必須向你報告。為了使主席有時間先看材料起見，現先派葉群呈送材料，並向主席做初步的口頭彙報。如主席找我面談，我可以隨時到來。」[33] 當年中央警衛團負責人張耀祠曾安排葉群向毛澤東彙報，因為葉群和毛的談話的時間長達「4小時55分」，他還三次進去催葉早點結束。據他回憶：談話內容是「葉群代林彪向毛主席告羅瑞卿的狀。……毛主席

---

33 〈林彪關於羅瑞卿問題給毛澤東的一封信〉（1965年11月30日），載《中國文化大革命數據庫，1966-1976》。

那時對葉群代林彪他的這些問題，雖然半信半疑，但毛主席對羅瑞卿同志的看法變了」。[34] 對此，葉群自己在文革中也常常說：「她是冒著生命危險去和毛主席談羅的問題的，她一口氣談了7個小時，終於動搖了主席對羅的信任。」[35]

提到文革的正式爆發，恐怕經歷過的人絕不會忘卻中央人民廣播電台在1966年6月1日晚上突然廣播的北京大學聶元梓等7人寫的〈宋碩、陸平、彭佩雲在文化革命中究竟幹些什麼？〉，它被毛澤東稱為「全國第一張馬列主義大字報」。[36]而這張大字報的產生，就和康生夫婦有一定的關係。當時康生派他的夫人、他的辦公室主任曹軼歐以他領導的「中央理論小組」的名義在北大蹲點，尋找打擊陸平為首的北大黨委的機會。大字報在5月25日由聶元梓、楊克明、宋一秀等人定稿貼出之前，聶元梓、楊克明就通過這一小組的成員，原北大教師張恩慈去見過曹軼歐，得到了曹對他們寫大字報反陸平的支持。[37]這樣，曹軼歐代表了康生，雖然沒有插手直接組織該大字報的寫作，但極大地鼓勵了聶元梓等人的鬥志。大字報發出後，曹軼歐又通過張恩慈立刻取得了大字報底稿，馬上轉給了康生。康生在第一時間內把它發表在5月27日《紅旗》雜誌和《光明日

34　張耀祠，《張耀祠回憶錄：在毛主席身邊的日子》（北京：中共黨史出版社，2008），頁75-77。

35　張雲生、張叢堃，《「文革」期間我給林彪當秘書》（香港：香港中華兒女出版社，2003），頁64。

36　毛澤東，〈炮打司令部——我的第一張大字報〉（1966年8月5日），載《中國文化大革命數據庫，1966-1976》。

37　聶元梓，《聶元梓回憶錄》（香港：時代國際文化出版社，2005），頁116-117。

報》合編的機密的《文化革命簡報》第13期上。毛澤東很快看到了大字報，馬上決定發表，文革風雷就此在中國大陸炸響。

　　講到「夫妻政治」對文革發動的主導作用，還不應當漏了劉少奇、王光美夫婦的「夫妻政治」的反作用。面對毛江夫婦種種咄咄逼人的發動群眾的攻勢，劉少奇、鄧小平等人在1966年5月底、6月初派出大批工作組進駐全國各高校和文化機關，試圖控制運動，把毛針對他們的鬥爭鋒芒引向一般的幹部和群眾中的「牛鬼蛇神」，搞「第二次反右鬥爭」。6月21日，劉少奇派王光美秘密進駐清華大學，成為工作組的實際領導。劉、王夫婦顯然想通過搞「桃園經驗」的秘密方式，搞出一套整中下層幹部群眾的經驗來，進而推廣全國。王光美到清華後就發動了整反工作組的學生蒯大富等人的「反蒯鬥爭」。劉少奇還在7月3日指示王光美和他在清華就讀的女兒劉濤說「要把蒯大富他們一派搞成少數，批倒了他們才能鞏固工作組的地位。資產階級不給我們民主，我們也不給他們民主」。「要把蒯大富當活靶子打」。[38] 無獨有偶，毛澤東在同月也派他的女兒李訥去北京大學等大專院校為中央做觀察和聯絡工作。李還曾經為北京地質學院造反派傳遞毛的指示，直接操控造反行動。原中央文革小組組長陳伯達在晚年寫道：「除了江青是文革第一首長外，她的女兒李訥當文革秘書，事實上一度是第二首長。江青公開聲明，王關戚的案件，只有她和她的女兒能管，別人不

38　蒯大富，《清華文革「50天」》（香港：中國文化傳播出版社，2013），
　　頁334。

能管。」[39] 由此可見，毛劉兩人的「夫妻政治」活動還被延伸到了全方位的「家庭政治」的程度。

從文革的發動過程來看，中共當時的上層政治大都為一些以「家庭化」為特徵的陰謀活動，和它公開的、堂而皇之的《黨章》中的程序是完全相違背的。無論是毛澤東還是劉少奇，都依賴「夫妻政治」來策劃操控政治局面。尤其是毛澤東和江青所開的「夫妻老婆店」，在理論上、政治上和組織上全面地推動了文革的發動。在這一過程中，國家的公權力完全被夫妻化、家庭化、私人化。這一政治上的以公為私的腐敗現象一直持續到現在，中共的「紅二代」把自己視為中國國家公權力的天然繼承者也恐怕是這一政治觀念的演化。

「中央政治」：夫人參政的弊端和惡果

1969年中共的九大以後，中國的第一夫人江青和第二夫人葉群順利地當上了中央政治局委員。當時，黃永勝、吳法憲、李作鵬、邱會作等林彪系的軍頭也進入了政治局。很快他們和江青等文革激進派發生了派系衝突。為了使他們懂得上層政治的秘訣，周恩來給他們講述了什麼是「中央政治」以及屬於「中央政治」範圍裡的問題。據邱會作晚年回憶，周恩來是這麼說的：

　　什麼是中央政治？總理說：「中央政治就是處理好主

---

39 轉引自園丁的〈蕭力是怎樣走上神壇的〉，載《南方周末》（1999年2月12日）。

席、林副主席、江青的關係。」我們聽後都笑了起來，本
以為「中央政治」是很高深的東西，怎麼「中央政治」就
是這麼普通的話。我起先對總理的話理解不深，後來有所
理解，總是還不夠深，等到「九‧一三」被打倒以後，我
才真正認識到，總理說的太高明，太深刻了，簡單明瞭恰
到好處。……我們沒有真正懂得中央政治，在中央政治鬥
爭中是幼稚的。當然，毛主席和江青的真實關係我們也沒
有看清楚。[40]

如果我們用中國皇權政治的格局來詮釋周恩來的話，那
就是毛、林、江的關係，其實就是皇帝、太子和皇后的關係。
唯一不同的是：江是一個公開和直接地進入權力中樞參政了的
「皇后」，她恐怕是中國歷史上少見的強勢「皇后」。如同邱
會作後來所後悔的那樣：林彪一系的倒台和他們和江青所代表
的文革激進派持續的派系鬥爭有很大的關係，因為這位皇后和
她的派系的後台是擁有中國至高無上權力的共產黨——毛澤
東。這裡我們還要補充的是，因為林彪極為病態的健康情況，
無法直接勝任任何具體的黨政重任，這又使他的「太子妃」葉
群的權力大大上升。那麼，這位參政的強勢皇后（江青）和她
的一時追隨者太子妃（葉群）給文革政局帶來了什麼「新氣
象」呢？恐怕大都是弊端和惡果。

第一，無論江青和葉群都是根本沒有管理國家能力的野

---

40 邱會作，《邱會作回憶錄》（香港：新世紀出版社，2011），下卷，頁680-
682。

心勃勃卻志大才疏的女人，充其量不過都是「業餘政治家」的
水準。而「夫妻政治」的模式卻把她們推上國家的中樞領導機
關，在絕對權力的毒害下，她們不知天高地厚，只懂驕橫跋
扈，最後起了竊權亂政的壞作用。

　　例如，江青在文革初期一直吹噓說文化大革命是她「拼
著打離婚向毛主席告了狀」才發動的。這主要是說，在1964年
中央決定向全國推廣王光美的「桃園經驗」時，江青去聽了王
光美和劉少奇的報告。就「到毛主席那裡去講，說史達林死後
赫魯曉夫做秘密報告，你還沒死，現在劉少奇就做報告來反對
你。……江青告了狀，毛主席相信了。這是江青參與領導核心
政治生活最大的一次，是開端」。[41] 江青的告狀顯然投合了毛
對劉猜忌的所好，在極大的程度上挑撥了中共第一和第二領導
人之間的關係，催化了所謂的「路線鬥爭」的發生。但當時的
江青還沒有公職，她的干政還是隱性的、即取「枕邊風」的形
式來參政。「枕邊風」的形式還只是攀附在某一權力層面上的
衍生組織，或某一政治主體的附加物。而當毛澤東把江青公開
地帶入到中共高層政治裡，使她有了名正言順的政治職務時，
她對毛決策的影響成為一種顯性的公開存在，便進一步攪亂了
中國政壇。

　　再如，1966年8月的八屆十一中全會時，江青連中央委員都
不是。但卻直接參與了決定領導人見報的安排。她把鄧小平從
第4位拿掉，把陶鑄放到了第4位。對會議上劉少奇的檢討，毛
澤東本來表示了滿意，「可是江青首先不同意，認為檢討不深

41　《王力反思錄》，下卷，頁746-747。

刻，不同意讓劉過關，還得到了林彪支持……」[42] 這樣毛便只能把他原來設想的只搞3個月的文革推遲到搞半年，後來當然是搞了10年！劉少奇專案，本來是康生管的，但是江青借毛夫人的名義，說她要「直接抓，直接對主席負責」，結果用逼供信搞出了一系列冤案。[43]

　　文革中的葉群還沒有到江青那樣頤指氣使、飛揚跋扈的程度。她長期擔任林彪辦公室主任，為體弱多病的林彪處理了不少對外的事務性的工作。因為她女性的細緻，有時確實也避免了林彪因病而無法在複雜的上層政治中時刻警惕的錯失。據說她阻止了不懂文藝的林彪在彭真搞的《二月提綱》上畫圈的意圖。因而，「林彪批出的文件，必須經過葉群『把關』後才能發出。這是葉群為秘書定的規矩，也曾得到過林彪本人的認可。」[44] 在葉群進入政治局以後，與林彪在其「接班人」地位上可謂休戚相關、榮辱與共。1970年的廬山會議前，葉群給林彪出主意在會議上講話。建議用堅持天才論的方法來打擊張春橋，以確保自己的「接班人」地位。葉還叫秘書為林準備了講稿。除了文字上的準備，「在葉群的指揮下，林彪手下的幾員大將除黃永勝留守沒有上山外，其餘的按照統一部署，分頭活動、私下串聯了空軍、海軍、總後的一些中央委員，進行交底動員。」[45] 據說上山後，林彪對於是否要講話反張春橋又猶豫

42　同上，頁617、635。

43　同上，頁680。

44　《「文革」期間我給林彪當秘書》，頁154。

45　鄭重，《張春橋：1949及其後》（香港：香港中文大學出版社，2017），頁536-539。

了起來的。據林彪的警衛秘書李文普回憶：開會前講不講那番話，林彪表現出猶豫不定的樣子。上車前我在旁邊，曾聽見林彪問葉群，這話今天講還是不講？葉群說，要講！最後一刻，林彪才決定拿張春橋開刀。[46] 於是，林彪等人在廬山搞出了一番「清君側」的政治風雲，結果為毛澤東識破和擊敗。從此導致了毛、林提早翻臉，最後還使林彪和葉群折戟沉沙，死於非命。

　　九大以後，林彪手下的軍人集團崛起，黃、吳、李、邱非但把持了軍隊的實際領導職位——軍委辦事組，還都成了中央政治局委員。對此，毛澤東起先是要積極拉攏這些軍頭的。可惜的是他通過江青去辦理此事，當上了政治局委員後的江青當然更加「目中無人，口出狂言」，[47] 其結果使毛和林彪及軍人集團的矛盾迅速激化，最後終於發展為「第九次路線鬥爭」。從表面上看，江青似乎成了反林彪鬥爭中的贏家，其實正如研究江青的左派學者秋石客所總結的那樣：「江青和林彪是文革的兩大支柱：筆桿子與槍桿子。兩者合則文革壯大發展，兩者分則文革削弱乃至亡」；「林彪敗之，對江青來說是明勝暗敗……」[48]

　　第二，絕對的權力常常是激發和顯現陰暗個性的催化劑和放大鏡。文革中國家和政治早已不是民之公器，江青和葉群就

46　參見李文普，〈林彪衛士長李文普不得不說〉，載香港：《中華兒女》，1999，第2期。

47　《邱會作回憶錄》，下卷，頁680-682。

48　秋石客，《鎖在雲霧裡的江青》（香港：中國文革歷史出版社，2016），頁238。

都利用手中的權力，假公濟私，把文化大革命變成她們個人報仇，一解個人恩怨的大好機會。

江青為人刻薄記仇，又患有精神疾病。文革初期她就通過葉群，指使吳法憲、江騰蛟等人，偽裝成「紅衛兵」在1966年10月對上海文藝界鄭君里、趙丹等5位文藝界人士的抄家，以銷毀有關她30年代歷史和婚姻的材料。其中顧而已、陳鯉庭家竟被抄了10餘次之多。江青還和葉群做秘密交易，叫葉群利用軍隊去迫害反對她的女演員孫維世，她曾對葉群說：「現在趁亂的時候，你給我去抓了這個仇人，你有什麼仇人，我也給你去抓。」[49] 而葉群也非常憎恨孫維世，「因為孫維世在莫斯科曾經和林彪談過戀愛，葉群怕她再來搶奪林彪。」[50] 於是，孫維世就被葉群動用空軍部隊抓捕後秘密關押，一年後不明不白地慘死在獄中。

江青的類似公報私仇的舉動常常通過她實際上是「太上皇」的中央文革小組來執行。例如，我們在本書的第五章裡就比較詳細地揭示了1967年4月10日清華大學造反派開的批鬥王光美的萬人大會，就有江青通過中央文革的暗中操縱。[51] 1967年夏，江青還通過戚本禹，直接在中南海內給朱德的夫人康克清貼大字報，就是因為要報康克清當年不支持她和毛澤東結婚的

---

49 《歷史的審判》編輯組，《歷史的審判：審判林彪、江青反革命集團案犯紀實》（北京：群眾出版社，2000），上卷，頁286-296。

50 戚本禹，《戚本禹回憶錄》（香港：中國文革歷史出版社，2016），下卷，頁526。

51 王光宇，〈清華大學造反派侮辱性批鬥王光美內幕〉，載閻長貴、王光宇，《問史求信集》（北京：紅旗出版社，2009），頁178-182。

私仇。據說，「在延安時，黨內的那些老大姐，包括康克清，都不喜歡江青，都孤立江青……」[52]

江青和葉群的不少在民間的報仇舉動都是通過南京空軍的親信、政委江騰蛟去執行的，有一次林彪秘書在聽悉江騰蛟在保密電話中具體描繪了江、葉交付他的秘密報仇活動後如夢初醒：

> 它等於是給我這個天真得發呆的頭腦注入了一支清醒劑，是我在受到震驚之後明白了：社會上正在盛行的「揪黑幫」、「打砸搶」，原來都有人在幕後操縱；所謂「造反有理」、「紅衛兵運動是天然合理的」等等，只是愚弄人的宣傳把戲。幹這種不可告人的勾當的人物不是別人，其後台竟是江青和葉群！[53]

葉群雖然還算一個正常的女人，但也很記仇。據林彪秘書的觀察：「她理解的文革運動就是『報仇運動』，對於一切『仇人』，她不僅要把他們打倒在地，而且還要在他們身上踏上一隻腳。」[54] 例如，1966年12月，葉群迫害已故的羅榮桓元帥的夫人林月琴女士，把她打成「寡婦集團」的頭子，並唆使總參機關開會批鬥，並把她和女兒羅北捷一起囚禁在西山家中。還切斷了他們對外聯絡的電話線。這一迫害的主要起源，

52　《戚本禹回憶錄》，上卷，頁66。
53　張雲生、張叢堃，《「文革」期間我給林彪當秘書》，頁61。
54　同上，頁65。

就是因為林月琴對林彪前妻張梅的女兒林曉霖也像自己的孩子一樣，而葉群則「小肚雞腸、醋意十足，容不下非自己嫡生的孩子」。[55]

第三，夫人參政還常常加劇手握大權的夫人們之間因歷史間隙、性格稟賦等個人因素造成的矛盾、進一步在政治上影響她們丈夫，把猥瑣低俗的勃谿相向政治化，又把原應當嚴肅的政治鬥爭徹底地庸俗化。

江青和葉群固然可惡，但其他的高幹夫人們也不是好鳥。上面說到延安時期的一些老大姐們對江青的非議，其實不少也很過分：她們「說江青是妖精，把主席和賀子珍拆散了……更惡劣的是，包括康克清大姐在內的不少人還罵她是婊子」。[56]這些做法當然激起江青在一旦權在手後的政治上的報復。當然，在這方面最誇張的例子，莫過於林彪在1966年5月的中央政治局擴大會議上廣為散發為葉群寫的「處女證明」一事。事情的源起是陸定一的夫人嚴慰冰，因為精神疾病，對延安時代和葉群爭奪情人的經歷一直耿耿於懷，以致多次寫匿名信對葉群進行人身攻擊。而林彪為了捍衛自己的夫人，不僅站出來主張打倒陸定一，還寫出了「他證明葉群和他結婚時的純潔的處女之類的話」。這使出席者感到「這麼嚴肅的會，發這種文件，真讓人啼笑皆非！」[57]但也由此看到這些高幹夫人和她們的丈

---

55 趙雲聲、王紅暉主編，《元帥夫人傳》（北京：中共黨史出版社，2003），下卷，頁624-627。

56 《戚本禹回憶錄》，上卷，頁66。

57 李雪峰，〈我所知道的「文革」發動內情〉，載《回首文革》（北京：中共黨史出版社，2000），下卷，頁610。

夫、以及中共政治局會議的低下水準。

　　葉群和賀龍夫人薛明在延安時期是同學，但在極左思潮盛行的整風運動中，薛明整過葉群的所謂的「歷史問題」，兩人有過歷史上的糾結。一般人只知道：文革中葉群為了報仇，便鼓動林彪一定要打倒賀龍夫婦。在賀龍、薛明夫婦入獄後，葉群還親自指揮對薛明的精神和肉體的折磨。但是世人很少知道文革前夕葉群為了搞好林彪和賀龍的關係，專門到賀龍和薛明那裡去拜訪。不料在葉群提出雙方講和，大家「既往不咎」時，薛明卻不願意就此甘休，她「一句話脫口而出：『過去的事你我心裡都清楚！』」[58] 這樣，「和解」不可能，決裂卻開始了。而兩個元帥的辦公室主任之間的衝突是必然會影響到她們的丈夫文革中的權鬥的。文革中的林彪和葉群當然是迫害者，然而，如果從中共「夫妻政治」作為一種體制性的問題來看，賀龍夫人薛明也不是無可非議的。其中很難分清誰是單純的受害者和迫害者。

　　在夫人參政的體制中，葉群不僅有「夫人相輕」的一面，還有「夫人相親」的一面。那就是她在處理和林彪大將黃、吳、李、邱的夫人們的關係時，就儼然是一個「夫人俱樂部」集團。一方面，她為林彪拉攏了一批親信；另一方面，她又公私兼顧，一舉數得。例如，她就利用了這一體制為兒子林立果在全國範圍內「選妃」，也為女兒林立衡解決了婚姻問題。在葉群「夫人相親」的網絡中，她又是個「小家子」味極濃的女人，她絕不允許她的「夫人俱樂部」（實為家族政治）成員稍

58　《元帥夫人傳》，下卷，頁638-639。

有逾越。1968年初，葉群請邱會作一家來毛家灣看電影，以拉攏關係。邱因為有一個會議沒有來，但是他親自給林辦打了電話「對林彪、葉群對他的特殊關心非常感激」。不料接電話的年輕秘書在向葉群彙報時，把邱的「非常感謝葉主任的關心」這句關鍵的話省略了。為此，葉群大發雷霆，甚至準備翻臉不認人地撤了邱會作軍委辦事組成員的職。後來經人及時說明，才避免了一場莫名其妙的政治風暴的降臨。[59]

1971年8月17日，毛澤東在他準備和林彪攤牌的南巡中出人意外地批判了「夫人專政」或「夫人參政」，他對劉豐等人說：

　　不要把自己的老婆當自己工作單位的辦公室主任、秘書。林彪那裡，是葉群當辦公室主任，還有黃永勝那裡是不是？做工作要靠自己動手，親自看，親自批，不要靠秘書，不要把秘書搞那麼大的權。我的秘書只搞收收發發。文件拿來自己選，自己看，要辦的自己寫，免得誤事。只有兩個文件，當時因為身體不好，我口述，別人記錄的，最後還是經過我自己修改印發的。其中一個就是〈目前形勢和我們的任務〉。[60]

毛澤東的上述批判非但與事實不符，且文過飾非。比如

59　《「文革」期間我給林彪當秘書》，頁293-297。

60　毛澤東，〈在武昌與劉豐、劉建勳、王新、汪東興的談話〉（1971年8月17日），載《中國文化大革命數據庫，1966-1976》。

他自己就長期使用江青當他的秘書，江還一度是毛辦的實際領導。另外，葉群當林辦的主任也是毛澤東認可的。據林彪秘書官偉勛回憶：「毛主席讓林彪當接班人，林彪說他有病，身體不行，不能出席會議。毛主席說重要會議你來，一般會議讓葉群代表你來參加就行了。『不可分』論的『物質基礎』也就這樣誕生了。」[61] 對於專制制度下最高或次高領袖和他們的夫人關係的不可分，這位林辦秘書也有相當精采的解釋：

> 由於狂熱的鼓吹個人崇拜，把領袖個人當成唯一正確的「神」，許多事情又不能不請示他這個「神」最後裁決。同時又由於健康情況的惡化，不要說一般人不能隨時接近他，就是身為中央領導核心的政治局常委成員也難得見到他。於是，習慣上認為他「最親近」的人，如妻子、兒子或侄子之類，很自然地就成了他的意志的傳達者。我們概括稱之為「夫人專政」的局面，就這樣「應運而生」了。……有些深諳世故人情的「領導」者，很怕「最高」、「次最高」領導人把別人對他老婆的態度，看做對他本人的態度，所以就更不能不千方百計擁戴。……因此，最高領導身邊的人，也就自然而然地由「不可分」論而成了當然的代理人──「夫人專政」便出現了。[62]

---

61 官偉勛，《我所知道的葉群》，頁217-218。

62 同上。

「四人幫」事件：被猜忌和拋棄的參政夫人

　　歷史的走向常常是詭異的。文革中積極參政的夫人們既然跨入了政壇的角鬥場，她們的命運便會被不測的政治風雲所左右──有可能以喜劇登場，以悲劇告終。1971年9月13日，當中國的「第二夫人」葉群下決心拖著已經服了安眠藥的林彪出逃躲避毛澤東的政治清洗時，她恐怕不會想到最後會一家人都折戟沉沙在外蒙古的溫都爾汗的沙漠裡，自然而然地成了叛逃投敵的「林彪反革命集團」。既然妻以夫貴，一榮則榮，一損則損，這是以悲劇收場的一種。

　　1967年2月，幾位老帥和譚震林等大鬧懷仁堂，和中央文革小組發生衝突。其中譚震林還寫信說江青「真比武則天還兇」。據說毛澤東看了此信後對江青說：

> 你哪有武則天的本事，你有武則天一半，我就高興了。你連慈禧都不如。江青聽後滿懷委屈。
>
> 毛澤東認為江青的政治能力不夠強。但如果江青真的像慈禧那樣，毛澤東又會怎樣呢？是仍然和江青在政治上合作，還是把江青廢了？這就很難說了。63

　　這確實是一個值得深思和討論的問題。照理，毛澤東直到死都是中共的最高領袖，江青在毛澤東清除他的政治對手劉少奇和林彪的問題上，是立下汗馬功勞的，這位第一夫人和最

63　鄭重，《張春橋：1949及其後》，頁370、423。

高領袖之間的關係應當走向進一步的親密和融洽才符合事物的正常邏輯。然而，江青自1973年年底至1976年3月，卻多次遭到毛澤東的責罵和批評，其次數之多和措辭之嚴厲，在黨內都是罕見的。大陸學者謝昌餘根據官方出版的《建國以來毛澤東文稿》[64] 研究了這一時期毛澤東對江青批評，得出了這樣的結論：

> 從1974年3月20日到1976年3月10日，前後僅兩年時間，毛澤東寫給江青的批語就有22條。其中，批評江青的批語竟達19條（包括在政治局會議上和在其他同志面前對江青的批評）。而且，毛澤東還嚴厲批評江青有「野心」，並且提出要解決江青「四人幫」宗派集團的問題。……黨內沒有哪一個人能在兩年之內受到毛澤東次數如此之多的批評。[65]

從毛澤東的上述言行中不難悟出他在當時已經對江青有了相當的猜忌。被獨裁者鼓勵和利用的夫人參政反而成了該夫人被懷疑、被拋棄甚至清洗的誘因。雖然獨裁者和他參政的夫人都屬於同一黨派集團，但當夫人在更多的情況下已經以一個政治家的面目出現，有相對獨立的政治生命，甚至成為某一個黨內派系的「首腦」時，她就會同樣地被最高獨裁者提防和猜

---

64 中共中央文獻研究室編，《建國以來毛澤東文稿》（北京：中央文獻出版社，1998），第13冊，頁394。

65 謝昌餘，〈論毛澤東寫給江青的批語〉，載《湖南科技大學學報（社會科學版）》，卷13，第5期，頁10。

忌。這並不因為她們和獨裁者的政治婚姻和她事實上對他的忠誠而避免。這在歷史上也是有不少記載的。比如，阿根廷的第一夫人艾娃・庇隆（Eva Perón）幫助她的丈夫，獨裁者庇隆將軍登上了總統的寶座，成為他「和人民間的橋梁」。但因為艾娃在群眾中的影響實在太大了，「功高震主」，她遭到了庇隆的猜忌，導致他拒絕艾娃成為副總統和他的接班人，使她在鬱鬱不得志中死去。[66]

再如，前南斯拉夫第一夫人霍芳卡（Jovanka Budilavljevie），[67]曾是總統鐵托元帥（Tito）的知己和顧問，也被西方媒體譽為「驚豔全場的第一夫人」。但在鐵托85歲病重之際，她因為和「元老派」政見不合，被誣陷為企圖「發動政變」，在鐵托的同意下被軟禁，其後一直被囚禁了近20年！究其被捕的原因，簡單地說就是南斯拉夫共產黨黨內的各派系，「誰都不要一個強勢的鐵托夫人來領導」。[68] 這一情況，和江青在毛死後的遭遇應當有不少相似之處。其實毛澤東在這一階段對江的批評中，就已經有過對江可能在他死後搞政變的防範，1975年1月下旬，在王海容和唐聞生告訴他江青對鄧小平等人的看法後，毛澤東就說過：「她看得起的人沒有幾個，只有一個，她自己。將來她會和所有的人鬧翻。現在人家也是敷衍她。我死了以後，她會鬧事。」[69] 但事實證明，無論是鐵托還是毛澤東，都錯怪了他們的夫人。具體對江青而言，在毛死後她並沒有過任

66　《與權力共枕：獨裁者身邊的女人》，頁166-167。

67　同上。

68　同上。

69　《毛澤東年譜》（北京：中央文獻出版社，2013），卷6，頁569。

何「鬧事」的陰謀，相反，她很快就成了毛指定的接班人和元老派「鬧事」的受害者。

　　如果再進一步仔細地考察一下毛對江批評最多的時間段，還會發現是毛1974年上半年到1975年上半年，即讓鄧小平復出整頓的那一年。有關毛澤東讓鄧小平復出的原始動機，至今還是一個沒有被深入探討的問題。高文謙認為是他為了讓歷史上一直是毛派系的鄧小平「挾制乃至取代周恩來」。[70] 但無論毛的原始設想如何，後來事實證明都是一廂情願地失敗了的。鄧小平一到中央，就和元老派的周恩來、葉劍英等人結盟，使反對派的力量達到了前所未有的高度。

　　在當時，毛要把鄧小平這樣一個文革的打倒對象直升飛機式地提到中央副主席、第一副總理和解放軍總參謀長的高位，還會直面一個無法跳躍過去的歷史糾結——鄧小平會和在所謂的第九次路線鬥爭中立下大功的江青等人產生自然的衝突。例如，1974年3月，在中央政治局討論出席聯合國大會第六屆特別會議的代表團團長人選時，原來是決定從外事部門選一個部長擔任的。[71] 3月20日，毛澤東主張由鄧小平擔任，但又告訴王海容不要說是他的意見，直接由外交部打報告。這一改變自然地被江青懷疑有意抬高鄧小平之嫌，便竭力反對。王海容和江青長期不和，也有意不告訴江是毛的提議。最後，周恩來在政治局會議上揭開謎底，江青面子下不來，便「保留意見」。

70　高文謙，《晚年周恩來》（紐約：明鏡出版社，2003），頁471。
71　中共中央文獻研究室編，逄先知、金沖及主編，《毛澤東傳（1949-1976）》（北京：中央文獻出版社，2013），下卷，頁1376-1377。

這樣，江青就在被人算計中第一次公開地走向了毛的對立面。江青顯然是一位缺乏高度政治智慧的女人，她不懂獨裁者的女人必須無條件地服從獨裁者的需求和意願。儘管按黨章她做為一個政治局委員完全可以保留意見，但是她作為毛的夫人這樣做，會被毛自然而然地視為一種對毛不容置喙的絕對權威的公開挑戰。江青曾在接受美國女學者羅珊・維特克（Roxane Witke）的訪問時表明：「她的權力不僅是對主席權力的補充，也可能是一種競爭關係」，這顯然是一種完全錯誤的理解，當場便被維特克認為會給「她日後的政治生涯埋下隱患」。[72] 果不其然，毛澤東對江青的「保留意見」勃然大怒，第二天便寫信警告江青：「鄧小平同志出國是我的意見，你不要反對為好。小心謹慎，不要反對我的提議。」[73] 根據現有的歷史資料，這大概是毛江在這一時期公開衝突的起源之一。

　　然而，毛對這些衝突的解決方法也是片面和不成熟的，他一味貶江褒鄧，甚至不惜利用鄧小平及元老派來整江青。有研究者認為：「毛澤東批評江青還有更重要的深一層的意思，是做給鄧小平看的，給足了他面子，支持他，也是對他收拾文革殘局寄以希望。……毛澤東直接批評，拿自己的妻子開刀，舉起安定團結的旗幟，誰還能對江青說三道四？」[74] 這一說法似乎頗有洞見，但經不起再三的推敲。如果要支持鄧就非要「拿

72　羅克珊・維特克（Roxane Witke）著，范思譯，《紅都女皇：江青同志》（香港：星克爾出版有限公司，2006），頁445。

73　同上。

74　鄭重，《張春橋：1949及其後》（香港：香港中文大學出版社，2016），頁679。

自己的妻子開刀」，這不免有過於實用主義之嫌。江青並不是一個政治智慧很高的女性，對她的批評是完全必要的。問題是毛說了不少嚴重損害了江青作為「第一夫人」身分的過頭話。例如，在1974年7月17日的政治局會議上說：「江青同志，你要注意呢！不要設兩個工廠，一個叫鋼鐵工廠、一個叫帽子工廠，動不動就給人戴大帽子。」毛甚至說：「她並不代表我，她代表她自己。總而言之，她代表她自己。」在11月6日毛又說：「我3年來只同她吃了一頓飯，現在是第4年了，一頓飯都沒有同她吃。」12月23‐27日的談話中，毛第一次稱江青、張春橋、王洪文、姚文元為「四人幫」，並說「江青有野心。你們看有沒有？我看是有的」。同時，他卻認為「小平同志政治思想強，人才難得」。[75] 今天看來，其實江青對鄧小平的看法更有其「政治敏感性」，這也正是毛一直承認的江青在政治上對他有極大幫助之所在。[76] 不過當時毛對他突然啟用鄧小平的決策「剃頭挑子一頭熱」，完全看不清這一點。

　　毛的這些批評中有關江青「動不動就給人戴大帽子」當然是正確的，但是他忘掉了江青的種種極左的舉動正是為了執行他的文革路線。話句話說，毛自己才是江青的「鋼鐵工廠」和「帽子工廠」的後台老闆。一味指責江青顯然有推卸責任甚至嫁禍於人之嫌。更值得注意的是，毛公開地宣布了自己和江青

75　《毛澤東年譜》，卷6，頁540、556、562。

76　毛澤東曾對他井岡山時期的戰友曾志（陶鑄之妻）說過：「在生活上江青同我合不來，但是在政治上還是對我有幫助的，她政治上很敏感。」可見曾志的《一個革命的倖存者：曾志回憶實錄》（廣州：廣東人民出版社，1999），頁320。

的政治切割（「總而言之，她代表她自己」），甚至不惜公開他們私生活來證明他們夫妻關係的破裂（「我三年來只同她吃了一頓飯」）。所有這些，都事實上說明他們本來就僅是的政治婚姻的瀕於崩潰。至於他說「江青有野心」，又是一種缺乏事實依據的嚴重卻輕率的指控。毛的這一指控可能來源於1974年11月江青就王洪文在四屆人大擔任人大副委員長的建議，但是提出這樣的意見是江作為一個政治局委員應有的權利，也符合任何程序。毛澤東把它理解為「江青有野心。她是想叫王洪文做委員長，她自己做黨的主席」。[77] 這顯示了一種不合邏輯的判斷和猜忌，因為四屆人大要解決的是行政職務，而不是黨主席這樣的黨內第一把手的權位。1974年11月12日，毛澤東又批示江青「不要多露面，不要批文件，不要由你組閣（當後台老闆）」。[78] 還正因為毛澤東的這個主觀推斷，在中國大陸有關江青及文革派反對周恩來，企圖在四屆人大自己「組閣」的大批判文章不勝枚舉，最近還有人提出：

> 他們的如意算盤是四屆人大張春橋當總理，王洪文當委員長，謝靜宜當副委員長，遲群當教育部長，喬冠華當副總理，黨代會上姚文元進中央常委，毛遠新、謝靜宜、遲群、金祖敏進政治局。現在改選之前要毛遠新、遲群、謝靜宜、金祖敏列席政治局會議，作為「接班人」來培養。

---

77 同上，頁558。
78 《建國以來毛澤東文稿》，第13冊，頁394。

將來毛澤東逝世後江青做黨的主席。[79]

　　上述「組閣計畫」恐怕不符合史實，因為它不僅混淆了黨與政的界限，還無法在「四人幫」已經被粉碎了40多年的今天找到任何官方檔案的支持。比如，官方的權威出版物《毛澤東傳（1949-1976）》裡僅有一處談到江青在1974年向周恩來提及四屆人大的人事安排的建議，記載如下：

　　　十月六日晚，江青趕到周恩來住的醫院，向周提出她對人事安排的「意見」，主要是談軍隊總參謀長的人選。[80]

　　根據這一記載，江青並沒有就「總理」、「委員長」、「副總理」和「部長」等名單提出過任何「組閣」的意見，而只談過一個關於總參謀長的意見。而無論周恩來或江青，當時都不在軍隊任職。無論是毛澤東當年關於江青要「組閣」的批評，還是後來由此源生的批判文章，在史實上都缺乏足夠的支持。

　　在毛對江的指責中，還不難看到他某種個人情感性的因素，即某種刻意躲避和厭惡。他甚至數次拒絕了他的第一夫人要和他見一次面的請求。比如，上述毛提議鄧小平擔任出席聯合國大會的中國代表團團長的事，當時江青並不知情才表示反對。為此她寫信給毛要求見面申述，毛回覆道：「不見還

---

79 李海文，〈重要關頭毛澤東力阻江青組閣〉，《世紀》，2017，第2期。
80 《毛澤東傳（1949-1976）》，下卷，頁1387。

好些。過去多年同你談的，你有好些不執行，多見何益？」[81]
1974年12月30日，江青就毛批評的「四人幫」問題在政治局檢
討後，寫信給毛要求見面，還講了自己生病的情況：「我希望
人大之後離開北京，更希望能看到毛主席。我低溫很久了，腦
力有突變的危險——一切都遺忘。」不料毛冷冷地批覆：「江
青：不要來看我。有病文件可以少看。」[82] 1975年12月27日，
毛又一次拒絕江青要求見面的要求，在江的信上批示：「我近
日有些不適，以不見為好。」[83] 根據毛澤東身邊的人回憶，這
一段時間，毛澤東和眾多女友大被同眠的私生活已經有所改
變，主要是和他原來的專列服務員張玉鳳打得火熱，儼然是夫
妻一般。甚至連江青要見毛都先要通過她和另一個女友孟錦
雲。[84] 有新歡自然厭舊愛，毛在情感上對江的厭惡就可以理解
了。據毛身邊女友的觀察：

> 毛澤東早已對江青這個女人產生了厭倦，甚至是反感，
> 江青的形象在他的心目中變得越來越模糊，也越來越醜惡
> 了。……江青的年老色衰，人老珠黃，也使她在毛澤東的
> 眼睛裡早已經無魅力可言了。[85]

81　《毛澤東年譜》，卷6，頁523。

82　《毛澤東傳（1949-1976）》，下卷，頁1396。

83　《毛澤東年譜》，卷6，頁630。

84　李志綏，《毛澤東私人醫生回憶錄》（台北：時報文化出版公司，
　　1994），頁546。

85　郭金榮，《毛澤東的黃昏歲月》（香港：天地圖書有限公司，1990），頁
　　115。

毛這樣地不近人情，連新的寵妾張玉鳳都感到有些過分，為此對毛說過：「你幹什麼老不見人家啊，人家老太太怪可憐的。」[86] 另外，毛在那段時間還和張玉鳳和護士孟錦雲認真地探討過和江青的離婚問題。[87] 美國著名政治學家白魯恂（Lucian Pye）曾從心理分析的角度認為毛「是一個可能帶有某種邊際性人格特徵的自戀主義者（a narcissist with borderline personality）……他寧願隨時準備拋棄其他人，而不是相反。……這樣一來，任何特別接近自己的人，就可能立即變成對手或者敵人」。在進一步具體分析毛和女人關係時，白魯恂又指出：「毛澤東對待女人的方式的全部紀錄」，是一種「忽略女人、利用女人，以及拋棄女人」的過程。[88] 由此，如果毛長壽的話，他和江青之間的「政治婚姻」也很難說不會發生正式的破裂。更重要的是：毛與江都是文革派，他們之間缺乏政治上的交流，只能產生更多的類似江青反對鄧小平出席聯合國大會式的誤判，導致某種內部自損自耗的惡性循環。

當毛澤東在黨內的各派系間玩弄權術，翻來覆去地利用一派整另一派，為自己最後的統治搞制約平衡時，他是把自己抽身於各派系之外，高踞於各派系之上的。其實這是一種自欺欺人的幻覺。現代關於第一夫人和領袖關係的研究認為：第一夫人和領袖、尤其是獨裁者的關係具有「傳染性」和「從屬性」

---

86 同上，頁121。

87 同上，頁186-187。

88 白魯恂（Lucian Pye）著，劉憲閣譯，《毛澤東的心理分析》（香港：時代國際出版有限公司，2009），頁1-2、177。

兩個特點。[89] 前者是說領袖的權力會自然地傳染給他們的夫人，後者則告訴我們夫人常常是領袖形象不可分割的一部分。當毛利用鄧小平或元老派來整治江青時，他其實正在為反對派提供口實，從而大大地損害自己的形象和權威。此外，當他指責江青「積怨甚多」時，他忘了其實江青是在代他「積怨」、去攻擊和打倒毛的黨內對手們。這樣，當他讓鄧小平主持三次政治局會議（1975年4月27日、5月27日和6月3日）痛批江青及文革派，責令江青等人寫出書面檢查時，其實江青是在進一步代毛挨批和受罪。這不僅顯示了文革派的分裂，還顯示了毛在晚年政治鬥爭中的極端軟弱。或許正看到了這一點，鄧小平才不久後斷然拒絕了毛要他來主持一個肯定文革的決定。其實這已經是非常明確地告訴了毛他的批江和整頓最終目的所在。

　　和江青等人代表的極左的文革路線相比，鄧小平出山以後的一系列整頓和對文革路線的批判當然符合歷史潮流。但如果我們既不以成敗論英雄，也不僅以是非論成敗的話，我們便會發現毛澤東當年的對江青及「四人幫」的過頭批評是極大的失策。其最主要的後果是造成了他死後江青和「四人幫」的必然下台和他自己的文革思想路線的迅速覆滅。

　　首先，宗派或幫派活動在中共的政治語境內歷來是一個大忌，幾乎沒有人不在最後被上綱上線而打成反黨集團的。建國以來在毛澤東手裡，遠的有高崗、饒漱石反黨集團、彭德懷、張聞天反黨集團；近的在文革中又有劉少奇叛徒集團、林彪反革命集團。江青和「四人幫」是毛澤東親自揭發和定下的宗派

89　胡充寒，《世界上40位第一夫人》（長沙：湖南出版社，1992），頁77。

集團，而且江青在被鬥爭了幾次後也承認了「四人幫」是客觀存在。儘管毛澤東在對文革派的批評中留了極大的餘地，認為「我看問題不大，不要小題大作，但有問題要講明白，上半年解決不了，下半年解決；今年解決不了，明年解決；明年解決不了，後年解決。」[90] 但是這是毛為中共黨內鬥爭開的一個特例。只要毛不在了，這個由毛送給反對派的定罪藉口是根本不會等到「後年」才發難的。果然，毛澤東屍骨未寒，他的接班人和元老派便用執行他的「最高指示」的大義、把他的夫人和「四人幫」當作「反革命集團」抓了起來。這很可能是毛生前所始料未及的，但決定性的傷害卻是他活著時一手造成的。

其次，毛澤東的批江過頭造成了文革派的內部隔閡和分裂，使他們失去了捍衛文革路線的銳氣和戰鬥力。因為毛一再警告其他人不要和江青搞在一起，造成了王、張、姚三人不敢和江青走近抱團。例如，王洪文在很長一段時間內為葉劍英拉攏，試圖投靠元老派。甚至張春橋這樣的「四人幫」核心人物，也一度故意「和江青有些疏遠，保持一定距離」，以便不被毛澤東對江青的怒火殃及魚池。[91] 如同最新的文革研究所揭示的：在這種情況下，「四人幫」在毛死後非但沒有任何具體的「篡黨奪權」的陰謀活動，甚至連一點起碼的自保的措施都沒有。[92] 倒是華國鋒和元老派一起，用很短的時間從容地策劃

90 〈毛澤東同在京中央政治局委員的談話〉（1975年5月3日），載《中國文化大革命數據庫，1966-1976》。

91 《張春橋：1949及其後》，頁722。

92 詳可參見劉健，〈回顧「粉碎四人幫」：是華國鋒陰謀篡黨奪權而不是四人幫〉，美國《當代中國研究》，2016，第2號，頁95-118。還可以參見韓

了10月6日的政變。據說陳永貴在下台後因為和華國鋒是山西老鄉，這樣聊起過「四人幫」是否搞了「陰謀詭計」：

> 我和華國鋒談話時，他對我說：我們這些人，搞政治就是不行。抓些具體工作還可以，搞陰謀詭計不行。我說那還不是你把四人幫搞掉的嘛！他脫口而出：「因為他們不是真正搞陰謀的，如果他們搞陰謀詭計，我們也搞不過人家。」[93]

誠哉斯言！華國鋒下台後的這一不經意說法，其實是一句難得的大實話。

最後，因為毛急於和他的夫人江青切割，反對派便漁翁得利，有了「清君側」的大好機會。其方法之一，便是利用政治謠言來影響上層政治和爭取底層民心，如所謂的《紅都女皇》案便是一個典型。1972到1973年，江青作為第一夫人，在這一時期從事了一些和她「第一夫人」身分相符的外事活動。其中之一便是她在周恩來的建議下接見了美國女學者羅珊·維特克（Roxane Witke）她們共談了60餘小時。1977年，維特克據此出版了英文本的《江青同志》（長期以來被人稱為《紅都女皇》），是一本嚴肅的學術著作。不料，在1975年此書還沒有出版，便被描述為一本在香港出版的、洩露大量國家機密和毛

剛，〈有關粉碎「四人幫」事件的史實和疑點〉，廣州：《同舟共進》，2013，第5期，頁48-55。

93 秦楚，〈陳永貴談鄧小平、胡耀邦、張春橋、華國鋒〉，轉引自《張春橋：1949及其後》，頁762。

澤東婚姻隱私下流的地攤文學著作。據說朱德向毛揭發此書，毛澤東於1975年7月23日批示：「孤陋寡聞，愚昧無知，30年來惡習不改，立刻攆出政治局，分道揚鑣。」至今為止，大陸的學術著作還在引用這一不存在的案例。[94] 據筆者在香港檢索各大學和香港圖書館20世紀70年代的出版物總目錄，並不存在《紅都女皇》這樣一本書。這樣自上而下的政治謠言對於在黨內中層和基層群眾的反江反毛的民心導向起了極大的作用。更可怕的還不是這些無形的謠言，而是黨內的反對派利用了毛的批江對文革派的遏制，給了元老派在鄧小平、葉劍英的大旗下重組隊伍的大好機會，聚集了強大的有形的反對力量。他們甚至準備在毛還在世時就發動政變。「四人幫」粉碎以後出版的葉劍英傳記中就記錄了不少軍隊將領和葉在毛澤東生前就準備抓「四人幫」、發動軍事政變的對話。[95]

因為批鄧和反擊右傾翻案風的興起，在 1976年4月6日下午政治局討論天安門事件後，毛終於在中南海游泳池住處耐心地聽取了江青關於天安門事件的經過以及對鄧小平處理的意見，他們之間的關係似乎出現了以往共同策劃打倒劉少奇和林彪時的某種回光返照。據毛的女友孟錦雲的觀察：

> 江青在毛澤東的眼神裡，漸漸地看出了共鳴，這種共鳴，像興奮劑一樣，把她推向亢奮的高潮。她深深知道，

---

94 劉林先，〈毛澤東「文革」中在對待江青問題上的是非〉，《毛澤東研究》，2015，第6期，頁63。

95 范碩，《葉劍英在非常時期，1966-1976》（北京：華文出版社，2002），下卷，頁555-556。

這種共鳴，是她通向他心靈的一座小橋，她必須全力以赴地來加固這座小橋，於是她不停地說著，比畫著，生怕一停下來，一切都隨之破滅。[96]

值得一提的是，從批鄧開始到毛澤東離世的一年多時間裡，毛澤東再也沒有在任何場合提過要解決所謂的江青和「四人幫」問題了。他是否對自己輕信了鄧小平「永不翻案」的保證有所懊悔，還對自己提出「四人幫」問題自損自害了文革路線已心知肚明，我們都不得而知了。因為他不久便進入了經常性的昏迷狀態，幾個月後便離世了。

結語

「夫人參政」不僅是毛文革的一個重要創造，在整個國際共運史上也史無前例。這一政策還在當時對其他一些共產黨國家，如羅馬尼亞獨裁者齊奧賽斯庫和他的夫人伊琳娜・齊奧賽斯庫產生過極大的影響。

在定性這一文革政治景觀時，必須首先指出它是「中共特色」而不是「中國特色」，因為在中國數千年的傳統社會裡，最高的皇權統治者們大都是「夫人參政」政策的反對者。然而，中共的幹部政策和意識形態卻為高幹夫人干預政治開了方便之門。首先，中共從來就沒有過明確的領導人和其直系親屬之間的利益衝突或規避政策。其次，中共激進但抽象的解放婦

96　《毛澤東的黃昏歲月》，頁172。

女的意識形態和政策有利於「夫人參政」。中共黨內的高幹婚姻常常是「政治夫妻」，即夫妻關係主要不是以個人情愛為基礎的尋常婚姻，而是政治利益一致前提下的結合。

在中共的歷史上，毛澤東並不是「夫人參政」這一做法的首創者。公開地讓自己的夫人在自己發起的黨內政治運動裡充當舉足輕重角色的，可能是所謂的延安「搶救運動」中的康生和他的夫人曹軼歐。在文革前夕和發動中，還有劉少奇和王光美等人。是他們開創了「夫妻政治」的先例。從文革的發動過程來看，中共當時的上層政治大都為一些以「夫妻政治」和「國家政治家庭化」為特徵的陰謀活動。無論是毛澤東還是劉少奇，都依賴「夫妻政治」來策劃操控政治局面。尤其是毛澤東和江青所開的「夫妻老婆店」，在理論上、政治上和組織上全面地推動了文革的發動。在這一過程中，國家的公權力完全被夫妻化、家庭化、私人化。

毛文革的「夫人參政」產生了極大的弊端和惡果。參政的夫人們常常是根本沒有管理國家能力的野心勃勃卻志大才疏的女人，而「夫妻政治」的模式卻把她們推上國家的中樞領導機關，在絕對權力的毒害下，她們不知天高地厚，最後起了公報私仇、竊權亂政的壞作用。「夫人參政」還常常加劇手握大權的夫人們之間因歷史間隙、性格稟賦等個人因素造成的矛盾、進一步在政治上影響她們丈夫，把猥瑣低俗的勃谿相向政治化，又把原應當嚴肅的政治鬥爭徹底地庸俗化。

文革中積極參政的夫人們既然跨入了政壇的角鬥場，她們的命運便會被不測的政治風雲所左右——有可能以喜劇登場，以悲劇告終。當參政的夫人在更多的情況下已經以一個政治家

的面目出現，有相對獨立的政治生命，甚至成為某一個黨內派系的「首腦」時，被獨裁者鼓勵和利用的夫人參政的結果反而成了該夫人被懷疑、被拋棄甚至清洗的誘因。這並不因為她們和獨裁者的政治婚姻和她事實上對他的忠誠而避免。

　　如果我們在以上探索的基礎上再加上中共的專制體制，文革陰謀政治的需要和最高國家公權力的私人化等因素，那麼文革特有的「夫人參政」的現象便不難被窺見其緣起、發展和終結的全貌了。總之，「夫人政治」是依附於畸形病態的中共體制上的一朵「惡之花」。只要這一專制體制存在，隱性的或顯性的「夫人參政」現象就絕不會結束。在今天的中國社會，只是它的表現形式有所變化，從過去的陰謀政治和路線鬥爭，轉換成為利用手中的政治權力所進行的「紅色私有資本」的財富暴斂而已。

第八章

國家行為和土改模式
文化大革命中的集體殺戮

　　文化大革命中的極端暴力和集體殺戮，不僅是中國官方至今竭力掩蓋的歷史，不幸還是中國知識分子在無意中扭曲了的歷史。在文革剛結束后被稱為「傷痕文學」的大量作品中，人們看到的只是所謂的「紅衛兵」或「造反派」在為非作歹。久而久之，人們的集體記憶中便只留下了這些極為抽象模糊的「紅衛兵」或「造反派」的概念。他們成了暴力和殺戮的唯一罪人，承擔了本來主要不應當由他們承擔的國家行為的歷史罪責。更為不幸的是：「紅衛兵」或「造反派」又幾乎被描繪為所有的青少年和群眾，如此邏輯地推理下去，文革中自然是人人有錯和人人有罪。這樣，國家機器和受害群眾的界限、文革發動者和普通參加者的責任便在無形中劃上了等號；錯與非錯，罪與非罪的重要歷史研究界限也就變得模糊了起來。

　　自20世紀80年代以來，中共官方在全國範圍內進行了「處理文革遺留問題」的工作，留下了一大批調查各地集體殺戮事件的機密檔案。而這些原始檔案又被執意保存歷史真相的幹部

群眾帶到海外公開出版。[1] 另一方面，隨著互聯網的興起，大陸的不少有良知的目擊者和學人對各地的大屠殺事件做了獨立的田野調查。他們或在網路上、或自費出版了一系列有質量的回憶和調查報告。[2] 正是在這樣的基礎上，一批大陸和海外華裔學者還出版了研究這些大屠殺事件的專著，用各種語言記錄了中國文化大革命中（也是人類歷史上）最黑暗和殘忍的篇章，進而在全世界的中國研究中發生了不小的影響。[3]

群體滅絕罪和集體殺戮的幾種類型

對於無自衛能力的人類群體進行的惡意的集體殺戮，在

1　這些機密檔案被當事人或調查人帶到海外公開出版中最典型的有《廣西文革機密檔案資料（1-36冊）》、《廣西文革機密檔案資料續編（1-10冊）》，和《湖南道縣及周邊地區文革大屠殺機密檔案》，它們均由美國紐約國史出版社於2016-2017年出版。

2　這方面的回憶和民間調查很多，比較有代表性的網路著述有何清漣的〈被遺忘的數千冤魂：記1968年湖南邵陽縣大屠殺〉；遇羅文的〈大興屠殺調查〉；bignosebull的〈1968年瑞金「民辦槍斃」大屠殺調查〉；吳若愚的〈機密文件記錄的廣西文革大屠殺〉；唐龍潛的〈長埋心中的塊壘〉和巴彥泰的《挖肅災難實錄》等。

3　在這方面的代表作及其國際影響有：譚合成的《血的神話：公元1967年湖南道縣文革大屠殺紀實》（香港：天行健出版社，2010），已經有英文譯本；宋永毅主編的《文革大屠殺》（香港：開放出版社，2002），已經有法文和日文譯本；鄭義的《紅色紀念碑》（台北：華視文化公司，1993），已經有英文譯本；啟之的《「民族分裂」與「挖肅」運動：內蒙古文革實錄》（香港：天行健出版社，2010）和蘇陽的《文革時期中國農村的集體殺戮》（香港：香港中文大學出版社，2017），原著為英文，2012年由英國劍橋大學出版社出版。

第二次世界大戰結束之前學界就有過各種描述和定位，比如「屠殺」（massacre）「滅絕」（extermination）「反人類罪」（crime against humanity）等等。[4]1944年，猶太裔波蘭律師拉斐爾・萊姆金（Raphael Lemkin）第一次提出了「群體滅絕／大屠殺」（genocide）的概念。[5] 一年後，這一概念在對納粹德國的紐倫堡審判中被廣泛地應用。1948年12月9日，聯合國通過了著名的〈防止及懲治種族滅絕罪公約〉（Convention on the Prevention and Punishment of the Crime of Genocide）。這一公約對「群體滅絕罪」做了比較具體的規定和說明。首先，它認定「本公約內所稱群體滅絕罪係指蓄意全部或局部消滅某一民族、人種、種族或宗教團體」，即「人為的、系統性地、有計劃地對一個或一些種族、民族、宗教或國民團體進行全體性或局部性的消滅和屠殺」。[6]

因為拉斐爾・萊姆金所創立的「群體滅絕／大屠殺」（Genocide）的類概念的建立，後來的不少學者又把它再進一步分類為「階級屠殺」（Classicide），「政治屠殺」（Politicide），「宗教屠殺和清洗」（Religious cleansing），「平民屠殺和清洗」（Democide），「種族屠殺和清洗」

4　Trafzer, Clifford E.；Hyer, Joel R, *Exterminate Them! Written Accounts of the Murder, Rape, and Slavery of Native Americans during the California Gold Rush, 1848–1868*（Michigan State University Press），1999.

5　Raphael Lemkin, *Axis Rule in Occupied Europe*（Washington DC：Carnegie Endowment for International Peace, 1944）. Chapter IX.

6　"Convention on the Prevention and Punishment of the Crime of Genocide",（PDF）*United Nations Audiovisual Library of International Law*. Retrieved 5 January 2020.

（Ethnical cleansing and ethnocide）和「群體滅絕性強姦」
（Genocidal rape）等等表徵力很強的新子類。[7] 例如，根據奧
地利醫生和政治活動家佛洛伊・施瓦　（Fred Schwarz）的創
意，「階級屠殺」（Classicide）是指「統治階級人為的、系
統性地、有計畫地對一個或一些社會階級通過迫害和暴力進行
全體性或局部性的殺戮」。[8]「政治屠殺」（Politicide）則被
美國學者芭芭拉・哈芙（Barbara Hurff）和特德・顧爾（Ted
Gurr）定義為「一種對不同政治信仰的政治派別和團體進行集
體殺戮的行為」。[9]「種族屠殺和清洗」（Ethnical cleansing and
ethnocide）則是指「人為的、系統性地、有計畫地對一個或一
些種族及其文化、宗教進行全體性或局部性的屠殺和清洗」。[10]
應當指出的是：在歷史實際中發生的大屠殺事件裡，上述各個
新子類的「群體滅絕」常常不是絕然孤立的，相反常常是交叉
並存，多罪並發的。例如，發生在1937年12月-1938年2月間由侵
華日軍所製造的「南京大屠殺事件」，就既是一場對無辜的南
京全體中國人的殘忍的「種族大屠殺」，又是一場「戰俘大屠
殺」（POW massacre）；還是一場特別針對全城女性的無恥的
「群體滅絕性強姦」事件。

7　可見 "Genocide" from *Wikipedia*; *https://en.wikipedia.org/wiki/Genocide.*

8　Schwarz, Fred. *The Three Faces of Revolution*（Washington DC: Capitol Hill
　　Press, 1972）, pp. 51–53.

9　Barbara Harff and T. R. Gurr, "Toward Empirical Theory of Genocides and
　　Politicides：Identification and Measurement of Cases since 1945," *International
　　Studies Quarterly*, September 1988, pp. 359-371.

10　"Ethnical Cleansing," in *Wikipedia*. https://en.wikipedia.org/wiki/Ethnic_cleansing

在廓清了這些集體殺戮的「群體滅絕／大屠殺」性質後，我們還必須進一步搞清楚定案為「群體滅絕」罪需要什麼樣的先決條件。或者說，「群體滅絕」性的大屠殺在哪些方面清楚地與簡單的個人「謀殺罪」區別。美國學者班傑明・瓦倫蒂諾（Benjamin Valentino）對「群體滅絕」性的大屠殺做了這樣的定義：「故意成批殺害任何一個非戰鬥團體的成員（施害人所認定的團體及其人員）」。[11] 對這一定義，專門研究文革中集體殺戮的蘇陽教授做了如下有益的延申和補充：

對這個定義中的幾個要素應做進一步的說明。首先，在確認受害人時，是根據他屬於某個團體的「成員」，而不是根據他是否對施害人構成直接威脅。就文革而言，這種身分的依據是所謂政治罪行或家庭成分不好。其次，施害人的行動中含有殺人意圖。這使集體屠殺有別於文革期間的其他死亡原因，如批鬥會上的毆打（本意是為了象徵性的羞辱而非消滅肉體）或審訊中的酷刑（主要是為了逼供）。第三，死亡不是群眾派系的武鬥造成的。但是，假如受害人是武鬥之後被解除武裝關押起來的被俘人員，我把他們也視為非戰鬥人員，因為他們對施害人已不構成威脅。因此「集體屠殺」不同於武鬥中的殺戮，後者在文革早期是一種十分普遍的現象。最後，「成批」的標準是指時間和空間上具有一定的集中性。在確定一個事件是否屬

---

11 Benjamin Valentino, *Final Solution: Mass Killing and Genocide in Twentieth Century*（Ithata, NY：Cornell University Press, 2002）, pp. 1-90.

於「集體」屠殺時，我以一次死亡10人作為基準。[12]

　　當然，蘇陽教授對於上述標準的認定也不無商榷之處。比如「批鬥會上的毆打」和「審訊中的酷刑」在文革中不少群體滅絕案件裡常常是大屠殺的起步階段和常用手段，其最終的殺人意圖是極其明顯的。因而不能不加分析地把它們和集體殺戮區分開來。　在我們下面分析的文革中內蒙古的種族清洗式的「內人黨事件」和廣西以抓「反共救國總團」為名的大屠殺中都可以清晰地看出來。

　　根據迄今為止所披露的機密檔案和目擊者的回憶，文化大革命中的大規模的集體殺戮事件大約有10多起。為了便於進一步論述，筆者按其發生的時間、地點、組織者／施害者、受害者、傷亡後果、事件性質等等，大略列表如下：

時間	地點	名稱	組織者	施害者	經過和後果	性質
一九六六年八─九月	北京市區和大興、昌平兩縣	北京「紅八月」和「大興慘案」	公安部長謝富治8月26日講話。公安機關、公社武裝部和社隊領導組織策劃	中學紅衛兵；農村民兵和貧下中農	在北京市區，是由紅衛兵執行的打老師、抄家、驅逐成分不好的居民。僅8-9月有1,772人被打死，共125,000人被抄家和趕出北京。在大興、昌平兩縣，大約651個「四類分子」及子女被殺。	階級屠殺

<hr>

12 蘇陽，〈文革中的大屠殺：對湖北、廣東和廣西三省的研究〉，載宋永毅主編，《文化大革命：歷史真相和集體記憶》（香港：田園書屋，2007），下卷，頁687。

時間	地點	事件	策劃	軍隊	經過	分類
一九六七年二月二十三日	青海省首府西寧市	青海二‧二三事件	青海軍區副司令趙永夫，得到中央軍委副主席葉劍英的支持	軍區獨立師和獨立團的13個武裝連隊	趙永夫不支持八‧一八學生造反派。下令武裝驅趕占領《青海日報》的學生。謊稱他們「擁有槍枝彈藥」，「先開槍」，用機槍掃射學生。共打死169，傷178人。24日又打死打傷12人。事後還把八.一八打成反革命組織，監禁10,157人，逮捕4,131人。	政治屠殺
一九六七年下半年至一九六九年五月	內蒙古蒙族自治區	「內人黨」事件或「挖肅」運動	內蒙古軍區代理司令員，革委會主任滕海清主持策劃，中共中央授意批准	各盟市革命委員會、軍代表和漢人群眾	通過刑訊逼供，將上百萬蒙古人定性為內蒙古人民革命黨（簡稱「內人黨」）成員，其中有約4萬人被屠殺或遭迫害致死，傷殘14-17萬。受害者絕大部分是蒙古族。殺人手段極其殘忍，並伴隨性暴力。	種族屠殺
一九六七年八月二十八日	寧夏回族自治區青銅峽市	青銅峽事件	周恩來、康生下令，毛澤東同意。蘭州軍區支左部隊執行	軍區陸軍186團開槍	蘭州軍區不支持保守派「大聯籌」，報告中央他們「揚言炸毀青銅峽大壩」。事件中，打死101人，打傷打殘133人。	政治屠殺

時間	地區	事件	策劃支持	實施者	經過	分類
一九六七年八月十三日至十月十七日	湖南省零陵地區以道縣為中心的十餘個縣市	道縣大屠殺事件	地方政府包括縣人武部和縣委、縣政府策劃支持	各級公社、區武裝部、大隊村幹部、民兵等集體實施	共有7,696人被殺，1,397人被逼自殺，2,146人被致殘。大部分是所謂「黑五類」（3,576人）以及他們的子女（4,057人）。其中未成年人826人，年紀最大的78歲，最小的10天，14,000多人參與了大屠殺。殺人手段極其殘忍，並伴隨性暴力。道縣成立了數以百計的「貧下中農最高（高級）法院」殺人。	階級屠殺
一九六七年八月十九日到九月二十四日	四川省東部涪陵和萬州地區	川東殺俘狂潮	四川二月鎮反逆轉後，在專區縣軍隊開始支持造反派	兩派武鬥加劇，保守派潰敗	保守派群眾組織絕望中採取極端的報復性屠殺：（一）在萬州大殺農村「黑五類」及其家屬，共301人；（二）在涪陵地區殺俘虜382人。	政治屠殺和階級屠殺混合
一九六七年冬天到一九六八年秋天	廣西壯族自治區全境	廣西大屠殺事件或廣西「人吃人」狂潮	廣西第一書記韋國清得到中央支持，成為省革委會第一把手，故報復原來要打到他造反派「四・二二」。1968年春各地開始殺「黑五類」。7月，韋得到周恩來、康生等的支持，借中央「七・三佈告」公開屠殺對立派和「黑五類」	廣西軍區所屬部隊，各級區、縣、公社武裝部、大隊村幹部、武裝民兵等集體實施	大約9-15萬人被虐殺，其中大都是農村「黑五類」及其家屬。也有借「貧下中農最高（高級）法院」殺人現象，殺戮方式非常殘酷。在武宣、靈山、欽州等31個縣市發生人吃人風潮，據機密檔案中的統計數字，受害者有300-400多人，參與食人者有數千人之多。在武宣縣的檔案中顯示：食人者85%是共產黨員。全省共有5萬共產黨員參與了殺人。	政治屠殺、階級屠殺、戰俘屠殺、大規模人吃人和群體性強姦等數罪併發

一九六八年七月—九月	湖南省邵陽縣	邵陽「黑殺風」事件	縣委書記、縣人武部柴德林政委親自組織策劃	各級公社、區武裝部、大隊村幹部、民兵等集體實施	「黑殺風」，即大規模屠殺黑五類及其家屬之風。共抓了11,177人，關押7,781人；其中，322人被殺、669人被逼自殺，共計死亡991人，另有113人致殘。殺人手段極其殘忍，不少女性死前受到凌辱。成立了大批「貧下中農最高人民法院」殺人。	階級屠殺
一九六八年七月—九月	廣東省28個縣	廣東大屠殺	1968年7月25日，周恩來、康生支持廣西、廣東都有和造反派緊密聯繫的「反共救國團」。廣州軍區司令黃永勝下令抓造反派中的「壞人」，引發大屠殺	各縣、公社、區武裝部、大隊村幹部、民兵等集體實施	僅陽春、五華、廉江、梅縣、廣寧和連縣，就被集體屠殺10,227人，大都為「黑五類」及其家屬。海南島儋縣的造反派，被軍隊武裝剿殺700餘人。殺人手段極其殘忍。	階級屠殺和政治屠殺混合
一九六八年九月二十三日至十月初	江西瑞金、興國、于都3縣	瑞金「民辦槍斃」事件	省委會主任程世清搞清隊「三查」運動。瑞金縣革委會軍代表趙樹林親自組織策劃	各級公社、大隊村幹部、民兵等集體實施	因為殺人權被下放到大隊，故稱之為「民辦槍斃」。受害者共1,000餘人，多為黑五類及其屬，其中瑞金縣受害者年最大的80、最小的11天。殺人手段極其殘忍。	階級屠殺

| 一九七五年七月二十九日—八月 | 雲南省紅河州蒙自縣雞街公社沙甸鎮為主的6個縣區 | 沙甸大屠殺事件 | 雲南省革委會負責人周興具體負責。中共中央當時的負責人鄧小平、王洪文同意。 | 昆明軍區第14軍幾個團1萬餘士兵 | 因沙甸回民反抗文革對穆斯林的宗教侮辱，要求重開清真寺，屢遭當局拒絕和高壓。最後奮起反抗，導致大規模武裝鎮壓。共7天7夜，被殺1,600人（866人來自沙甸），包括300名兒童，傷殘近1,000人。摧毀房屋4,400間，被基本夷為平地。 | 種族屠殺和宗教清洗 |

*上述表格的資料主要來自以下中英文著作：(1) Guo Jian；Song Yongyi，and Zhou Yuan. *The Historical Dictionary of the Chinese Cultural Revolution*（Second Edition）. Lanham：Rowman & Littlefield，2015；(2) Yang Su. *Collective Killings in Rural China during the Cultural Revolution.* New York：Cambridge University Press, 2012；(3) 楊繼繩，《天地翻覆：中國文化大革命歷史》（香港：天地圖書有限公司，2016；(4) 周孜仁，〈文革集體屠殺述要〉，載啟之主編，《中華學人文革論文集（一）》（奧斯汀：美國華憶出版社，2019）。

國家機器行為：策劃、組織、參與、縱容

　　1982年，專門研究大屠殺的美國學者羅伯特・梅森（Robert Melson）在討論亞美尼亞大屠殺指出：「屠殺的動機不一定是理性的……作為政治團體，實施者當然可以包括國家政府，但

也可以包含非國家行為」。[13] 話句話說，策劃和實施大屠殺的
也可能是和國家機器無關的民間政治團體組織。然而，我們在
上一節的表格中清楚地看到：發生在中國文革中的這11個大屠
殺事件，無一不是國家機器行為。這一點並不難理解，因為共
產中國是一個高度集權的國家。在文革中，凡動用一個排以上
的兵力，都必須有中央軍委甚至主席毛澤東的親自批准。如中
共黨內關於廣西大屠殺的機密文件，也承認：「（1）廣西殺人
多是有領導有計畫地進行的；（2）殺人多是在非武鬥情況下，
被個別或集體加以殺害的。」[14] 當然在每一個集體殺戮事件
裡，施害的國家機器的級別層次和它們發揮的功能稍有不同：
（一）直接策劃和組織；（二）積極參與；（三）縱容默認。
簡列圖如下：

---

13 *Melson, Robert.* "A Theoretical Inquiry into the Armenian Massacres of 1894–
1896," *Comparative Studies in Society and History.* 2009-06-03, 24（13）：481-
509.
14 中共廣西壯族自治區委員會整黨領導小組辦公室編，《廣西「文革」檔案
資料》（1987），第7冊，頁127，載宋永毅主編，《廣西文革機密檔案資
料》，卷14（電子書）。

國家機器級別／類型	主要作用	事件	數量	百分比
中共中央或中央軍委	批准、策劃、授意	（一）內蒙古「內人黨」事件；（二）寧夏青銅峽事件；（三）沙甸大屠殺事件	3	27.3%
各省級黨政軍領導	直接策劃組織，但也得到中央縱容默認	（一）青海二・二三事件；（二）廣西大屠殺；（三）廣東大屠殺	3	27.3%
地區、縣或公社黨政及人武部主要領導	直接策劃組織，或積極參與支持保守派屠殺	（一）北京「紅八月」和大興慘案；（二）道縣大屠殺事件；（三）川東殺俘狂潮；（四）邵陽「黑殺風」事件；（五）瑞金「民辦槍斃」事件	5	45.4%

　　首先，我們應當注意到在上述11起的大屠殺中，有6起大規模的血案是或由「中共中央或中央軍委」直接向軍隊——中共國家機器最主要的組成部分——下命令開槍屠殺或進行大規模整肅的；或由大軍區、地方軍區及省級革命委員會的當權者（如青海軍區的趙永夫、廣西軍區的韋國清和廣州軍區的黃永勝）直接策劃組織的。前竟占了3起（27.3%）之多（寧夏青銅

峽事件；沙甸大屠殺事件和內蒙古「內人黨」事件）。另外的3
場大屠殺的血案（青海二・二三事件；廣西大屠殺和廣東大屠
殺）又占了整個集體殺戮另外的（27.3%）之多。簡言之，由
中共軍隊對平民的直接殺戮，占了整個文革大屠殺慘案的大多
數，竟有57.6%之多。

這裡還應當一提的是：即便是省級軍區的領導和軍隊直接
策劃組織的大屠殺，也都是得到了中共中央的縱容默認的。比
如，青海二・二三大屠殺後，研究這一事件的學者丁抒告訴我
們：

> 事件發生後，毛澤東、林彪都著眼於保護軍隊，都不
> 打算處理此事。當時毛澤東剛將衝擊部隊的組織定為右
> 派，批准軍隊鎮壓，所以不想把火往軍隊引。……「二・
> 二三」當天，趙永夫通過電話向中央軍委副主席兼秘書長
> 葉劍英元帥報告，說占據報社的人開槍尋釁，軍隊反擊，
> 勝利地平定了「反革命暴亂」。葉稱讚說：「你們打得
> 對，打得好。」……葉劍英把趙永夫請到北京，就是要他
> 向各地的軍隊領導人介紹平定「反革命暴亂」的經驗的。[15]

後來事情發生了戲劇性的轉變，是因為葉劍英、徐向前等
支持趙永夫的元帥捲入了反對毛和中央文革的「二月逆流」。
毛為了打擊政敵，便毅然決定推翻軍委葉劍英等人對青海二・
二三大屠殺的支持，被屠殺民眾才有了伸冤之日。

---

15 丁抒，〈青海二・二三事件〉，載宋永毅主編，《文革大屠殺》，頁37-57。

　　文化大革命中，在各級黨組織一時癱瘓的情況下，中共的軍隊幾乎承擔了國家機器的全部職責。軍隊幹部紛紛成了各級革委會——新的國家機器的主要負責人。軍隊還軍管了公安、法院、監獄等其他重要的國家機器的組成部分。中共的軍隊歷來是其國家機器中最保守、最黑暗又最腐敗的組成部分。在階級鬥爭中這支軍隊所有的，只是50、60年代亂打亂殺的「鎮反」和「武裝剿匪」的經驗。而毛澤東卻在1967年1月異想天開地號召他們去「支左」，同時又賦予他們開槍「鎮反」的權力。在解放軍官兵的眼裡，由黨團骨幹、武裝民兵組成的保守派自然是他們要支持的當然左派，而膽敢犯上作亂的成分不好的造反派以及與他們有某種血緣關係的「黑五類」，自然是他們要鎮壓的「反革命」。文革中好幾起出名的大規模血案，都是這樣被製造出來的。有關這一點，我們在下面的章節中還會詳細地探討。

　　其次，我們還應當清楚地看到：即便從浮面上看來是區縣一級的人民武裝部或公安幹警所組織的集體殺戮中，細細查尋還是可以發現來自上級軍區，革命委員會，甚至中共中央的明明暗暗的策劃和支持。這裡不妨以北京1966年8月的「紅色恐怖」。表面上看來，主要的形式是由中共高幹子女組織的第一批「老紅衛兵」在校園以「批鬥」為名殺戮教師，在社會上以對所謂的「抄家」為名搶掠市民的財產，以鬥爭為名殘殺所謂的「牛鬼蛇神」；又以「遣返」為名，並把十多萬和平居民強行趕出北京押往農村。此風很快在全國各大都市蔓延，一時

共有約40萬居民被「遣返」到農村和邊遠地區。[16] 然而，僅就
「遣返」而言，今天所披露的一些歷史檔案表明：這是中共早
在1962年就開始策劃的大規模的政治迫害運動。當時的市長彭
真就公開講過，要把北京市的居民成分純淨為「玻璃板，水晶
石」，即把所謂「成分不好」的居民全部趕出北京。[17] 1966年5
月15日，在文化大革命的綱領性的文件〈五‧一六通知〉發布
前夕，毛澤東發出「保衛首都」的指示，周恩來和葉劍英立刻
上書毛和中央政治局常委，提出「成立以葉劍英為組長，楊成
武、謝富治為副組長，劉志堅、李雪峰、汪東興、周榮鑫、鄭
維山、傅崇碧、萬里，蘇謙益參加的首都工作組，負責保衛首
都安全工作，直接對中央政治局負責」。[18] 在5月16日正式揪出
了所謂的「彭、羅、陸、楊反黨集團」後，這個工作組採用了
一系列的「保衛首都安全」的措施，除了自5月18日起便調動
63軍的189師和65軍的193師進駐北京各要害部門和所有的宣傳
機關，由傅崇碧出任衛戍區司令外；由公安機關出面，大規模
地遣返驅逐所謂「成分不好」的居民也是工作組的長期計畫之
一。直接領導「首都工作組」的周恩來就特別指示過：

---

16 陳東林、苗棣、李丹慧主編，《中國文化大革命事典（日文版）》（福
　　岡：中國書店，1997），頁1068。
17 轉引自1967年8月8日《東方紅報》（北京地質學院）。彭真的原話是：
　　「我們計畫要把北京搞得像水晶石，玻璃板一樣，沒有不勞動的人，沒有
　　靠剝削生活的人。流氓小偷打掃乾淨，當然反革命也不能有。」
18 中共中央文獻研究室編，《周恩來年譜：1949-1976》（北京：中央文獻出
　　版社，1997），下卷，頁31-32。

　　我們搞文化大革命，搞四大、搞大串連，就有秩序，既
有民主又有集中，首都警衛部隊要加強，要保衛中南海、
釣魚台、人大會堂，保衛首都的機要地点、電台、尖端要
害部門，要保衛首都的安靜，要把過去公安、保衛系統掌
握的地、富、反、壞分子清洗出去。[19]

　　這便不難理解：為什麼紅八月中老紅衛兵對占北京總數2%
的居民的抄家、殺戮、遣返得到公安機關如此大力的支持。這
一「首都工作組」的副組長，公安部長謝富治便公開要求公安
幹警不要去阻攔「那些事」（指紅衛兵的亂打亂殺）；相反要
為紅衛兵「當參謀」、「提供情報」。[20]

　　或許，另一個紅八月血案更能說明國家機器對紅八月殺戮
的決定性的指導作用。1966年8月25日，北京第十五女子中學的
紅衛兵去橄欖市附近廣葉門大街121號的房主李文波（小業主成
分）處抄家，這些「颯爽英姿」（殺氣騰騰）的女紅衛兵們不
僅翻箱倒櫃，掀開屋頂，毆打李文波、劉文秀夫婦，逼他們交
出根本不存在的「槍枝、黃金」，甚至還不准劉文秀上廁所。
李文波在忍無可忍中拿起菜刀做了反抗，便當場被活活打死。[21]
李的反抗又被周恩來在不久後的在接見紅衛兵的講話中點名為

19　丁凱文，〈「首都工作組」始末與辨析〉，原載美國《新史記》，第17
　　期，2013年12月20日出版，http：//www.linbiao.org/forum/viewtopic.php？
　　f=2&t=1804。
20　見〈中共中央批轉中央紀律檢查委員會關於康生和謝富治問題的審查報
　　告〉（1980年10月16日）。
21　王友琴，〈文革受難者李文波〉，原載《民主中國》，2000，第12期。

「反動資本家對紅衛兵行兇」。又是周恩來下令，在1966年9月
12日以「行兇殺人」的名義，由北京市法院判處劉文秀死刑。
其實，就連當時行凶的紅衛兵都沒有說劉「行凶殺人」。周恩
來還下令由政府出面組織「紅衛兵聯絡站」協調抄家，並直接
派解放軍保護紅衛兵抄家——紅衛兵的暴力和殺戮得到了國家
機器的直接指導、支持和保護。[22] 這一血案後來被老紅衛兵譽
稱為他們反抗了階級敵人「階級報復」的「欖杆市前灑碧血」
事件。又以此為名，掀起了新的一輪更瘋狂的殺人高潮。李文
波夫婦血案在1981年當然已經徹底平反，但當時公開動用國家
機器為紅色恐怖助威的正是中共的主要領導人。據一位大陸學
者今天的調查，又是當地的公安幹警和居委會把那些女紅衛兵
引到了李文波家。[23] 如果考慮到紅八月中在北京主持殺戮、驅
逐十多萬和平居民的臭名昭著的「首都紅衛兵西城糾察隊」是
在周恩來的親自關懷下成立的，他們的〈通令〉都得到過周的
親信周榮鑫（國務院秘書長）、許明（國務院副秘書長）、李
夢夫等人的修定。[24] 任何人的腦中都不難想像到這些血案深藏
的內幕：中共上層早已經定下了所謂「淨化北京」的大規模的
政治迫害計畫，1966年8月興起的紅衛兵運動只不過是他們審時
度勢地利用打頭陣的法西斯「衝鋒隊」而已。

　　1967年初，因為「老紅衛兵」也被中共拋棄，不少人還成

---

22 見〈周恩來1966年9月10日首都大中學校紅衛兵代表第二次會議上的講
　　話〉，載宋永毅主編，《中國文化大革命數據庫，1966-1976》網路版（香
　　港：香港中文大學中國研究服務中心，2002-2021）。

23 北京大學教授印紅標的調查。

24 〈西城糾察隊罪行錄〉，載北京地院《東方紅報》，1967年3月9日。

為「聯動分子」而入了大獄；被強行抄家、毆打和驅逐的10餘萬居民便不斷上訴。3月18日，北京市公安局軍管會就此發了一個通行全國的文件：〈關於在文化大革命中被遣送後返京人員的處理辦法〉。在這一後來得到中共中央以1967年101號文件轉發全國的通告裡，仍然堅持所謂「堅持反動立場的地、富、反、壞、右分子（包括摘了帽子後表現不好的）」，「查有證據漏劃的地富反壞分子」，「堅持反動立場的資本家、房產主」和「被殺、被關、被管制、外逃的反革命分子的堅持反動立場的家屬」等不得返回北京。由此，也從反面說明了對北京和平居民的抄家驅逐早已經是中共中央的既定決策和預謀而不是什麼紅衛兵的一時過激行為。

最後，我們必須要糾正一種流行的錯覺。那就是文革中的集體殺戮大都發生在造反運動興起而造成的「無政府」時期，殺人者大都是所謂的「造反派」。史丹佛大學的著名學者魏昂德（Andrew Walder）教授和他的助手蘇揚博士對80年代以來的數千種縣志做了統計，發現文革中死人最多的絕不是1966年底興起的批判資反路線中共各級政權癱瘓時，也不是1967年的兩派武鬥中，相反是1968年各級革命委員會廣泛建立以後，是以新的國家機器的名義進行的公開的暴力和屠殺。[25] 如果對他們的卓越發現有所補充的話，那就是：就全國著名的大屠殺案而言，濫施暴力、血腥殺戮的凶手大多是軍隊官兵、武裝民兵

---

25 Andrew Walder and Yang Su., "The Cultural Revolution in the Countryside：Scope, Timing, and Human Impact," *Working Papers Series*（Institute for International Studies, Stanford University, 2001）.

和各級黨團骨幹——他們毫無疑問是中共國家機器最主要的代表。簡言之，文革中的屠殺和暴力大都是一種國家機器行為，即政權對公民的直接殺戮。所謂的「暴民政治」只不過是國家機器行為的一種結果和延伸而已。

以文革中臭名昭著的廣西大屠殺和人吃人事件為例，更可以很沉實地說明上述論斷。在1966年底的造反派「批判資產階級反動路線」的高潮中，廣西從來沒有發生過打死人事件。1967年「一月奪權」中的造反派雖然也忙過一陣，但是也沒有發生過流血事件。更重要的是，群眾組織的「奪權」其實是一場空忙。隨著毛發布的軍隊要「三支兩軍」的最高指示的發布，1967年2月至4月間廣西軍區和縣武裝部不僅軍管了公檢法，還在省、市、縣三級都成立了以現役軍人為第一把手的「抓革命促生產指揮部」，成為革委會成立以前的實際權力機構。[26] 也就是說，廣西在文革中從來就沒有出現過權力真空，也就沒有由此而激發的亂殺人和人吃人的因素。廣西文革有一個截然不同於其他省市的重要特點，那就是身為廣西省委第一書記、廣西軍區第一政委韋國清在文革中的始終不倒。這象徵著他所代表的國家機器——軍隊、警察（在文革中被軍管）、民兵——在造反運動中從沒有被摧毀。事實也是這樣：無論是

---

26 1967年3月6日，「中共廣西軍區委員會發出〈關於成立抓革命促生產指揮的通知〉決定在軍區黨委領導下，成立廣西軍區抓革命促生產指揮部。……通知發出後，各地、市縣也相繼成立了以解放軍為主的抓革命促生產指揮部。」見中共廣西壯族自治區委員會整黨領導小組辦公室，《廣西文革大事》（機密）。參見宋永毅主編，《廣西文革機密檔案資料》，卷35（電子書）（紐約：國史出版社，2016）。

文革初期的廣西省委和省軍區，還是文革中成立的革委會，都基本上是鐵桿的「支韋派」或保守派。尤其是1967年以後的各級新生政權，第一把手幾乎全是省軍區、軍分區和縣武裝部的現役軍人。再往下，則是公社和區的武裝部長和武裝民兵的領導人。可能因為廣西位處邊陲，在文革中這些人都仍然是全副武裝的槍桿子的實際掌握者。簡言之，他們是國家機器的各級代表。廣西的吃人風潮發生在韋國清所代表的國家機器有效運作期間，其中就不可能沒有種種有形無形的內在聯繫。而一般說來，哪裡出現這種吃人風潮，哪裡的政治體制、國家機器一定出了大問題。

　　這裡還涉及到了一個非常有意義的、值得進一步探討的問題：是否只有文革中的掌權者和保守派才會搞大屠殺？如果造反派掌權，是否也會如此？就廣西文革的史實來看，從廣西的造反派這一邊來說，檔案記載表明：「四‧二二」派的成員從未大規模地從事屠殺，也沒有吃過任何一個人。相反，他們和黑五類及其子女一起成了被殺和被吃的受害者。在廣西各級軍隊領導人和保守派的武裝民兵眼裡，他們都是犯上作亂的「反共救國團」成員，甚至比老的黑五類分子更罪大惡極。[27] 指出這一點並不是說廣西的造反派比黨團骨幹組成的保守派更文明

27　據統計：在文革中，廣西軍區和聯指武裝民兵給受迫害對象共按上過75種罪名，他們專門製造了「四‧二二」被「反共救國團（軍）」控制的假案後，把這一罪名列在75種罪名的榜首，而地主分子則立在第18；富農列在第22。見〈「文革」十年受害者所謂種種「罪名」〉，中共岑溪縣委員會整黨領導小組辦公室，〈岑溪縣「文革」大事件〉，參見《廣西文革機密檔案資料》，卷4。

或更有覺悟，而旨在揭示一個客觀的史實：他們本來就是中共專制下的弱勢群體，大多還沒有過掌握強大的國家機器去屠殺別人和吃掉別人的機會。但是，一旦歷史把他們推向廣西的軍隊領導和武裝民兵這樣的國家機器掌握者的強勢的地位，在共產主義意識形態的主導地位下，他們是否也可能對被整個中國社會作為「階級敵人」的「黑五類」舉起屠刀？答案應當是肯定的。

　　文革結束後，湖南省派遣數千名調查人員對1967年發生在道縣及其周邊地區的大屠殺做了細緻的調查，寫出了10多份機密報告，其中就涉及到一些造反派掌權的縣市，照樣發生了屠殺「黑五類」及其子女的事件。例如，《中共祁陽縣委關於處理文化革命期間殺人遺留問題的工作總結》（1987年6月2日）中記載：該縣對「階級敵人」的屠殺是由掌權的湘江風雷的造反派發起的：「周塘公社組織委員造反派負責人任長勇（湘江風雷司令部的組織部長）等將逼供出來的假名單信以為真，通知到各個大隊，造成了這個公社在67年9月22-23號兩天內殺死了31人的事件。」[28] 另一份機密文件，《中共寧遠縣委關於「文化大革命」中殺人情況的調查報告》（1987年4月28日）中，也有類似的記載：「8月31日，水市區大界公社東瓜井大隊殺人情況傳到灣井區麥地公社路田大隊，該大隊『湘江風雷』組織頭頭王洪林和貧協主席王財富為首召開造反派骨幹會，大隊幹部會，組織策劃。當晚殺38人。」[29] 類似的案例，《中共新田縣

28　載《中國文化大革命數據庫，1966-1976》。
29　同上。

縣委關於「文革」中殺人情況的調查報告》（1987年6月15日）記載得更為詳細：

　　67年9月9日，蓮花公社大元沖大隊文革副主任劉忠麒，邀集本村民兵10餘人，前往縣城觀看城東公社殺人。劉得知殺人要經「湘江風雷」批准，便到了縣「湘江風雷」司令部找到司令肖幫元，向他提出要殺劉宗煌等5人和借槍枝一事。肖說：「這些人都要殺掉，不殺不利於我們的工作。你們藉槍就到潭田鐵廠找在那裡集訓民兵的『湘江風雷』文攻武衛指揮部長雷玉榮商量。你去轉告他，說司令部已批准，我可先打個電話給他。」下午四時，劉宗麒等人到潭田找到了雷玉榮，雷說：「情況肖司令已給我商談了，要處決就明天。明早，我們全副武裝去一個排。今晚一定要看守好，不要讓他們跑掉，否則空去一場。」6點左右，劉又急速返回蓮花公社，向公社文革主任劉明生（已故）作了匯報。劉明生說：「我通知全社將四類分子明早都捆來，給他們教訓一下子。」隨即，劉宗麒等人摸黑趕回大隊，召開各組織負責人會，傳達了縣、社請示情況。並部署殺人前的準備工作。9月10日9時許，將被殺人押赴蓮花圩，這時，縣「湘江風雷」20多名全副武裝人員乘車已到。戲台兩邊架有機槍，路口布置崗哨，戒備森嚴。群眾大會由「湘江風雷」支隊長劉大江主持，當場殺害3人。從9月10日至9月29日，這個公社有6個大隊殺害28人。30

---

30 同上。

　　文革中的「黑五類」和造反派完全是不同的概念，前者是「階級敵人」，是為〈公安六條〉——〈中共中央、國務院關於在無產階級文化大革命中加強公安工作的若干規定〉（1967年1月13日）完全所剝奪了參加運動資格的。而後者是「革命造反派」，是毛和中共在運動初期在黨內權鬥中的主要依靠對象。儘管造反派隊伍中也有一些多多少少有些「歷史問題」或出身不好的人，但他們絕不會把自己等同於「黑五類」。任何極權社會的主導思想都是統治階級的思想，對階級敵人，造反派的看法和保守派其實並沒有不同，只不過他們在和保守派的鬥爭中常常處於弱勢地位，在自顧不暇中常常無力去鎮壓傳統的階級敵人而已。而一旦他們處於強勢的統治地位，他們也會對階級敵人進行屠殺。上面在湖南祁陽縣、東安縣和新田縣發生的事，便是三個例證。

　　道縣的受害者主體——「黑五類」及子女在文革中和文革前處於一種什麼狀態呢？機密檔案告訴我們：他們作為飽受歧視賤民群體非但從來沒有過任何「亂說亂動」，甚至已經被長期的無產階級專政馴化到在臨死前都不敢問一句：「為什麼要殺我？」簡言之，他們從來游離於任何派別鬥爭以外，都是百分之百的和平守法者。而且，受害者中「年紀最大的78歲，最小的才10天」；「13歲以下的386人，60歲以上的324人，分別占總數的8.6%和7.2%。」[31] 由此，對手無寸鐵的和平居民乃至婦女、老人和兒童的屠殺，無論在國際法、還是在中國自己的

31　〈中共道縣縣委關於處理「文革」殺人問題的情況的總結報告〉（1987年11月30日），載《中國文化大革命數據庫，1966-1976》。

法律，甚至共產黨的表面政策（如「黑五類」和子女的區別）中都不具有起碼的合法性。長期以來，中國官場甚至學界中流行一種文革中「人人有錯」的貌似有理的說法。但看這些道縣大屠殺的機密文件，讀者便會幡然醒悟：至少有一個數千萬人的社會群體——「黑五類」——在文革中一點錯誤都沒有犯過，他們是清白無辜的純受害者。在我看來，如果說他們真的犯下什麼錯誤的話，那就是面對禍從天降式的殺戮，沒有奮起武力反抗、保衛自己和家人的生命和權利。

鎮反——武裝平叛：軍隊文革大屠殺的一種原型

在上一節討論毛澤東讓軍隊廣泛地介入文革導致大屠殺產生時，我們曾經指出過這支軍隊在政治運動中其實只有50年代初期亂打亂殺的「鎮反」和「武裝平叛」的經驗。而長期以來的中共政治宣傳，卻要使人相信這支軍隊無所不能、而又人人是雷鋒的神話。西方的神話學研究中有一種「原型批評」（Architype Literary Criticism）的方法，它源於20世紀初英國的古典學界崛起的儀式學派，大成於加拿大文學批評家斯洛普・弗萊（Northrop Frye）的《批評的解剖》（*Anatomy of Criticism*）。[32] 其要點在於研究神話中反覆出現的各種意象儀式、內在結構和人物類型，找出它們背後的基本形式，即神話原型。如果我們把它套用到作為文革政治神話的軍隊「支左」

---

32 Northrop Frye, *Anatomy of Criticism: Four essays*（Princeton NJ：Princeton University Press, 1957）.

分析中，便不難發現那些不停出現的軍隊對平民的屠殺，其實都逃不脫「鎮反」和「武裝平叛」這兩種原型。

中共建政伊始，便發動了所謂的「三大政治運動」：土地改革、鎮壓反革命和朝鮮戰爭。據中共自己的機密檔案裡的統計，「鎮反」共殺了765,761名反革命，逮捕了以反革命分子為主體的犯罪分子3,999,899人。[33] 而毛澤東在1959年的盧山會議上則公開承認：至少「殺了一百萬」。[34] 根據學界最近的學術研究，中共的「鎮反」運動的主要對象，其實並不是有現行活動的「反革命分子」，而是「借題發揮」，屠殺「歷史反革命」，即背信棄義地屠殺舊政權的低級官員，不少還是「起義人員」。[35] 中共在鎮反運動中以已經解決了的歷史問題為由頭，發動新的大屠殺，會使人自然地想起文革中發生在內蒙古所謂的「內人黨」事件，一個種族清洗和屠殺的血案。

所謂的「內人黨」，是內蒙古人民革命黨的簡稱，是一個民族主義的革命政黨。在20年代第一次國共合作期間，它曾經是共產國際的一個支部。在抗日戰爭中，它積極參加反法西斯戰爭，還支持中共建立根據地。其左翼分子，在烏蘭夫的領導下都加入了中共，「內人黨」也就此解散。本來，這已經是

33　〈一九五五年到一九五八年全國逮捕反革命分子和各種犯罪分子的計劃綱要・附件四 〉（1955年8月13日），載宋永毅主編，《中國50年代初中期政治運動數據庫，1949-1956》（劍橋：哈佛大學費正清中國研究中心，2014）。

34　李銳，《盧山會議實錄》（鄭州：河南人民出版社，1996），頁302。

35　胡平，〈背信棄義＋殘暴的史上之最──對中共鎮反運動的蓋棺定論〉，載宋永毅主編，《重審毛澤東的土地改革：中共建政初期的政治運動70周年的歷史回顧》（香港：田園書屋，2019），下卷，頁476-497。

脈絡清楚的歷史陳案。但是在文化大革命中，中共為了整肅烏蘭夫的「民族分裂主義」，又把這一早已經解散了的政黨「復活」，把它說成是烏蘭夫在60年代又成立的「新內人黨」，是烏蘭夫反黨叛國集團的「暗班子」和組織基礎。從而對整個蒙古族進行大規模的清洗和屠殺。

　　雖然內蒙古整子虛烏有的「新內人黨」的事件也發生在文革清理階級隊伍的高潮裡，但是它和一般發生在漢族地區的清理階級隊伍所查的「叛徒」、「特務」等歷史問題有很大的不同。首先，它整肅的重點是「民族分裂主義」和「獨立王國」。它明顯不同於毛澤東和文革派整肅的「劉少奇61人叛徒集團」等，後者帶有濃烈的黨內權鬥的色彩，而前者基本上以「民族」為標準劃線。在反對烏蘭夫「民族分裂主義」的大是大非上，中共黨內的各種派系、無論是毛澤東，還是劉少奇都是空前一致的──因為他們都是共產黨。這一點我們在文革中中共最上層決定的另一場種族清洗和屠殺，即1975年7月的雲南沙甸對回民的大屠殺事件中也看得非常清楚。雖然沙甸大屠殺的形式是軍隊直接的「武裝平叛」，並不是「鎮反」，但是下命令屠殺的中共的最高領導人是王洪文和鄧小平。要知道王、鄧兩人在中共內部的權鬥中勢同水火，但他們在所謂的民族大義（大漢族主義）下對少數民族的鎮壓上仍然是高度一致的。

　　內蒙古挖肅運動的理論基礎其實是1966年6-7月中共華北局的「前門飯店會議」所奠定的。這一會議雖然表面上由華北局第一書記李雪峰主持，背後的策劃者其實是劉少奇和鄧小平。這個會議通過的關於烏蘭夫問題的決議認為：

當前在內蒙古大漢族主義不是主要危險。主要危險是
地方民族主義。……事實十分清楚。內蒙古的地方民族分
裂主義的總根子就是烏蘭夫。他是以1935年《宣言》為綱
領，以反大漢族主義為藉口，進行反黨反社會主義的民族
分裂主義活動，搞獨立王國。[36]

　　上述文件所提到的1935年《宣言》是指當時毛澤東簽字
發表的〈中華蘇維埃中央政府對內蒙古人民宣言〉。這一文件
規定：「內蒙古人民自己才有權利解決自己內部的一切問題，
誰也沒有權利用暴力去干涉內蒙古民族的生活習慣、宗教、道
德以及其它的一切權利。同時，內蒙古民族可以從心所欲的組
織起來，它有權按自主的原則，組織自己的生活，建立自己的
政府，有權與其它民族結成聯幫的關係，也有權完全分立起
來。……」而中共在「前門飯店會議」中，卻完全背信棄義地
賴帳，把它說成是「當時黨內教條主義者假借毛主席的名義發
表的」。[37] 那麼。是誰要向漢族搞地方民族分裂，當然是烏蘭
夫代表的蒙古族。可見，內蒙古的「挖肅」運動，一開始就是
指向特定的種族——蒙古族的。
　　「挖肅」運動的實踐和領導者私下的操作和言論更證明了
這是一場種族清洗。1967年底，調任內蒙古軍區副司令的滕海
清，又出任了內蒙古革命委員會主任。他馬上得到中共中央文

36　〈中共中央批轉中共內蒙古自治區委員會的電報，和華北局「關於烏蘭夫
　　錯誤問題的報告」〉（1967年1月27日），載《中國文化大革命數據庫，
　　1966-1976》。
37　同上。

革派的支持開始整肅「新內人黨」。據民間蒙古學者阿拉騰德力海的研究：

> 內蒙古「挖肅」災難，主要發生在軍人手裡，「挖肅」開始，黃永勝向滕海清面授機宜，指出「內蒙古的軍權不在我們手裡，內蒙古部隊不是我們黨領導的」，而後他就向內蒙古加派625名營團以上軍隊幹部來奪權開展「挖肅」運動。1968年冬，滕海清深挖「內人黨」又調入200名營團師級軍人進駐革委會機關，開展深挖運動。滕海清如果沒有軍權他也挖不起來。沒有軍隊做後盾，「挖肅派」也不敢那樣胡作非為，無法無天，以挖肅取樂。[38]

或許，具體負責「挖肅」運動的軍隊領導的私下言論更能暴露這場大清洗的實質所在。「挖肅」運動的總指揮滕海清說過：「內蒙古1,300萬人口，蒙族130萬。過去就是這130萬蒙人壓在1,170萬漢人頭上，胡作非為。你看，漢人那麼多，蒙人那麼少，還壓在漢人頭上，讓他們掌權能行嗎？」[39] 在他看來，烏蘭夫的蒙族自治政府壓了漢人，漢人成了被壓迫者。必須要進行反向的大清洗。在滕海清正式發動「挖肅」時，他下面區（盟）縣一級的第一把手早已經換成了從外面調來的軍人。他們的話或許更為直接明瞭。比如，負責錫林郭勒盟「挖肅」運動的軍分區司令趙德榮就說：「我見蒙古人就噁心，把錫盟老

---

38 阿拉騰德力海，《內蒙古挖肅劫難》（呼和浩特：自印本，2011），頁8。
39 同上，頁3。

蒙古全挖了，在全國也是一小撮。在這次運動中，把所有的蒙古人好好地整一整，蒙古人沒有一個好的。」[40] 在民間的「挖肅」口號中，諸如「一網打盡蒙古佬」[41]「打死一個老韃子是好漢，打死十個是英雄」[42] 之類的赤裸裸的種族清洗的口號更風行一時。

　　據最新的對於「挖肅」運動根源的追溯中發現，毛澤東早在1964年就有了整肅內蒙古政壇上的蒙古人的打算。據回憶：1964年9月，時任解放軍副總參謀長的楊成武在視察內蒙古軍區時，曾對內蒙古軍區副政委劉昌說過：「我給你交個底，你是老紅軍，也是老實人，你糊塗，ＸＸ（指「主席」——筆者注）要整內蒙這批人，你別老站在老蒙古一邊！」[43]

　　「種族屠殺和清洗」（Ethnical cleansing and ethnocide）的定義是指「人為的、系統性地、有計畫地對一個或一些種族及其文化、宗教進行全體性或局部性的屠殺和清洗」。[44] 綜上所述，內蒙古的「挖肅」「新內人黨」運動完全符合這一定義，是一場發生在共產中國的「種族屠殺和清洗」運動。依據1980

---

40 同上，頁115-135。

41 「一網打盡蒙古佬！」，是內蒙古地質系統區測隊革委主任李国道的挖肅行動口號，見《內蒙古挖肅劫難》。

42 「打死一個老韃子是好漢，打死十個是英雄」，是內蒙古達幹爾族自治旗挖肅積極分子的口號，見《內蒙古挖肅劫難》。

43 原文來自阿木蘭著，《孔飛：風雨坎坷六十年》（呼和浩特：內蒙古人民出版社，2010），頁352-353。此處轉引自哈日巴拉，〈整肅烏蘭夫・挖肅內人黨案的歷史背景、動因和決策過程研究〉，*Asian Studies*, February 2016, Shizuoka University, pp. 142.

44 "Ethnical Cleansing," in *Wikipedia*. https：//en.wikipedia.org/wiki/Ethnic_cleansing.

年〈中華人民共和國最高人民檢察院特別檢察廳起訴書〉：這一血案中34.6萬人被關押，16,222人被迫害致死，81,808人致殘，絕大多數是蒙古族人。但是據民間和學術界的估計，「內人黨」事件中至少有2-10萬人非正常死亡，總共有數十萬人被關押和迫害，上百萬人受到牽連。其中尤為慘不忍睹的事，這一文革鎮反事件中所用的刑訊逼供極為殘酷，不僅包括壓槓子、老虎凳、吃爐渣、火柱燙、穿指甲、掏肝臟、壓油板、拔人河、上吊、打夯、割舌頭、割鼻子等等，還充斥著性暴力和集體強姦事件。

　　儘管毛澤東在1969年都已經意識到內蒙古的「挖肅」運動是「擴大化」的，[45] 滕海清也因此下台，但是為受害者伸冤平反的工作卻一直無法順暢地展開。值得注意的是，滕海清的後繼者也都是軍隊領導人，他們儘管在口頭上也承認有「擴大化」，在實踐中仍然繼續著滕海清發端的種族屠殺和清洗。北京軍區司令鄭維山將軍繼滕海清後成為內蒙古軍管會負責人，他認為滕海清搞了幾十萬「內人黨」，卻沒有搞出貨真價實的來。於是他繼續「挖肅」下去，蒙族幹部、內蒙古公安廳黨組成員、政保處長騰和就是死在鄭維山將軍手下的刑訊逼供中的。1971年鄭維山被打成林彪反黨集團成員下台，中共中央又派了一位將軍，原27軍軍長、北京軍區副司令尤太忠來繼續軍管，後任內蒙古革命委員會主任和黨委第一書記。尤太忠對於

---

45 因為民間和黨內對滕海清搞的挖肅運動的殘暴一直頗有微詞，毛澤東於1969年5月22日對4月19日滕海清等人挖「內人黨」擴大化的檢查做了批示：「照辦」。

為受害者伸冤平反的工作也沒有積極性，相反一直強調要保護漢族「挖肅」運動積極分子的「積極性」。毛澤東和中共中央在文革中一直任用漢族軍人幹部作為內蒙古的領導一事其實是非常耐人尋味的。一是它充分表現了中共領導人其實對蒙古民族的國家忠誠始終不放心。他們需要強有力的軍隊幹部鎮儷北疆，消除隨時可能發生的民族叛亂的隱患。二是它還表現了他們對軍隊領導人的大漢族主義的變相認同。比如，他們明知「新內人黨」子虛烏有，但就是只承認「擴大化」，不願意徹底否定這一冤案和假案。這樣就可以永遠在蒙古民族頭上高懸一把隨時可以落下的達摩克利斯之劍。這樣的情況一直到1978年華國鋒和胡耀邦在處理文革遺留問題時，才徹底地否定了「新內人黨」的存在。

　　文革中的大屠殺血案，發起者和執行者大都為現役軍人。這和他們長期在中共軍隊中形成的特殊人格也密不可分。在文革中手上有血案滕海清、鄭維山、黃永勝、韋國清、趙永夫等人，都普遍文化程度低下，卻沾染了那支軍隊在戰場上和在50年代鎮反和武裝平叛中好大喜功乃至殺良冒功的習慣。在以往的戰場上，「一將功成萬骨枯」，這使他們長期以來對成千上萬人命的喪失早已冷漠無睹。近年以來，在歐美學者對德國納粹黨衛軍對猶太人大屠殺進行了比較細緻的研究。他們指出：「許多人具有很強的威權主義人格因素，還有對黨衛隊的狂熱的忠誠，這又導致了不允許違抗命令和不允許接受執行族群屠殺命令時有疑慮。黨衛隊的訓練方法類似於我們所描述過的其他極端主義群體中的那些訓練方法：嚴格的紀律、意識形態的灌輸、對群體的讚頌，以及盲從。」這些研究還指出，大屠殺

還提供給了黨衛軍成員升職的機會，使他們「帶著熱誠參與其中。」[46] 在本章所研究的十餘次文革大屠殺中，不少策劃和組織者并不是高層的軍隊幹部，如滕海清、黃永勝、韋國清等人，他們決定在某一地區搞集體殺戮，絕非出於上級的命令和中央的意旨，而是他們自己個人的「熱誠參與」。例如，1968年9月23日到10月初在江西瑞金等地發生的「民辦槍斃」的大屠殺，始作俑者是瑞金縣的實際掌權者、軍代表趙樹林。此人是廣東潮汕人，回家探親時看到了黃永勝在廣東搞的大殺反革命的熱烈場面，回來後便在9月22日各公社的專案組長會議上動員「不管什麼地方出現反革命，就堅決消滅掉！」[47] 雖然當時江西省的第一把手程世清在搞「三查」運動，但是平心而論，他並沒有指令趙樹林搞「民辦槍斃」。可見完全是趙個人的「熱誠參與」造成了一場大屠殺。再如，1968年7-9月在湖南邵陽發生的「黑殺風」事件的組織策劃者是當時的縣委書記、縣人武部政委柴德林。邵陽縣是道縣的鄰居，而道縣在一年前（1967）發生過大屠殺事件，並是為當時的省革命委員會上報中央制止了的。這位柴政委不可能不知道搞集體殺戮是違反了上面的政策，他為什麼還要如此地「熱誠參與」呢？據現在的調查，柴德林一面抓「黑殺隊」，一面組織了12萬農民進縣城「刮紅色颱風」，歸根結柢是為了他的個人利益——能掌權。[48]

46　瑪莎・L・科塔姆等人著，胡勇、陳剛譯，《政治心理學》（北京：中國人民大學出版社，2010），頁324-327。

47　Binnosebull，〈1968年瑞金「民辦槍斃」大屠殺調查〉，https：//www.bannedbook.org/bnews/zh-tw/cbnews/20190120/1067069.html。

48　陸芒著，《資江血淚》（北京：天禾佳誠國際文化傳媒有限公司，

在發生大屠殺地區的軍隊支左幹部絕不是「雷鋒」。不少文革處遺的機密檔案揭示：這些軍隊支左幹部絕大多數都血債累累、劣跡斑斑。用中共以往醜化階級敵人的套話來說，就是「雙手沾滿了人民的鮮血」。在廣西大屠殺中，這類例子不勝枚舉。例如，賓陽縣於1968年7月24日成立落實「七·三」布告領導小組，由王建勳（六九四九部隊副師長、縣革委會主任）、王貴增（武裝部政委、縣革委副主任）、黃智源（六九四九部隊營教導員）、凌文華（六九四九部隊炮營教導員）4人組成。在他們的策劃指揮下，一個月不到該縣就亂打亂殺和逼死了3,681人。王建勳還嫌在賓陽縣殺得不夠，跑到隔壁的殺人較少的邕寧縣去表示願意派兵去幫忙殺人。[49]

再如，1967年9月，灌陽縣人武部政委原紹文公開支持所謂的「貧下中農最高人民法庭」，幾天內就殺害了158人。他還給上級寫報告把亂殺人罪行粉飾為「就地處決、先發制敵革命行動……」。原縣委副書記彭川，將該縣亂殺人情況報告了廣西軍區，被關押50多天，後又被原紹文宣布為「現行反革命」。縣供銷社幹部陳玉良，將灌陽亂殺人情況反映到中央，原紹文以此為主要原因把他投入監獄……[50]

為了爭奪革委會的領導權，許多支左軍人還直接對地方幹部進行陷害和謀殺。例如，凌雲縣人武部政委、縣革委會主

　　2017），頁15-18。

49　中共南寧地委整黨辦公室，〈南寧地區「文革」大事件（1966-1976）〉（1980年8月7日），載《中國文化大革命數據庫，1966-1976》。

50　中共灌陽縣委員會編，〈廣西灌陽縣「文革」大事記〉（1980年6月），載《中國文化大革命數據庫，1966-1976》。

任王德堂，「曾被封為『支左』的好幹部」。但就是他「不僅主謀策劃殺害趙永禧（原縣委書記）和幹部群眾，而且利用職權，乘人之危，採取威脅等手段，先後多次強姦被害家屬及受批鬥的女學生，其中被殺害者之妻4人，被批鬥者之妻2人，凌中女生2人（『四‧二二』派），病人家屬1人，還調戲猥褻婦女5人，情節特別惡劣，手段殘忍，後果極其嚴重，民憤極大」。[51] 最後，廣西自治區高級人民法院和最高人民法院核准，判處王德堂死刑，並於1985年2月2日處決。

1967年10月16日，駐廣西靖西縣支左軍人伍祥勝、曾克昭，盜用「四‧二二靖西造反大軍」名義，由曾克昭執筆偽造了一封信寄給黃小林（靖西縣委書記），要黃站到「四‧二二」一邊支援靖西「造反大軍」。此後，他們便以此信為藉口，誣陷黃小林參加派性活動，以致「聯指」派將黃活活打死。[52]

如果我們再進一步分析一下軍隊在文革中對平民的大屠殺，還會發現常常具有蓄意謀殺的特徵。這一點在其武裝平叛的模式中尤為明顯。一般說來，因為文革中動用軍隊對付平民需要得到中共中央甚至毛澤東本人的同意，在武裝平叛之前，軍隊領導都會製造聳人聽聞的謊言，說明他們要武力鎮壓的平民及其組織對國家安全造成了極為緊急和重大的危險。文革中動用軍隊對平民大屠殺起源於青海二‧二三事件。指揮開槍的

---

51 中共凌雲縣委整黨領導小組辦公室編，〈凌雲縣「文革」大事件〉（1987年4月），載《中國文化大革命數據庫，1966-1976》。

52 中共靖西縣委整黨領導小組辦公室編，〈靖西縣「文革」大事件〉（1987年6月），載《中國文化大革命數據庫，1966-1976》。

軍區副司令趙永夫並沒有事先上報中共中央和中央軍委得到批
准，但是他製造了兩個謊言企圖使開槍合法：（一）學生造反
派有槍，「八一八打死打傷我幹（部）、戰（士）五人，才開
槍還擊」，（二）「他們自己用機槍督戰，打死四十餘名。」
1967年3月24日，周恩來處理這一血案，這些欲蓋彌彰的謊言
在他和趙永夫當面對質時被戳穿了。[53] 但是同一個周恩來，在
1967年8月的寧夏青銅峽事件裡，聽信了蘭州軍區關於他們不支
持的大聯籌一派要「炸青銅峽大壩」的謊言，批准了蘭州軍區
的野戰軍部隊開槍平叛，造成了打死101人，打傷打殘133人的
大血案。[54]

　　總的來說，鑒於青海二‧二三事件的教訓，在整個1967
年，毛澤東和中共中央對於直接動用軍隊平叛還是比較謹慎
的。1967年8月，毛澤東剛剛脫離七‧二〇武漢事件「兵變」的
陰影，對各地的地方軍區、縣武裝部都持很不信任的態度，為
各地被地方軍區鎮壓的造反派堅決平反。同時，不少直屬中央
的野戰軍也被派往各地支左。在道縣大屠殺一案中，派駐湖南
的47軍在發現大屠殺後，很快就進行了阻止。被屠殺的那一派
「革聯」基本從屬於湖南最大的造反派──湘江風雷，它曾被
湖南軍區打成反革命組織。1967年8月10日，中共中央在〈關
於湖南問題的若干決定〉中為湘江風雷正式平反。為此，「革

53　《文革大屠殺》，頁50-53。

54　1978年，中共寧夏自治區委員會提交〈關於為寧夏青銅峽「反革命叛亂事
　　件」冤案平反的請示報告〉，1979年1月中共中央批覆把這一軍隊平叛的事
　　件的性質定為「冤案」，可見當時說大聯籌一派要炸毀青銅峽水壩一說是
　　為了開槍製造出來的謊言。

聯」當時被認為是「左派」，得到47軍的堅決支持。

這一情況在1968年發生了很大的改變。本來，文革中軍隊對平民屠殺的根源，其實來自毛澤東1967年1月要求軍隊介入地方文革的「支左」命令。當時的全國各地，都已經分為兩大派對立的群眾組織。但究竟誰是「左派」？毛從沒有明說，軍隊根本搞不清楚。因而「支左」只能成為「支派」。軍隊擁有大規模殺傷性武器，支持任何一派都可能使武器流入群眾組織，使雙方一般性的肢體衝突向真槍實彈的戰爭演變。儘管1967年7到9月毛實際上已經認識到自己叫軍隊「支左」決定的錯誤，發布了最新指示說兩派沒有根本利害衝突，但是軍隊和造反派的矛盾已經到了你死我活的程度，其實是很難調解了。對此，毛非但不認識自己的戰略錯誤，反而把責任推向群眾組織、尤其是造反派中的「壞人」。1968年4月，毛澤東發表了關於文革實質上是「國共兩黨鬥爭繼續」的最新指示，[55] 這就給了軍隊以它熟悉的50年代初期的暴力土改、鎮反剿匪的政治模式來解決兩派問題的尚方寶劍。根據這些以往「對敵鬥爭」的思維原型，軍隊很容易把它不支持的一方群眾組織當作「反革命」和「土匪」來武裝鎮壓，從而製造出大規模的流血事件來。而毛澤東為了盡快在「全國實現一片紅」，又對軍隊的這些做法取縱容和批准的態度。就是在這樣的政治背景下，自1968年開

---

55 這一指示的全文是：「無產階級文化大革命，實質上是在社會主義條件下，無產階級反對資產階級和一切剝削階級的政治大革命，是中國共產黨及其領導下的廣大革命人民群眾和國民黨反動派長期鬥爭的繼續，是無產階級和資產階級階級鬥爭的繼續。」載《中國文化大革命數據庫，1966-1976》。

始，軍隊以武裝平叛的名義對群眾組織開槍的血案便急劇上升了起來。

就廣西的大屠殺而言，軍隊在直接開槍鎮壓「四‧二二」時有過六個著名的案例，它們是：（一）「廣西四‧二二農總寧明縣上石地區分部」案（1968.4）；（二）上思縣「枯那反革命暴亂事件」（1968.5）；（三）攻打南寧區展覽館和解放路的流血事件（1968.7）；（四）鳳山縣武裝剿匪（1968.8）；（五）桂林大屠殺（1968.8）；（六）巴馬瑤族自治縣政治土匪案（1970.5）。僅在上述武裝鎮壓中，廣西軍區就動用了超過兩個正規師建制、30多個連的兵力。眾所周知，文革中哪怕動用一個排的兵力都要得到毛的直接批准，為什麼廣西軍區會獲得中央的一路綠燈呢？簡單地說就是他們投毛所好，陰謀殺人。舉1968年4月的「廣西四‧二二農總寧明縣上石地區分部」案為例，當時軍區在打給中央軍委的用兵報告中偽造罪證、把群眾組織完全描繪成「一小撮在農村代表國民黨反動派利益，代表帝國主義、資產階級和地富反壞右利益的國民黨的殘渣餘孽」。[56] 儘管文革後的複查查明上述罪名純屬捏造，但在當時來說，這些罪名簡直是毛的最新指示的最準確的闡釋和具體的翻版，當然使龍心大悅，得到了毛中央對武裝平叛的批准。

其實，在毛1968年4月關於文革是「國共兩黨鬥爭繼續」的最新指示發表前後，廣西軍區第一政委韋國清、司令歐致富就和廣州軍區司令員黃永勝一起在一次秘密會議中內定：「四‧

---

56 中國共產黨寧明縣委員會，〈寧明縣「文革」大事件〉（1987年6月），載《中國文化大革命數據庫，1966-1976》。

二二」是一個「反革命組織」，必須加以武裝消滅。他們同時認定：毛要拋棄造反派依靠軍隊來穩定全國局面了。這樣，廣西軍隊對反對派群眾屠殺從一開始就是一種謀殺，即構築了一個個的陰謀，準備一步步把對立派群眾引入政治陷阱加以獵殺。就連毛直接批准的、鎮壓「四・二二」一派群眾的「七・三布告」，也為民間研究中認定為廣西軍區有意引導身陷絕境中的「四・二二」鋌而走險，搶劫「援越物資」，然後再上報中央，進而殲之。[57] 或許因為這一陰謀實在太駭人聽聞，文革後的清查便迴避了具體史實，只是籠統地定為韋國清等人「誣陷小派搶劫援越物資」了之。

　　廣西「四・二二」畢竟是一個全省性的有數十萬成員的群眾組織，僅僅武裝剿滅一個數百人的「上石農總」是遠遠不夠的。於是，韋國清和廣西軍隊便開始製造全省性的假案大案，以便對「四・二二」的群眾全面下手鎮壓。其中這一類的全省性的假案，就有「中華民國反共救國團廣西分團」、「南寧縱火案」等等。舉借揪「反共救國團」為名義的鳳山「剿匪」為例，在當地就造成「四・二二」的大小頭頭大部被殺，一部分被抓。全縣共殺死了1,061人。[58]

　　除了不擇手段的謀殺，還有更卑鄙的誘殺。如1968年8月1日下午，在鳳山「剿匪」攻打「江洲洞」時，因為洞內工事堅固和140餘名群眾的抵抗，屢攻不下。於是，六九一一部隊和

57　楊建平，〈搶劫援越物資親歷記〉，載《地方文革史交流網》（加拿大），http://difangwenge.org/read.php？tid=5233&fpage=7。

58　中共鳳山縣委員會整黨領導小組辦公室編，〈廣西鳳山縣「文革」大事件〉（1987年8月），載《中國文化大革命數據庫，1966-1976》。

鳳山、巴馬、凌雲、樂業縣的人武部負責人便採取欺騙手法，派人進洞談判，信誓旦旦地說會保障洞內「四‧二二」派群眾的「生命安全」和「全部財產不受損失」。而當洞內群眾解除武裝出洞投降後，他們馬上撕毀協定、背信棄義，對已經放下武器的俘虜大肆槍殺，計達60人之多，造成後來聞名全省的「江洲洞慘案」。[59] 這類由軍隊配合，武裝民兵動手的大規模的「殺俘虜」現象是廣西文革非正常死亡的重要組成部分。如1968年7-8月，南寧市警備區在動用正規軍攻打「四‧二二」占領的區展覽館和解放路的流血事件裡，共有俘虜9,600人，其中2,324人被先後殺害，竟占了總人數的24.2%！[60]

更有甚者，在1970年巴馬瑤族自治縣的政治剿匪中，為了把逃命上山的群眾極大程度地汙名化，並合法地就地槍決滅口，廣西河池軍分區的領導竟匪夷所思地派遣特工上山，偽稱是來自臺灣情報組織：「還到巴馬縣印刷廠印了蔣台特務組織的『委任狀』。委任李秀德（上山人員）為『反共救國軍第三縱隊司令』，委任譚冠業（上山人員）為巴馬地區『討毛救國大隊長』等。覃瑞明上山後，按『剿匪』指揮部的意圖，對上山人員說，他已同臺灣特務取得聯繫，並出示傳單和『委任狀』，還說臺灣準備派特務來把他們接去臺灣，路線是：巴馬——南寧——香港——臺灣，叫他們做好準備。」最後，軍隊卻又在「接應」他們下山時設伏，全部以通「蔣匪」的罪名

---

59 同上。

60 中共南寧市委整黨領導小組辦公室編，〈南寧市「文革」大事件〉（1987年8月），載《中國文化大革命數據庫，1966-1976》。

槍殺，不留任何活口。[61]

　　最後必須一提的是，這些無惡不作的軍人在文革後的複查中不僅大多數逃脫了懲罰，不少還得到了提升。如在青海二・二三事件打響了屠殺平民的第一槍，造成屠殺了近200名學生的趙永夫，在文革後被當年支持他開槍的葉劍英平反，當了北京軍區裝甲兵顧問，後以正軍職幹部離休。[62] 又如，在內蒙古一手組織策劃了駭人聽聞的「內人黨」血案的滕海清，在文革後沒有受到任何刑事處分或刑事指控。1979年11月13日，內蒙古自治區黨委曾向中共中央遞交了〈關於滕海清在內蒙古所犯嚴重罪行和處理意見〉，在列舉了大量事實後，內蒙古自治區黨委堅決要求：「開除滕海清的黨籍，追究刑事責任。」[63] 可惜的是，當時主持中共中央工作的鄧小平堅決不同意將滕海清繩之於法，理由是「滕海清因為過去有戰功，要保，所以職位不變，仍舊任濟南軍區副司令員」。[64]

　　在處理廣西大屠殺中沾滿鮮血的軍隊領導人時出現了同樣的情況。韋國清非但無罪，還晉升成為解放軍總政治部主任，成為黨和國家的主要領導人。整個廣西指揮殺人最多的原賓陽縣革委會主任王建勳（原六九四九部隊副師長），新的賓陽縣

61　中共巴馬瑤族自治縣委員會整黨領導小組辦公室編，〈巴馬瑤族自治縣「文革」大事件〉（1987年5月），載《中國文化大革命數據庫，1966-1976》。

62　見《百度百科・趙永夫》，https：//baike.baidu.com/item/%E8%B5%B5%E6%B0%B8%E5%A4%AB/13382520。

63　轉引自啟之，《「民族分裂」與「挖肅」運動：內蒙古文革實錄》，頁497。

64　同上。

委多次打報告要將他逮捕乃至處以極刑，但是王在軍隊裡巍然不動，還官升為少將、廣州市警備區第一副司令員。原桂林軍分區司令員景伯承是桂林「八・二〇事件」的直接指揮，竟提拔當了廣西軍區副司令員。軍隊對廣西文革後的「處遺」調查完全取抵制態度。如一手偽造了「中華民國反共救國團廣西分團」假案的原南寧支左幹部王生江，在文革後複查追究其責任時，竟發現無法在軍隊裡找到此人。

土改模式：文革大屠殺的中國特色

毛澤東依靠政治運動治國，在他執政的27年裡（1949-1976），大大小小的政治運動有數十個之多。但是，對大規模的法外的集體殺戮取策劃、參與和縱容態度的卻只有兩個，即作為毛時代開端的暴力土改運動和作為毛時代最後一場政治運動的文化大革命。這裡，如果我們再用上一節使用過的西方「原型批評」理論框架對文革和土改這兩場政治運動中的大屠殺做一個粗淺的比較研究，便會非常清晰地發現兩者在源流、對象、形式、方法等方面的驚人相似。和土改一樣，文革中最大規模的幾次集體殺戮，如北京的「大興慘案」、湖南道縣的大屠殺事件、湖南邵陽的「黑殺風」血案、廣東和廣西的農村大屠殺以及江西瑞金的「民辦槍斃」事件，都發生在中國農村，都原型於土改模式。

發生在1967年8-10月的湖南道縣大屠殺事件中，策劃和組織者的理論基礎之一便是「第二次土改」。他們認為：「道縣是和平解放的，民主革命不徹底，殺人事件是民主革命補課。

而一些農村幹部則乾脆把它稱之為第二次土改」。[65] 在這場大
屠殺的實踐中也正是如此，據〈中共道縣縣委關於道縣1967年
「文革」中殺人情況的調查〉（1987年11月30日）記載，道縣
第一個被殺的受害者是朱勉（國民黨員），曾被劃為「反革命
分子」。用壽雁區抓促小組組長、區公安特派員陳智希的話來
說，殺他的理由之一是「這個土改殺脫了的人，不是這次文化
大革命，還殺不了他。這次殺得好」。[66] 據譚合成的調查，自
8月13日殺朱勉後濫觴的大屠殺，正起源於「第二次土改」、
「土改補課」等等蠱惑人心的口號中。[67] 廣西在1968年間發生
的集體殺戮是從它和道縣接壤的地區「被傳染」而發端的。在
農村的大屠殺中，「第二次土改」或「土改補課」的指導思想
也都被接收了過去。比如，三江侗族自治縣到1968年7月10日，
已經殺了80人，但是，在縣革委常委會的討論會上出現了這樣
的一幕：

> 縣人武部副政委龐積善講：「殺幾個四類分子沒什麼了
> 不起。三江是和平土改地區。反動勢力基礎雄厚。……對
> 四類分子殺的還不多，只缺乏個手續。」人武部科長馮景
> 春講：「殺幾個四類分子完全應該」……據統計：在「文
> 革」期間，被殺害的無辜群眾954人，其中被迫自盡182

---

65 譚合成，《血的神話：公元1967年湖南道縣文革大屠殺紀實》，頁528、
552。
66 〈中共道縣縣委關於處理「文革」殺人問題的情況的總結報告〉（1987年
11月30日），載宋永毅主編，《中國文化大革命數據庫，1966-1976》。
67 同注64。

人。[68]

　　更有甚者，原來在50年代的土改中被中共中央甚至毛澤東本人否定了的假案和亂打亂殺的做法，竟然在文革又重新拿出來作為大屠殺的理由。發生在1968年7-9月的湖南邵陽「黑殺風」事件，就是這樣一個典型的血案。這裡所謂的「黑殺風」，是指地富及其子弟組織的要暗殺貧下中農的「黑殺隊」的假案。它原發生在1951年3月，土改高潮中的老邵陽縣七區，即今邵陽縣內酈家坪、諸家亭一帶。據當事者回憶，這一血案大致如下：

> 　　當時，由於有些幹部的文化素質偏低，工作作風簡單粗暴，加上階級敵人混入民兵基層組織，藉機生事，興風作浪，撲風捉影，嚴刑逼供、亂捕亂殺，以致出現了聳人聽聞的「抓黑殺隊」事件，在近一個月的時間內，到處一片打人聲，抓1,000人，傷100人，死10人。驚動了黨中央，毛主席，幸及時發現，及時處理，險成大禍。[69]

　　就是這樣一個顯而易見的土改的假案，在文化大革命中竟又被作為集體殺戮的由頭，在黑五類及子女中再一次「抓黑殺隊」，重蹈暴力土改的舊轍：「藉機生事，興風作浪，撲風捉

68　中共三江侗族自治縣委員會整黨領導小組辦公室編，〈三江縣「文革」大事件〉（1987年8月），載《中國文化大革命數據庫，1966-1976》。

69　《資江血淚》，頁4。

影，嚴刑逼供、亂捕亂殺」，結果，文革中的邵陽「黑殺風」
血案，共造成了322人被殺、669人被逼自殺，共 死亡991人，另
有113人致殘。這一傷殘數字，已經是土改時邵陽「黑殺風」事
件的100倍左右！

　　如文革農村大屠殺源流的追溯不難發現其來源於暴力土
改，那麼對兩者人員對象、組織形式和運動方法的比較則更能
使人對其土改模式和階級屠殺原型的一目了然。

　　第一，從被害對象的構成來看，暴力土改和文革大屠殺的
被害者大都是黑五類及其子女。儘管不少文革慘案也帶有強烈
的政治屠殺的色彩，意在鎮壓另一派群眾組織成員。但是被害
者的主體，始終是傳統的階級敵人及其子女。比如，作為文革
中農村階級大屠殺起源的北京「大興慘案」（1966年8-9月），
621名受害者都是黑五類及其子女，比例達100%。再如，約1年
後，這類大屠殺發生在湖南道縣及周邊零陵地區，據機密檔案
記載：

　　　受道縣殺人事件影響，零陵全地區其餘10個縣市也在不
　　同程度上殺了人。全地區（含道縣）文革期間非正常死亡
　　9,093人，其中被殺7,696人，被逼自殺1,397人；另外致傷
　　致殘2,146人。死亡人員按當時的階級成分劃分：四類分子
　　（含右派）3,576人，四類分子子女4,057人，貧下中農1,049
　　人（部分人有不同程度的歷史問題，部分人因報復殺人而
　　遇害），其它成分411人。未成年人826人。被殺人中，年

紀最大的78歲，最小的才10天。[70]

　　這裡，受害者中黑五類及其子女共為7,633人，占了總數9,093人的84%之多！又如，1968年發生在廣西的大屠殺是一種政治和階級屠殺混合型的集體殺戮，也是迄今為止所知道的被害人數最高的慘案。但是據官方在1974年（民政局）和1981年（自治區區委處理文革期間非正常死亡領導小組辦公室）進行的兩次對被害者階級成分的統計中顯示：傳統的階級敵人（即黑五類）及其子女分別占了受害者總數的65.62%和61.36%。[71]在其他的一些農村大屠殺中，例如湖南邵陽縣的「黑殺風」事件、江西瑞金的「民辦槍斃」慘案和廣東的大屠殺，黑五類及其子女也都是受害者的絕大多數。

　　第二，可以從施害者的角度來研究一下他們的人員構成，或許更能說明問題的實質所在。這些大屠殺的凶手大都是村隊幹部和基幹民兵，不少人還都是50年代初的土改的積極分子，被稱為「土改根子」。根據調查道縣慘案的作家譚合成的研究，正是「這些苦大仇深的土改根子在土改運動中和土改運動後，紛紛入黨做官，其中很多人成為書記、委員、主任、鄉長、村長等基層領導幹部。他們大多是文盲和半文盲，既無

70　轉引自《血的神話：公元1967年湖南道縣文革大屠殺紀實》，頁34。

71　這些統計數字可見兩個絕密文件：（一）廣西區黨委處理「文革」遺留問題領導小組辦公室，〈韋國清同志在廣西「文革」期間所犯錯誤的事實依據〉〔絕密〕（1983年6月17日）；（二）中央紀委、中央組織部落實政策廣西調查組，〈廣西在「文革」期間大批死人問題的情況報告〉〔絕密〕（1981年7月15日）。

406 毛澤東和文化大革命：政治心理與文化基因的新闡釋

公益心，又無道德標準和是非界限的約束……他們把流氓無產者的特質自覺不自覺地帶進了農村的全部政治和生產活動之中」。[72] 這些土改根子在廣西大屠殺中也發揮了很大作用。例如，廣西來賓縣大灣區在1968年2月大開殺戒前，武裝部副部長曾祥卿就是在開了「土改根子」會議，得到大力支持後開始的。[73] 再如，1968年9月中旬，在廣西邕寧縣劉墟區壇兩村發生全家被殺絕的慘案。先是由壇兩村的「土改根子」召開群眾批鬥大會，以所謂的「地富分子」黃英蘭土改時莫須有的「放毒害人」為罪名進行批鬥打死。又將其丈夫劉其曉棍打腳踢當場死亡。最後，這些殺人者又以土改中斬草除根的手法，殺害了他們的兒子劉次方（13歲）和劉次主（7歲）。[74]

第三，文革大屠殺和暴力土改在組織形式上有驚人的相似。從施害者的角度，在湖南、廣西和廣東農村大屠殺時都成立了不少體制外的殺人組織，如所謂的「貧下中農最高人民法院」和「貧下中農鎮反委員會」等。這些使人油然想起土改時的「人民法庭」和用暴民和私刑處決地主富農的「貧下中農協會」。根據譚合成的考證：在道縣慘案中湧現出來的數以百計的「貧下中農最高人民法院」，其實「大多沒有具體的組織形式」，基本上是土改時成立的「貧協」（貧下中農協會）的一

---

72 《血的神話：公元1967年湖南道縣文革大屠殺紀實》，頁524。

73 中共來賓縣委整黨領導小組辦公室，〈來賓縣「文革」大事件〉（1987年2月），載《中國文化大革命數據庫，1966-1976》。

74 中共邕寧縣委員會，〈邕寧縣「文革」大事件〉（1988年1月），載《中國文化大革命數據庫，1966-1976》。

個「代名詞」。[75] 然而，在道縣大屠殺中第一個成立「貧下中農最高人民法院」的是清塘區，而給那裡的農民出主意成立「貧下中農最高人民法院」竟是該區的負責人、人民法庭的專職幹部周仁表。他在8月17日動員殺人的會議上公開地說：「現在公檢法癱瘓了，真正罪大惡極的五類分子，由貧下中農討論幹掉他，是先不用請示，事後不用報告，最高人民法院就是貧下中農。」[76] 如果追溯這一暴民理論的來源，不難發現它源遠流長：早在中共1947年在晉察冀土改時就已經確立了。在劉少奇的主持下，晉察冀中央局公開提出「真正的95%的農民的意見要打人、殺人，領導機關也不能制止」，「90%以上的群眾意見就是政策，就是法院」。[77]

在1968年後邵陽縣的「黑殺風」血案中，作為直接策劃者和指揮者的軍隊「支左辦」負責人柴德林，也同樣是在這一理論下，到處成立「貧下中農最高人民法院」，在全縣刮起了「黑殺風」。[78] 無論是周仁表，還是柴德林，都是中共體制內的專職的領導幹部，他們為什麼不用體制內的軍隊和法庭的名義殺人，而非要在體制外建立「貧下中農最高人民法院」呢？其實，這正是毛文革的群眾專政的中國特色。一方面，這些法制外的組織還可以給他們帶來不必為自己犯下的任何反人道的罪行負責的好處。另一方面，一旦這些體制外的殺戮過火，他

75　《血的神話：公元1967年湖南道縣文革大屠殺紀實》，頁255。

76　同上，頁92-94。

77　轉引自楊奎松著，《中華人民共和國國史研究 1》（南昌：江西人民出版社，2009），頁49。

78　《資江血淚》，頁15-18。

們又可以以體制內的面目出面來糾正以示公正。可謂收放自如、左右逢源。

　　從組織形式上來講，非但施害者有他們的法外殺人組織，受害者也大都被強行「組織」進林林總總的子虛烏有的反動組織之中。比如，在四川土改中，就發生過多起製造假的「暗殺團」，被組織進去的成員除了四類分子，還有不同意見幹部群眾。[79] 在貴州的土改中，有過震動全國的所謂的「破壞土改同盟軍」假案──「晴隆事件」，「該案被吊打的地主305人，農民12人（致死的6人），錯殺7人，逮捕的269人，自殺的20人（地主13、富農6、農民1）。」[80] 經新華社絕密的《內部參考》報導的全國性的大案，就有浙江省桐廬的「清共政治局案」，廣西信都「反共救國會」，山西「稷王山游擊支隊」；廣東羅定縣的「地下軍暴動案」等等。[81] 這一現象，不僅和文

79　〈西南局轉川南古藺黑坭鄉洞河村假暗殺團事件通報〉（1951年4月10日），載宋永毅主編，《中國50年代初中期的政治運動數據庫：從土地改革到公私合營，1949-1956》網路版（美國劍橋：哈佛大學費正清中國研究中心，2014-2021）。

80　參見〈晴隆縣破獲「破壞土改同盟軍」假案調查報告〉〈貴州晴隆破獲所謂「破壞土改同盟軍」真象〉〈記取「晴隆事件」的教訓，克服官僚主義的領導〉等，載《中國50年代初中期的政治運動數據庫：從土地改革到公私合營，1949-1956》。

81　參見〈桐廬「清共政治局」案的檢查報告〉（1953年3月28日新華社《內部參考》）；〈廣東羅定縣「地下軍」暴動案〉（1953年4月11日新華社《內部參考》）；〈廣西信都「反共救國會」假案件是怎樣造成的〉（1953年5月9日新華社《內部參考》）；〈山西「稷王山游擊支隊」假案是怎樣造成的〉（1953年5月11日新華社《內部參考》）等，均載《中國50年代初中期的政治運動數據庫：從土地改革到公私合營，1949-1956》。

革中的階級大屠殺一脈相承，更是擴大了數倍之多。在道縣大
屠殺中，全縣被查出「反共救國軍」、「新民黨」、「農民
黨」等7個以黑五類及其子女為主體的反革命組織，當然這些
全部是嚴刑逼供下製造出來的假案。到了一年後的廣西大屠殺
的機密檔案中，我們則驚嘆於這類組織發展飛速，竟達百種
之多。非但有四類分子針對貧下中農的「暗殺團」、「暗殺
隊」，還有遍布「四・二二」中的「廣西反共救國團」、「反
共救國軍」、「農民黨」、「平民黨」、「六九五五部隊賀龍
同盟軍」等。以廣西樂業縣為例，1987年3月的處遺檔案中統
計，全縣搞出了19個大型的反革命集團，計有各區報來的所謂
板洪「反共聯蘇聯美戰鬥隊」、幼平「反共救國軍一〇七一
團」、山洲「反共聯蘇聯美」、「國民黨先遣軍」、福樂「反
共救國團」、中學「反共救國團六七一二五樂業縱隊」、平茂
「反共救國軍」、山洲「九九聯蘇反共戰鬥隊」、幼平「反共
救國團飛虎軍暗殺戰鬥隊」、平足「中蘇聯絡站」、雅長「中
華民族反共救國團廣西分團樂業縱隊雅長六中隊」、達福「除
暴安民」、縣城「中國青年黨」、「青年近衛軍」、「地下運
輸隊」、「地下軍」、「山區紅師游擊隊」等等。清查這些
「反革命組織」致使「使300多名幹部群眾……被打、被關、
被公判。其中就有12人被鬥打死或開槍打死，有40多人被捕關
押，有37人被打致傷殘。」[82]
　　文革大屠殺和暴力土改一樣，「敵人」是可以根據需要

---

[82] 中共樂業縣委整黨領導小組辦公室編，〈樂業縣「文革」大事件〉（1987
年5月），載《廣西文革機密檔案資料》，卷5（電子書）。

隨意製造的。即便你歷史清白，施害者也可以羅織罪名、把你隨意地「組織」到某個「反動組織」里去。之所以要煞費苦心地先把清白的群眾貼上「反革命分子」的標籤后再殺，背後是蘊含著這樣一個文革前的政治運動中的簡單的法統邏輯：反革命分子是階級敵人，是革命要消滅的對象。既然這些人已經被「組織」入這一行列，在法外對他們處以極刑也就合理合法了。因此，文革中的大屠殺不過是文革前自土改以來的政治運動中的殺戮的一種延續而已。按以往政治運動的慣例，它不僅是合法的，還是合理的，只不過它的表現形式稍稍集中和誇張了而已。

第四，無論是暴力土改，還是文革大屠殺，都有一個特殊的殺人途徑和方法——為奪取「浮財」而殺人，即謀財害命。在中共的暴力土改中，那些「土改根子」對地主富農私人財產的興趣就大大高於他們的土地。這一是因為這些人大都是遊手好閒的農村痞子，對於耕種土地致富從來沒有興趣。二是當時的中共政策也一度認為：「挖浮比分地重要。農民追地主浮物財寶的時候，想不出好辦法」，便自然地發生了「逼死和打死人」。[83] 當文革大屠殺的施害者實施「第二次土改」時，土地早已經被中共在集體合作化中沒收了。所以他們暴力的焦點就更集中在私人財產上。屠殺對被害者來說，無疑是最大的悲劇。但對施害者來說，卻是一個令他們手舞足蹈的發橫財的開

---

83 中共中央東北局，〈關於土地改革運動中打人問題〉（1947年9月25日），轉引自羅平漢，《土地改革運動史》（福州：福建人民出版社，2005），頁193。

始。不少文革大屠殺的檔案記載了這樣一個循環不已的模式：
在滅門絕戶式的血跡未乾之際，施害者們即刻進入了瓜分被害
者財產的高潮，而原被害者家庭所有的雞鴨豬羊和有限的糧
食，在大吃大喝的盛筵中被揮霍一空。在1968年江西瑞金民辦
槍斃的慘案中，據調查者記載：

> 我採訪到的每一個殺了人的大隊，無一例外都對被殺者
> 的財產進行了公開的掠奪。每個大隊殺人的當天，都要開
> 一桌大餐，大隊幹部和執行殺人的民兵可以飽餐一頓，而
> 糧食和肉菜則是來自被害者的家裡……劊子手們前腳剛殺
> 了人，後腳就殺雞宰豬來犒賞自己。[84]

這一謀財害命的特色，在湖南道縣的大屠殺中更為普遍，
甚至凶手們還利用暴力土改時的「規矩」，來先訛詐浮財，後
下手殺戮。比如，在道縣車頭區決定先殺害地主分子何文成
時，治保主任何賢富先向他交代政策：「想活命不？想活，把
浮財交出來，保你不死。」鑒於「這個政策土改時就有，何文
成是個過來人，自然懂得，連連表示願意交錢保命」。不料，
在凶手們騙得了他全部的積蓄180元人民幣後，還是把他殺
了。[85] 至於一些逼不出浮財的地主分子及其子女，便安一個莫
須有的罪名殺掉。例如，道縣橋頭公社大江洲大隊開會殺人時
決定先把一個75歲的地主婆（秦秀容）和她5歲的孫子（何國

---

84 〈1968年瑞金「民辦槍斃」大屠殺調查〉。
85 《血的神話：公元1967年湖南道縣文革大屠殺紀實》，頁115-116。

新）祭刀。這是因為公安幹部逼不出土改時漏了的「光洋和存摺」，便以「秦秀容跟孫子傳授變天帳」為名把他們一起活埋了。[86]

在1968年廣西的農村大屠殺中，各地還出現了一種爭相把四類分子全家「斬草除根」的趨勢。其背後就是為了實實在在的物質利益，因為把受害者全家殺光，就可以徹底地瓜分他們的所有財物。比如，1968年8月18日，大新縣桃城區松洞公社黨支書趙福和打手趙健強等在殘殺了梁超文、梁超武、梁超廷一家三兄弟和父親梁基安後「糾集多人抄搶梁家的雞6隻、鴨5隻、鵝2隻，當晚會餐。還罰沒梁家的稻穀180斤，人民幣26元，中豬1頭（毛重80斤）布12尺，木板4塊。把梁基安一家弄得人財兩空」。[87] 再如，在賓陽縣的大屠殺中，武陵區上施公社的兇手在殺害了黃澤先全家以後，「已經是次日凌晨4點多鐘了。這幫人回家後接著黃樹松又帶隊抄了黃澤先家，將所抄得的財物搬到本村小學，當晚全部瓜分乾淨。」[88] 屠殺之所以常常是「斬草除根」、滅門絕戶式的，來自於蘊藏在這一殘忍背後的骯髒卑下的謀財害命的動因。

第五，從暴力土改到文革大屠殺的許多慘案裡，都無不伴隨著殘暴下流的性暴力。有的是殺父姦女、殺夫姦妻或為姦人妻（女）而殺人的現象；有的則是充分顯示了施暴者的性虐狂

86 同上，頁319-320。

87 中共大新縣委整黨領導小組辦公室編，〈大新縣「文革」大事件〉（1987年6月），載《廣西文革機密檔案資料》，卷2（電子書）。

88 中共賓陽縣委整黨領導小組辦公室編，〈賓陽縣「文革」大事件〉（1987年8月），載《廣西文革機密檔案資料》，卷3（電子書）。

和性變態的心理。中國大陸學者智效民研究中共在20世紀40年代晉綏土改的著作，就揭露了中共早期土改中「分房、分地、分老婆」的固有模式：「不僅地富和鬥爭對象的女人被分配掉，就是富裕中農也不例外。富裕中農馮萬里的閨女就分給了貧雇農。……土改時，任有蓮和母親被關押起來，要硬性分配給貧雇農。母女倆堅決不從，便遭受繩子抽、棒子打、烙鐵燙等酷刑。」[89]

據譚合成的調查：「此類殺人奪妻（或奪女）案，在道縣文革大屠殺中，屢見不鮮，僅筆者手頭資料就有40餘起……根據民不舉官不究的原則不予立案的遠遠超過這個數字。」[90] 他舉了這樣一個例子：道縣唐家公社唐家大隊有一個名叫胡祥賢的23歲的地富子弟，人非常老實。在屠殺時，生產隊幹部都說：「這個就不殺了。」但因為胡有一個漂亮的老婆，被一個名叫熊天苟的貧農老光棍看中了，熊就堅決要求殺了胡祥賢。在熊終於奪人妻成功，美滋滋地準備當新郎官時，又出現了兩個光棍要和他爭奪新娘，差一點打起來。最後，「熊天苟氣不過，乾脆一刀把女的殺了，免得三個人爭起來傷了階級感情。」[91]

據《廣西文革機密檔案資料》（共18冊、700多萬字）中的記載，這類案例到了1968年竟達到225個之多。在20世紀80年代廣西的整個「處遺」工作中，因為中共不想向世人多暴露廣西

89　智效民，《劉少奇與晉綏土改》（台北：秀威資訊公司，2008），頁195-196。

90　《血的神話：公元1967年湖南道縣文革大屠殺紀實》，頁63-64。

91　同上。

文革慘絕人寰的醜聞和罪行，對施害者的審判和處理基本上是「寬大無邊」的。在數萬名和殺人有關的罪犯裡，只正式槍決了10人。但就是在這僅有的10名死刑犯裡，有3名是因強姦殺人罪被起訴的。他們是：（一）李超文，原廣西容縣六美鄉（大隊）民兵營長；（二）徐善富，貴縣大岑公社柳江大隊民兵營長；3）王德堂，原廣西凌雲縣武裝政委，現役軍人，後任凌雲縣革命委員會主任。對李超文和徐善富來講，共同點是在陷害和批鬥所謂的「階級敵人」時，強姦被害者的遺屬數十人。而為了防止「階級敵人」告發，他們都還進一步策劃殺人滅口甚至滅門絕戶。有時，甚至直接走向女性受害者，以「放水」（交給群眾暴力批鬥）為威脅，在女性受害者的極度驚恐之際達到肆意姦淫的目的。[92] 以李超文案為例，他先是誣陷歸國華僑周恆志「藏有炸藥」，將其打成重傷。又在周恆志持槍回家時，以搜查為名，強姦了年僅16歲的周的妹妹周惠炎。為了防止周恆志和家人告發，他又策劃殺害了周和其父親周德兩人。接著，周恆志的母親也被迫自殺，其妻也被迫至神經失常。這樣李超文就達到了霸占周惠炎的目的。[93] 與上述兩案相比，王德堂案則更具有在權力鬥爭勝利後占有失敗者的妻女的色彩。因為這一案件我們在上面已經做了比較詳細的討論，這裡就不再贅述了。但值得注意的是：這三個死刑犯在犯罪的當時都是某一層面的國家機器的代表。雖然他們並不是得到上級的指令

92　〈廣西壯族自治區高級人民法院關於徐善富的刑事裁定書〉（1984年3月18日）。

93　同上（1984年3月17日）。

實施的性暴力，但性暴力是有組織的大屠殺的伴生物，而他們的身分又實實在在地展示了國家機器施暴的無法分割的責任。

如果我們對那些案例稍做挖掘，還不難發現它們常常帶有一定的前設性和預謀性。施害者或在大屠殺發生以前就對被害的性對象有著非常強烈的性幻想或占有欲，或因性關係和被害者及其家人有過嫌隙和衝突。而大屠殺則給了他們不可多得的宣洩和報復的機會。例如，廣西合浦縣白沙公社發生殘忍的殺人事件。指揮殺人者之一的宏德大隊治保主任沈春先一直對地主朱有蓮的漂亮的大媳婦垂涎欲滴，揚言：「我們貧下中農老婆都沒有一個，地主仔竟娶到這麼靚的老婆。」[94] 於是他在大屠殺中指派民兵把朱有蓮的大兒子抓去大隊部後院，以其「調皮搗蛋」為罪名，用木棍把他活活打死。爾後又傳其媳婦到大隊進行調戲騷擾，要她嫁給他。因朱有蓮的媳婦不答應，他又連續殺了她丈夫的四個兄弟，滅了他們家的門。為此，朱有蓮的媳婦趕緊逃回她馬山縣的原籍。沈還不放過，跨縣去威脅朱的媳婦。為了擺脫色狼的糾纏，朱的媳婦只得遠嫁草江大隊一位看水磨的老人。儘管命運如此多舛，朱的媳婦還算是幸運的。有的婦女則因此而被滅口殘殺。例如，廣西天等縣都康區多信鄉民兵黃全瑤曾於1962年向黃全秀求婚被拒絕，1968年3月，黃又竄入黃全秀臥房實施強姦，被黃全秀反抗未遂。此後，黃全瑤存心報復，於1968年4月2日與民兵營長黃全通通謀將已懷孕8個多月的黃全秀推下事先已挖好的土坑裡活埋，「使

94 中共合浦縣委整黨領導小組辦公室編，〈合浦縣「文革」大事件〉（1987年5月），載《廣西文革機密檔案資料》，卷8（電子書）。

黃全秀在坑下掙扎慘叫一個多鐘頭才死去。」[95]

　　重慶大學教授、中國獨立學者譚松在調查了川東地區的土改以後說：「土改中的那些積極分子主要就是農村中的地痞、流氓和無賴。……當他們突然擁有了可以對女人為所欲為的權力時，這場中共宣稱的『偉大改革運動』會呈現出怎樣的下流性和殘忍性就可想而知了。」[96] 譚松不僅列舉了那些積極分子們發明的專門針對女性乳房和生殖器的種種刑罰，還列舉了他們故意殘殺孕婦、輪姦幼女的性虐狂和性變態獸行。可惜的是，文革在暴力土改16年後爆發，而施害者們在這方面有過之而無不及，案例更不勝枚舉。廣西大屠殺的機密檔案就揭示了相當數量未成年幼女和少女被強姦或輪姦。在天等縣「巴覽屯殺害紅軍遺屬及姦汙孫女事件」中，被兇手輪姦的老紅軍趙維奇烈士的孫女趙笑浪僅12歲！[97] 因為她們尚未成年，這些少女的命運常常更為悲慘。浦北縣北通公社的兇手們在殺害了劉政堅父子後，9人對年僅17歲的少女劉秀蘭輪姦了19次。事後又勒死了劉秀蘭滅口，還剖腹取肝，割去她的乳房和陰部食用。[98]

　　廣西大屠殺的機密檔案還記錄了：施害者們即便無法姦

---

95 中共天等縣委員會整黨領導小組辦公室，〈天等縣「文革」大事件〉（1987年6月），載《廣西文革機密檔案資料》，卷3（電子書）。

96 譚松，〈土改運動中的殺人和酷刑特性〉，載宋永毅主編，《重審毛澤東的土地改革：中共建政初期的政治運動70周年的歷史回顧》，下卷，頁250-253。

97 〈天等縣「文革」大事件〉，載《廣西文革機密檔案資料》，卷3（電子書）。

98 中共浦北縣委整黨領導小組辦公室編，〈浦北縣「文革」大事件〉（1987年5月），載《廣西文革機密檔案資料》，卷9（電子書）。

淫,也不放過受害的女性。他們在刑訊中有意著力於故意傷殘女性的乳房和陰戶,有時直接導致被害者慘死。而被害女性死後,他們還想方設法地以性暴力來侮辱她們的屍體。如1968年秋,南丹縣車河公社龍藏大隊在製造駭人聽聞的「反共救國團」的假案時,大隊革委副主任、大隊鬥批改領導小組副組長容盛強親自拷打15歲的少女容秀梅:「把她的衣褲脫光,用燈去照和用火去燒她的大腿和陰部,容秀梅喊爹叫娘,呼天喚地,那淒慘的叫聲,那悲痛的哭聲,使大地抽泣,使高山落淚。但人面獸心的容盛強還厚顏無恥地威脅容秀梅:『你給我搞,保險你沒問題;你若不同意,就叫你死!』[99]」以性暴力辱屍的案例也不勝枚舉,如靈山縣陸屋公社廣江小學女教師黃少萍,年方23歲,因出身地主,被殺死後,兇手把她的衣服剝光,並用木茹棍捅入陰道,陳屍路邊。[100] 再如,1968年9月下旬的一天,上思縣思陽公社主任陸巨吉布置殘殺南寧展覽館押送回來的「四.二二」的本地俘虜。從南寧押送回來的女青年陸玉江和4個男社員被活活打死。陸玉江死後被裸體陳屍路旁,並把竹木插入陰部示眾。[101]

　　在1967年底到1968年秋的不到一年的時間內,殺人奪妻、殺人霸女、劫色——劫財——害命竟成為湖南、江西、廣西和

99 中共南丹縣委整黨領導小組辦公室編,〈南丹縣「文革」大事件〉(1987年5月),載《廣西文革機密檔案資料》,卷18(電子書)。

100 中共欽州地委整黨領導小組辦公室編,〈欽州地區「文革」大事件〉(1987年10月),載《廣西文革機密檔案資料》,卷8(電子書)。

101 中共上思縣委整黨領導小組辦公室編,〈上思縣「文革」大事件〉(1986年8月),載《廣西文革機密檔案資料》,卷8(電子書)。

廣東某些鄉村地區的一種社會常態。這些不齒於人類的獸行絕
不能用對階級敵人的仇恨來解釋；施害者的動機也根本不是為
了什麼美好的「革命」理想，相反是出於赤裸裸的姦淫擄掠的
惡欲。

人向獸的轉化：廣西文革中的吃人風潮

　　對廣西文革中吃人風潮的公開揭露，首功當屬現居北美的
華人作家鄭義。他在1986、1988年兩次冒著風險到廣西調查這
一吃人事件，又在1989年天安門事件後躲避通緝的流亡途中寫
作，終於在1993年出版了《紅色紀念碑》一書。[102] 由於鄭義
所做的是個人的調查，足跡所限，只包括上林、鐘山、武宣、
賓陽、靈山等7、8個縣。而在實際上由中央調查組在「處理文
革遺留問題」中編撰的《廣西文革機密檔案資料》中，讀者可
以清楚地看到：當年的吃人風潮所及，有名有姓有統計數字的
就有24個縣市，分別為靈山縣、欽州縣、橫縣、大新縣、上思
縣、合浦縣、天等縣、巴馬縣、忻城縣、隆安縣、都安瑤族自
治縣、浦北縣、馬山縣、扶綏縣、蒼梧縣、鐘山縣、武宣縣、
來賓縣、武鳴縣、崇左縣、賓陽縣、上林縣、柳州市和容縣。
除此以外，這套檔案中提到有吃人案件發生，但沒有具體細節
的還有邕寧縣、柳江縣等，共為26個縣市。為了便於讀者了解
這一吃人風潮的起因、性質和規模，筆者曾特意根據檔案中的
材料，編撰過一個〈《廣西文革機密檔案資料》中的人吃人案

---

102 鄭義，《紅色紀念碑》（台北：華視文化公司，1993）。

例一覽表〉，附錄在我在香港《二十一世紀》的專題論文後，有興趣的讀者不妨去仔細查閱。[103]

要指出的是，上述機密檔案中提到的26個縣（市）的地理規模也是不完整的。如曾參與處遺工作的中央工作組成員晏樂斌在文章中就提及他當年的筆記裡還有貴縣、桂平縣、凌雲縣等發生過吃人案例，亦即至少波及29個縣。[104] 另據廣西民間的學者鍥而不捨的多年調查，發現這一吃人風潮共波及了31個縣（市）。[105] 文革中廣西全省的行政區域，全區轄8個專區，4個自治區直轄市。除了南寧市、桂林市和梧州市這3個直轄市外，其餘9個專區、市全部有案情發生，波及率為75%。按縣級單位計算，當時廣西大約只有82個縣，涉案率為38%。換句話說，就地理規模上來講，將近一半的廣西土地上發生了吃人風潮。

另外，這一風潮的數量規模在廣西是史無前例的。這裡的「數量規模」有兩重含義：（一）被吃者的數目；（二）參與者的規模。就被吃者而言，僅根據《廣西文革機密檔案資料》中的記載，有名有姓有統計數字的被吃者就有302人（次）。因為這套檔案意在記錄該省的文革全過程，對吃人事件大都點到為止，有意無意的遺漏是必然的。例如，鄭義當年調查過上林縣喬賢鄉的武裝民兵屠殺「四・二二」造反派的「木山慘

---

103 宋永毅，〈廣西文革中的吃人狂潮〉附錄，《二十一世紀》，2016年6月號，頁90-95。

104 晏樂斌，〈我參與處理廣西文革遺留問題〉，《炎黃春秋》，2012，第11期，頁13-20。

105 筆者對一位不願意透露姓名的廣西民間學者的訪談，洛杉磯，2015年12月28日。

案」。他提到多人被剖腹取肝，其中老游擊隊員鄭建邦被打死後，他長子不服，被批鬥並殺害。隨即「晚上糾察隊剖活人肝，大隊裡煮熟，十餘人分食。稱沒有結婚的肝好，壯膽治病」。兇手還準備「斬草除根」，吃掉鄭建邦的幼子鄭啟平，但終被他逃脫。就此事，鄭義還訪問了兇手──當時的革命委員會主任謝錦文。[106] 可是此事在這套檔案裡就沒有任何記載。據廣西民間學者的多年調查，有名有姓的被害者有421人之多。[107] 應當說這一數字是比較可信的。

　　或許會有人認為400多人的受害者規模不是很大。就此，我們不妨再就同類事件做一些縱向和橫向的比較。其一，據文革中的反韋國清的「四‧二二」派調查，廣西公安廳長鍾楓承認：在大躍進、大饑荒（1959-1962）中因為韋國清積極「反瞞產」，大約餓死了50萬人。但是廣西在這整整3年的饑荒中出現的人吃人的事件，只有很少的記載。其二，安徽省在大躍進、大饑荒中是重災區，餓死了400多萬人，也出現了不少人吃人的「特殊案件」。原安徽省公安廳原常務副廳長尹曙生回憶，據一份當時絕密的〈關於發生特殊案件情況的報告〉的報告統計：1959至1961年3年裡共有1,289起人吃人事件，占整個安徽省「非正常死亡」人數400多萬的比例為0.032%。而這裡的「人相食」大都是指吃餓死人的屍體，僅有5%-8%是「殺人犯」。換句話說，在安徽的大饑荒中，殺人相食的案例僅為103起左右。

---

106 鄭義，《紅色紀念碑》，頁28-29。
107 〈我參與處理廣西文革遺留問題〉。

[108] 而廣西文革中的殺人而食的比例，以「非正常死亡」的最低官方數字8.6萬人計算，則為0.48%，是安徽上述比例的15倍。更何況安徽統計的是大饑荒3年的總數，而廣西文革中的被害者人數只是從1967年冬到1968年秋，即不到1年的時間內發生。

最後，3年大饑荒中的人吃人案件大都是個體性的，即隱蔽的個人行為。連盜竊屍體都常常偷偷進行，還透露出人類起碼的羞恥感。而廣西文革中的[109] 吃人風潮，帶有明顯的群體作案的鮮明特點，即大都是公開的、瘋狂的群眾運動——在光天化日之下群起剖腹、取肝、割肉、進食（下詳）。就參與吃人的數量規模而言，更為前所未有。據當年去現場採訪的鄭義的估計，其規模應當是「萬人吃人運動」。[110] 這樣的食人群體的規模，恐怕在人類文明史上也是不多見的，至少在廣西是空前的。這裡，我們不妨從吃人最多的武宣縣的檔案中摘錄一段，來看一下當年「革命群眾」殺人而食的瘋狂：

縣城遊鬥打死湯展輝肉被割盡吃光。

6月17日，武宣圩日，蔡朝成、龍鳳桂等人拿湯展輝上街遊鬥，走到新華書店門前，龍基用步槍將湯打傷。王春榮手持五寸刀剖腹取心肝，圍觀群眾蜂擁而上動手割肉。肉

---

108 尹曙生，〈安徽特殊事件的原始記錄〉，《炎黃春秋》，2009，第10期，頁62-63。

109 宋永毅，〈大躍進—大饑荒期間「人相食」現象之一瞥〉，載《人相食的年代》（華盛頓：勞改基金會，2013），頁112、115、117、128。

110 《紅色紀念碑》，頁98-99。

割完後，有一個老媽子要割生殖器，縣副食品加工廠會計黃恩范砍下一條腿骨，拿回單位給工人鍾桂華等剔肉煨燉吃。當時在殘殺現場的縣革委副主任，縣武裝部副部長嚴玉林目睹這一殘忍暴行而一言不發。當時正在召開四級幹部會，參加縣四級幹部會議的個別代表也參加吃人肉，造成極壞的影響。[111]

　　武宣縣在文革中有22萬人口，縣城每周或10天一次舉辦集市（圩日），每一次都有成千上萬人參加。就是在這樣的藍天白雲之下、人山人海之中，發生了成百上千、甚至上萬人的革命群眾把個別活人的肉「割盡吃光」令人毛骨悚然的場面。而現役軍人、革委會副主任和武裝部副部長竟然充耳不聞、視而不見，以「目睹這一殘忍暴行而一言不發」的態度來縱容鼓勵。從此，全武宣各地都掀起了新一輪吃人的群眾運動高潮。在武宣縣的文明的最高學府：武宣中學和桐嶺中學裡還發生了學生吃掉老師、學生吃掉校長的血腥事件。下面是檔案裡的兩則記載：

　　　　武中師生批鬥打死教師，剖腹取肝，投屍江中。

　　　　6月18日，武宣中學吳樹芳、覃昌蘭、王著尤、黃寧群、韋天社等5位教師被付屏塗、何培賢、李漢南等幾十

---

111 中共武宣縣整黨領導小組辦公室 ，〈武宣縣「文化大革命」大事件〉（1987年5月），載宋永毅主編，《廣西文革機密檔案資料》（紐約：國史出版社，2016）卷18（電子書）。

個學生輪流批鬥。到晚上8點批鬥吳樹芳，韋解安第一個用木棍打。跟著陳恆軒、何少海、韋英瑜、蘇炳定、韋習實、覃家飛、覃允雅、黃東明、廖承、廖田保、何開朗、韋世銳、蘇崇富、李漢南、何建國、蘇就堅、林國柱、黃海初、付屏堃等20人對吳樹芳進行毒打。……過了一個多小時。吳樹芳死於床上。廖承到總務門前對總務廖振坤（東方紅軍區司令部頭頭）說：吳樹芳已經死了。廖振坤答：「當狗死。」廖振坤又對付屏堃說：「聽人說肝可以做藥，搞點回來。」……覃馳能動刀，韋天社、吳宏泰、何凱生幫扶著屍體，剖腹取肝，付又責令覃馳能再割幾斤肉，都裝在塑膠袋裡，拋屍江中，轉回單位後。潘茂蘭將人心、肝、肉放在廚房菜板上，由陳瑞陽動手分割，在場的還有付屏堃、廖承、陳志升、何開朗、韋解安、蘇崇富、蘇就堅、廖田保、何少海、何建國、林國柱、龔培宜、韋英瑜、龍城等17人，他們分別在廚房和黃元樓房間煮吃，還有在走廊等處烘烤人肉人肝，整個學校，血跡斑斑，焦味充溢，滿目悲涼，令人觸目驚心，鬧得學校烏煙瘴氣。

　　桐嶺中學副校長黃家憑被敲死且被割肉挖肝。

　　7月1日晚8時，在桐嶺中學十丙班教室批鬥黃家憑同志，校「革籌」副主任謝東主持會議並講了話，批鬥會持續約一小時後，謝東宣布散會。覃廷多等4人，各持棍押解黃出會場，行至電話室門前時，覃廷多喝令「打」。聲落棍下，朝黃打了一棍，其他人不約而同地蜂擁而上，將黃家

憑亂棍打死。2日上午，屍被學生黃佩農剖腹取肝，張繼鋒（女）等人將肉割下，只剩骨骼。當天午後，在桐中廚房周圍，宿舍區檐下，用瓦片烘烤人肉的情景，舉目可見，血跡斑斑，腥風飄蕩，火煙繚繞，焦味充溢，陰森慘狀，令人不寒而慄。黃家憑同志，早年參加革命，曾任一二一縱隊第一支隊直屬中隊政治指導員和桂中支隊十八大隊長，廣西解放後，任過蒼梧縣副縣長、桐嶺中學副校長等職，「文革」中慘遭殺害，令人痛惜。[112]

綜上所述，廣西文革中的吃人風潮不僅在地理上，而且在受害者和施害者的數量規模上都是空前的。同時，它在挑戰我們的認知和理解上也是空前的。文明世界的人實在是難以想像歷史中的「惡」可能發展到何等瘋狂的地步，它甚至會在瞬間凍結和顛倒我們作為人的正常思維——因為這類獸行實在太難以使人置信了。著名義大利作家萊維（Primo Levi）在談到納粹大屠殺的時候說：在一開始聽到這些消息時，人們都是無法相信的：「在1942年這個關鍵的年頭，關於納粹進行種族滅絕的消息開始流傳開來。雖然只是些模糊的隻言片語，但這些消息相互印證，勾勒出一場大規模屠殺的輪廓。面對這些如此窮凶極惡的殘忍，如此錯綜複雜的動機，如此罪大惡極的罪行，人們往往難以相信它的真實性。」[113] 筆者以為，廣西文革中割肉

---

112 〈武宣縣「文革」大事件〉。
113 萊維（Primo Levi）著，楊晨光譯，《被淹沒和被拯救的》（上海：上海三聯書店，2013），頁1。

挖肝的「群眾專政」與德國納粹的黨衛軍們在對猶太人大屠殺中使用的煤氣室和焚燒爐相比更為殘酷！

　　一般說來，國家機器在維持社會穩定上有其一定的中立性。無論是民主還是專制的國家機器，都是某種社會法律和秩序的維護者。在人類進入20世紀的文明後，防止和制止人吃人罪惡的發生更應當是一種共識。但在廣西文革中策劃、行兇和嗜血的，卻大都是國家機器的代表。在700多萬字的《廣西文革機密檔案資料》中，經筆者閱讀時目數，有大約2,000名有名有姓的直接殺人犯（剖腹取肝的兇手）和直接或間接策劃犯（殺人吃人的策劃和主持人）被點名，他們的政治身分和比例如下：

表1 廣西文革吃人風潮中直接或間接殺人吃人的政治身分和比例

身分	人數	備注
武裝部長	7	包括縣、區、公社的人民武裝部部長、副部長
武裝民兵指揮員	17	包括民兵營長、排長、糾察隊長等
武裝民兵	78	
幹部	18	包括革委會主任、治保主任和一般的隊幹部
總計／比例	120	占所有被點名的殺人犯（200人）的60%

資料來源：據《廣西文革機密檔案資料》整理。

　　如上所述，絕大部分的吃人案不僅是中共國家機器的代表的親力親為，還是他們推波助瀾的直接後果。對吃人風潮的間接支持和直接縱容還來自權力的更高層面。上一節中提到的武宣縣縣武裝部副部長和革委會副主任嚴玉林就是一個典型的例子。據說，後來有人批評他不當面制止群眾性的吃人風潮，他還大言不慚地回答：「群眾的事，管不了哦！」[114] 換句話說，他認為這一「群眾運動」並無大錯，不值得他挺身而出去阻止。另外，給上思縣思陽公社武裝部長王昭騰指令去組織殺人，進而使他有機會搞出吃人的「共同專政」實踐的是他的上司、縣武裝部領導人段振邦。[115]

　　絕密版的《廣西文革機密檔案資料》中的大量史實告訴我們：吃人風潮一般發生在省革委會（或省革籌小組）、省軍區發動的所謂的全省性的「對敵鬥爭」的運動中，諸如「刮十二級颱風」（對階級敵人）、「揪出反共救國團」、「落實『七·三』佈告」等。在廣西各地的機密檔案中還可以看到：該地在成立了革委會後的「非正常死亡」（包括吃人）的人數都要大大超過成立革委會之前。比如武宣縣的縣革委會成立於1968年4月15日，而幾乎所有的惡性的吃人案件則全部發生在縣革委會成立後。據檔案不完全的記載：縣革委會成立前還沒有吃人事件發生，成立以後，自5月12日到7月17日，就有15起吃人的事件發生，27人被害。[116] 6月12日，縣革委會主任、武裝部

---

114 鄭義，《紅色紀念碑》，頁67。

115 中共欽州地委整黨領導小組辦公室編，〈欽州地區「文革」大事件〉（1987年10月），載《廣西文革機密檔案資料》，卷10。

116 中共武宣縣整黨領導小組辦公室，〈武宣縣「文革」大事件〉（1987年5

長文龍俊指示：「對敵鬥爭要刮十二級颱風。方法是：充分發
動群眾，依靠群眾專政，把政策交給群眾。搞階級鬥爭不能手
軟，在批鬥中可採取多種形式，加上控訴會，訴苦會，遊街等
等」以後，僅6月18日就在全縣發生3起吃人事件。[117] 此外，好
幾起惡性的吃人案件甚至都和各級革委會的成立有關。例如，
同年3月26日，都安瑤族自治縣拉仁區二譚鄉發生農民張旭被打
死並被挖肝取膽的事件，就是「在召開會議研究成立革委會的
時候佈置殺人」樹威引起的。[118] 再如，4月15日，扶綏縣東門區
卜葛公社的地主子弟黃緒川被民兵營長農邦信等人剖腹取肝煎
吃的事件，就發生在當地革委會的成立大會上。[119] 簡言之，革
委會成立前，要殺人食人向紅色政權獻禮。革委會成立後，又
要給它樹威。由此，這些所謂的「新生的紅色政權」嗜血性就
表現了出來。

　　對吃人罪行的縱容乃至褒揚，還表現在廣西國家機器的上
層代表人物對兇手和吃人者的提拔上。在武宣縣的檔案裡，有
一節是關於女民兵黃文留的。據檔案記載：

　　　女，壯族，高小文化，1947年12月生於廣西武宣縣東鄉

月）。

117 中共武宣縣委整黨領導小組辦公室編，〈武宣縣「文革」大事件〉（1987
　　年5月），載《廣西文革機密檔案》，卷16。

118 中共都安瑤族自治縣委員會整黨領導小組辦公室編，〈都安瑤族自治縣
　　「文革」大事件〉（1987年2月），載《廣西文革機密檔案》，卷29。

119 中共扶綏縣委整黨領導小組辦公室編，〈扶綏縣「文革」大事件〉（1987
　　年5月），載《廣西文革機密檔案》，卷19。

遵頭村。……1968年5月參加東鄉區糾察隊任隊員。1968年
7月10日，東鄉區糾察隊在駕馬山圍捕刁其棠等人時，刁被
擊斃，羅先全挖刁其棠的心肝，晚上拿到東鄉區公所廚房
煮好後，黃文留、羅先全等一幫人，結夥搭伴在鍋邊吃刁
的心肝，黃文留還拿兩片回家給其母吃用。1970年6月參加
革命工作，1970年6月21日加入中國共產黨，1973年12月25
日中共柳州地委批准為中共武宣縣常務委員會、縣革命委
員會副主任。因黃文留「文革」期間參與吃人肉，群眾反
映強烈，為此中共柳州地委免去其縣常委委員、縣革命委
員會副主任職務，同時任她為中共武宣縣桐嶺公社黨委副
書記。1979年6月免去其桐嶺公社黨委副書記職務，調任
柳州地區沙浦河水利工程管理局倉庫保管員。對黃文留參
與吃人肉一事，「處遺」期間，根據「處遺」政策再次處
理，由中共武宣縣紀檢會整理材料，中共柳城縣委紀檢會
履行手續上報審批，中共柳州地委於1983年12月12日批准
對黃文留的處分決定是：「清除出黨，撤銷幹籍，分配當
工人。」[120]

　　一個積極參與殺人的女兇手和吃人者，竟然被韋國清的
紅色政權提拔為「中共武宣縣常務委員會、縣革命委員會副主
任」。這不是向整個廣西社會發出「殺人有功」和「吃人有
功」的鮮明信號嗎？即便「群眾反映強烈」，中共柳州地委還
是「任她為中共武宣縣桐嶺公社黨委副書記」。直到1980年代

---

120 〈武宣縣「文革」大事件〉，同注13。

「處遺」時才被開除黨籍[121]。據鄭義指出，韋國清對中央「處遺」中把吃人肉者一律開除黨籍和幹籍非常不滿，竟然反問道：「為什麼吃過人的人不能繼續當幹部？」[122] 由此可見國家機器的上層代表人物對兇手和吃人者的縱容。

　　行文至此，相信讀者會有這樣的疑問：當年的毛澤東和周恩來等中共主要領導人是否知道廣西吃人的真相？是否採取過什麼決然的措施立即制止？答案是：他們應當知道，但並沒有看到他們採取的任何制止措施。武宣縣老幹部王組鑒等人在1968年盛夏吃人風潮如火如荼之際，就通過北京的7、8位老幹部的「內線」向中央直接送去了有關武宣吃人風潮的調查報告，中央應當非常及時地了解真相。[123] 當然，毛等中共領導人絕沒有提倡過吃人，但是毛在文革前後刻意製造階級鬥爭、長期批判人道主義的一系列「最高指示」，諸如「文化大革命是國共兩黨鬥爭的繼續」，「對敵人的仁慈就是對革命人民的殘忍」等等，卻都在廣西的吃人風潮裡被兇手廣泛地引用，成為他們吃人的最高理論依據。1986年6月5日，當鄭義在採訪鍾山縣「鄧記芳被活活剖腹，挖肝食用的慘案」的主要兇手易晚生時，[124] 這位老民兵就振振有詞地為自己辯護道：「幹革命，心

---

121 〈廣西「文化大革命」大事年表〉（南寧：廣西人民出版社，1990）。轉引自宋永毅主編，《中國文化大革命資料庫，1966-1976》。

122 《紅色紀念碑》，頁103。

123 同上，頁128-131。

124 該案的受害者鄧記芳是一個有一點歷史問題的農民，據說建國前曾參加過土匪組織。在1968年5月一天的批鬥會上，被老民兵易晚生等人剖腹挖心肝食用。檔案記載：「其手段的殘忍在鍾山歷史上是從未有過的」。參見《廣西文革機密檔案》，卷5。

紅紅的！毛主席不是說：不是我們殺了他們，就是他們來殺了我們！你死我活，階級鬥爭！」聽了這一話語，鄭義「不禁感喟萬千……」[125] 確實，這是一個觸及了吃人風潮下潛埋的體制基因的問題，實在值得人們深入反省。在筆者看來，儘管毛澤東和中共的領導集團從沒有支持過吃人，也確實有過反對極端暴力的指示，但是他們仍難辭其咎。正是他們所建立的崇尚暴力的無產階級專政體制、所提倡的「你死我活」的階級鬥爭的理論，以及所發動的文革中一波波的殘忍的政治運動，在群體暴力事件中被極端化和異化，結出了廣西的吃人風潮的惡之果。

人類花了數百萬年的時間，才最終從類同於動物的獸，逐漸地進化為文明的人。在遠古時代，可能因為蛋白質的緊缺和生存的必需，除了其他動物，人類也常常食用自己的同類。被中國人引為祖先的約50萬年前北京周口店中國猿人，就曾被西方的考古學家和人類學家推測為史前的「食人者」，因為在他身邊有「被砸開的頭蓋骨」和「燒烤」同種的「骨頭」。這一類的食人習俗被美國學者鄭麒來稱為「求生性食人行為」。[126]但作者同時又指出，隨著人類文明的發展，即便這種「純粹是由於環境所迫而產生的絕望行為，而非預謀」的食人行為，仍為文明人所譴責，甚至還包括靠食人而活下來倖存者的自責。[127] 由此我們可以清楚地看到千萬年文明所陶冶出來的人性

---

125 《紅色紀念碑》，頁40。
126 鄭麒來，《中國古代的食人：人吃人行為透視》（北京：中國社會科學出版社，1994），頁53。
127 同上，頁9-10。這裡鄭麒來指的「環境」是指「發生在個人生死存亡的關

和只知食欲所需的獸性的區別。

如果說中國大躍進、大饑荒時期的人吃人現象尚可以歸納入「求生性食人行為」，那廣西文革中的吃人風潮絕對不屬此類。在大躍進、大饑荒時期出現的「人相食」現象，其動機都比較單純，大都是中國農民在樹皮草根全部啃完的極端絕望的生死線上，一種迫不得已的人性向獸性的返祖沉淪。如果我們把它和廣西文革中的吃人現象做一對比，便不難發現它們有很大不同。除了吃人者（國家機器的代表軍人、武裝民兵等）和被吃者（黑五類及其子女、造反派）的鮮明的階級屬性不同外，在大躍進、大饑荒時期出現的「人相食」中，吃的是一切人肉，即求生的蛋白質的需求。而廣西的吃人者吃的是受害人的心、肝和生殖器，因為據說這可以「壯膽、大補」。[128] 很明顯，這種吃人絕非饑荒所迫，而是蓄意謀殺。

今天的心理學家和人類學家在研究人類某些返祖的獸行時，常常把原因之一歸結為歷史的「無意識積澱」。就此，美國學者鄭麒來指出：相比較其他民族，中國人自古代始，便有比較多的仇恨食人、養生滋補食人等「習得性食人」的風俗。[129] 但對廣西吃人的兇手來說，原因並不需要追溯到年代湮遠的史前，因為他們的吃人來自有意識的、不遠的革命戰爭記憶。作家鄭義和當年組織上林縣「木山慘案」吃人的兇手謝錦文有過一段如下的訪談：

頭」，如大規模的饑饉和戰爭中的長期圍困。
128 《紅色紀念碑》，頁20。
129 《中國古代的食人》，頁5-6。

他是當時的革委會主任，後又任大隊支書。……見我只問吃人細節，頓時輕鬆起來，主動談起他光榮的吃人歷史。謝參加過中共游擊隊。1948年，一奸細帶國民黨員警來抓人，他們殺了奸細，剖腹取肝分而食之。（有史料記載：井岡山紅軍亦殺人吃心，尤其是新戰士。原由與謝錦文一般：壯膽壯身）……我突發異想，問道：「過去用瓦片烤的肝好吃還是這次煮的好吃？」答：「還是烤的好吃，香，這次是腥的。」除了心理生理的極端厭惡之外，對這位食人者我還有幾分謝意。感謝他點透了一個重要的事實：吃人是歷史的繼續。[130]

從謝錦文的回答中倒是透露了一個秘密：對敵人的「剖腹取肝分而食之」原來是一種革命傳統或革命遺風。上文提到上思縣思陽公社武裝部長王照騰熟門熟路地參與剖腹取肝，並以和謝錦文同樣的理由（「他鼓勵大家都要吃，說吃了人肝，膽子就大」）讓群眾共食以示「共同專政」。可以推測，他們在以往的革命戰爭中，完全可能有過和謝錦文同樣的殺人食肝的經歷，而文革又給了他們製造了另一個機會。鄭義遂有如下的感嘆：

可以吃奸細的肝自然可吃「23種人」的肝，可以吃國民黨的肝自然也可以吃對立派和「走資派」的肝。紅軍、游

---

130 《紅色紀念碑》，頁27。在國共兩黨的長期內戰中，國民黨軍隊同樣存在著對共產黨俘虜的剖腹取肝而食之的獸行。

擊隊可以吃人肝，「革委會」、「貧下中農」、「革命群眾」自然同樣可以吃人肝。只要是以階級鬥爭，無產階級專政的名義便可！[131]

　　廣西的吃人風潮似乎可以歸納為所謂的「吃人為革命型」，即革命群眾出於對階級敵人的仇恨的大義而吃敵人。其實不然，當我們對一個個案例做進一步分析時，便會發現兇手的暗藏動機絕不是出於純粹的意識形態──「階級鬥爭」的理論。首先，在被吃掉的敵人中有不少並不是四類分子，而只是四類分子的子女。即便按中共文革中紙面上的階級路線，也應當反對「血統論」，即不能把他們錯誤地劃入到階級敵人的範圍。[132] 其次，被吃者當中有不少既非四類分子，又非四類分子女，有不少還是響噹噹的紅五類；吃掉他們不過是因為他們有反韋的「四・二二」派的觀點而已。在這套檔案裡記載的武宣第一起吃人事件發生在1968年5月12日。被害者是兩名「四・二二」派的紅衛兵覃守珍、韋國榮，他們的階級成分並沒有問題。但還是被「打死，爾後割肉挖肝，割完肉後將骨骼掛在會

---

131 同上。

132 如陳伯達在〈兩個月運動的總結〉（1966年10月24日）中就明確提出：「現在學生接受『自來紅』、『自來黑』，劃分『紅五類』、『黑五類』的觀點，製造和散布這一觀點的人，是要製造混亂，毒害青年，否認在革命前進中要不斷改造，否認別人能夠改造，自己不願革命，也不准別人革命。不重視階級出身是錯誤的，唯成分論，不重視政治表現也是錯誤的。這些觀點必須批判，離開階級分析去看多數和少數也是錯誤的。」載宋永毅主編，《中國文化大革命數據庫，1966-1976》。

場周圍的樹上。」[133] 顯然，兇手的目的是蓄意製造紅色恐怖來鎮壓反對派。

1968年5月24日，馬山縣林墟區興隆公社發生了一起「殺父食子」的滅門案。先是大隊負責人、民兵營長覃振興宣布農民黃永勝（父親）「階級鬥爭表現不好」的「罪狀」，造成他的被害。然後「白天殺父，晚上殺子，當天晚上又把未成年的黃少奇（11歲）、黃月明（14歲）押到水庫旁用繩子絞死並剖腹取肝，⋯⋯當晚參加吃人肝」。[134] 這裡值得分析的是：這些兇手為什麼不吃已死的父親的肝，而偏要向兩位未成年的青少年下手？前面引述上林縣「木山慘案」中鄭建邦的兒子被剖腹食肝，鄭義在採訪中得悉兇手吃青少年心肝的真實動機是：「沒有結婚的肝好，壯膽治病。」[135] 這一馬山縣的「殺父食子」案，很可能也出於同樣的動機。

通過這些案例可以清楚地看出：吃人者的深層動因是功利性的變態私欲：活人的心肝可以延年益壽、治病養生。在上述謝錦文、王照騰等的吃人案已經表露了這一陰暗企圖。

然而，參與這一風潮的還遠遠不只上述的那些兇手，更有成千上萬的普通農民。這些人和被吃者並沒有個人恩怨或財產糾紛，平日也絕非是兇神惡煞之輩，這裡就很難用簡單的「從眾心理」來做全部的解釋。吃人本身就是一件令人噁心的事，這些民眾的參與又不是被人用武器逼迫的，他也可以選擇不參

---

133 〈武宣縣「文革」大事件〉。

134 中共馬山縣委整黨領導小組辦公室編，〈馬山縣「文革」大事件〉（1987年5月），載《廣西文革機密檔案》，卷16。

135 《紅色紀念碑》，頁28-29。

與，因此我們需要更深入地解釋這些普通人人性中的惡為什麼被如此觸目驚心地激發出來？

　　研究突發性的群體暴力事件的犯罪心理學告訴我們：這些惡性事件的發生屬於「社會系統在一定環境條件下多種因素綜合作用所產生的複雜性後果」，這些環境和因素包括「場景和導火索」、「核心成員和圍觀群體」、「異常行為和雪崩效應」等等。[136] 說到「核心成員」，我們在上一節裡列舉了國家機器的代表人物（如支左軍人、武裝部長、民兵指揮員、革委會主任等人）在這一吃人風潮中的具體的策劃、組織和親自行兇的「榜樣」作用。此外，由他們在「圍觀群體」中散播的人肝可以「壯膽養生」的說法也起了不小的作用。還可以補充的是：往往是這些「核心成員」的上級領導首先製造了「場景和導火索」，使得後來吃人的「異常行為」水到渠成地發生。

　　在《廣西文革機密檔案資料》中，讀者可以看到這些吃人風潮的背景基本上是規模大小不等的群眾性集會：（一）基層鬥爭會和宣判會，常常由公社書記和大隊革委會召開，鬥、殺黑五類；（二）縣區級的「復仇」的追悼會和遊鬥會，大都為縣區革委會舉行的上萬人的會議，目的是為本派「烈士」復仇而血祭階級敵人；（三）席捲全省的「十二級颱風」、「揪反共救國團」等運動，為省革委會、省軍區直接發動，由地區和縣的「四級幹部會議」層層貫徹。除了煽動極端的仇恨心理，這些由執政者一手組織的群眾會議起了如下的催發作用：

---

136 陳鵬、洪衛軍、張萌，〈突發性群體暴力事件的複雜特徵與動態模型研究〉，《北京理工大學學報》（社會科學版），2015年3月號，頁95-99。

436 毛澤東和文化大革命：政治心理與文化基因的新闡釋

（一）通過革命權威向所有的「圍觀群體」顯示了殺戮的正統性，以便「圍觀群體」無思想顧慮地緊跟；（二）製造和編織敵情，煽起群情激昂的鬥、殺階級敵人的狂潮，以便「圍觀群體」失去自己的個性思考；（三）通過宣判、侮辱、鬥、毆打被害者，把他們在精神上和肉體上都妖魔化和非人化，以便「圍觀群體」參與施暴時無道德負擔，因為他們的施虐對象已經不再是「人」。在這樣的群魔亂舞的場景氛圍下，當「核心人物」的「異常行為」（剖腹剜心取肝）發生時，「圍觀群體」衝破人性的臨界點，出於也想「養生治病長壽」等功利目的，發生非理性跟隨的「雪崩效應」就不足為奇了。於是，這些普通人和代表國家機器的執政者和兇手一起製造了這一史無前例的吃人風潮。

研究文革暴力的美國華裔學者喬晞華就人性的變異，介紹過西方心理學的三個著名實驗。第一個是1950年代的「阿希從眾實驗」（Ash Conformity Experiments），它表明由於社會規範和社會資訊的影響，人在多數情況下會自然地選擇從眾。第二個是米爾格拉姆（Stanley Milgram）1961年的「權力服從實驗」（The Milgram Experiment on Obedience to Authority Figures），它表明當普通人面對違背良知的命令時，人性並不能發揮太大的作用。也就是說：人們會選擇聽從命令而不是跟隨良知。第三個是辛巴多（Philip Zimbardo）在1971年進行的「斯坦福監獄實驗」（Stanford Prison Experiment），它顯示惡劣的系統和環境所產生的毒害，能夠讓好人輕易地做出有違本性的病態行

為。[137] 這些實驗或可反映出複雜的人格世界：善和惡之間的界限並不是牢不可破的，邪惡也從來不是暴君和惡棍的專利。

無論在地理規模還是數量規模上，廣西文革中的吃人風潮都是史無前例的。經過我們以上的分析，可以清楚地看到：這些惡性事件都是由政權的代表人物策劃和推動的，是有組織的群體暴力。因此，它完全是一種國家機器行為。當然。我們也不能忽視群體暴力事件中所顯露的人性的缺陷：人與獸之間沒有絕對不能逾越的界限，而文革在最大程度上激發和釋放了人性中的惡，才使「人」迅速地完成了向「獸」的返祖轉化。

結語

根據迄今為止所披露的機密檔案和經歷者的回憶等，文化大革命中的大規模的集體殺戮事件大約有十多起。如果按國際學界流行的「群體滅絕／大屠殺」（genocide）的概念，它們又可以分為四種類型：（一）階級屠殺（如北京「大興」慘案、瑞金「民辦槍斃」事件、湖南邵陽「黑殺風」慘案等），（二）政治屠殺（如青海二・二三事件和寧夏青銅峽事件），（三）種族屠殺或宗教清洗（如內蒙古「內人黨」事件或「挖肅」運動和雲南沙甸事件），（四）階級屠殺和政治屠殺混合型（如湖南道縣血案和廣東、廣西的大屠殺慘案等）。這些對於基本上無自衛能力的人類群體進行的惡意的集體殺戮，是中

---

137 喬晞華，《既非一個文革，也非兩個文革：南外紅衛兵打死工人王金事件個案分析》（台北：博客思出版社，2015），頁270-276。

國和世界歷史上最黑暗和殘忍的最反人類的篇章。

　　發生在中國文革中的這十多起大屠殺慘案，無一不是各級國家機器行為。這一點並不難理解，因為共產中國是一個高度集權的國家。在文革中，凡動用一個排以上的兵力，都必須有中央軍委甚至主席毛澤東的親自批准。如中共黨內關於廣西大屠殺的機密文件，也承認：「（一）廣西殺人多是有領導有計畫地進行的；（二）殺人多是在非武鬥情況下，被個別或集體加以殺害的。」[138] 當然在每一個集體殺戮事件裡，施害的國家機器的級別層次和它們發揮的功能稍有不同：有的是直接策劃和組織；有的是積極參與；有的則是縱容默認。

　　文化大革命中，在各級黨組織一時癱瘓的情況下，中共的軍隊幾乎承擔了國家機器的全部職責。軍隊幹部紛紛成了各級革委會──新的國家機器的主要負責人。軍隊還軍管了公安、法院、監獄等其他重要的國家機器的組成部分。中共的軍隊歷來是其國家機器中最保守、最黑暗又最腐敗的組成部分。在階級鬥爭中這支軍隊所有的，只是50年代亂打亂殺的「鎮反」和「武裝平叛」的經驗。而毛澤東卻在1967年1月異想天開地號召他們去「支左」，同時又賦予他們開槍「鎮反」的權力。如果我們再用上面用過的西方「原型批評」的方法來研究文革中由軍隊直接執行的大屠殺，便不難發現它們其實都逃不脫50年代初期「鎮反」運動的原型。

---

138 中共廣西壯族自治區委員會整黨領導小組辦公室編，《廣西「文革」檔案資料》（1987），第7冊，頁127，載宋永毅主編，《廣西文革機密檔案資料》，卷14（電子書）。

　　毛澤東依靠政治運動治國。但是，對大規模的法外的集體殺戮取策劃、參與和縱容態度的卻只有兩個，即作為毛時代開端的暴力土改運動和作為毛時代最後一場政治運動的文化大革命。如果我們對這兩場政治運動中的大屠殺做一個粗淺的比較研究，便會非常清晰地發現兩者在源流、對象、形式、方法等方面的血脈相連和驚人相似。和土改一樣，文革中最大規模的幾次集體殺戮，如北京的「大興慘案」、湖南道縣的大屠殺事件、湖南邵陽的「黑殺風」血案、廣東和廣西的農村大屠殺以及江西瑞金的「民辦槍斃」事件，都發生在中國農村，都形塑於土改模式。

　　作為文革大屠殺的惡性衍生物，廣西還出現了人吃人的狂潮。毫無疑問，這是一種人類返祖的獸行，標誌著由「人」向「獸」的可恥退化。然而，根據機密檔案的記載：絕大部分的吃人案不僅是中共國家機器的代表的親力親為，還是他們推波助瀾的直接後果。對人吃人風潮的間接支持和直接縱容還來自權力的更高層面。儘管毛澤東和中共的領導集團從沒有支持過吃人，也確實有過反對極端暴力的指示，但是他們仍難辭其咎。正是他們所建立的崇尚暴力的無產階級專政體制、所提倡的「你死我活」的階級鬥爭的理論，以及所發動的文革中一波波殘忍的政治運動，在群體暴力事件中被極端化和異化，結出了廣西的吃人風潮的惡之果。

第九章

從毛的擁護者到他的反對派
文化大革命中的
異端思潮和公民異議

　　中國文化大革命的浩劫造成了一些出乎意料的反諷後果：它在一定程度上推動了中共制度的沒落，並激發了中國獨特的民主運動。文革的結果無疑是災難性的，但它也使許多年輕人對共產中國的政府及其意識形態產生了漸變的懷疑和最終幻滅，激勵了他們的異端思維和為未來進行政治改革的熱情。同時，文化大革命雖然是中國歷史上最黑暗的歷史時期之一，仍然出現了成百上千的公民異議者。他們大膽地利用上書、日記、匿名信甚至「反動標語」表達了自己對政局的不滿和針砭，雖然他們最後的結局常常是殺身成仁，卻仍在沉重的鐵屋裡發出了驚天地、泣鬼神的吶喊。

　　毛澤東發動文化大革命的初衷之一，無疑是想通過黨內外不斷的政治清洗，全盤控制人民的頭腦，為他本人樹立起中國新帝王的權威。然而在整個動亂時期，無論在幹部還是一般

群眾中，始終存在著對毛澤東體制的懷疑與抵制。據中國政府的一些正式文件稱，在這場大災難中，經政府機構公開判決的「反革命案件」，就有幾十萬之多。[1] 對於文革中年輕人利用毛氏「大民主」表達的一些獨立思考的民間思潮，稍有流行，中共領導層便也極為驚恐。據今天的研究者的統計，文革中被當局公開批判過異端思潮的「毒草」，也有三、四十起之多。[2] 此外，從1960年代末到1970年代中期，全國各地的地下文學和讀書運動一直不絕如縷。1966年爆發政治和社會動亂時，在北京、上海和全國各地的街頭，數百萬激進的紅衛兵把各種書籍當作「封資修垃圾」付之一炬。可是沒過多久，還是這些人，即所謂的「一代紅衛兵」，幾乎是在文革剛爆發的一年後，又開始熱切地尋找、閱讀和流傳這些所謂的「封資修垃圾」。

　　這難免會引發一些極有意義的問題：文革開始時，中國年輕人中的佼佼者幾乎全都狂熱地擁護毛澤東，他們為何又變成了他的敵人呢？是什麼原因使他們對文革和毛澤東體制的態度發生了根本轉變？在這文革一代的思想覺醒的過程中，在他們從激進到理性、從無知到成熟的轉變中，究竟發生了一些什麼

1　〈中共中央批轉最高人民法院黨組「關於善始善終地完成複查糾正冤假錯案工作幾個問題的請示報告」〉（1979年12月31日；中發〔1979〕96號）指出：「1967年至1976年的10年中，全國各級人民法院共判處反革命案件287,000餘件。截至7月底，已複查241,000餘件，約占總數的83%。從中糾正了冤、假、案131,300餘件，約占已複查的54%。」載宋永毅主編，《中國文化大革命數據庫，1966-1976》網路版（香港：香港中文大學中國研究服務中心，2002-2021）。

2　可見《中國文化大革命數據庫，1966-1976》的第七部分〈文化大革命中的異端思潮重要文獻〉。

值得探索的事情？本章的目的便是主要探討文革一代人、尤其是年輕人的思想覺醒旅程的起源、形成、成熟和分化過程，追尋他們在中國思想史上留下的重要足跡。

令人驚奇的發現：毛澤東培育了自己的反對派

　　了解文革中異端思潮的起源，首先必須要認識到文革無論在理論上還是在實踐中從一開始就充滿了矛盾和自我矛盾。對文革時期異端思潮進行深入的研究，會有一個令人驚訝的發現：最先使中國人尤其是在年輕人中間產生異端思想的，恰恰是毛澤東本人在文革初期搞的一些政治權術。

　　毛澤東在1966年發動文化大革命時，他固執地相信自己已經成了一個有名無實的領袖，在黨內「失去了大部分權力」，他的政治對手劉少奇、鄧小平及其同夥，占據著全國的大部分黨政要職。[3] 1966年夏文革剛一爆發，劉少奇和鄧小平便立刻向有麻煩的地方派出許多工作組，試圖讓運動受到控制。毛澤東看到整個黨政系統都處在自己對手的牢牢掌握之中，他認為當時他唯一能夠利用的力量就是群眾運動了。

　　為了在全國發動群眾運動，對抗劉鄧及其控制的黨組織和工作組，毛澤東必須把自己搞文化大革命的真實意圖暫時掩蓋起來。他向人們展示了一幅有關未來政治改革的模糊不清的烏托邦藍圖，從而贏得了千百萬年輕人的支持。

3　〈毛澤東在中共中央彙報會上的講話〉（1964年10月24日），見*Rea Guard Publications Supplement*（Oakton VA：Center for Chinese Research Materials, 1992），Vol. 1, pp. 408-409.

　　首先，毛澤東向中國人許諾了一個新社會，經過文革之後官僚制度將被消滅。毛澤東把自己的承諾建立在馬克思主義的一些民主因素上，例如像1871年巴黎公社那樣，人民享有罷免和更換政府官員的權利。在文革的綱領性的文件〈中國共產黨中央委員會關於無產階級文化大革命的決定（十六條）〉中，毛澤東正式向人民公開做出了「大民主」和「全面選舉」的承諾。4

　　其次，為了批判劉鄧的需要，毛澤東在一定程度上開放了報禁。自1966年底至1968年夏，青年學生組織辦報辦刊風行全國，這恐怕也是中國報刊史上的一個奇觀。儘管大多數群眾報刊千人一面地宣傳毛澤東思想，但也有不少成為民主思想和新思潮的重要陣地。曾刊載遇羅克〈出身論〉的《中學文革報》便是一例。遇羅克的〈出身論〉原來是一份自刻自印的油印傳單，一貫反對「血統論」的北京四中學生牟志京，在極偶然中看到了電線杆上的張貼稿。起初牟只是想把它變成一份鉛印傳單，結果在排版時因為字數不夠，有很大空白，經排版工人提醒，他當場決定辦成一份報紙5——這樣，〈出身論〉才能在全國產生了振聾發聵的影響。而在文革前17年，是絕不可能想像像牟志京、遇羅克這樣的普通青年可以如此輕易地辦起一份宣傳異端思潮的報紙的。

　　最後，對於異端思潮的大眾傳播來說，僅有運動形式上

4　見《人民日報》，1966年8月19日。

5　谷丁，〈一個人的文革史〉（上）（中）（下卷），載洛杉磯：《新聞自由導報》，1993年2月19日、3月19日和4月2日。

的有利而無運動內容上的有用之處，它們仍不能流行起來。帶有民主主義色彩的異端思潮——從〈出身論〉到「省無聯思潮」——大都孕育和產生於1966年底至1967年春的「批判資產階級反動路線」的熱潮之中。注意到這一事實，便應當研究一下這一為毛澤東所號召的群眾性的造反運動的發端，是否也帶有一定的民主性或人民性？答案是肯定的。文革前的17年，中共在歷次政治運動中以「打反革命」等手段迫害了無數政治異己和對他們不滿的群眾，至文革爆發，中國社會已蘊積了一個巨大的反迫害資源。文革初期，以劉少奇、鄧小平為代表的中共官僚階層，為在與毛的權力鬥爭中保全自己，不惜犧牲無辜的人民群眾。一方面，它們試圖把毛點起的文革大火燒向群眾，以「反右鬥爭」的傳統方式在全國知識分子與學生中大抓「反革命」；另一方面，他們利用他們子弟組織的紅衛兵「糾察隊」大搞「紅色恐怖」，以橫掃「四舊」與「黑七類」為名，殘害無辜的人民。毛澤東的文革目的主要是打倒他的黨內政敵而不僅僅是破「四舊」與反「右派」。雖然他對於這些被殘害的無辜群眾也毫無憐惜之心，但他意識到他可以打一張民意牌、人權牌，以反迫害作為號召，開展一場全國範圍的平反運動——那就是1966年10月開始的「批判資產階級反動路線」運動。文革中「省無聯思潮」的代表人物楊曦光在一篇化名為「習廣」的紀念文革20周年的文章中指出：

　　毛澤東號召反迫害，批判資產階級反動路線，並為被打成反革命的群眾平反，其號召的核心當然是人權問題。17年來，每次運動總是用打反革命等殘酷的迫害手段來對

待政治異己，反迫害和平反的口號無疑是真正能號召人民的。從此，毛澤東開始重新抓到了民心的脈搏。他的成功之處並不是單純左的經濟路線，而是同時也配合了一個打人權問題牌這種右的策略。至於究竟是毛澤東利用市民運動來搞宮廷鬥爭，還是市民利用宮廷鬥爭來追求自己的人權，這是一個相當複雜而且也值得史學家去重新研究的問題。6

　　毛澤東這個老謀深算的政治家打起民主和人權牌，只是想把它當作自己奪回權力的權宜之計。可是純真幼稚的學生則把這當成了嚴肅探討政治改革、消除中國在文革以前存在的社會弊病的大好機會。對毛澤東來說，文化大革命是旨在消滅全民族的任何獨立思考（用張春橋的話來說，是「對資產階級全面專政」），建立他一個人的思想統治與精神奴役的一種手段。但歷史的邏輯卻朝偉大領袖意願的相反方面走去，異端思潮就迭起在文革之中，思考的一代的崛起正是文革最積極的副產品。如果我們再進一步深究細察一下這些「生在新社會，長在紅旗下」的青年人何以會成為哺育它們的那種制度，那個社會的異端，更會驚訝地發現原來是初源於那種制度，那個社會本身以及作為它們指導思想——毛澤東思想自身的巨大矛盾性，這一矛盾性首先表現在作為毛澤東指導文革的那個理論體系，即所謂「無產階級專政下繼續革命的理論」，帶有極強的功利

6　習廣，〈中國文化大革命對社會主義制度的突破〉，紐約：《知識分子》，1986年春季號。

性和完全服從於毛澤東權力鬥爭需要的庸俗性。

　　文革時期主要的異端思潮之一——「新思潮」，便是萌生於這一特殊的歷史背景之下的。喬兼武和李文博是分別來自北京大學和北京師範大學的兩名學生，他們寫下了〈造三個大反：用毛澤東思想改造舊世界，創建新世界——給黨中央、毛主席和國務院的公開信〉（1966年8月30日）和〈公社已不再是原來意義上的國家〉（1966年10月17日）兩張大字報，討論如何改造中國的社會政治制度。他們認為：（一）文革前的中國是「沒有資產階級的資產階級國家」，已經變成了官僚主義和奴隸制的溫床與社會基礎；（二）號召人民通過「消滅黨的組織結構」，「砸爛黨中央和地方政府的一切辦公室」，打碎舊的國家官僚機器；（三）強調採用「巴黎公社式的全面選舉」對幹部進行選舉。用李文博的話說，文化大革命的目標應當是「改造」，這是指「大大改造社會主義制度，大大完善無產階級專政」。[7] 在李文博大字報的鼓舞下，北京師範大學一群熱情的學生成立了一個編輯部，在1966-1967年冬天出版一份名為《新思潮》的雜誌。這個雜誌致力於「徹底改造社會主義制度，全面完善無產階級專政」。這大概就是「新思潮」這個名稱的由來。[8]

　　在李文博和喬兼武的直接影響下，[9] 北京兩名中學生伊林

7　這兩篇文章均可見於《中國文化大革命數據庫，1966-1976》。

8　見《井岡山》（北京：北京師範大學革命委員會），1968年3月27日、1968年4月10日。

9　據1998年對李文博的訪談，「公開信」中的思想直接來自他本人和喬兼武。他曾對他們的第一稿進行過修改。

和滌西也貼出了他們的大字報〈給林彪同志的一封公開信〉（1966年11月15日）。除了用馬克思主義批判林彪在全國大搞對毛澤東的個人崇拜以外，他們還指出，林彪「沒有認識到自開展文化大革命以來變得日益突出的問題，即改進無產階級專政、完善社會主義制度的需要」。他們批評林彪忽視了一個事實：「文化大革命的目標是要建立一個巴黎公社那樣的『東方公社』。」[10]

政府很快就鎮壓了這些學生，這主要是因為他們將矛頭直指林彪。可是，他們以巴黎公社為楷模，建立一種新型政治制度的新思想，卻被當時上百萬造反派所接受。上海一月風暴後成功奪權的造反派，就把新成立的市政府命名為「上海人民公社」。

毛澤東奪回大權後，便立刻放棄了自己的民主和政治改革的承諾，這讓他的許多狂熱追隨者困惑不解。在一月風暴過後不久對中央文革小組成員的談話中，毛澤東否定了人民普選原則和巴黎公社式的政治制度的構想，而是要成立被稱為「革命委員會」的新政治制度，它是以所謂的「三結合」（由軍代表、革命幹部和造反派組成的領導班子）為基礎的。[11]

可是，毛澤東的變臉沒有阻擋住這些勤思好學的年輕人進行獨立思考，探索中國的前途。相反，從1967到1968年的混亂時期，中國的「新思潮」運動從理論上和組織上都有可觀的發

10 宋永毅、孫大進，《文化大革命和它的異端思潮》（香港：田園書屋，1997），頁237-239。
11 〈毛澤東對張春橋和姚文元的談話〉（1967年12月18日），北京：《學習文選》，1969，頁137-138。

展。北京和全國各地出現了二、三十個獨立的研究小組。著名者有北京師範大學的「造反兵團」、北京大學的「共產主義青年學社」、設在北京各中學的「《四三戰報》編輯部」、山東的「毛澤東主義小組」和「渤海戰團」、上海的「上海市中學運動串聯會」、廣東的「八五公社」、湖南的「省無聯」[12]和湖北武漢的「北決揚」等。[13]

　　這一時期的「新思潮」理論也注入了一些新的因素。一批「新思潮」的青年理論家在一篇影響很大的文章〈論新思潮：四三派宣言〉（1967年6月11日）中宣布，在文革以前的中國，黨的幹部都變成了「特權階層」。因此「階級關係已發生很大變化」，文化大革命是把財產從特權階層重新分配給廣大人民的一個特殊過程。[14]他們預言，未來的文化大革命將繼續這一重新分配權力和財產的過程。新思潮的理論家還抨擊文革前舊的國家機器，認為得到毛澤東批准的革命委員會是新的「至今仍在運轉的資產階級統治機器」。他們認為，「無產階級革命群眾應當起來推翻」這些革命委員會，因為它們根本不是巴黎公社式的新國家機器。這些「新思潮」的青年理論家們對文革前的中國做了深入分析，認為存在著一個由90%中共高幹組成的「紅色資本家」新階級。[15]

　　值得一提的是，個別「新思潮」的倡導者們走上了更遠更

12　「省無聯」是「湖南省無產階級大聯合委員會」的簡稱。

13　「北決揚」是武漢「北斗星學會」、「決心將無產階級文化大革命進行到底的無產階級革命派聯絡辦」和「楊子江評論」三個組織簡稱的合併。

14　《文化大革命和它的異端思潮》，頁248-256。

15　同上，頁270-271。

直覺的反體制的道路。1967至1968年活躍於山東造反派中的所謂「反革命組織」——「渤海戰團」便是典型的一例。戰團的代表人物丘黎明，王公乾等人在他們的〈關於組織與建立毛澤東主義小組的想法〉中認為：「17年來歷次政治運動左傾是主要的，1957年以來的反右，整風運動，反右傾幾乎全錯了……17年來受迫害，受處分的大都是好同志」；「反右鬥爭是中國文化大革命的第一次夭折。」他們還公開揚言：「中國的軍隊，公檢法完全掌握在敵人手裡，我們要徹底砸爛包括國務院在內的國家機器，重新建黨建軍。」[16] 雖然渤海戰團很快便被取締，但從它的文獻中卻可清楚地窺見極左派「新思潮」的反體制內涵。

　　「省無聯」的理論家楊曦光（即2004年7月7日在澳大利亞去世的著名經濟學家楊小凱先生）的〈中國向何處去？〉（1968年1月6日）也是「新思潮」的代表作之一。他在文中主張徹底消滅這個「特權階級」，砸爛包括革命委員會在內的舊國家機器，建立巴黎公社式的、將來「實行人民自治」的人民公社。這些理論有些類似於著名的共產黨異端密洛凡‧德熱拉斯的名著《新階級：對共產主義制度的分析》一書中的觀點。楊曦光在他的一系列文章中還表達了這樣的願望：把所有獨立的「新思潮」研究團體組織起來，形成一個真正的馬克思主義毛澤東主義新政黨，將大量民兵改造成一支新軍隊，通過內戰

16　〈關於組織與建立毛澤東主義小組的想法〉，引自山東大學《紅二三戰
　　報》，1968，第39期。

奪取權力。[17] 在這類革命行動計畫中不難看到與毛澤東在50年前提出的如何建立紅色中國的理論類似。

讀者或許又會進一步提出這樣一個問題：「新思潮」的這些青年理論家在追求烏托邦式的社會政治制度時，是嚴格遵循了馬克思主義和毛澤東思想的，而毛澤東及其追隨者們為何急於把他們當成「極左派」和「極端反革命」加以迫害呢？

原因其實並不複雜。

首先，毛澤東的文革理論和實踐，實際上是與真正的馬克思主義對立的。當這些年輕的理論家在研究和遵循他們所理解的真正的原教旨意義上的馬克思主義時，往往發現毛澤東及其追隨者們的政策和行動是偏離甚至背叛了真正的馬克思主義。這些年輕的思想者越研究馬克思主義，就越會懷疑和反對文化大革命及其理論。

其次，這些年輕的思想者過於天真，缺少經驗，看不透所謂革命領袖的政治權術，也沒有能力戳穿他們用唱高調掩蓋起來的真實動機。毛澤東在文革開始時出於權宜之計，做出了某種民主和政治改革的承諾，但這僅僅是毛澤東耍的又一次政治把戲，目的是為了操縱群眾運動奪回自己的權力。但正是他們對原來的毛澤東的承諾的死命堅持，給毛澤東及其追隨者們造成了非常難堪的局面。香港的文革研究學者趙聰在他的四卷本的《文革運動歷程述略》裡有這樣一段有趣的描述：

---

17 楊的一系列文章有：〈長沙地區知識青年運動研究〉（1967年11月16日）、〈建議成立毛澤東思想小組〉（1967年10月）、〈堅持和加強新思潮的戰略應當改變〉（1968年2月1日）等等。

這些省無聯的頭頭，死抓住毛澤東在文革初發出的號
召不放，堅持徹底砸爛舊的黨組織，重新造黨，而不是什
麼恢復和整頓；堅持摧毀舊的國家機器……總之，他們主
張要把文革進行到底，不能後退，也不能停頓。雖然這些
文件並不公然反毛，但卻是暴露出毛的言行前後不一致，
也無形中拆穿了毛實為打倒劉鄧一系而佯言進行文革的騙
局。[18]

　　毛澤東作為文革的策劃者和領導者，不僅一開始就寫出
了一個充滿矛盾的腳本，還導演了一齣史無前例的悲喜劇：迫
使中共的高幹子女──「自來紅」們演變成了毛澤東體制的反
對派。按中共的意識形態，紅五類及其子女應當是紅色中國的
基礎，其中尤其是高幹子女，更是中共體制的特權階層。但
是，文革的進程竟然使他們也走上了異端之路。「首都紅衛兵
聯合行動委員會」（以下簡稱「聯動」）的出現以及它所代表的
思潮，便為此提供了一個很有說服力的實例。「聯動」成員一
般被稱為「老紅衛兵」，因為他們是首都和各省中學中的第一
批紅衛兵。他們一度是毛澤東和中央文革小組的掌上明珠。可
是，毛澤東的不斷清洗終於落到了劉少奇、鄧小平和90%的高幹
頭上。他們中間很多人是「聯動」成員的父母。為了維護自己
的家庭和特權，這些「老紅衛兵」很快就變成了保皇派，令人
啼笑皆非地成了毛澤東的革命對象。

18　趙聰，《文革運動歷程述略》（香港：友聯研究所，1971），卷3，頁
　　352。

　　這些失勢的前中共高幹的子女了解中國黨政領導層內部鬥爭的底細，又因為被毛澤東和中央文革小組所拋棄而懷恨在心，所以他們在覺醒之後，也於1966年12月也成立了自己的反抗組織，即「首都紅衛兵聯合行動委員會」。他們的思想覺醒的過程，記錄在「聯動」文件〈中共中央及駐京黨政軍機關幹部子女聯合行動委員會的公開宣言〉（1967年1月1日）之中。[19]

　　「新思潮」的理論家關注的是研究和闡述整個社會政治制度問題，但「聯動」所代表的異端思潮更重視中共領導人的個人錯誤和他們的內訌。「聯動」號召人民粉碎黨中央的「左傾機會主義、它的兩個主席和一些中央委員」。但我們必須注意到：最先向毛澤東、林彪和中央文革小組發起攻擊的正是「聯動」成員。17年來，群眾對隱藏在中共宣傳騙局背後的真相基本上一無所知，他們一直對毛澤東和中共抱有幻想。而「聯動」成員深知中共高層的齷齪內幕，他們對中共內部黑暗的權力鬥爭的揭露，在教育和喚醒民眾上發揮了重要作用。

　　「聯動」的最終目標是讓中國回到文革以前的17年。有意思的是，「聯動」成員也贊成「民主」和「消滅一切獨裁制度」。然而他們追求的民主制度是「黨內的民主集中制原則」。[20]

　　1967年1月，中國政府正式宣布「聯動」為「反革命組織」。它的大多數主要成員都被捕入獄。然而，政治迫害使這

19　這個文件可能不一定是由北京而是外省的「聯動」成員所寫，但它表達了他們的共同想法和對文化大革命的明確抵制。

20　《文化大革命和它的異端思潮》，頁106-108。

些年輕的受害者提前成熟。一些前「聯動」或「老紅衛兵」成員獲釋後，成立了研究文革的獨立團體，探索政治改革的新途徑。[21] 其中一些人還創辦了地下刊物《新思潮》。[22]

1967年冬，北京的一些前保守派紅衛兵運用毛澤東和中央文革小組在文革初期提出的一些民主和人權觀點，批判了毛澤東及其同夥。在這場被稱為「十一月黑風」的「反革命逆流」運動中，至少張貼了近50張「反革命大字報」。跟「聯動」成員一樣，這些保守派紅衛兵也有「自來紅」的家庭背景，父母都是中共內部的政治要員，但是他們跟劉鄧站在一起，所以毛澤東和中央文革小組很快就拋棄了他們。毛澤東及其同夥當時開始打出「人權」和「民主」牌，號召人民起來，對幹部追隨「資產階級反動路線」的「罪行」加以清算。而這些紅衛兵保皇派撕下了毛澤東和中央文革小組的「民主」面具。儘管他們的多數大字報只是為了掩蓋自己的錯誤，例如對「血統論」的支持，但是在當時風靡一時的大字報〈踢開中央文革小組，緊跟毛主席鬧革命〉（1966年12月2日）中，這些保守派紅衛兵也同樣利用了〈十六條〉中宣布的「巴黎公社實行的全面選舉」的民主原則，強烈質疑中央文革小組的合法性。[23]

在混亂不堪的1967年春夏之際，造反運動分裂為兩大派——激進派和溫和派，隨即在全國範圍內發生了武鬥。混亂

---

21 陶鐵柱，〈「聯動」和共產主義小組〉，載徐友漁編，《1966：我們那一代的回憶》（北京：中國文聯出版社，1998），頁43-72。

22 余夫、汪畢華編，《悲愴青春：中國知青淚》（北京：團結出版社，1993），頁10-17。

23 《文化大革命和它的異端思潮》，頁231-232。

的局面使民眾強烈要求恢復秩序。清華大學出現了一個溫和的紅衛兵造反派組織「四・一四派」，其中大多數人也是屬於「自來紅」的學生。他們的青年理論家周泉纓在〈四・一四思潮必勝〉（1967年8月）等大字報中，提出了「四・一四思潮」的說法。與極左派的「新思潮」相反，周泉纓否認「階級關係有任何變化」，不認為「文革前17年已經形成了一個特權階級」。因此他強烈反對實行任何社會政治制度變革和權力與財富的再分配。他批評中央文革小組領導的群眾運動使全國陷入混亂。因此，革命應當「停下來，鞏固成果，做出讓步」。[24]

周泉纓為了讓文革的激進步伐停下來，又在1967年9月14日寫了〈炮轟陶鑄——一個竊取文革成果的袁世凱式人物〉的大字報。周泉纓在寫這張大字報時，陶鑄已經失寵於毛澤東至少半年，周泉纓的矛頭所指其實是陳伯達——中央文革領導小組組長，因為周泉纓認為陳伯達是個「反革命兩面派」，[25] 正在把文革引入歧途。周泉纓還想揭露中央文革小組內部以及周恩來和林彪之間的權力鬥爭。但是，周泉纓和另一些「四・一四派」的筆桿子都沒有直接解答中國將來的正確方向在哪裡這個問題。他們稱讚文革前的中國，以及他們對「新思潮」的批判，都清楚地說明他們只想河歸舊道——文革前的中國。

論及文革中異端思潮到達的思想高度，應當首推遇羅克的〈出身論〉（1967年1月18日）和李一哲〈關於社會主義的民主與法制〉（1974年11月7日）。前者第一次在文革中公開表達了

24　同上，頁390-408。

25　同上，頁409-416。

　　追求人權、追求每個人生來就應當具有的平等的社會權利的訴求。後者則揚棄了「左」或右的異端思潮中的不足，提出了趨於成熟的現代民主憲政意義上的綱領性的要求。

　　傳播最廣、影響最深遠的異端年輕人的作品，是遇羅克用「北京家庭背景研究小組」的名義寫的大作〈出身論〉。文革伊始，遇羅克是北京人民機器廠的一名學徒。他的父親是一名工程師，在1957年被打成了右派。因為家庭出身不好，他雖然學習優異，卻沒能接受大學教育。

　　在1966年的「紅八月」期間，遇羅克親眼看到一些「老紅衛兵」以所謂家庭出身不好為由，毆打甚至殘殺無辜。紅衛兵拿風行一時的血統論給自己的暴行辯護。這種血統論儘管荒謬，卻無人站出來反駁。遇羅克在過去幾年內積累了比較完備的西方哲學知識，於是他決定在此基礎上寫一篇〈出身論〉澄清這個理論問題。[26] 遇和他的弟弟先是把文章油印了100份，於1966年年底貼在了北京一些電線杆上。他們做過修改後，遇羅克又於1967年1月18日把它刊登在由支持遇的群眾組織主辦的《中學文革報》上。〈出身論〉猶如一顆精神原子彈，衝擊著整個中國社會。大約6萬份一周之內便在北京銷售一空，全國各地翻印了100萬份以上。編輯部收到了除臺灣和西藏以外來自全國各地表示支持的成千上萬封來信。[27]

26　遇羅克多年自學西方古典哲學，對從柏拉圖到盧梭的西方哲學家十分熟悉。盧梭討論人類起源和不平等基礎的著作對他的文章有直接影響。見王晨、張天來，〈劃破夜幕的隕星〉，載《光明日報》，1980年12月22日，另見遇羅文，《我家》（北京：中國社會科學出版社，2000），頁51-99。

27　《文化大革命和它的異端思潮》，頁112。

　　與其他青年理論家不同，遇羅克的特點在於他是個獨立的思想家。他不用「戰鬥隊」之類的流行名稱為自己的獨立研究小組命名，而是把它稱為「家庭背景研究小組」。他從未參與過派性鬥爭，也從未指望毛澤東會兌現他的政治改革「承諾」。作為一名為大眾和受迫害者寫文章的理論家，遇羅克更為關注的不是中共的黨內鬥爭，如同「聯動」的成員們所關注的那樣。他討論的是普通人面對的一般社會問題。遇羅克〈出身論〉的核心論題是人權，即每個中國人的「公正」與「平等」，尤其是因家庭出身受到政府排擠的千百萬青年人的政治和教育權利。遇羅克的文章揭露了中國社會中得到政府認可的歧視制度。遇羅克指出，在這種制度下，「特別是所謂黑七類出身的青年，即『狗崽子』，已經成了準專政對象。」他接著問道：「誰是受害者呢？像這樣發展下去，與美國的黑人、印度的首陀羅、日本的賤民等種姓制度有什麼區別呢？」[28]

　　除了否定「血統論」，遇羅克還發現，在中國社會「一個新的特權階層形成了」，這個新階層的成員用血緣關係來維護自己的特權利益。這是「新思潮」的十分重要的發現。凡是讀過遇羅克〈出身論〉的人，都會看到它的實質是「平等」一詞，即「所有的青年都是平等的」，「任何通過個人努力所達不到的權利，我們一概不承認。」遇羅克還譴責政府授權進行人權迫害，指出「殘酷的『連根拔』、極盡侮辱之能事的所謂『辯論』，以及搜身、辱罵、拘留、毆打等嚴重侵犯人權行為，破壞這一部分青年生活的正常秩序的種種手段，剝奪他們

28　同上，頁135。

政治權利的種種措施，全都以『超毛澤東思想』的面目出現了。」最後他向大眾呼籲：「一切受壓抑的革命青年，起來勇敢戰鬥吧！」[29]

特別值得指出，遇羅克是以「平等」和「人權」這些關鍵概念來架構他的整篇文章的，雖然這些詞自反右運動受到了毛澤東和中共的嚴格禁止。〈出身論〉無疑是黑暗的文革中的第一份閃亮的人權宣言書。中共對付異端者是從不手軟的，遇羅克在1968年1月5日被捕，他的獨立研究小組也被定為「反革命小集團」。遇羅克在1970年3月5日被殺害，年僅27歲。

1971年林彪殞命異鄉，又進一步激發了年輕的異議人士探討如何治療中國的政治痼疾和為中國的未來尋找出路的熱情。1974年李一哲以「批林」的名義寫出的大字報〈關於社會主義的民主與法制〉取得了重要突破，它是文革異議思潮的又一個重要里程碑。

「李一哲」不是人名，而是前面提到的廣東獨立學習小組之一的筆名。「李一哲」這三個字來自該團體的三位重要成員：李正天、陳一陽和王希哲。他們在1974年11月10日貼出自己的大字報，隨後在全國各地被廣泛地油印和傳抄。

李一哲大字報的主要思想價值，在於它所含有的現代意義上的追求民主、人權與自由的因素。在〈關於社會主義的民主與法制（序言）〉裡，李一哲們一開頭就無所畏懼地自稱「異端」，並公開宣稱：「社會主義各方面的問題，完全可以而且應該討論的。『異端邪說』有什麼可怕？真理是同謬誤作鬥爭

---

29 同上，頁138-139。

中發展起來的。」[30]作為「討論」的結果，李一哲在如下幾個地方揚棄並昇華了以往的異端思潮。

首先，和遇羅克和楊曦光一樣，李一哲也認為「中國也出現了與蘇聯相類似的特權階層」。但稍有不同的是，當人們仍在主要談論文革前的高幹時，李一哲卻哀嘆出現了一個「正在產生和形成的新貴族、新的資產階級」。[31] 這個「新貴族、新的資產階級」有了嶄新的含義，鋒芒直指林彪集團、文革派成員（「文人既得利益的勢力」[32]）和全國各地掌權的新貴們。

其次，與伊林和滌西的〈給林彪同志的一封公開信〉一樣，李一哲的大字報也猛烈抨擊林彪大搞對毛澤東的個人崇拜，認為「社會主義制度是要改善的，它並非盡善盡美」。[33]李一哲還繼承了遇羅克宣揚人權的傳統，他們不但為家庭出身不好的年輕人而戰，而且為這個制度的所有受害者而戰。李一哲們提出在社會主義制度下要允許有「光明正大的反對派」。李一哲們還要求「『四屆人大』應當明文規定，除了對殺人、放火、流氓、盜竊等刑事犯和挑動武鬥，組織陰謀集團分子必須實行專政外，應當保護人民群眾的一切應有的民主權利」。而絕不能對不同政見者「說不服就壓，壓不服就抓」[34]——換句話說，李一哲們主張取消以言論治罪，主張言論自由；主張取消中共鎮壓人民群眾一貫採用的「反革命言論罪」。李一哲追

30　同上，頁457。
31　同上，頁488。
32　同上，頁481。
33　同上，頁457。
34　同上，頁487-488。

隨著早期異端思潮理論家的思想足跡，強調「保障人民對國家和社會的管理權」，探討如何讓幹部對人民負責，當他們的工作沒有做到讓人民滿意時應當被「隨時撤換」。[35]

再次，李一哲們主張反腐敗，限制特權，主張用法律保障工人、農民的物質利益。李一哲們第一次把林彪的「誰反對毛澤東思想就打倒誰」的原則界定為「維護封建禮治的神聖支柱」，主張破除迷信，鼓勵不同政治見解在人民群眾中廣泛地湧現並得到法律的保護。在李一哲們看來，文化大革命的首要任務並不是什麼「揭露和摧毀劉少奇的資產階級司令部」，而是「鍛鍊人民群眾自己解放自己的革命民主精神」，而是「上了憲法的人民群眾的言論自由、出版自由、集會自由、結社自由以及未上憲法的串連自由都在這場大革命中真正實行起來……」[36]

毫無疑問，在整個文化大革命中、是李一哲們第一次提出了「社會主義民主與法制」的口號。同樣關心中國的社會政治制度的改革，李一哲的觀點與他們的思想先驅也有不同，他們提出的解決辦法更有所不同。這張大字報最先向第四屆全國人大呼籲在新憲法中重新確立法治原則，呼籲讓司法系統擺脫政治，以便保護普通公民享有平等的政治權利。它還最先主張，中國未來的政治改革應當沿著「民主與法治」的軌道進行。在1980年代的改革時代，這種觀點在黨內具有改革精神的人中間

---

35 同上，頁489-490。

36 同上，頁477、487。

得到普遍採納。[37] 雖然，李一哲們的思想在當時還只是停留在批判林彪這一層面上，但他們要求法治（法制），反對人治（禮制），並進一步探討了「林彪體系」產生的社會歷史條件，提出了反對「封建的社會法西斯專制」的新命題，並明確提出「反封建」是中國社會的主要任務，無疑是切中時弊並直涉毛體制的。

地下讀書運動：異端思想的成熟與昇華

以其反文化特徵聞名於世的中國文化大革命，常常以20世紀60年代的「焚書坑儒」的比喻流傳於文字記載之中。其實，這是一種並不全面的歷史錯覺。就其全過程而言，文化大革命是一場順從與抗爭，幻滅與追尋，瘋狂與覺醒錯綜交織，相互轉化的政治思想運動。頗具諷刺意義的是：「焚書」的結果是激起了一代青年人倍增的讀書欲望；反文化的悖論造就了他們對人類全部文明，尤其是異質文化如飢似渴的汲取。與熟為人知的狂熱的紅衛兵運動相伴相隨的，文革中的中國還有過一場不為人知的冷靜的地下讀書運動或地下讀書活動。值得一提的是，這場運動的參與者，後來還包括了一些相當知名的中共老幹部甚至高級幹部，如後來被譽為「當代中國傑出思想家」[38] 的顧准和曾任中共總書記的張聞天。也正因為這些異端思想因

---

37 這一李一哲大字報的最著名的句子在1980年代成了《人民日報》社論中的口號甚至是標題。

38 〈顧准〉，百度百科條目，https：//baike.baidu.com/item/%E9%A1%BE%E5%87%86/420201。

個性化的讀書激發產生，它們的表現形式常常是私人的「讀書筆記」、「日記」或小團體的通訊交流集。它們在當時並不具有異端思潮流行時那種極大的廣泛性和群眾性，也沒有出現過〈出身論〉那樣的一紙風行，洛陽紙貴的現象。

　　簡單地說，引發這一讀書運動的原因之一是青年一代對日益瘋狂的文革的失望，從最初的狂熱中退隱成為「逍遙派」，並企圖從書籍中尋找離經叛道的答案。一位北京中學紅代會的常委在目睹「自己曾經抱以極大期望，以滿腔熱血為之奮鬥的『巴黎公社式』的無產階級政權，只不過是一種欺人耳目的形式」後，就有這樣的感覺：「正是在那所謂『權力之巔』的時候，我開始產生了苦悶，也產生了一種被愚弄的感覺。從這時候起，我開始重新認識『文革』的目的，思索自己多年來據以認識世界的思想武器，然而總是對不上號，百思不得其解。後來，我把自己投入到書籍的海洋，從馬列著作開始，去尋求答案。」[39]這種當時思想型的青年紅衛兵中相當普遍的心態，可視為蔓延全國的地下讀書運動的直接源起。鑒於當時圖書館都已關門，除了官方批准的極少數圖書外，大部分書籍遭到查禁。這些探求新知的年輕人為了滿足對圖書的渴求，只好建起地下閱讀網，交換和傳播他們喜歡的圖書。

　　就書的閱讀軌跡而言，這一代人一開始讀的是馬列的書，他們企圖在馬列著作中尋找《毛主席語錄》所無法解決的答案。可是，源於正統的馬克思主義和毛澤東及其追隨者的政治信條之間存在著巨大的矛盾。如同《革命之子》（*Song of the*

39　米鶴都，《紅衛兵這一代》（香港：三聯書店，1993），頁237。

Revolution）的作者梁恆在回憶他文革中學習馬列的結果時所言：「悲劇使我更急切的想要找尋更多的知識。我讀遍馬克思與恩格斯的選集，以求更加瞭解社會主義，但是我愈讀得多，愈會拿我們的社會主義和他們所描寫的社會相比，結果就愈混淆不清。自然我不是唯一感到混淆的人，我的問題其實很普遍，因為任何人都看得出來，在報上光輝燦爛的報導與我們痛苦的現實之間，的確頗有差距。」[40] 既然馬列主義的著作無法解答他們心中的疑竇，現實又使他們時時產生「逆反心理效應」，這些執著追求的青年人便又自然而然地開始從其他的書中，尤其是禁止他們閱讀的書籍中去尋找真理的答案。留美中年作家徐明旭這樣回憶他1967年底的思想轉變：「是年底，我讀了在當時大學生造反派中十分流行的兩本書：錫蘭共產黨人特加‧古達瓦達納的《赫魯曉夫主義》與美國記者安娜‧路易斯‧斯特朗的《斯大林時代》。兩書對斯大林大清洗的血腥描述令我毛骨悚然，聯想到毛主席與文革，我頓時恍然大悟：毛與斯一樣都是為了維護獨裁權力而不擇手段的暴君。所謂毛主席革命路線，不過是陰謀詭計加血腥鎮壓。毛正在重蹈斯的覆轍，毛死後中共新領袖一定也會批毛，否定文革，其罪名也與斯大林一樣：個人迷信與破壞法制。從此我不再參加造反派的行動，對隨後發生的一系列巨變，諸如楊余傅事件，林彪事件，天安門事件，批鄧，粉碎四人幫，以及三中全會都不再感到驚奇，它們不過是證實了我的預測而已。我相信像我這樣的

---

40 梁恆、夏竹麗：《革命之子》（台北：時報文化出版公司，1983），頁254。

思想里程，許多大學生造反派精英亦有同感」。[41]

　　與書息息相關的另一個課題是人對書的態度。在中國現代史上，恐怕很難找出另一個歷史時期像文革中的青年人那樣如此大規模地，如飢似渴，百折不撓地去找書，讀書。任何禁令和風暴都無法阻隔他們對書的擁抱；書，在他們眼裡不僅是精神食糧，而且是一種不惜用生命去偷盜的「天火」。由於文革中所有圖書館的被迫封閉，青年學生們為讀書尋找真理而當「孔乙己」的事曾屢見不鮮，甚至橫遭迫害的逆境都沒有泯滅他們這一燃燒著的良知。後來成為傑出的民主主義戰士而犧牲的王申酉便是很典型的一例。1968年後，王申酉因捲入上海造反派紅衛兵炮打張春橋的活動和對文化大革命不滿，很快「被隔離審訊，抄家」。不久，他又被送到江蘇省大豐縣五七幹校「監督勞動，接受改造」。就在這種流放生涯中，他與另外兩個「反動學生」小黃與小薛一起組織了一個「讀書小組」，「經常在一起學習馬列著作，有機會還探討一些社會問題」。由於得不到他們所需的學習書籍，「王申酉和小黃，小薛悄悄拿走幾百本學校圖書館的社會科學書籍。他們原準備看完以後悄悄送回。不料拿書事發，王申酉被隔離審查一個多月，他又一次被取消畢業分配的權利」。[42] 在常人看來，三個已被打成「反動學生」的青年竟為了學習馬列而去偷書，無疑是瘋癲之舉。而對王申酉等人來說，「竊書」卻是他們尋求真理之火必

---

41 徐明旭，〈再談文革與造反派〉，紐約：《北京之春》，1996年3月，頁31。

42 金鳳，〈血寫的囑托──王申酉和他的「供詞」〉，載金鳳、丁東編注，《王申酉文集》（香港：高文出版社，2002），頁212-217。

不可少的階梯和某種普羅米修斯式的義無反顧之舉。

　　從上面所引的徐明旭的回憶中可以看到：1967年底、文革中一大批最重要的、代表了異質文化的地下讀物已經初露端倪「十分流行」了。《赫魯曉夫主義》和《斯大林時代》兩書，都是文革前「內部發行」的專供高級幹部閱讀的著作。在20世紀60年代的中蘇論戰期間，中共較大規模地出版過這些「內部讀物」，主要是為了使各級幹部在「反修鬥爭」中擴大視野。這一批國際共運中各種思潮流派或稱「修正主義」思潮和他們認為有助於了解蘇聯修正主義，西方資本主義的著述是由世界知識出版社、人民出版社、三聯書店等有計畫地出版的。因其封面為純灰色，便以「灰皮書」聞名於世。出於類似的目的，人民文學出版社也出版了一批反映所謂「修正主義文藝思潮」的外國文學作品，因這些書籍的封面為純黃色，又被統稱為「黃皮書」。根據權威性的工具書《全國內部發行讀書總目1949-1989》的統計，[43] 全國這17年中共出版「內部書籍」18,301種，其中屬社會科學方面的有9,766種之多。而1976年文革以前出版的有差不多4,000種。除去大量的馬列、毛澤東著作，其中屬於西方理論和文學著作，文革前大約有1,041種，而文革中則出版了近1,000種。由於當時的中國完全處於一種與世隔絕的狀態，這些書籍便成了一代人與世界溝通的唯一有限的思想資源。因而，這一代人的精神閱讀史又一次出現了驚人的相似。富於嘲諷性的是：這些原應當由「革命一代」去批判，

43　中國版本圖書館編，《全國內部發行讀書總目1949-1989》（北京：中華書局，1988）。

去鏟除的「封資修」的毒草，卻成了孕育，萌發他們思想啟蒙的最重要的養素。根據各種當事人的回憶，訪談，下列40本左右的「內部讀物」對這一代人的思想里程發生過極大的影響：

1. 列夫・托洛茨基著，柴金如譯，《被背叛了的革命》，北京：生活・讀書・新知三聯書店，1963。

2. 密洛凡・德熱拉斯著，陳逸譯，《新階級：對共產主義制度的分析》，北京：世界知識出版社，1963。

3. 列夫・托洛茨基著，齊幹譯，《斯大林評傳》，北京：三聯書店資料室編印，1963。

4. 特加・古納瓦達納著，齊之思譯，《赫魯曉夫主義》，北京：世界知識出版社，1963。

5. 維利科・弗拉霍維奇著，林南慶譯，《南共綱領和思想鬥爭「尖銳化」》，北京：生活・讀書・新知三聯書店，1964。

6. 安娜・路易斯・斯特朗著，石人譯，《斯大林時代》，北京：世界知識出版社，1957。

7. 尼・謝・赫魯曉夫著，陳世玉等譯，《沒有武器的世界：沒有戰爭的世界》，北京：世界知識出版社，1960。

8. 拉扎爾・皮斯特臘克著，北京翻譯社譯，《大策略家：赫魯曉夫發迹史》，北京：世界知識出版社，1963。

9. 埃德加・斯諾著，王廠青等譯，《西行漫記》，北京：生活・讀書・新知三聯書店，1960。

10. 馬迪厄著，楊人緶譯注，《法國大革命史》，北京：商

務印書館，1964。

11. 威廉・L・夏伊勒，《第三帝國的興亡：納粹德國史》，北京：世界知識出版社，1965。

12. 湯因比著，曹未風譯，《歷史研究》，上海：上海人民出版社，1966。

13. Adam Schaff著，林波等譯，《人的哲學：馬克思主義與存在主義》，北京：生活・讀書・新知三聯書店，1963。

14. R・加羅蒂著，徐懋庸、陸達成譯，《人的遠景：存在主義，天主教思想，馬克思主義》，北京：生活・讀書・新知三聯書店，1965。

15. 哈里・杜魯門著，李石譯，《杜魯門回憶錄》，北京：生活・讀書・新知三聯書店，1973。

16. F・A・哈耶克，《通向奴役之路》，北京：商務印書館，1962。

17. 愛倫堡著，王金陵等譯，《人，歲月，生活》（1-3），北京：作家出版社，1962-1964。

18. 愛倫堡著，沈江、錢誠譯，《解凍》，北京：作家出版社，1963。

19. 索爾仁尼津著，斯人譯，《伊凡・杰尼素維奇的一天》，北京：作家出版社，1963。

20. 讓－保爾・薩特著，鄭家璧譯，《饜惡及其它》，上海：作家出版社上海編輯所，1965。

21. 亞爾培・加謬著，孟安譯，《局外人》，上海：上海文藝出版社，1961。

22. 杰羅姆‧大衛‧塞林格著，施咸榮譯，《麥田裡的守望者》，北京：作家出版社，1963。

23. 薩謬爾‧貝克特著，施咸榮譯，《等待戈多》，北京：中國戲劇出版社，1965。

24. 奧斯本著，黃雨石譯，《憤怒的回顧》，北京：中國戲劇出版社，1962。

25. 杰克‧克茹亞克著，石榮等譯，《在路上》，北京：作家出版社，1962。

26. 葉夫杜申科等著，蘇杭等譯，《〈娘子谷〉及其它》，北京：作家出版社，1963。

27. 瓦‧阿克肖諾夫著，王平譯，《帶星星的火車票》，北京：作家出版社，1963。

28. 康‧西蒙諾夫著，謝素台等譯，《生者與死者》，北京：作家出版社，1962。

29. 切‧格瓦拉，《切‧格瓦拉在玻利維亞的日記》，北京：生活‧讀書‧新知三聯書店，1971。

30. 復旦大學資本主義國家經濟研究所，上海直屬機關「五七」幹校編譯組編，《尼克松其人其事》，上海：上海人民出版社，1972。

31. 伊凡‧沙米亞金著，上海新聞出版系統「五七」幹校翻譯組譯，《多雪的冬天》，上海：上海人民出版社，1972年。

32. 弗‧阿‧柯切托夫著，上海人民出版社編輯室譯，《落角》，上海：上海人民出版社，1973。

33. 弗‧阿‧柯切托夫著，上海新聞出版系統「五七」幹校

翻譯組譯，《你到底要幹什麼？》，上海：上海人民出版社，1972。

34. 維・李巴托夫著，上海外語學院俄語系譯，《普隆恰夫經理的故事》，上海：上海人民出版社，1973。

35. 謝苗・巴巴耶夫斯基著，上海新聞出版系統「五七」幹校翻譯組譯，《人世間》，上海：上海人民出版社，1972。

36. 欽吉斯・艾特瑪托夫著，雷延中譯，《白輪船》，上海：上海人民出版社，1973。

37. 亨利・基辛格著，國際關係研究所編譯室譯，《選擇的必要》，北京：商務印書館，1972。

一個令人思索的問題被提了出來：為什麼這些覺醒中的青年人對這些「灰皮書」和「黃皮書」情有獨鍾？其實，只要對上述書籍的作者陣容投去匆匆一瞥，便不難回答這一並不複雜但又意蘊深長的提問。托洛斯基、赫魯雪夫、德熱拉斯、愛倫堡、索忍尼辛、西蒙諾夫……幾乎無一不是聞名中外的所謂國際共運中的「叛徒」或「修正主義作家」。他們曾都是狂熱的革命中人，但他們又幡然醒悟為「革命」的懷疑者與反對者，這一思想歷程和這一代人正好相似。一位在河北白洋澱地區插隊的原北大異端思潮組織「共產青年社」讀書圈子成員後來回憶道：「那時，我們狂熱地搜尋文革前出版的灰皮書和黃皮書；我的一個初中同學的父親是位著名作家，曾任文藝部門的領導，我在她的家裡發現了數量頗豐的一批黃皮書，記得當時對我有啟蒙意義的書是愛倫堡的《人，歲月，生活》」，

「經歷了一個全面的壓迫和苦難，我們的精神陷入了一種困惑。而最終使我們衝破十幾年教育的灌輸給我們的思想模式，得益於兩本灰皮書的點撥，一本是托洛斯基的《被背叛了的革命》……托氏的書無疑是困惑之中出現的一縷明晰的光。那年冬天，我又找到了德熱拉斯的《新階級》。至此，有關政治和社會的認識，我們終於擺脫了夢魘般的桎梏和愚昧。」[44]此外，這些「灰皮書」中的西方歷史書籍使久受謊言的迷霧蒙蔽的青年人忽然間洞察了歷史真相。例如，《杜魯門回憶錄》使他們知道了朝鮮戰爭的另一種說法；《尼克松其人其事》，《選擇的必要》等多的西方領導人的傳記與理論著作第一次使紅衛兵們感到他們不那麼面目猙獰，相反頗具事業心、靈活性和人情味。千萬不能小視了這一代人僥倖獲得的這一與外部世界，尤其是西方世界溝通的機會。17年來，他們對中共及其體制的盲目信仰是建立在中共對另一種體制的絕對醜化的基礎上的。在極端封閉的未央長夜之中，這一套由無法比較的謊言構成的童話，諸如「世界上還有三分之二的人民生活在水深火熱之中」和「極端腐化墮落的西方世界」云云，更有其道德的感召力。而這些書提供了一個窗口，一個可供比較和思考的機會，於是，謊言的地基不攻而破，那個信仰的大廈也就轟然崩坍了。另外，閱讀《第三帝國的興亡：納粹德國史》就更難不震撼覺醒中的紅衛兵們的魂魄，因為法西斯的納粹德國和共產主義的紅色中國何其相似乃爾！高瑞泉，一位今天已經是中國大學哲

---

44 潘婧，〈心路歷程：關於「文革」中的四封信〉，紐約：《北京之春》，1995。

學系的教授回憶他在文革插隊時讀《第三帝國的興亡：納粹德國史》的感受時用了這樣的比喻：「宛如閃電劃過夜空」。他一下子聯想到了文革同法西斯運動興起時一樣是一條「人民如痴如醉的擁護」的「毀滅之路……真可謂：要讓一個民族滅亡，先叫它瘋狂。」他還說：「那一夜的一閃念，對我的以往作了一次清算，注定了我日後對哲學史思想史的興趣。這種自發的經久不衰的理論興趣造就了我今日的研究和工作，雖然成就甚微，但我不是為了職業，而是為了興趣和思想的權利投入研究。僅僅這一點。」[45] 正如同後來被打成上海第一大反革命案——「復旦大學胡守均小集團」（其實僅是一個鬆散的讀書會而已）的頭頭周谷聲所言：「對於正處在覺醒中的我們來說，看了這樣的書還不從國家體制上去懷疑，去思考問題，已經不可能了。」[46]

　　上述書單中另一個值得注意的現象是：為數不少的西方現代派的文學作品——《厭惡及其他》、《憤怒的回顧》、《局外人》（或譯《異鄉人》）、《麥田裡的守望者》（或譯《麥田捕手》）等——也對這一代人發生了不小的影響。其實，這同樣是一個不難理解的共鳴。20世紀西方現代派的文學所表達的思想傾向，主要是在人與社會，人與人，人與外部物質世界和人與自我四種關係上的全面扭曲和嚴重異化，以及由之產生的精神危機和創傷心理。出現在「垮掉的一代」，「憤怒的一

---

45 高瑞泉，〈不要怕上帝發笑〉，載金大陸編，《苦難與風流》（上海：上海人民出版社，1994），頁81。
46 作者1996年9月對周谷聲的訪談。

代」作品中的叛逆之子們，面對傳統的道德信仰的崩坍所表現出來的懷疑、悲觀、絕望和反叛，和在文革中被利用後被放逐的一代青年的處境，心境都十分相似。文化大革命在中國社會中造成的上述四種關係的全面扭曲和嚴重異化，恐怕比西方世界有過之而無不及。同處於精神危機中的青年人產生惺惺相惜之感，異質的酵素更催發了他們的省悟。至於林林總總的西方現代哲學——從沙特的存在主義，湯恩比的歷史哲學到哈耶克的「絕對的權力就是絕對的腐蝕」論——都在剎那間蕩開了他們思想的閘門，放出了多元的自由思維。

　　比「灰皮書」、「黃皮書」更廣泛地流傳於這一代人的讀書圈中的，是文革前出版的數百種西方和俄國的古典文學作品。如果說前者影響了他們開始擺脫「革命」價值體系的桎梏，後者則幫助他們重建人性，人道情感的世界。在公開發表的數百種關於紅衛兵和知青生活的回憶錄中，這樣一些古典名著和人物形象被值得注意地不時提及：車爾尼雪夫斯基《怎麼辦？》裡的拉赫美托夫；屠格涅夫《羅亭》中的羅亭，《貴族之家》裡的拉夫列斯基，《前夜》裡的英沙羅夫；托爾斯泰《戰爭與和平》裡的安德烈·保爾康斯基；狄更斯《雙城記》中的卡爾登；羅曼·羅蘭《約翰·克里斯多夫》中的主角；司湯達《紅與黑》裡的于連；雷馬克《凱旋門》裡的法國醫生雷維克；齊瓦尼約利《斯巴達克思》筆下的奴隸統帥和雨果《九三年》中的郭文將軍——這些作品的共同歷史背景往往是英國革命、法國革命或俄國革命，這一組人物形象——革命者、愛國者、個人奮鬥者——相似的性格特徵常常是熾火不息，堅韌不拔卻又充滿了人道主義和人性的情感。這些作品對

革命的陰暗面、殘酷性都有相當的揭露。在另一方面，又對這一個個永遠騷動不安的理想主義的靈魂、人道主義的情懷及他們的悲劇命運進行了歌頌。一位在美國加州州立大學的商業管理系任教多年、也曾經回國幫助大陸銀行業改革的華裔學者孫滌，在耳順之年回憶他文革中閱讀托爾斯泰作品時這樣說：

> 從《戰爭與和平》開始，我對托翁的文章可說是有一篇讀一篇，引為精神的北辰，他的「天國在你的心裡」成了我的座右銘。終其一生托翁都在致力驗證「上帝與人父子般的關係，人與人兄弟般的關係」。如若沒有天父，人和人的兄弟般的關係何以依託？在父子反目、夫婦成仇、朋友之間被迫互相揭發陷罪以求自保已然成為通例的當時，人們莫可奈何地墮入無賴的境地，我從托翁的書中汲取了莫大的信念力量。[47]

　　1968年秋，在上海市重點中學上海中學造反派紅衛兵的讀書圈中爆發過數次關於雨果的《九三年》和齊瓦尼約利《斯巴達克思》的爭論。其焦點之一是：身為革命軍將領的郭文是否應當私自放掉貴族叛亂頭子朗特納克侯爵，後者是為了從火中救出三個小孩而被捕的。焦點之二是：身為奴隸軍統帥的斯巴達克思是否應當和奴隸主的遺孀范萊里雅有那種卿卿我我的愛情關係？通過一次次推心置腹的討論，絕大多數的紅衛兵拋

47　孫滌，〈耳順之年追憶讀書〉，台北：《聯合文學》，2010，第6期，頁92-97。

棄了他們出生以來便被灌輸的「階級分析法」和階級鬥爭的理論，把他們的全部同情都傾注向這兩位革命將領——郭文和斯巴達克思那一邊。[48]從而，他們告別了簡單狹隘的思維方式和鬥爭哲學，回歸到「人的本身」。他們獲得了深沉的理性思辨又不失質樸的平民精神；他們被熏染出高雅的審美情趣卻仍保持著理想主義的激情。

更令人震驚的是，文革的災難性後果，還促使這些年輕的探索者有意識地從「革命的敵人」的著作中尋找真理。一些北京的老衛兵在1968年看了許多「敵人」的文章，他們驚奇地發現，站在歷史正確方面的並不是毛澤東，而是他的敵人們。

張木生是北京地下讀書活動中的一位青年知識分子，他為自己的讀書會開列的閱讀目錄是：「德熱拉斯的《新階級》；拉札爾・皮斯特臘克的《大策略家：赫魯雪夫發跡史》；赫魯雪夫在蘇共二十大上的秘密報告；劉少奇在『七千人大會』上的報告；……」張木生說：「我也看一些所謂『右派』的講話和他們交給黨組織的有關自己思想進步的彙報。此外，我還得到了一份彭德懷在1959年的反黨信。根據我本人在農村的經歷，我不但認為彭德懷講的事情絕對真實，而且他和那些右派的文章都十分深入而客觀。」[49]張木生閱讀這些所謂反革命材料的結果是，他組織了一個地下讀書會，向他的同伴們介紹他對毛澤東及其在中共歷史上的錯誤的觀點。在〈對中國農業制度

48　1996年10月筆者對原上海市上海中學一批造反派紅衛兵的訪談錄。

49　余夫、汪畢華編，《悲愴青春：中國知青淚》（北京：團結出版社，1993），頁10-17。

的思考〉這篇演說中，他把文革早期的異端思想提高到了一個新的層次：對文革期間和文革之前的毛澤東體制以及中國的社會主義做了系統的批判。

　　1968年年末，毛澤東和中國政府把大約1,600萬城市學生送到鄉下「接受貧下中農再教育」。這場所謂的「上山下鄉」運動，對於那些前紅衛兵來說是個明確的信號——他們對黨已經沒有用處了。他們不再是毛澤東的「革命小將」，而是成了「再教育的對象」。不管主觀願望如何，在客觀上，「上山下鄉」的發動都是毛收回給青年學生的結社自由權，企圖從組織上作為一個整體徹底打散他們的運動。然而，事與願違，插隊落戶猛勁地推動了這一地下讀書運動的發展。

　　北京的下放知青盧叔寧在日記中這樣講述了他對書籍的「精神飢渴」，他讓自己的朋友給他帶更多的書來，因為「我們的知識極其貧乏；我們的精神胃口極其飢餓；我們讀書的願望極其強烈。我們必須抓住一切機會為自己尋找精神食糧——書籍」。[50] 從中國和海外出版的下鄉知青的大量懷舊文章和回憶錄中可以看到，文革期間下鄉知青把一大批書帶到農村閱讀，回城後又同別人交流各自的獨立見解，是一種十分普遍的現象。根據復旦大學女學者孫沛東教授最近的調查：「隨著上山下鄉運動的開展，書籍報刊（尤其是內部書）經歷了從城市到農村，由兩個精英階層向工農階層的擴散現象。……閱讀行動是一個雙重過程：文化價值的重新確認和文化資本的積

---

50 盧叔寧，《劫灰殘編》（北京：中國文聯出版社，2000），頁44-45。

累。」[51]

　　1968年後出現的讀書會極少打出公開的組織旗號，而是以兩種秘密而分散的地下小圈子的形式──通訊會和沙龍──星羅棋布於960平方公里的神州。1970年「一打三反運動」裡被鎮壓的上海復旦大學的「胡守鈞反革命小集團」便是一個著名的通信式的讀書團體。它由幾十名持異見的年輕人組成。這個「小集團」中包括上海的一些前紅衛兵造反派，他們曾兩次參與炮打中央文革小組副組長張春橋。為此，他們中的大多數人在1968年被趕到了農村。他們並不氣餒，編輯了一份地下刊物《遠方戰友通信集》，在上面發表自己的一些讀書筆記。這些文章表明，他們已經超越了個人的痛苦經歷，開始嚴肅探討中國的社會政治問題。例如，這個團體的主要理論家之一方農便提出了「社會主義國家的兩重性」理論，這種國家的「政府一邊鎮壓人民，一邊保護官僚」。這個團體的另一名成員童允安主張「用新的機構代替無產階級專政」；「逮捕任何公民都要經過法院公審」；「人民選舉法官，全民選舉幹部」。[52] 這些想法都是來自於他們讀過的馬列主義原著和西方哲學，甚至是《南斯拉夫共產黨綱領》這類「修正主義文獻」。

　　這一類通信團體的另一個案例是所謂的「第四國際反革命集團」，它是由北京等地的一些年輕人在1970年代組成的。從1969到1971年，北京女青年徐曉與一些青年工人和戰士在山西

51　孫沛東，〈文革時期京滬知青階層化的個人閱讀〉，《二十一世紀》2016，頁94。

52　見《革命大批判文選（5）》（上海：復旦大學政宣組，1970），頁9-12、32-37。

和上海等地組成了一個通信小組。「由於環境壓抑，雙方只能寫信。徐曉和他們通信，都是十幾頁紙。」政府指控這個讀書團體成員的罪名是「搜集、流傳反動小說、詩詞；搞反動串聯惡毒攻擊中央首長，攻擊『批林批孔』」。[53] 政府很快就對他們的信實行郵檢，其成員被悉數投入監獄；有兩人甚至判了死刑。

　　討論理論或文學話題的沙龍，是地下讀書運動的另一種表現方式。這種形式的私人地下沙龍通常是通過一個大的網絡緊密聯繫在一起。知名的青年思想家趙一凡就領導著一個這樣的地下沙龍，他也是1970年代北京這種網絡的著名成員之一。趙一凡給朋友提供一些「禁書」、「灰皮書」和「黃皮書」，並且組織討論會。中國當代一些著名小說家和詩人，如史鐵生、北島、芒克和郭路生，都參與過這種沙龍的活動。據他們回憶，「此時在沙龍裡彌漫著一種偷食『禁果』時的犯罪欣悅感。」[54]

　　所謂的「第四國際反革命集團」的組織者徐曉，也是這個網絡的重要成員。她後來回憶說，她得到的第一批禁書是車爾尼雪夫斯基的《怎麼辦？》、司湯達的《紅與黑》、托爾斯泰的《戰爭與和平》。徐曉說：「趙一凡和他的沙龍是我的精神導師，他使我認識了人的問題。知道還有一個人的問題存在。」這個沙龍開展的西方哲學和文學閱讀活動，也影響了芒

53　楊健，《文化大革命中的地下文學》（北京：朝花出版社，1993），頁296-299。

54　同上，頁83-90。

克和北島。來自白洋澱的學生詩人多多和根子，在西方現代派的啟發下開始寫新詩，後於1980年代形成了當代詩歌流派「白洋澱詩群」。出人預料的是，地下讀書運動也為1980年代更開放的中國準備了高素質人才。[55]

除了大城市外，在偏遠的農村地區，也散布著許多活躍的地下沙龍。其中著名的有河南蘭考縣、中國最貧窮的地區之一的一個讀書會。1968年，10位大學生和中學生下鄉來到這裡，組織了一個非正式的讀書會。中國當今的著名學者朱學勤先生在回憶他們的讀書經歷時說：他們「過著一種既貧困又奢侈的思辨生活，既與他們自己的社會身分極不相稱，也與周圍那種小縣城氛圍極不協調；他們以非知識分子的身分，激烈辯論在正常年代通常是由知識分子討論的那些問題，有時竟會爭得面紅耳赤，通宵達旦；被他們吵醒的工友鄰舍，時常用奇怪的眼光打量著這群白天還在一起幹活的鉗工、管工、搬運工，怎麼一到晚上竟會爭論起史學、哲學、政治學，爭論那樣大而無當的問題？」朱學勤後來把這些讀書者稱為「六八年人」。[56]

這些地下讀書會超越了不同的派別和家庭背景，因此更顯得不同凡響。例如，北京「徐浩淵沙龍」的主要成員是過去的「老紅衛兵」，而「二流社」沙龍是由一些文革初期反對過「老紅衛兵」的前「四三派」紅衛兵造反派組成的。這兩個讀書會的成員從前是有著嚴重過節的，但他們有時卻能湊在一起讀書和討論問題。1969年冬天，前「老紅衛兵」張木生和一位

55　同上，頁105-109。

56　朱學勤，〈思想史上的失蹤者〉，《讀書》，1995，第10期，頁55-58。

高幹的兒子參加了一個由前「四三派」成員和知識分子子女組成的沙龍。家庭背景各異的年輕人聚在一起，共同探索中國政治問題的解決之道和中國未來的出路。中國學者楊東平在評論地下讀書運動和「上山下鄉運動」時寫道：「他們在嚴峻的共同命運中重新聚集起來，相互認同。這是一次無組織的集體造反——在群體人格和共同文化的重塑中，完成了一代人的『成人儀式』」。[57]

1970年春天，中國政府發動了「一打三反」的政治運動，打擊所謂「當前的反革命活動」，其中也包括地下讀書運動。成百上千個獨立的讀書會被打成「反革命小集團」。在這些遭到鎮壓的讀書會中，就包括上海的「胡守鈞反革命小集團」、北京的「第四國際反革命集團」、南京的「金查華馬列主義小組」和遠在寧夏回族自治區的「共產主義自修大學反革命小集團」。

儘管有政府的鎮壓，地下讀書運動並未消失。這裡剛一解散，那兒又冒出來一個。例如，當局以攻擊毛澤東和文革的罪名將金查華處死，他的朋友陳卓然、蘇小彬、倪寒予和王茂雅對這種殘忍的殺害極端不滿。他們在南京大街上張貼了數十張標語，上面寫著「我們要真正的馬列主義！」「金查華烈士永垂不朽！」在金查華被害的當天晚上，還有一些人把矛頭直指毛澤東。不久他們便被定為「陳卓然反革命集團」關進監獄，後來陳卓然也被政府殺害。[58]

57　楊東平，《城市季風：北京和上海》（北京：東方出版社，1994），頁415。

58　《文化大革命中的地下文學》，頁125-126。

　　儘管挫折重重，地下讀書運動代表著文革中年輕一代的覺悟達到了一個新的高度，這可由讀書會的數量和品質得到證實。與紅衛兵早期的異端團體和派別相比，地下讀書運動有助於這些年輕人提出問題，更加直接而系統地對毛澤東和中國的社會主義做出評價。地下讀書運動除了診斷和醫治社會弊病外，還試圖為中國繪製一幅更加民主和人道的新藍圖。根據迄今為止發現的歷史資料，代表了這一時期思想高度的，在年輕的探索者中有張木生和王申酉等人。

　　1969年年底，張木生批評毛澤東的農業政策，矛頭直指毛澤東的人民公社。張木生針對毛澤東「一大二公」的謬論，指出了這種制度的嚴重弊端：（一）「人民公社社員的熱情和幹勁都被糟蹋了。工分差別太小，這對老弱婦幼有利，因此難以進行調整。全縣的生產隊都在開會，工分制沒通過之前他們是不會結束會議的。這是目前最嚴重的損失」；（二）「集體生產總會導致產量下降，農民從自己的勞動中看不到好處。農民也沒錢買機械。這種集體所有制哪能撐得下去？」張木生的眼光已經觸及到10年後中國經濟改革中最關鍵的問題。他還明確宣布：「右派們在1957年指出問題的癥結是制度，這正是他們超前於別人的地方」，「這一切都說明制度問題一直沒有得到解決。」可見，張木生從本質上摒棄和否定了文革前的中國。如果我們考慮到張木生是一名高幹子弟，又是「老紅衛兵」中的活躍分子，他這種有關中國問題的根子在於制度的想法，真可謂是思想上的一次重大「飛躍」。[59]

---

[59] 宋永毅編著，《文革中公民異議文獻檔案匯編》（紐約：國史出版社，

同時的另一位年輕的異端思想家王申酉，也是從廣闊的歷史和思想角度評價毛澤東思想和中國的社會主義。他在〈1949年後的中國及我對毛主席的看法〉一文中，堅決否定毛澤東和中共發動的所有政治運動，如1954年的集體化運動、1957年的反右運動、1958年的人民公社運動和「大煉鋼鐵」、1959年的所謂「彭德懷反黨集團」和1963年的「社會主義教育運動」。[60] 中共六中全會在1981年6月做出的〈關於建國以來黨的若干歷史問題的決議〉，是在王申酉寫這篇文章的5年之後，把王的文章與中共這份總結自身錯誤的歷史文件加以比較即可看出，後者不過是對前者不完整和膚淺的複製。

文革把千百萬中共的老幹部作為「走資本主義道路的當權派」放逐黨外，不僅使他們本能地反感這場動亂，還促使他們中一些學者型的幹部甚至高級幹部參加了這場地下讀書運動，從馬列和西方文史哲的經典著作中尋找批判的武器。根據今天所能找到的歷史資料，張聞天大概是他們中級別最高的一個，因為他曾任中共的總書記。[61] 文化大革命中，他歷經磨難，於1969年10月被遣送往廣東肇慶看管。但是他從1971年10

2018），下卷，頁8-13。

60 詳見王申酉獄中《供詞》的第五部分〈關於中國一九四九年以後歷史的看法〉和第六部分〈我對毛主席的看法〉，載《王申酉文集》，頁56-73。

61 張聞天（1900-1976），曾化名洛甫，字聞天。張聞天是中共早期重要領導人和理論家。張聞天1925年加入中國共產黨，1934年10月參加長征並出席遵義會議，成為黨的總書記。中共建國後曾任外交部第一副部長和駐蘇聯大使。1959年因反對大躍進被錯定為反黨集團成員；文化大革命中受盡迫害，於1976年7月1日含冤病逝。1979年8月，中共中央對其冤案予以平反昭雪，主要著作有《張聞天文集》4卷。

月12日起，避開監管，開始秘密寫作文稿。計有：〈人民群眾是主人〉（1971年11月）、〈無產階級專政下的政治和經濟〉（1973年9月20日）、〈衡量黨的路線政策的最高尺度〉（1973年12月8日）、〈正確建立黨同國家的關係〉（1973年12月8日）、〈黨內鬥爭要正確進行〉（1973年12月8日）、〈對批林批孔的一點看法〉（1974年1月）、〈關於社會主義社會的公私關係〉（1974年5月19日）等7篇論文。這些後來被稱為「肇慶文稿」的論文，並被認為是中共高級幹部中探索中國特色社會主義道路的最早的理論成果。[62] 中國大陸研究文革異端思想的丁冬和謝泳指出：張聞天的肇慶寫作，「已經採用地下方式，所以我們不把它視為政權內兩條路線之爭，而視為民間思想。」[63] 雖然張聞天的閱讀和寫作還沒有掙脫馬列主義的藩籬，但是他用正統的馬克思主義，對文革中的偽馬克思主義——毛思想進行了正本清源的批判，其中不乏一系列的思想亮點。比如，在黨和群眾的關係上，張聞天不僅堅持群眾對黨的政策進行「鑑定和批判」的權利，還認為必須堅持對「領導人的任命撤換」。[64] 又如，在政治和經濟的關係上，他痛斥了文革損害群眾經濟利益的「糊塗」和「愚蠢」，因為它們根本「違背了爭取無產階級物質利益這樣一個馬克思主義的原則」。[65] 再

62　這些論文後全部被收入《張聞天文集》（北京：中共黨史出版社，1995），卷4。

63　丁冬、謝泳，〈中國文革民間思想概觀〉，載《中國研究》（東京：中國研究雜誌社，1996），頁38-42。

64　張聞天，〈人民群眾是主人〉，《張聞天文集》，卷4，頁325。

65　張聞天，〈無產階級專政下的政治和經濟〉，《張聞天文集》，卷4，頁

如，在黨和國家的關係上，張聞天堅決主張黨政分開，黨不能「包辦代替國家機關工作，使國家機關成為黨的附屬機構」。[66]最後，在黨內關係上，張聞天一再強調絕不能把不同意見的同志「說成是『黨內資產階級的代理人』」；要堅持黨內民主，「如果批判是不正確的……受到批判的同志完全由申述和要求『翻案』的權利。」[67]

　　和張聞天通過用正統的馬克思主義批判毛澤東思想不同，同樣是中共老幹部的顧准則通過對毛文革的批判最終走向對整個馬克思列寧主義體系的否定，達到了整個文革讀書運動的思想最高峰。

　　顧准是1935年加入中共的老黨員，原是一個專業的財政專家。1952年的三反運動，他因不同意運動式徵稅，受到了撤銷黨內外一切職務的處分。顧1956年入經濟研究所（現屬中國社會科學院）任研究員後，開始研究商品貨幣和價值規律在社會主義經濟中的地位問題，最早提出並論證了計畫體制根本不可能完全消滅商品貨幣關係和價值規律。他寫成〈試論社會主義制度下商品生產和價值規律〉，[68]提出應以市場價格的自由漲落來調節生產。這是非常大膽和超前的觀點，因此被稱為提出社會主義條件下市場經濟理論的第一人。1957年他擔任中國科學院資源綜合考察委員會副主任，在隨後的反右運動中被

331-332、328-329。

66　張聞天，〈正確建立黨同國家的關係〉，《張聞天文集》，卷4，頁344、345。

67　張聞天，〈黨內鬥爭要正確進行〉，《張聞天文集》，卷4，頁337-342。

68　該文發表於《經濟研究》，1957，第3期。

劃為右派分子。1962年下放勞動回到經濟研究所，受孫冶方委
託研究會計和經濟，相繼翻譯了熊彼特和瓊‧羅賓遜的經濟學
著作；1965年，顧准因受到所謂組織「反動小團體」外甥的牽
連，再次被劃為右派，並在隨後的文革中，無論是肉體上，還
是精神上，都受到更加殘酷的迫害。出於來自社會的強大壓力
以及對顧准的不理解，與顧准患難與共30多年的妻子汪璧被迫
提出與顧准離婚，1968年4月更因不堪迫害而含恨自殺；五個子
女宣布與顧准斷絕關係，並斷絕一切來往。

　　顧准當然是中共多次政治運動的極端受害者，但他的過
人之處就在於他能從自己的苦難中一次次地超越。他沒有糾纏
於自己為什麼會從革命者變成「革命」對象，為什麼會妻離子
散、家破人亡的具體緣由。而是閱讀了大量的西方經典文獻，
從理論上對和「革命」有關的整個政治學和政治哲學理論做出
了如下的貢獻。

　　首先，顧准批判了馬克思主義理論體系的唯理主義的獨
斷論，指出其表現其實是另一種「神學」，結果必然走向真理
的一元性，並由此導致「思想專政」的文革。這樣，「革命的
理想主義」就在理論上非常容易變成「保守的反動的專制主
義」。[69] 顧准特別批判了「要在地上建立天國——建立一個沒
有異化、沒有矛盾的社會」的「革命的目的」。[70]

　　其次，顧准還在他的讀書筆記裡對民主問題進行了深入的

69　顧准，《從理想主義到經驗主義》（香港：三聯書店，1992），頁164、
　　176-177。
70　同上，頁370、374。

反思，尤其是對毛澤東文革中倡導的巴黎公社式的直接民主進行了批判。他認為，這在蘇聯早已經有實驗結果，那就是「列寧生前已被工廠的一長制所代替：一切權力歸蘇維埃嬗變為一切權力歸於黨、再變為一切權力屬於斯大林」。[71] 他還進一步指出：文革中的「群眾大民主」，實際上是「『一個主義、一個黨』的直接民主」，最後「一定會演化為獨裁」。[72] 為此，他堅持西方的「代議政治民主」，認為這儘管也有弊端，但能夠成功地保護反對派。[73] 在這一點上，顧准大大超越了文革中的異端思潮的青年思想家們，也形象地說明異議者在逆境中的理論昇華。

最後，顧准特別探討了「娜拉走後怎麼辦？」——無產階級的革命之後，政治和經濟向何處去的問題？換句話說，是一個為什麼革命常常最後違背了革命者的初衷變為殘酷的專制政權的問題。顧准認為：這首先是出於馬克思主義固有的「革命的宗教狂熱」，如文革所顯現出來的準宗教性的極端形態。另外是由於把集體主義推向極端，造成了人性的壓抑和扭曲。顧准總結道：

「革命家本身最初都是民主主義者。可是，如果革命家樹立了一個終極目的，而且內心裡相信這個終極目的，那麼，他就不惜為了達到這個終極目的而犧牲民主，實行專政。斯大林是殘暴的，不過，也許他之殘暴，並不100%是為了個人權力，

71　顧准，〈直接民主與議會清談館〉，載《顧准文集》（貴州：貴州人民出版社，1994），頁361-367。

72　同上，頁361-369。

73　同上。

而是相信這是為了大眾福利、終極目的而不得不如此辦。」[74]
顧准從文革的現實（如他批判的「對敵人的仁慈，就是對人民
的殘暴」和「革命的恐怖就是人道主義」等等的流行口號和思
維）出發思考，有力地闡釋了最美好的「革命的理想主義」怎
麼變成了最壞的「東方專制主義」，而善良的人們根本無法制
止。[75]

　　回顧這一代人在文革期間的思想覺醒和從激進到理性、從
幼稚到成熟的整個過程，1970年代的地下讀書運動確實代表著
異端思想的一個新高度。考慮到文革之前和文革期間壓抑的政
治和社會氣氛，他們的文章和思想方式都存在一定的局限性。
他們當初是由毛澤東的烏托邦政治藍圖培育出來的，然後他們
中間的大多數人又用原教旨的馬克思主義和其中的人道主義因
素去反對毛澤東思想。他們經常借用毛澤東兩條路線鬥爭的理
論去分析派系之爭，對整個西方民主制度所知有限。他們中間
有些人只是主張消滅舊的國家機器，卻從未提出如何建設一個
社會的具體建議。包括李一哲和王申西在內，他們誰都沒有完
全摒棄社會主義和社會主義的烏托邦理想。但是，考慮到他們
經歷的思想灌輸和身處於完全隔絕於外部世界的年代，他們的
獨立思考和他們提出的異端理論，是十分難能可貴的，使他們
理應在中國的政治和思想史上占有重要的一席之地。他們的作
品無論多麼不成熟和不周密，他們開放的胸襟、高尚的精神、

74　《從理想主義到經驗主義》，頁272、375。
75　參見錢理群，《燼火不息：文革民間思想研究筆記》（香港：牛津大學出
　　版社，2017），下卷，頁993。

追求真理的熱情，以及他們從毛澤東的擁護者到毛澤東的反對派這一史無前例的思想旅程，都值得後人銘記。儘管後來他們的歷史局限在顧准的讀書筆記中被昇華，終於達到了思想成熟的高峰。但是又正如北大教授錢理群不無遺憾地指出的那樣：

> 顧准這些天才的預測，僅僅存在於他的私人日記裡，根本不為世人所知……就更談不上對歷史運行發生影響，發揮作用。顧准只能充當歷史的觀察者、思考者、預測者，而不能成為歷史的參與者：這是顧准及其同類知識分子的悲劇所在。這正是中國的現行體制所致……[76]

公民異議：在新中國的鐵屋子裡面勇敢吶喊的「狂人們」

雖然文革是中國最黑暗的歷史時期之一，文革中仍不乏有出於「位卑未敢忘憂國」之心，如魯迅小說《狂人日記》的主人公那樣的在鐵屋子裡奮起吶喊的先驅者。這些普通公民常常因他們公開的異議言行而被法辦甚至槍殺。據當年具體負責平反冤、錯、假案的中共領導人胡耀邦，在1979年7月11日中宣布的例會上曾經說過：單是在十年動亂時期，為堅持真理而鬥爭的「像張志新這樣的優秀分子，……遭到殺害的，有30萬人」。[77]

這些先驅者，雖然也是在中國鐵屋子裡勇敢吶喊的「狂

76　同上，頁958。

77　何方，《黨史筆記：從遵義會議到延安整風》（香港：利文出版社，2005），頁265-266。

人」。但和魯迅不同的是，他們大都是小人物，生前非但並沒有魯迅作為一代文豪的赫赫名聲，甚至還因為是思想超前的「狂人」而深陷眾叛親離的困境。然而，「新中國」——尤其是文革時期的鐵屋子，要比舊禮教的鐵屋子何止黑暗和殘忍成百上千倍。魯迅雖然在報刊上發表了上百萬字的針砭時弊的文字，但是他從沒有因此而遭受到北洋軍閥和民國政府的通緝、監禁和殺戮。而文革中的公民異議者們，僅因為在書信、日記，甚至在「向黨交心會」上的直白（如張志新）或寫給男／女朋友的情書（如李九蓮）就導致殺身之禍。即便是被執行死刑，這些異議者的遭遇在中國數千年的執法史上也是最黑暗的一頁。在中國千年的皇權體制下，死刑犯在臨刑前被遊街，但衙役們從不阻止「老子18年後又是一條好漢」的之類的阿Q式的口號，以尊重死者生命的最後宣洩。而張志新、李九蓮、陸蘭秀等人在執行死刑均被先割斷喉管，或用竹籤把下顎和舌頭刺穿成一體，或被脫去下頜，口中塞滿布條，以防止他們呼喊「反動口號」。更有甚者，和李九蓮同案的女反革命犯鍾海源在臨刑前還被政府殘暴地「活體取腎」，去為一名共產黨的高幹子女延續生命。因為魯迅從未經歷牢獄之災，我們無法也不應貿然揣測他如何直面死亡。但是本書中絕大多數的公民異議者，都表現出了重信仰輕生死的大義凜然。這裡僅舉三例以示之。

其一，是1940年入黨的中共女幹部陸蘭秀、原蘇州市圖書館副館長被殺害前4天的最後審訊紀錄中的一段，時間是1970年6月30日下午。

問：你為什麼要文化大革命快點結束？

陸：因為反面教育太多了，大家不能理解。文革已經4年多，可以結束了。

問：你寫要求，黨中央「放下屠刀」是什麼意思？

陸：我寫的是向真理投降的意思。我死而無怨。人總有一死。[78]

其二，是對湖南湘西妹子丁祖曉因散發反對毛的個人崇拜的傳單而被殺前的一段記述：

1970年5月3日，在複核材料的最後一場審訊中，經過10個月關押的丁祖曉，臉色有些蒼白，但依舊顯得十分莊重。她知道自己的時間已經不多了，就抓住這個機會，慷慨陳詞：「我始終認為忠應該忠於人民，忠於祖國，忠於真理。不應該忠於哪個人。現在提倡的『忠』字，是搞個人崇拜，是搞奴隸主義！」

5月5日，辦案人員向她宣讀完死刑判決書後問道：「丁祖曉，聽清楚沒有？」她堅毅地高聲回答：「聽清了！」然後返身進入牢房，堅決拒絕了在回執上簽名按手印。

5月8日，無產階級的子彈，射殺了無產階級自己的好女兒丁祖曉。同一天，她的同學李啟順也遭到槍殺，她的姐姐丁祖霞被判刑20年，17歲的李啟才判刑10年。[79]

---

78 丁群，《陸蘭秀獄中詩文》（紐澤西：美國成家出版社，2003），頁233。

79 吳兆麟、田大業，〈巾幗雄傑——記60年代為反對造神運動而英勇獻身

其三，是上海交響樂團副團長、指揮家陸洪恩，因文革初期公開反對對鄧拓的批判而被捕。被捕後繼續公開反對毛和他的文革。1968年4月20日，監獄官員要求他做臨死前的「要死？還是要活？」的表態，不料，陸洪恩發表了一篇氣壯山河的反文革演說，不僅震撼了難友，連審訊他的那三個人也聽得目瞪口呆。最後，他在7天後遇害。他最後表態的要點如下：

> 我想活，但不願這樣行屍走肉般的活下去。不自由，毋寧死。文革是暴虐，是浩劫，是災難。我不願在暴虐、浩劫、災難下苟且貪生。……文革消滅了真誠、友誼、愛情、幸福、寧靜、平安、希望。文革比秦始皇焚書坑儒有過之無不及，它幾乎要想整遍大陸知識分子，幾乎要斬斷整個中華文化的生命鏈。……我作為一個中國知識分子，抱著一顆報效祖國的心從海外歸來竭力忠貞奮發工作，誰知落到這等半死不活的地步。我這樣生活下去還有什麼意義？現在廣大知識分子生不如死，一個民族發展到死比活著還安定，這個民族無疑已經墜入了滅絕生命的深淵，文革是毛澤東引給中國人民的一場地獄之火，是為中國人民擺上一席人肉大餐。我不怕死，也不願死，但如果文化大革命是為了求得這種全民恐懼、天下大亂的生活，如果說社會主義就是這樣殘忍無比的模式，那麼我寧做反革命，

的共青團員丁祖曉〉，載《劃破夜幕的隕星》（北京：群眾出版社，1981），頁244-246。

寧做反社會主義分子！[80]

　　要對文革中公民異議者的歷史貢獻做一公正的評價，恐怕先要對他們的性質及表現和文革初中期的異端思潮的探索者及讀書運動中的異端思想家們做一異同的比較和區別。筆者以為至少有以下三點：

　　第一，「思潮」，顧名思義就是一種群體性的流行行為；而「異議」，則常常是公民的個體性的行為。

　　1996年8月，當我在〈文化大革命中的異端思潮〉一文中提出文革研究中「異端思潮」的概念時，曾把它們定位為：（一）它們是「文革中被毛澤東及其中央文革、各級革委會公開批判過『左』的或『右』的反動思潮」；（二）「這些思潮不僅在政治上表現為矛頭直指或公開炮打中央文革、林彪、周恩來乃至毛澤東等中共最主要領導人和整個社會體制，在流行程度上更具有極大的廣泛性與群眾性」。[81] 換言之，異端思潮無論在其發端和湮滅時都均有一時一定的公開性和群眾性。作者不少還是文革中合法的群眾組織的頭頭（如北京地院東方紅的朱成昭）或思想家和代言人（如湖南省無聯的楊曦光、湖北決派的魯禮安和清華四一四的周泉纓等人）。不同於流行一時

80　不平編著，《文革英烈》（紐澤西：成家出版社，2019），中卷，頁184-186。

81　載《二十一世紀》（香港：香港中文大學中國文化研究所，1996），總36期。

的異端思潮，文革中的公民的異議文獻，更多的是表現了作者思想的個體性和一定的隱蔽性。

另外，這在兩種文獻的表現形式上也常常涇渭分明。前者常常取群眾運動中最常見的、公開的大字報和公開傳單的形式，而後者卻常常是取匿名的信件甚至口號標語的形式。其他的一些公民異議的形式，如上書、通訊和獄中詩文等也更帶有明顯的個人化的性質。公民異議採用上述形式，當然主要是由它們在思想程度上的尖銳性所決定的。例如，劉文輝的〈駁文化大革命十六條〉恐怕只能走散發匿名傳單的反抗之路，因為劉在他的檄文中這樣批駁了中共的整個階級鬥爭的理論和毛澤東思想體系：

> 第五條：堅決反對毛的階級鬥爭路線，反對毛的無產階級專政下繼續革命的謬論。階級鬥爭是毛一貫惡性報復、奴役人民的手段，所謂「文化大革命重點是整頓黨內走資派」是個幌子騙局，毛實質是要清除黨內異己，進一步打擊中國知識分子獨立思考的精神。……
>
> 第十六條：「毛澤東思想是無產階級文化大革命的行動指南」是謬論。新中國的誕生是因為毛澤東高舉了民主自由平等的新民主主義大旗，所以人民才擁護他，結果他卻欺騙人民，執政後毛搞的是獨裁專制，推行的是愚民政策。「毛澤東這位暴君，正在孤注一擲、冒天下之大不韙、玩弄億萬性命、拼其『偉大理想』之實現。毛強姦民意，瘋狂迫害民眾。文革持續時間越長，給中華民族與人民帶來災難就越大。全體人民要看清與認識他，要起來抵

制這場倒退歷史的政治運動。」[82]

　　劉文輝的匿名傳單寫於1966年9月，當時文革的綱領〈十六條〉剛剛頒布一個月，全中國90%以上的「人民」對文革還是衷心擁護的。而劉文輝不僅公開地站在毛澤東的對立面，還同時站在了幾乎全中國人的對立面，實為眾醉獨醒。

　　在異端思潮的流行中，很少有直接批評指責毛澤東的文獻。所以如此，一是因為思想局限，二是怕直接違犯文革的「法律」。三是即便有人意識到毛的錯誤，直接批評便無法取得思潮公開流行的群體性。1967年1月13日，中共在〈中共中央、國務院關於在無產階級文化大革命中加強公安工作的若干規定〉（公安六條）中已經規定：「凡是投寄反革命匿名信，秘密或公開張貼、散發反革命傳單，寫反動標語，喊反動口號，以攻擊汙蔑偉大領袖毛主席和他的親密戰友林彪同志的，都是現行反革命行為，應當依法懲辦。」這樣，也迫使異議者們常常採取匿名信的形式來直接批評，哪怕這些批評完全處於善良的動機。比如，原新疆哈密鐵路分局水電段經濟計畫員忻元華因為反對個人崇拜，個人迷信的錯誤，不能正確地開展批評和自我批評。決然上書毛澤東。從1963年2月至6月，他先後給毛澤東及其他中央領導和全國48家報刊，投寄了9封匿名信。他曾因此而被判刑管制3年。1967年1月24日，他目睹文革浩劫和個人崇拜的盛行，決定以公開的形式向毛澤東發出第10封

82　劉文忠，《反文革第一人及其同案犯》（澳門：崇適文化出版拓展有限公司，2008），頁90-91。

信。他把信送到保衛股辦公室，要求轉交給毛澤東。他在信中寫道：

> 難道偉大的毛澤東思想不是黨和人民在集體奮鬥中誕生而僅僅是您一個人自己的天才創造嗎？難道您的光輝著作中的光輝思想只用於改造別人，而不適用於改造和約束自己嗎？……難道您真的自信到連自己周圍的最親密的戰友們也不勘信任了嗎？難道您真的忘記了群眾是真正的英雄而我們自己則往往是幼稚可笑的這個偉大的真理嗎？

儘管忻元華的信中充滿了赤子之心的善意，他卻還是被逮捕了。1970年5月30日上午，當局對他進行了最後一次審訊，忻元華最後的話是：「我給毛主席寫信提意見是正確的，你們認為我是現行反革命是錯誤的！誰是誰非，歷史將會做出正確的結論！」之後，獄方立即把他綁赴公判大會，在大會上宣布：忻元華惡毒攻擊偉大領袖毛主席，死不改悔，反動氣焰囂張，判處死刑，立即執行。他就義時年僅37歲。[83]
　　一方面可能是出於對領袖的愛戴，不想把對毛的批評公開化。另一方面，也可能因為〈公安六條〉裡規定「反革命匿名信」是犯法的，許多的公民異議者採取了寫給毛澤東的私人的、但坦誠署名的「上書」的形式。這些信件無一不充滿善意，完全符合毛自己一再宣導的「知無不言、言無不盡」的黨

---

[83] 烏魯木齊鐵路局政治宣傳部，〈戈壁壯歌〉，載《春風化雨集》（北京：群眾出版社，1981），下卷，頁33-39。

群關係的民主原則。如收在《文革中公民異議文獻檔案彙編》一書中的傅世安兩致毛澤東的萬言書（1966年7月15日-1967年2月），王容芬給毛澤東反對群眾暴力的上書（1966年9月24日），胡全林關於林彪「頂峰論」、幹部和中國共產黨章程問題三上毛澤東書（1966年11月-1970年12月26日），蕭瑞怡關於改革土地制度和廢除個人崇拜對毛澤東上書（1968年5-6月），王若水就批林是反「左」還是反右給毛澤東的信（1972年12月4日），朱錦多關於張春橋、江青等人問題兩次上毛澤東書（1975年8月3日；1975年8月26日），劉冰等人就遲群、謝靜宜問題上書毛主席的兩封信（1975年8月13日；1975年10月13日）等等，都表達了對毛澤東糾正錯誤的極為善意的規勸和真誠的希冀，在絕大多數情況下在上書者的心中恐怕還多多少少存在著「好皇帝、壞奸臣」的思想局限。儘管如此，這些異議者們仍因此賈禍。而這種直接對最高領袖的批評的思想高度和直達天聽的上書形式都還是異端思潮文獻無法企及的。

第二，和異端思潮相比，公民異議者的思考常常不僅更尖銳，還更深刻、更具有系統性。

首先，區別集中在對於中共的黨內鬥爭的態度上。比如對毛澤東發動文革的主要目標——打倒國家主席劉少奇的冤案，異端思潮的作者很少有公開的反對，而公民異議者就有清醒得多的思考。在「打倒劉少奇」的口號響徹全中國時，相當一批的公民異議者就公開地站出來，對那些無中生有的構陷進行有理有據地駁斥。他們中就有張志新、吳曉飛、朱守忠、賈正

玉、陳壽圖、李九蓮、屠德雍、史雲峰等一串長長的名字。原
為遼寧省委幹部的張志新就是因為在黨內生活中提出對中央把
劉少奇打成「叛徒、內奸、工賊」的不同意見而遭受牢獄之災
的。即便身陷囹圄，她也沒有放棄對史實和真理的追求，1969
年10月至1970年1月張志新在瀋陽管教所寫下6篇為劉少奇辯護
的文章，系統地駁斥了剛剛通過的中共九大的政治報告。她在
這些文章裡寫道：

> 　　馬克思的辯證法是科學的進化的，它不容許對事物作孤
> 立的即片面的歪曲的考慮。這就不能不令人懷疑報告起草
> 者，為什麼要採用斷章取義的手法，加以歪曲，而且在已
> 經斷章取義的情況下，挖空心思地又在前面加上所欲加的
> 形容詞，從而得出預想的結論，欲加的罪名。按照馬克思
> 的教導，「真理是由爭論確定的」，就不難得出應有的結
> 論。……
> 　　從〔八屆〕十二中全會以來，兩報一刊社論、九大《政
> 治報告》都曾指出「劉少奇在新民主主義革命和社會主義
> 革命許多重大歷史關頭，都猖狂地反對毛主席的無產階級
> 革命路線，進行反革命陰謀破壞活動」，「向毛主席的無
> 產階級革命路線進行過『拼死的鬥爭』。」但至今尚未看
> 到在各大歷史關頭中詳細的較完全的材料（除已公開的有
> 如上述狀態的材料外），作為想早日完全弄清黨內這兩條
> 路線鬥爭歷史的普通共產黨員來說，不能不感到遺憾和焦
> 急不安。綜上所述，作為劉少奇復辟資本主義罪狀之一的
> 妄圖發展資本主義，是無根據的，指出的那些具體問題和

毛主席的論述不相違背。因此，說它是與毛主席的無產階級革命路線相對立的資產階級反動路線，也就無法成立。那麼為什麼要人為地列入和製造兩條路線鬥爭，實屬難解。[84]

　　其次，區別還反映在對文革後應當建立一個怎麼樣的國家體制的思考上。文革異端思潮所憧憬的新的國家體制，莫過於過時的巴黎公社式的烏托邦政體。這是因為中共數十年的政治封鎖，使國人除了一個馬克思著作中提到的巴黎公社外，實在孤陋寡聞，不知道世上還有其他的理想政體。這一局限，在雲南青年工人中的思想家陳爾晉的《特權論》裡有了舉足輕重的突破。[85] 陳爾晉認為：未來的無產階級政體，要「吸取歐美社會制度的長處。實踐證明，三權分立，地方自治，兩黨制，年度選舉等辦法，確是不要官僚制的民主共和國行之有效的辦法。形式始終是為內容服務的。這其中難道沒有無產階級可吸取的合理成分嗎？」因而「歐美社會制度的長處，是無產階級

84　均見〈張志新反文革文獻三篇（1969年1月-1970年1月）〉一章，載《文革中公民異議文獻檔案匯編》，上卷，頁295-347。

85　陳爾晉，又名陳泱潮。1945年9月15日出生於中國雲南省昆明市。1969-1971年，畢業於雲南省曲靖師範中學教師文科培訓班。之後到礦山職工子弟學校任教，又轉工廠做工會宣傳工作。1974年在文化大革命動輒處死思想犯、羅織文字獄的非常時期，寫成《特權論》一書4篇14章。1977-1978年，以「殉道者」之名，將《論》文刪節本如前異地投寄中共中央兩報一刊胡喬木等。1978年4月30日被中共公安機關查獲抓捕審查。1979年3月7日獲釋，結論待作，立即前往北京。6月，通過《四五論壇》特刊，在北京西單民主牆公開發表《特權論》刪節重印本《論無產階級民主革命》。1981年，作者第二次入獄被重判10年。出獄後流亡海外、現居丹麥首都哥本哈根。

民主制度的第三個來源」。從這一前提出發，他提倡在無產階
級專政下的「兩黨制」——把共產黨一分為二進行良性競爭，
建立一種「法制、民主、分權、人權」基礎上的無產階級的
「民主制度」。[86] 陳爾晉還積極地通過《紅旗》雜誌上書中共
中央，為此被中共逮捕。對此，中國學者印紅標的評論頗有洞
見：「儘管此時陳爾晉借鑑西方制度的思想尚有生硬嫁接的
特點，但是邁出了重要的一步。……以馬克思主義為基礎，借
鑑西方政治思想和政治制度的思潮，在文革結束後的思想解放
運動中成春潮洶湧之勢。陳爾晉的《特權論》成文於文化大革
命即將結束的時候，可以說標誌著社會和制度批判思潮的高
峰。」[87]

第三，公民異議者具有非常強烈的參政欲望和直接向中央「獻
國策」的特點，而地下讀書運動的思想家們則更側重於理論思
考和探索。

不僅是陳爾晉《特權論》，文革中大多數公民異議者的上
書，都具有上述這種為中國的政治改革義無反顧地「獻國策」
的特點。例如，傅世安在1966和1967年向毛澤東的多次直接上
書裡，除了批評了文化大革命的專制獨裁和愚民政策，以及林
彪神化毛澤東的一系列說法外，還對在生產中應當重視物質刺
激和物質利益，在教育中也要重視專家權威等知識分子的作

86　《文革中公民異議文獻檔案匯編》，下卷，頁140-163。
87　印紅標，《失蹤者的足跡：文化大革命期間的青年思潮》（香港：香港中
　　文大學出版社，2009），頁482。

用，提出了較為全面的建議。[88] 又如，陝西青年農民權佳果，
於1968年1月31日，完成了一份46,000字定名為《提交中共中
央的對社會的認識》的上書材料。在6次寫信給《人民日報》
沒有回音後，權佳果毅然赴京上書中共中央，指出文化革命是
一場錯誤的運動，建議黨中央應把主要工作轉變到組織生產生
活上來。他的文稿被「中央文革接待站」收去後，立即被捕，
以「反革命罪」判刑15年。[89] 再如，李天德的〈獻國策——致
中共中央、人大常委會〉（1975年5月5日），更從「節制生
育、控制人口」，「知青下放問題」，「刑法、定罪、治安問
題」，「領袖的任期和功過問題」等12個方面提出了具體的治
國建議。為此，他曾被判刑20年。[90]

---

88 傅世安（1939-）男，漢族，旅大市人。1960年，傅世安於遼寧大學歷史
　系畢業後分配到寬甸，先後在寬甸師範、牛毛塢中學等處任歷史、政治教
　員。1966年7月3日，傅世安毅然上書毛澤東。他對文化大革命的專制獨裁
　和愚民政策等明確表示了堅決反對。1967年2月，傅世安再次上書毛澤東，
　陳述自己反對愚民政策反對專制獨裁的觀點和態度，進一步就造神運動、
　愚民政策和專制獨裁，進行了深入淺出的分析和批判。1967年3月19日，傅
　世安被逮捕，定為反革命罪，判處17年徒刑。在凌源勞改支隊勞動改造11
　年，受到嚴重的人身摧殘和迫害。1978年11月傅世安得到平反，宣布無罪
　釋放。
89 權佳果，男，1946年12月出生於陝西蒲城。1961年小學畢業後即因無糧吃
　而輟學務農。於1967年冬天，幾易其稿，寫成5萬字的《提交中共中央的對
　社會的認識》。1968年3月，隻身上訪北京，欲挽狂瀾於既倒。結果被判刑
　15年，1979年平反出獄。平反後曾任陝西省青聯五屆委員，並被安排為初
　中教師。1986年1月在原渭南教育學院大專畢業後留校任教。2000年，渭南
　教育學院與渭南師專合併為渭南師範學院。為渭南師範學院政治經濟系副
　教授。2006年退休。詳見《文革英烈（中）》，頁585-600。
90 李天德（1939-），男，1956年9月考入重慶大學。在1957年反右鬥爭中，

　　公民異議者出於憂國憂民之心的參政欲望的強烈，還常常表現在他們千方百計直接參與中共最上層的兩派鬥爭的行動。因為毛澤東及其文革派的日益不得人心，不少公民異議者在文革後期採用匿名信的形式。直接向元老派勸進、採取果斷的行動拯救國家。比如，重慶鋼鐵公司技術員白智清以「心赤客」為筆名、在1974到1975年分別給周恩來、鄧小平、葉劍英、李德生等人發出匿名信，在信中要求他們動用軍隊來進行政變，以「拯救國家，拯救民族」。[91] 再如，湖南省漵浦縣低莊公社楊和平大隊的小學教師吳文俊，於1976年4月22日，用筆名「知內者草」寫了〈關於再造中國的國策方略致華國鋒總理書〉。在這封匿名信裡，他策動華國鋒改弦易轍，拋棄給國家和人民帶來巨大災難的既定國策，為拯救中國，實行「創民主，除獨裁，立自由，滅殘暴，興文明，破野蠻，建幸福，濟貧窮」的新政。[92] 就因此，他於1977年1月9日被槍殺。

　　從上述事例中，我們也不難發現這些公民異議者和地下讀書運動的思想家們的主要區別：前者有直接參政的強烈欲望

因對當時個別班的反右提出異議，被打成右派，下放到農村「監督勞動改造」。1958年12月被捕入獄，次年被判處5年徒刑。他在獄中閱讀了大量馬列經典著作和中外哲學、社會科學名著，並開始對大躍進進行反思。出獄後，不放棄憂國憂民之志。1967年7月，又以「現行歷史反革命」罪被判6年徒刑。1972年刑滿釋放後，仍被戴上「反革命分子」帽子在四川苗溪茶場管制勞動。1975年1月全國四屆人大提出了建設繁榮昌盛的四個現代化的新中國的歷史任務，他心中燃起希望之火，決定毛遂自薦，上北京獻治國安邦的國策。1975年5月5日，他以李笑天的化名寫了〈獻國策——致中共中央、人大常委會〉這份上書。

91　《文革英烈》，上卷，頁453-457。
92　同上，頁360-365。

和具體行動，後者主要還是地下的個人思考或小圈子的理論探索。儘管後者中的不少人對文革和中國社會問題的思考常常到達比公民異議者們更高的程度（如顧准和王申酉），但是由於種種歷史條件的限制或策略上的考慮，他們並沒有採取這種可能即刻會給自己帶來戕害的方式。

　　當我們在指出異端思潮、地下讀書運動和公民異議的區別時，更應當指出它們在反文革主流意識形態和反毛體制的相同之處。正是這一相同之處，才使它們都受到了毛和他的追隨者們不同程度的批判和鎮壓。如果我們仔細梳理兩者的關係，有時還能夠發現它們之間一脈相承和眾源合流的關係。我們在第一節裡講到過：1966年11月至12月期間，北京地區有過一場大規模的炮打中央文革和林彪的群眾運動，被稱為「十一月黑風」。參加者除了保守派紅衛兵北京林學院紅衛戰鬥兵團一二·九戰鬥隊、北京航空學院紅衛兵八一縱隊等以外，也還有屬於造反派的中國科大雄獅戰鬥隊和北京大學虎山行戰鬥團的大字報。但是人們常常遺漏了一個重要的公民異議者的參與，她叫舒賽（又名王藕），是1938年入黨的中共老黨員、老幹部。1966年12月初，繼伊林·滌西11月15日反林彪的公開信後，她在北京全城張貼了18份標題為〈誓死揪出在毛主席身邊的真正的資產階級陰謀分子〉的反林彪的大字報。這些大字報分別貼在北京市委、中組部、王府井百貨大樓、西單菜市場等交通要地。在第一次被其他大字報覆蓋後，她又用紅字金粉抄寫再一次貼出，造成舉城震動。舒賽不久被捕。在數次審訊中，她不改初衷、拒不認錯。相反，她直言道：「林彪在

八屆十一中全會上講話說，這次要『罷一批官、升一批官、保一批官』，我認為這是國民黨那一套。打倒羅瑞卿也是一個例子，我沒見過羅瑞卿，但我相信他是個好幹部，林彪把他整下去了，我想不通……還有陸定一、周揚，現在把他們都打倒了。林彪講大民主，我沒點名給他貼了一張大字報，就把我關進牢。」舒賽在她被捕後的審訊紀錄裡還對批判和打倒劉少奇和其他老幹部提出了尖銳的異議：「我認為批判劉少奇的材料是不充分的。學生的頭腦簡單，林彪大喊反對資產階級反動路線，學生就大反河北省委、天津市委和華北局，還要『一反到底』。我認為我們黨內走資本主義道路的只是很少一部分人……紅衛兵連學校黨的領導也不聽了，黨的組織癱瘓了，這都是受林彪講話的影響。」因為堅持自己的異端信仰，舒賽於1971年5月24日因不堪折磨而死於山西獄中。[93]

　　社會和人文科學研究中的比較和分類，不應當僅是橫向的、和其他種類的社會現象的比較，還應當是縱向和內向的，即和自身的社會現象和派別裡中不同類型的「子現象」和「子派別」的比較和分類。對於文革中的思想先驅者，以往的研究比較偏重於他們異議思想的分類。比如，有研究者把他們的理論要點分為：「反對個人崇拜」、「反對文化大革命」、「批評階級鬥爭擴大化的理論」、「呼喚社會主義民主」和「對社會主義建設道路的探索」五大類，這當然是很有意義的。[94]其

93　同上，頁283-303。

94　劉濟生，〈文革時期的思想解放先驅〉，北京：《炎黃春秋》，2009，第7期。

實，除了我們熟悉的政治思想內容的分析，對這些異議者們一些基本資訊的比較和分類——諸如年齡、文化程度、政治身分、運動經歷等——也常常會有助於研究者的視野別開洞天，挖掘出深藏的底蘊來。

因為篇幅的關係，我們不妨基本上根據筆者編著的《文革中公民異議文獻檔案彙編》中17位最後被殺害的公民異議者的一些基本資訊來做一點有趣的分析：

姓名	年齡	文化程度	主要異議言行	特殊政治運動經歷
林昭	36歲（1932-1968）	大學（團員，調幹生）	獄中上書反文革	57年右派；60年組織反革命集團
劉文輝	30歲（1937-1967）	中學（團員，工人）	匿名傳單反文革	57年右派；66年3月因外逃被管制3年
忻元華	36歲（1934-1970）	中專（技術員）	公開上書反文革	1965年因上書被管制3年
王篤良	27歲（1944-1971）	中學（黨員，軍人）	匿名標語反林彪；給親友信件反文革	
舒賽	54歲（1917-1971）	中專（老幹部，行政13級）	公開傳單反林彪	1958年因揭批不正之風受到撤職降薪和開除出黨的處分
朱守忠	50歲（1920-1970）	大學（黨員，中學校長）	公開言論支持劉少奇，獄中反文革文章	57年右派；65年四清劃成「地主分子」

陳壽圖	57歲（1923-1970）	中學（公社黨委委員）	公開上書反對倒劉和反文革	
張志新	45歲（1930-1975）	大學（黨員幹部）	公開言論和文章反對倒劉和反文革	
李九蓮	31歲（1946-1977）	中學（團員，紅衛兵頭頭）	個人書信反文革和公開文章反林彪	72年反林彪被捕；74-76年翻案
丁祖曉	24歲（1946-1970）	中學（群眾）	匿名傳單反個人崇拜	
賈正玉	33歲（1937-1970）	大學（團員，小學教師）	公開言論支持劉少奇，獄中反文革標語	
陸蘭秀	52歲（1918-1970）	大學（老幹部，圖書館館長）	公開言論支持劉少奇，獄中反文革上書	
蔡鐵根	59歲（1911-1970）	大學（老紅軍，高級軍官）	組織反文革活動，反動日記	1958年軍中「反教條主義」運動的受害者，1959年被劃為「右派」
陳燿庭（妻子謝聚璋）	38歲（1932-1970）	大學（贛南醫學專科學校老師）	和妻子一起散發14封匿名信件反文革	1963年因寫信批評大躍進，為彭德懷翻案，被開除團籍，行政開除留用
史雲峰	27歲（1949-1976）	中學（工人）	匿名傳單和大標語反文革	
武文俊	40歲（1937-1977）	大專（中學教師）	匿名信給華國鋒要求他反毛	1959年受過批判

陸洪恩	49歲 （1919-1968）	大學（留學生，1950年回國）	公開會議上反文革，獄中反革命演說	1957年反右時受到過批判
平均值	平均41歲	9人有大學（專）文化	8人寫匿名傳單信件等	10人有生前被多次受迫害的經歷

　　如果我們從年齡的視角來分析這些公民異議者，會發現這一40歲左右的「平均年齡」是非常值得分析的。其一，這說明了他們對毛政權的異議完全不同於心血來潮的青少年。這一平均年齡，要比文革初期那些16-18歲的、被毛的一兩段語錄忽悠而創立了「紅衛兵」的中學生們大了整整一倍還多。其二，還說明了他們的異議思想已達到了成熟的階段。孔子有言：「三十而後立」、「四十而不惑」。這一平均年齡已經超過一個成年人的「不惑」的階段了。從這一角度，也就更不難理解為什麼這些公民異議者大都有「雖九死而不悔」的就義的慷慨。例如，上海青年工人劉文輝因散發公開批駁文革綱領〈十六條〉的匿名傳單而被處於極刑，30歲的他在給家人的〈遺書〉的最後寫下了這樣的泣血段落：

　　　　我是個實行者，敢說更敢做。如今就義正是最高的歸宿。……我將死而後悔嗎？不！決不！人生自古誰無死？留取丹心照汗青。從來暴政是要用志士的血軀來摧毀。我的死證明，毛政權下有義士。我在毛的紅色恐怖下不做順

民，甘做義士！。[95]

　　另一個值得注意的信息是：他們百分之一百是受過中學或以上程度文化教育的，甚至超過一半（9人）接受過大學教育。大學文化程度在今天的中國或許已經是見多不怪的事，但是在文革前還是很稀罕的。以接受過大學教育為例，當時的中國社會大約只有10萬分之1的人才有這樣的機會。在上述表格裡，年齡30歲及以上的、受過大學教育的異議者有這樣9人：林昭（人民大學）、朱守忠（復旦大學）、張志新（人民大學）、賈正玉（青海師院）、陸蘭秀（武漢大學）、蔡鐵根（廈門大學）、陳燿庭和謝聚璋（復旦大學）、陸洪恩（國立音樂專科，並出國深造）和武文俊（芷江師範學院）。他們至少在民國時期完成完整的中學教育，才進入大學。從他們就讀的學校來看，又不少是中國的名牌大學。這至少說明他們感受到過較為民主寬鬆的民國的教育氛圍，也有比較強的學習能力。比如，陸蘭秀有很強的外語能力，在大學期間就自學德語，研究《資本論》。1949年後，她曾任中國科學技術協會的科普圖書館副館長。又自學了俄語，並閱讀了大量社科人文書籍。所有這些對知識和理論的研讀，才使她在文革開始不久就看出「毛澤東發動此次革命是錯誤的，是歷史的倒退。中共中央必須馬上結束他對黨的控制」。[96] 和陸蘭秀等人留在共產黨的體制內對毛和文革的鬥爭不同，林昭對毛和中共的認識早已經超越了

95　劉文忠，《反文革第一人及其同案犯》，頁90-91。

96　https://zh.m.wikipedia.org/wiki/陸蘭秀。

中共的整個體制。如同〈監獄為林昭加刑的報告〉中所寫：

> 關押期間林昭……汙衊、漫無邊際罵我黨是「魔鬼政黨」，「樓梯上打架的階級鬥爭理論的製造者和崇拜者」，是「極其暴虐只以知血與仇恨來維持統治權力的」……喪心病狂地漫罵偉大領袖毛主席是所謂「魔鬼」、「暴君」，「陰險毒辣、十惡不赦的獨夫黨魁」等等。一再叫囂只要「活一天，就要和毛澤東鬥爭一天」。……在此報告、筆記中公開書寫「美國萬歲」，「自由萬歲」，「聯合國萬歲」，「修正主義萬歲」等反動口號……林昭自逮捕預審以來，一貫堅持反動立場，拒不認罪。判決後的第二天，即一九五六判決是「極其骯髒，極其可恥」，還恬不知恥地以「自由戰士」自居，對判決「感到無上光榮」，是她「戰鬥生涯的好見證」，咬牙切齒地汙衊我黨和政府。[97]

林昭文革時在獄中寫過六篇詩文裡，有一篇是文革肇始時的〈林昭上訴書致聯合國〉。她在裡面寫道：

> 我不知道我這上訴書什麼時候才能真正向聯合國致達，但我憑著對於上帝公義和世人良知、對於人類社會文明政

---

97 林昭，〈血書：「起訴書」跋語等（1965年07月5日）〉，載宋永毅主編，《中國反右運動數據庫》網路版（香港：香港中文大學中國研究服務中心，2013-2021）。

治道義的最為堅定的信念，確信它必定——早晚有一天能夠！……我們，中國大陸青春代對於這個不義政權魔鬼政黨的戰鬥正是世界自由人類保衛生活、保衛自由、保衛基本人權之總體戰役的一個組成部分！也正是基由著這一點我要向聯合國提出上訴！

我將懷抱著這一份公義必勝的信念堅持生活，或者懷抱著這一份信念捨生取義！

自由萬歲！

美國萬歲！

聯合國和她所堅持捍衛的基本人權萬歲！

林昭

主曆1966年5月11-14日。[98]

　　從上書林昭的遺文中可以看到：林昭之所以能在黑牢裡近十年如一日地反抗中共的酷刑和洗腦，是有著一整套截然不同的思想體系作為支撐的。其一是對自由、民主、人權的普世價值的認同。比如，中共自建國以後20多年才加入「聯合國」，但是林昭卻把它而不是「中共中央」作為她上訴的權威機構。這顯然和她在民國時期（當時的中國是聯合國主要成員）接受的中學教育和大學裡對西方文獻的閱讀息息相關。其二是對從小因家庭而得到的基督教文明的皈依。在林昭所有的獄中書信裡，她已經全部運用「主曆」來標記日期，以表示自己的虔誠。因此，在所有的公民異議者裡，林昭無疑是對毛和中共政

98　《文革中公民異議文獻檔案匯編》，上卷，頁38-39。

權有最清醒認識的人之一。

最後，我們絕不應當忽視了這樣一個特點：他們中近一半的人在文革前就有過遭受政治迫害的特殊經歷。比如，林昭、劉文輝、朱守忠、蔡鐵根都曾是「右派分子」；舒賽、忻元華、陳爌庭夫婦、吳文俊、陸洪恩等人都在反右運動或大躍進中受到過批判。常常有中國的政治犯感嘆道：「迫害使人成熟」，「監獄是人生的大學校」。聞者雖然會覺得有點令人哭笑不得，言者卻鑿鑿地揭示了公民異議者的思想昇華過程。我們在林昭、劉文輝、忻元華等人的思想發展中都可以領略這一真諦。

自魯迅寫下他的《狂人日記》，成為舊禮教鐵屋子裡吶喊的「狂人」後，已經整整100年過去了。遺憾的是：絕大多數沉睡的人們並沒有醒來，鐵屋子還沒有被摧毀。相反，改朝換代以後的「新中國」的鐵屋子遠比「舊中國」的更為封閉和黑暗。

自林昭、張志新、王申酉等人在文革中發出他們在新中國鐵屋子裡的吶喊後，文革也已經過去50多年了。自改革開放發生後，「新中國」的鐵屋子似乎被打開過一扇小窗，但是最近又被關上了。絕大多數沉睡的人們還是沒有醒來……

如果林昭、劉文輝和張志新等先驅者們能活到今天，他們將做出怎樣的抉擇？

在仔細地閱讀了這些公民異議者們的遺作後，我堅信他們還是會抱有「毀壞這鐵屋的希望」而殺生成仁、毅然獻身的。

結語

　　中國文化大革命的浩劫造成了一些出乎意料的反諷後果：它在一定程度上推動了中共制度的沒落，並激發了中國獨特的民主運動。文革的結果無疑是災難性的，但它也使許多年輕人對共產中國的政府及其意識形態產生了漸變的懷疑和最終幻滅，從毛澤東的擁護者走向他的反對派。

　　文革中被當局公開批判過異端思潮的「毒草」，也有3、40起之多。論及文革中異端思潮到達的思想高度，應當首推遇羅克的〈出身論〉和李一哲〈關於社會主義的民主與法制〉。前者第一次在文革中公開表達了追求人權、追求每個人生來就應當具有的平等的社會權利的訴求。後者則揚棄了「左」或右的異端思潮中的不足，提出了趨於成熟的現代民主憲政意義上的綱領性的要求。

　　從1960年代末到1970年代中期，全國各地的地下文學和讀書運動一直不絕如縷。這場運動的參與者，還包括了一些相當知名的中共老幹部甚至高級幹部，如後來被譽為「當代中國傑出思想家」的顧准和曾任中共總書記的張聞天。這一代人一開始讀的是馬列的書。他們在政治動蕩中接觸的有限的馬列主義著作，使他們發現了正統的馬克思主義和毛澤東及其追隨者的政治信條之間存在差異、鴻溝與矛盾。文革的災難性後果，還促使這些年輕的探索者有意識地從禁止他們閱讀的書籍中去尋找真理的答案，如「灰皮書」、「黃皮書」。根據迄今為止發現的歷史資料，代表了這一時期思想高度的，在年輕的探索者中有張木生和王申酉等人。而這一讀書運動的歷史局限在顧准

的讀書筆記中被昇華，終於達到了思想成熟的高峰。

　　雖然文革是中國最黑暗的歷史時期之一，文革中仍不乏有出於「位卑未敢忘憂國」之心在鐵屋子裡奮起吶喊的先驅者。成百上千的公民異議者以散發匿名信、張貼口號標語、公開或隱蔽的上書等形式，對毛澤東及其文革表達了非常尖銳的反對。這種公開的對抗形式常常導致這些公民異議者們付出生命為代價。但是，這些公民異議者大都表現出了「天下興亡、匹夫有責」和「雖九死而不悔」的就義的慷慨。這些英烈的姓名，如劉文輝、林昭、張志新、忻元華、陸洪恩、陸秀蘭、丁祖曉、史雲峰、朱守忠、陳壽圖、李九蓮……將永遠在中華民族的思想史上為人銘記、永恆閃光。

主要參考書目[*]

歷史檔案和資料匯編類

《毛澤東思想萬歲》，北京：清華大學〔具體群眾組織不
　　詳〕，1969。

《批判資料：中國赫魯雪夫劉少奇反革命修正主義言論集
　　（1958-1967）》，北京：人民出版社資料室，1967。

毛澤東，《毛澤東文集》，卷1-6，北京：中央文獻出版社，
　　1993。

宋永毅主編，《中國文化大革命數據庫，1966-1976》（網路
　　版），香港：香港中文大學中國研究服務中心，2002-2021。

中共中央文獻研究室編，《建國以來毛澤東文稿》，卷1-13，北
　　京：中央文獻出版社，1998。

中共中央黨校黨史教研二室編，《中國共產黨社會主義時期文

---

* 　鑒於本書每一章的引言都有詳細的注解，這裡就不再收入參考論文和一般
　　的文章。本書目只是選擇一些重要的歷史檔案數據庫、電子文庫和學術著
　　作陳列。

獻資料選編（五）》，北京：〔內部出版〕，1987。

中文著作類

《反叛的御醫：毛澤東私人醫生李志綏和他未完成的回憶
　　錄》，香港：開放雜誌社，1997。
程光，《心靈的對話：邱會作與兒子談文化大革命》，香港：
　　北星出版社，2011。
陳伯達，《陳伯達遺稿》，香港：天地圖書有限公司，2000。
陳曉農編纂，《陳伯達最後口述回憶》，香港：陽光環球出版
　　香港有限公司，2006。
陳小雅，《中國「丈夫」：毛澤東情事》，香港：共和（香
　　港）出版有限公司，2005。
丁凱文主編，《百年林彪》，香港：明鏡出版社，2007。
范達人，《梁效往事》，香港：明報出版有限公司，1995。
范碩，《葉劍英在非常時期》，北京：華文出版社，2002。
馮來剛、魯彤，《劉少奇在建國後的20年》，瀋陽：遼寧人民
　　出版社，2001。
高文謙，《晚年周恩來》，香港：明鏡出版社，2003。
郭德宏、林小波，《四清運動實錄》，杭州：浙江人民出版
　　社，2005。
郭金榮，《毛澤東的黃昏歲月》，香港：天地圖書有限公司，
　　1990。
郭家寬編，《歷史應由人民書寫：你所不知道的劉少奇》，香
　　港：天地圖書有限公司，1999。

胡敏中，《理性的彼岸：人的非理性因素研究》，北京：北京師範大學出版社，1997。

黃崢，《王光美訪談錄》，北京：中央文獻出版社，2006。

黃錚，《劉少奇冤案始末》，北京：中央文獻出版社，1998。

江渭清，《七十年征程：江渭清回憶錄》，南京：江蘇人民出版社，1996。

李志綏，《毛澤東私人醫生回憶錄》，台北：時報文化出版公司，1994。

魯彤、馮來剛，《劉少奇在建國後的20年》，長春：遼寧人民出版社，2007。

馬莎・L・科塔姆、貝思・迪茨—尤勒等著，胡勇、陳剛譯，《政治心理學・第2版》，北京：人民大學出版社，2012。

冒從虎、冒乃健編，《潛意識・直覺・信仰》，石家莊：河北人民出版社，1988。

皮埃爾・阿考斯、皮埃爾・朗契尼克合著，郭宏安譯，《病夫治國》，南京：江蘇人民出版社，2005。

權延赤，《走下神壇的毛澤東》，台北：曉園出版社，1991。

逢先知、金沖及主編，《毛澤東傳（1949-1976）》，北京：中央文獻出版社，1996。

普列漢諾夫，《普列漢諾夫哲學著作》，北京：生活・讀書・新知三聯書店，1961。

沈容，《紅色記憶》，香港：天地圖書有限公司，2006。

宋永毅主編，《文化大革命：歷史真相和集體記憶》，上下卷，香港：田園書屋，2007。

宋永毅主編，《文革大屠殺》，香港：開放雜誌社，2001。

唐德剛，《毛澤東專政始末：一九四九-一九七六》，台北：遠流出版公司，2005。

王力，《王力反思錄》，香港：北星出版社，2001。

王年一，《大動亂年代》，鄭州：河南人民出版社，1989。

吳寧，《社會歷史中的非理性》，武漢：華中理工大學出版社，2000。

肖東連等著，《求索中國：文革前十年史》，北京：紅旗出版社，2000。

夏軍，《非理性的世界》，上海：上海三聯書店，1993。

曾志，《一個革命的倖存者：曾志回憶錄》，廣州：廣東人民出版社，1999。

鄭謙、劉波，《劉少奇之路》，卷4，北京：中共黨史出版社，2001。

張化、蘇采青主編，《回首「文革」》，上下卷，北京：中央黨史出版社，2000。

張雲生，《毛家灣紀事：林彪秘書回憶錄》，香港：存真社，1988。

中共中央文獻研究室編，《毛澤東年譜》，卷1-6，北京：中央文獻出版社，1998。

中共中央文獻研究室編，《劉少奇年譜》，下卷，北京：中央文獻出版社，1990。

朱永嘉口述，金光耀、鄧傑整理，《巳申春秋：我對文革初期兩段史實的回憶》，香港：大風出版社，2014。

英文著作類

Jauss, Hans Robert. *Toward an Aesthetic of Reception*. Trans. Timothy Bahti（Minneapolis: University of Minnesota Press, 1982）.

Lasswell, Harols D. *Psychopathology and Politics*（Chicago: University of Chiacago Press, 1930）.

Lasswell, Harols D. *Power and Personality*（New Brunswick: Transaction Publishers, 2009）.

Wolin, Richard. *The Seduction of Unreason: The Intellectual Romance with Fascism: from Nietzsche to Postmodernism*（Princeton, N.J.: Princeton University Press, 2004）.

Dunn, John. *The Cunning of Unreason: Making Sense of Politics*（New York: Basic Books, 2000）.

Baron, Jonathan. *Rationality and Intelligence*（New York: Cambridge University Press, 1985）.

毛澤東和文化大革命：政治心理與文化基因的新闡釋

2021年10月初版　　　　　　　　　　　　　定價：新臺幣560元
2023年10月初版第三刷
有著作權・翻印必究
Printed in Taiwan.

著　　　者	宋　永　毅
叢書主編	沙　淑　芬
校　　　對	陳　佩　伶
內文排版	菩　薩　蠻
封面設計	廖　婉　茹

出　版　者	聯經出版事業股份有限公司	副總編輯	陳　逸　華
地　　　址	新北市汐止區大同路一段369號1樓	總　編　輯	涂　豐　恩
叢書主編電話	(02)86925588轉5310	總　經　理	陳　芝　宇
台北聯經書房	台北市新生南路三段94號	社　　　長	羅　國　俊
電　　　話	(02)23620308	發　行　人	林　載　爵
郵政劃撥帳戶	第0100559-3號		
郵　撥　電　話	(02)23620308		
印　刷　者	文聯彩色製版有限公司		
總　經　銷	聯合發行股份有限公司		
發　行　所	新北市新店區寶橋路235巷6弄6號2樓		
電　　　話	(02)29178022		

行政院新聞局出版事業登記證局版臺業字第0130號

國家圖書館出版品預行編目資料

毛澤東和文化大革命：政治心理與文化基因的新闡釋/
宋永毅著 . 初版 . 新北市 . 聯經 . 2021年10月 . 520面 . 14.8×21公分
ISBN 978-957-08-5997-3（平裝）
［2023年10月初版第三刷］

1.毛澤東 2.文化大革命 3.中國史

628.75 110013959